**어떤 일은
그냥 벌어진다**

FLUKE:
Chance, Chaos, and Why Everything We Do Matters

Copyright © 2024 by Brian Klaas
All rights reserved

Korean translation copyright © 2024 by Woongjin Think Big Co., Ltd.
Korean translation rights arranged with Intercontinental Literary Agency Ltd. through
EYA Co., Ltd.

이 책의 한국어판 저작권은 EYA Co., Ltd.를 통한 Intercontinental Literary Agency Ltd.
사와의 독점계약으로 주식회사 웅진씽크빅이 소유합니다.

저작권법에 의하여 한국 내에서 보호를 받는 저작물이므로 무단전재 및 복제를 금합니다.

FLUKE

어떤 일은
이 세계를 움직이는 힘
그냥
벌어진다

브라이언 클라스 지음 | 김문주 옮김

BRIAN KLAAS

웅진 지식하우스

추천의 글

이 책이 매혹적인 이유는 우리를 둘러싼 연결망으로 인해 모든 행동이 중요하다는 주장에 있다. 한 개인의 작은 변덕에 따라 뒤집힌 역사를 탁월하게 보여준다.
— 조나 버거, 와튼스쿨 마케팅학 교수·『컨테이저스』 저자

우리는 예측할 수 없지만 삶을 바꾸는 사건의 끊임없는 폭격에 시달리고 있다. 저자는 도발적인 예를 제시하면서 무작위로 일어나는 사건과 혼돈 속에서도 어떻게 미약한 질서가 존재할 수 있는지를 설득력 있게 그려낸다.
— 숀 캐럴, 존스홉킨스대학교 물리학 교수·『우주의 가장 위대한 생각들』 저자

정신이 번쩍 들 정도로 지적인 주제다. 카오스 이론을 인간 경험에 적용한 이 책은 여태껏 우리가 알았던 패러다임을 완벽하게 뒤흔든다.
— 조너선 갓셜, 『스토리텔링 애니멀』 저자

다양한 학문을 바탕으로 그려낸 이 매력적인 책은 우리의 삶을 지배하는 혼돈과 질서의 조화를 탐색하고, 우리에게 진정 자유의지가 있는지 그 심오한 질문에 대한 답을 제시한다.
— 메르빈 킹, 『근원적 불확실성Radical Uncertainty』의 공동 저자이자 영국은행 전(前) 총재

저자는 사람들에 대한 흥미진진한 이야기를 능숙하게 엮어내고 그 안에서 정답이 아닌 깊은 의문을 제기하는 방법을 택한다. 자기 탐구는 미지의 세계로 떠나는 여정이며 저자는 그 여정에 힘을 보태는 친절한 가이드다.
— 도널드 호프먼, 『현실에 대한 반론The Case Against Reality』 저자

카오스 이론이 증명하듯, 얽힌 시스템은 예상치 못한 결과를 낳고 역사는 종종 겉보기에 중요하지 않은 순간에 의해 만들어진다. 이 책은 중대한 사건에는 분명한 원인이 있다고 믿고 싶어 하는 우리의 관점을 완벽히 뒤집는다.
― 《가디언》

모든 것의 본질을 꿰뚫는 흥미로운 주제가 담겼다. 이 복잡계가 어떻게 작동하는지에 관한 친절한 설명서다!
― 《커커스 리뷰》

눈을 뗄 수 없다! 현대 인간 사회가 그저 새로운 환경에 적응해 나가는 '복잡적응계'라는 사실을 흥미롭게 일깨워준다.
― 《파이낸셜타임스》

이 책의 핵심 전제는 세상이 우리가 믿고 싶어 하는 것보다 훨씬 더 불확실하다는 것이다. 보다 건강하고 나은 삶을 원한다면 무작위로 펼쳐지는 우연을 없앨 수 있다고 가정해야 한다. 우리의 모든 행동이 상호 연결되어 있고 이 우연을 인정하는 것은 아주 고무적인 일이다. 개인의 모든 순간이 세상을 바꾼다고 믿을 수 있기 때문이다.
― 《뉴스테이츠먼》

도발적이다. 그러면서 설득 가능한 이야기로 가득하다. 질서와 혼돈 사이, 그 복잡한 관계를 생생하게 서술했다.
― 《뉴사이언티스트》

우리는 뭔가를 단독으로 고르려고 하다가
그것이 이 세상의 나머지 모든 것과 엮여 있음을 깨닫는다.

_존 뮤어

차례

추천의 글　4

1장　들어가며
불확실하고 복잡한 세상을 굴러가게 하는 힘　13

한 관광객 부부와 구름이 갈라놓은 20만 명의 생사　16
우연을 원하지 않는 사람들　20
하나의 몸짓으로도 모든 별자리가 바뀔 수 있다　24
어떤 일은 아무 이유 없이 일어난다　32

2장　하나를 바꾸면 열이 바뀐다
모든 행동이 각각 독립되어 있을 거라 믿는 개인주의의 착각　41

시계처럼 정확한 우주 vs. 불확실한 우주　45
미세한 차이가 일으키는 엄청난 변화　50
우리는 생각보다 훨씬 더 제멋대로인 세상에 살고 있다　59

3장　모든 일에 다 이유가 있는 건 아니다
우발성은 어떻게 확률과 혼돈이 이끌어가는 세계에서 군림할 수 있었을까?　71

우리는 의미 없는 데서 의미를 찾는다　75
조금만 비틀어도 모든 게 달라진다　83
우리는 과연 스스로의 삶을 통제하고 있을까?　90
왜 진화 과정에서 임의성의 역할이 간과되었을까?　99
예상치 못한 곳에서 가장 놀라운 발전이 일어난다　104

4장 우리의 뇌가 현실을 왜곡하는 이유
우리는 유형을 과하게 탐지해내도록 진화됐다   107

우리가 흑백으로만 볼 수 있었다면 역사는 어떻게 달라졌을까?   110
우리의 뇌는 이야기를 꾸며내기 위해 설계됐다   118
숨겨졌다고 믿는 설명을 찾아 헤메는 음모론자들   122

5장 무리의 법칙
모든 무리는 혼돈의 가장자리에 불안정하게 서 있다   129

하나가 되어 행진하고 예고 없이 방향을 바꾸는 무리   133
모래알 하나가 일으킨 처참한 연쇄반응   139
잇달아 생겨난 의미 없는 우연의 엄청난 효과   153
규칙성의 신기루   157
잔물결은 어떻게 삶을 바꾸고 사회를 뒤엎는가   159

6장 헤라클레이토스의 규칙
제어할 수 없는 혼돈을 제어할 수 있는 확률로 착각하는 사람들   163

우리는 대답할 수 없는 질문의 답을 안다고 자주 착각한다   167
우리는 적어도 나 자신은 이해할 수 있을까?   170
모른다고 인정하는 것이 잘못된 확률을 사용하는 것보다 낫다   174
우리는 불확실성의 영역에서 확률을 사용할 때 길을 잃는다   187

7장 스토리텔링 애니멀
비합리적인 신념의 힘   197

믿음은 어떻게 인간의 행동을 형성할까?   202
인간은 서사를 통해 세상을 항해한다   208
현실에는 기승전결이 없다   213

8장 지구 복권
지질과 지형은 어떻게 우리의 운명을 형성하고 삶의 궤적을 바꿔놓을까?   217

지형은 우리가 써 내려간 역사의 한 페이지를 장식한다   222
우리는 지구가 어떻게 우리를 형성했는지는 거의 생각하지 않는다   225
지리적 요인은 사람들의 선택을 바꾸고 역사를 바꾼다   229
지질과 지형 그리고 우발성은 현실에서 어떻게 나타날까   236

9장 모두의 나비효과
어떻게 모든 사람이 꾸준히 세상을 바꾸는가   241

우리 각자는 조금씩 다르게 날갯짓을 한다   245
역사는 벌어진 사건이 아닌 우리가 벌어졌다고 동의한 사건이다   248
버려진 담배 세 개비, 그리고 이를 발견한 적절한 인물   251
때로는 편견이 우리의 눈을 가리고 귀를 닫게 한다   257
그 일을 하는 사람이 다른 누구도 아닌 당신이라는 점이 중요하다   264

10장   시계와 달력
아주 짧은 순간은 어떻게 세계를 바꿔놓을까?   271

타이밍의 우발성은 우리 삶을 끝없이 결정하고 전환한다   275
우리는 역사적 사건들로 만들어진 리듬에 따라 우리 삶을 동기화한다   278
같은 효과라도 타이밍에 따라 엄청나게 달라질 수 있다   283

11장   황제의 새로운 방정식
왜 로켓과학이 인간 사회보다 이해하기 쉬울까?   291

나쁜 연구 방법과 의도적인 편법의 함정   296
원래의 이론이 틀렸을까, 세계가 바뀌었을까?   304
강한 연결고리의 문제 vs. 약한 연결고리의 문제   312
진실스러움과 수학스러움   315
데이터 예측의 함정   320

12장   이 세계는 결정론적인가 비결정론적인가?
인생은 처음부터 대본이 짜여 있을까, 아니면 미래를 선택할 자유가 있을까?   325

인생을 맨 처음으로 되돌려도 모든 것이 지금과 똑같이 흘러갈까?   328
자유의지를 조금 남겨두면 이 세상은 편안한 불확실성을 누리게 된다   340
자유의지란 무엇일까?   353
자유의지라는 모순   360

13장 우리는 모든 것을 통제하지 않아도 된다
복잡하고 혼돈스러운 세상에서 불확실성이 가진 힘   363

우리 스스로 만들어낸 절망   366
불확실성을 받아들이고 미지의 것을 아우르는 주문, "나는 모른다"   372
우리가 하는 모든 것이 중요하다   376

감사의 글   390
주   393

1장
들어가며

불확실하고 복잡한 세상을 굴러가게 하는 힘

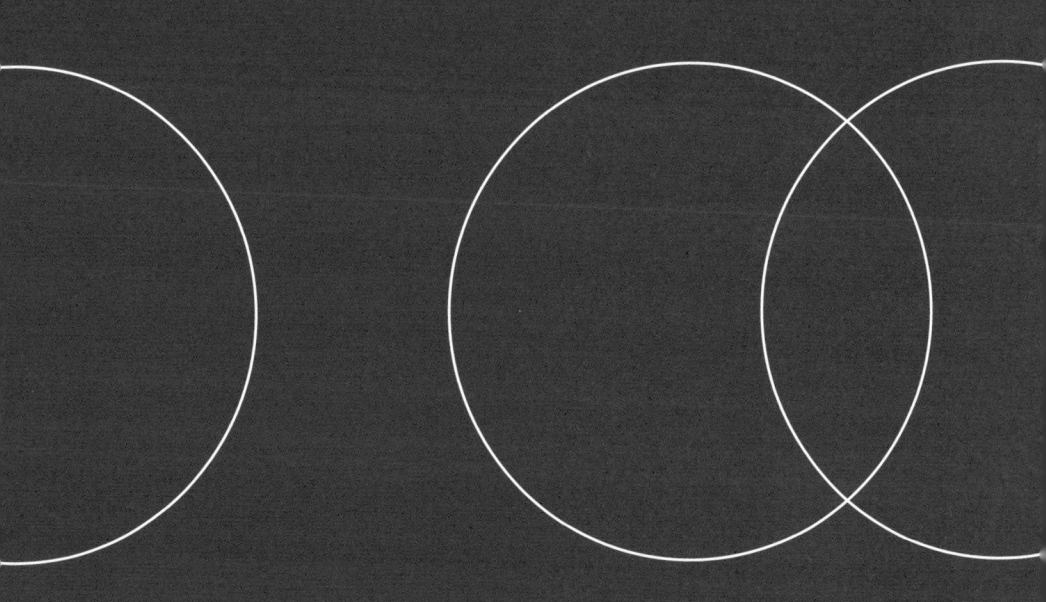

우리네 인생을 맨 처음으로 되감기 한 뒤에 다시 플레이 버튼을 눌러보자. 모든 것이 지금과 똑같이 흘러갈까?

1926년 10월 30일 H. L. 스팀슨 부부는 증기기관차를 타고 일본 교토에 도착했고, 근처 미야코 호텔[1] 56호실에 체크인했다. 짐을 푼 뒤엔 옛 제국의 수도를 거닐면서 색색이 가을의 정취가 폭발하는 도시의 풍광을 음미했다. 일본단풍나무는 진홍색으로 물들었고 은행나무는 금빛이 도는 노랑으로 바뀌었으며, 줄기 아래로는 진녹색 이끼가 풍성하게 깔렸다. 부부는 교토를 두른 이암 언덕 깊숙이 자리하고 있는 단정한 정원들을 방문했고, 또 옛 쇼군의 호화로운 전통이 나무 기둥 하나하나에 새겨진 역사적인 절들을 보며 감탄했다. 엿새 후 스팀슨 부부는 짐을 싸고 요금을 낸 뒤 호텔을 떠났다.

그러나 이 여행은 흔하고 평범한 관광이 아니었다. 미야코 호텔 장부에 적힌 스팀슨이라는 이름은 역사에 남을 기록이자, 한 남자가 신이라도 된 듯 10만 명의 목숨을 구하고 대신 다른 어딘가에서 비슷한 수의 사람을 죽음으로 몰아간 일련의 사건들을 나타내는 유물이 됐다. 아마도 이 여행은 인류 역사상, 결과로만 보았을 때 가장 중요한 관광이었으리라.

한 관광객 부부와 구름이 갈라놓은 20만 명의 생사

19년 후, 일본단풍나무는커녕 산쑥이 듬성듬성 난 뉴멕시코의 언덕배기에 물리학자들과 장군들로 구성된 의외의 무리가 '사이트 Y'라는 암호로 불리는 비밀 장소에 모였다. 때는 1945년 5월 10일로, 나치가 항복한 지 사흘 후였다. 이제 초점은 태평양으로 넘어갔고, 그곳에서는 피비린내 나는 소모전이 끝도 없이 계속되고 있었다. 그러나 이 머나먼 멕시코 전초기지에서 과학자들과 군인들은 잠재적인 구세군을 바라보고 있었다. 가공할 파괴력을 지닌 새로운 무기, '가제트'였다.

아직은 무기의 극대화된 잠재력을 입증할 수 있는 실험이 성공적으로 이뤄지지 않았으나, 사이트 Y에 모인 사람들 모두가 성공이 가까워왔음을 느꼈다. 준비 과정에서 열세 명이 원자폭탄 표적 선정위원회에 참석하라고 요청받았다. 이 위원회는 가제트를 세상에 어떻게 공개할지 정할 엘리트 집단이었다. 어느 도시를 파괴해야 하나? 도쿄를 노리는 것이 그다지 좋은 생각이 아니라는 데 모두가 동의했다. 이미 무시무시한 폭격이 그 새로운 수도를 완전히 파괴했기 때문이었다. 대안들을 비교해 본 끝에 표적이 정해졌다.[2] 첫 번째 폭탄은 교토에 떨어뜨리기로 했다.

교토는 새로운 군수공장들이 들어선 지역으로, 한 공장에서 매달 400대에 달하는 비행기 엔진이 대량으로 생산될 수 있었다.³ 게다가 옛 수도라는 이름값이 일본에 어마어마한 정신적인 타격을 입힐 것이었다. 선정위원회는 사소하지만 중요한 부분도 지적했다. 교토는 교육 수준이 높은 계층의 지적 중심지이자, 명문대인 교토대학교의 고향이란 점이었다. 위원회는 살아남은 자들이 이 무기가 인간 역사의 새로운 시대를 대표하며 자기네는 전쟁에서 이미 패했다고 인정하리라고 여겼다. 원자폭탄 표적 선정위원회는 동의했다. 그래, 교토를 치자.

위원회는 또한 세 곳의 예비 후보지를 정했다. 히로시마와 요코하마, 고쿠라였다. 후보지 명단이 트루먼 대통령에게 보내졌고, 이제 남은 일은 폭탄이 준비되길 기다리는 게 전부였다.

원자 시대는 1945년 7월 16일 뉴멕시코 외곽의 광활한 공터에서 폭발 실험이 성공하면서 막을 올렸다. 표적 선정위원회는 더 이상 이론상의 결정만 내리지 않았다. 군사전략가들은 교토의 세부 지도를 보고 의논했고, 도시의 철도 조차장을 핵폭발의 그라운드 제로ground zero(핵폭탄이 폭발할 지점)로 삼기로 결정했다.⁴ 그 지역은 H. L. 스팀슨 부부가 20년 전 머물던 미야코 호텔에서 고작 0.8킬로미터 떨어진 곳이었다.

1945년 8월 6일 **에놀라 게이** 폭격기가 코드명이 '리틀 보이'인 원자폭탄을 교토가 아닌 히로시마 상공에서 떨어뜨렸다. 14만 명에 이르는 사람이 사망했고, 대부분 민간인이었다. 사흘 후인 8월 9일 **복**

스카 폭격기가 나가사키에 코드명 '팻맨'인 원자폭탄을 떨어뜨려서, 소름 끼치는 사상자 수에 약 8만 명을 더했다.

하지만 왜 교토는 제외됐을까? 그리고 왜 아무도 1순위 폭탄 투하 지점이 되리라 생각지 못했던 도시인 나가사키가 파괴됐을까? 놀랍게도 20만 명에 가까운 사람의 생사는 한 관광객 부부와 구름 때문에 갈렸다.

1945년 헨리 L. 스팀슨은 미국의 육군 장관으로 임명됐다. 전시 작전을 감독하는 민간인으로서는 가장 높은 지위였다. 군복을 입지 않은 자로서 스팀슨은 전략적인 목표를 세우는 것이 자신의 역할이며, 이 목표를 달성하기 위해 무엇이 최선일지 세부적인 부분까지 관리하지는 말아야 한다고 느꼈다. 그러나 선정위원회가 교토를 목표 지점으로 고르는 순간 전혀 달라졌다.

스팀슨은 즉각 행동에 돌입했다. 맨해튼 프로젝트의 책임자와 만나는 자리에서 스팀슨은 단호히 말했다. "나는 교토에 폭탄을 떨어뜨리고 싶지 않소."[5] 또한 미 육군 사령관과 논의하는 자리에서는 "내 승인 없이 절대로 폭탄을 투하해서는 안 되는 도시가 하나 있으니 그게 바로 교토"라고 강조했다.[6] 그러나, 그가 이렇게 고집했음에도 교토는 반복적으로 후보지 목록에 올라왔다. 사령관은 교토가 모든 조건에 들어맞으니 폭탄으로 공격해야 한다고 주장했다. 어째서 스팀슨은 무슨 수를 써서든 일본 군수업의 중추를 보호하려 드는 걸까?

장군은 미야코 호텔이나 장엄한 일본단풍나무, 혹은 금빛 은행나무에 대해서는 전혀 알지 못했다.

스팀슨은 꿋꿋이 최고위급까지 올라갔다. 1945년 7월 말에는 트루먼 대통령을 두 차례나 만나서,[7] 매번 교토를 파괴하지 말아야 한다고 격렬하게 반대하는 이유를 개략적으로 밝혔다. 트루먼은 마침내 그의 말에 동의했고, 교토는 고려 대상에서 빠졌다. 마지막 후보지로 네 도시가 올랐다. 히로시마와 고쿠라, 니가타, 그리고 마지막으로 추가된 나가사키였다. 스팀슨은 장군들이 스팀슨의 '반려 도시'[8]라고 부르던 곳을 지켜냈다. 그 대신 첫 번째 원자폭탄은 히로시마에 떨어졌다.

두 번째 폭탄은 고쿠라시에 떨어질 예정이었다. 그러나 B-29 폭격기가 도시에 가까워질수록 구름이 짙게 껴서 저 아래 땅을 보기가 어려웠다. 구름은 예상치 못했던 변수였다. 군 기상학자 팀은 맑은 하늘을 예상했던 차였다. 조종사는 상공을 한 바퀴 돌면서 구름이 걷히길 기다렸다. 그러나 별 변화가 없자 사병들은 폭탄을 엉뚱한 데 떨어뜨릴 위험을 감수하기보다는 두 번째 표적을 공격하기로 결정했다. 나가사키에 가까이 갈수록 이곳 역시 구름으로 덮여 시야가 흐렸다.[9] 연료가 다 떨어지자 끝으로 한 번만 더 시도해 보기로 했고, 마지막 순간 구름이 걷혔다. 1945년 8월 9일 오전 11시 2분, 폭탄이 떨어졌다. 나가사키의 시민들은 이중으로 운이 좋지 않았다. 시는 후보지 목록에 마지막으로 추가됐고, 궂은 날씨가 또 다른 도시를 순간적으로 막아준 탓에 파괴되고 말았다. 폭격기가 몇 분만 더 느리게, 혹은 빠르게 떠났다면 고쿠라의 수많은 시민이 나가사키 대신 불에 타고 말았을 수도 있다. 오늘날까지 일본인들은 누군가가 자기도 모

르는 사이 재앙에서 벗어났을 때 '고쿠라의 행운'이라고 부른다.[10]

우연을 원하지 않는 사람들

구름이 한 도시를 구했다면, 몇십 년 전 떠났던 한 부부의 휴가는 또 다른 도시 하나를 구했다. 교토와 고쿠라의 이야기는 합리적이고 질서정연한 진보에는 인과관계가 따른다고 보는 우리의 편리하고 간단한 가설에 즉각적으로 이의를 제기한다. 우리는 우리가 세계를 이해하고, 예측하고, 통제할 수 있다고 상상하길 좋아한다. 또한 인생의 무질서함을 이해할 수 있는 합리적인 설명을 원한다. 이 세계는 수십만 명의 목숨이 수십 년 된 한 부부의 즐거웠던 휴가 때문에, 아니면 바로 그 순간 구름이 흩어진 탓에 달라져서는 안 되는 법이라는 주장이다.

어린이들은 가장 중요한 질문을 끊임없이 던진다. 바로 "왜?"다. 그리고 아주 어렸을 적부터 나는 여러분과 마찬가지로 인과관계가 X에서 Y로 흐르는 일직선의 단순한 형태를 따른다고 배웠다. 이 현실은 정확하게 한 가지 원인과 한 가지 결과로 이어지는, 군더더기를 모두 뺀 유용한 형태로 되어 있다. 이 세상에서 벌어지는 모든 일을 우리가 이해하고 제어할 수 있는 명료한 관계로 정제해서, 너무나 복잡한 세상을 항해하는 데 도움이 된다. 뜨거운 화로를 만지면 아프다. 담배는 폐암을 일으킨다. 구름이 끼면 비가 온다.

그러나 몇십 년 전 일본에서 구름은 비 이외에 다른 사건을 일으킨 즉각적인 원인이었다. 다시 말해서, 한 도시가 아닌 다른 도시에서의 대량 학살을 가져왔던 것이다. 더욱이 희한한 점은 임의적인 요인이 거의 무한에 가깝도록 이어진 조합을 통해서만 이 대량 학살 사건을 설명할 수 있다는 것이다. 이 임의적인 요인들은 서로 적절한 방식으로 연결돼 히로시마와 나가사키를 뒤덮은 버섯구름으로 이어졌다. 히로히토 천황의 즉위, 그 누구도 아닌 아인슈타인의 탄생, 수백만 년 전 지질학적 힘에 의해 형성된 우라늄, 낯선 땅의 전쟁터에 나간 수없이 많은 군인, 똑똑한 과학자들, 미드웨이해전 등이 결합됐고, 마침내 결정적인 휴가 한 번과 결정적일 때 한 차례 지나간 구름으로 폐허가 되어버렸다. 헤아릴 수 없이 많은 선행 요인에서 뭔가가 살짝만 바뀌었어도, 모든 것이 달라졌을 수 있다.

개인사에서 그 옛날 낡고 낡은 페이지를 다시 펴보면, 누구나 고쿠라의 행운을 경험해 본 적이 있다(다만 결과적으로 그리 중요치 않은 규모였길 바랄 뿐이다). 만약을 가정한 순간을 떠올렸을 때, 임의적으로 일어난 사소한 변화와 언뜻 무작위로 보이는 우연한 사건들이 우리 커리어의 경로를 다른 데로 돌릴 수도, 인연을 바꿔놓을 수도, 혹은 우리가 세상을 바라보는 시선을 달라지게 할 수도 있다. 우리가 어떻게 지금의 우리 모습이 됐는지 설명하려면, 빈번히 우리의 통제에서 벗어난 곳에 존재하는 회전점 pivot point 을 인식해야 한다. 그러나 우리는 눈에 보이지 않는 회전점, 결과적으로는 중요했으나 우리가 절대 깨닫지 못할 그 순간들, 그리고 우리가 알지 못한 사이 벌어질 뻔한 충돌과 아차 싶은 사고들을 무시하고 간과한다. 우리는 우리가 살 수도 있었을 다른 삶을 보지 못했고 앞으로도 결코 못 볼 것이기 때문이다.

어찌 됐을지 모르기에 무엇이 가장 중요한지도 알 수 없다.

몇십 년 전 한 부부가 한 휴가 결정으로 인해 수십만 명이 살거나 죽을 수 있다면, 사소한 선택이나 사고가 결국 인생의 흐름을 아주 먼 훗날까지도 급격히 바꿔놓을 수 있다면 어떨까? 회의에 한 번 늦거나 고속도로 출구를 놓친 것이 여러분의 인생을 바꿀 뿐 아니라 역사의 흐름을 바꿔놓을 수 있을까? 그리고 그런 일이 벌어졌을 때 깨닫기나 할 수 있을까? 아니면 아무것도 모르는 채로 떠나온, 철저히 다른 잠재적인 세상에 대해서는 여전히 깨닫지 못한 채 남게 될까?

우리가 현재와 비교해 과거를 생각하는 방식은 묘하게 단절되어 있다. 우리가 시간을 거슬러 여행할 수 있다고 상상할 때 주의해야 할 점도 같다. 절대 **아무것도** 건드리지 말아야 한다는 것이다. 과거를 미세하게 바꿔놓기만 해도 세상은 근본적으로 바뀔 수 있다. 심지어 우발적으로 미래의 자기 자신을 지워버릴 수도 있다. 그러나 현재에 대해서 우리는 결코 그렇게 생각하지 않는다. 그 누구도 잘못해서 벌레를 뭉개버릴까 봐 극도로 주의해서 살금살금 돌아다니지 않는다. 그 누구도 버스를 한 번 놓쳤다고 해서 미래가 돌이킬 수 없게 바뀌어버릴까 봐 공포에 떨지 않는다. 그러긴커녕 우리는 소소한 일들이 그다지 중요치 않다고 생각한다. 그저 모든 것이 결국에는 다 씻겨나가고 정화되리라 여기기 때문이다. 그러나 과거의 모든 세세한 부분이 우리의 현재를 만들어냈다면, 현재의 모든 순간 역시 우리의 미래를 창조해 낼 것이다.

1941년, 원자폭탄이 투하되기 4년 전 아르헨티나 작가 호르헤 루이스 보르헤스가 『갈림길의 정원』[1]이라는 단편을 썼다. 이 이야기에는 우리가 정원을 헤매고 돌아다닐 때 그 안에서 우리가 택할 수 있는 오솔길은 끊임없이 변한다는 은유가 지배적으로 깔려 있다. 우리는 미래를 평가하고 드넓은 잠재적 세상을 내다볼 수 있으나, 그래도 어느 때든 다음 발걸음을 어디로 내디딜지 결정해야 한다. 한 걸음을 내디디면 우리 앞에 놓였던 잠재적인 경로가 바뀐다. 우리의 길은 끝없이 갈라지면서, 새로운 잠재적 미래를 열고 다른 길은 닫는다. 한 걸음 한 걸음이 중요하다.

그러나 이 길이 우리 혼자만의 힘으로 결정되지 않는다는 사실이 우리에게 가장 큰 충격을 준다. 우리가 살아가는 정원은 우리보다 앞섰던 모든 사람과 모든 것에 의해 성장하고 보살핌을 받아왔다. 우리 앞에 열린 길은 과거의 역사가 파생되어 나온 결과이며, 다른 사람들이 밟은 지난 발걸음으로 다져진 길이다. 단순히 우리의 발걸음만 중요한 게 아니라는 점에서 더욱 방향을 잡지 못하고 혼란스러울 수 있다. 정원을 가로지르는 길은 우리가 앞으로 보거나 만나지 못할 이들의 결정에 따라 끊임없이 움직이고 바뀐다. 보르헤스가 그려낸 상상 속에서 우리가 결정한 길들은 가차 없이 새로운 방향으로 향하고, 우리가 지나온 궤적은 다른 곳으로 돌아간다. 우리가 한 번도 주목한 적 없는 서로 다른 인생의 고유한 디테일들, 생존의 윤곽을 결정한 교토와 고쿠라의 숨겨진 순간들에 의해서.

그러나 우리는 이 세상을 설명하려고 할 때, 우리가 누구고 어떻게 여기에 도착했으며 왜 세상이 지금처럼 움직이는지 늘어놓으면서 우연성은 무시한다. 벌레를 밟거나 버스를 놓치거나 의미 없다고 묵살해 버리는 모든 것을 말이다. 우리는 당황스러운 진실을 의도적으로 무시하지만, 몇 가지 사소한 변화로 인해 우리의 삶과 사회가 근본적으로 달라졌을 수도 있다. 그러나 우리는 단순한 인과관계에 대한 새로운 지식만을 추구하면서, 간략하게 줄인 동화책 같은 현실로 돌아오고 또 돌아온다. X는 Y를 야기하고, X는 언제나 주요 요인이어야 하며, 절대로 사소하거나 임의적이거나 우발적인 변덕이 있어서는 안 된다. 모든 것은 측정하고 구분해서 그래프로 그릴 수 있고, 적절한 개입이나 '넛지$_{\text{nudge}}$'만으로 통제할 수 있어야 한다. 우리는 종종 틀리기도 하는 전문가와 데이터 분석가, 점쟁이에게 끌려다니면서도 거의 항상 확신에 차서 살아간다. 복잡한 불확실성과 마음 편하지만 틀린 확실성 사이에서 당연하게도 안락함을 고른다. 그러나 아마도 세상은 그리 단순한 곳이 아닐 것이다. 명백한 우연에 의해 바뀌어버리는 세상을 우리가 이해할 수나 있을까?

하나의 몸짓으로도 모든 별자리가 바뀔 수 있다

1905년 6월 15일 클라라 매그덜린 잰슨은 위스콘신주 제임스타운의 작은 농가에서 네 아이 메리 클레어, 프레더릭, 존, 시어도어를 모두 살해했다. 그리고 아이들의 시체를 깨끗이 닦아 침대에 눕힌 뒤 본인도 스스로 목숨을 끊었다. 남편 폴은 퇴근해서 집으로 돌아와 온 가족이 죽은 채로 작은 침대의 이불 속에 누워 있는 모습을 발견했다. 분명 인간이 겪기에 가장 끔찍하고도 대단히 충격적인 경험이었다.

철학에는 **아모르 파티**amor fati[12] 혹은 운명애運命愛라는 개념이 있다. 우리는 우리의 삶이 우리보다 앞서 존재했던 모든 것이 정점을 이룬 상태라고 받아들여야 한다. 당장 머릿속으로 증조부모 여덟 명의 이름을 떠올리지 못하더라도, 거울을 들여다보면 할아버지와 할머니의 눈 코 입이 세대를 이어 조합돼, 잊었던 과거가 변형됐지만 알아볼 수 있게 새겨진 모습이 눈에 들어온다. 우리는 새로운 사람을 만날 때 한 가지 사실을 확신할 수 있다. 그 사람의 직계 조상이 후손을 낳기 전에 죽지는 않았다는 것이다. 우리 부모가 정확히 같은 방법으로 만나지 않았더라면 우리는 존재하지 않았으리라는 말은 진부하지만 사실이다. 타이밍이 조금이라도 어긋났더라면 아예 다른 사람이 태어났을 테니까.

그러나 이 진실은 조부모와 증조부모, 고조부모, 그리고 천년을 거슬러 올라가더라도 그대로다. 여러분의 인생은 결혼을 꿈꾸던 중세시대의 수많은 사람, 먹이를 찾아 어슬렁거리는 검치호의 변덕에도 살아남았던 머나먼 원시시대의 조상, 그리고 더 거슬러 올라가자면 600만 년 전 침팬지의 짝짓기 취향에 따라 달라진다. 수십만 년 동안 이어져 온 인간 혈통을 추적해 올라가 보자. 우리의 모든 운명은 고맙게도 밟히지 않고 살아남은 벌레 같은 생명에 달렸다. 이렇게 정확히 엮여온 생물과 연인들이 그 과정 그대로 살아남고 살아가고 사랑하지 않았다면 우리가 아닌 다른 사람이 존재했을 것이다. 우리는 사슬처럼 엮인 과거에서 살아남은 고리이며, 그 과거가 조금만 달라졌어도 이곳에 존재하지 않았을 것이다.

위스콘신의 작은 농가로 귀가했던 그 폴이 바로 내 증조할아버지인 폴 F. 클라스다. 내 가운데 이름인 '폴'은 증조할아버지가 소중히 간직했던 성이다. 나는 증조할아버지의 첫 번째 부인이었던 클라라 할머니와는 관련이 없다. 비극적이게도 클라라 할머니의 대는 약 100년 전에 끊겼고, 그러고 나서 폴 할아버지는 우리 증조할머니와 재혼했다.

내가 스무 살이 되자 아버지가 나를 부르더니 '정신이상자 어머니가 저지른 끔찍한 범죄'[13]라는 제목의 1905년도 신문 기사를 보여주며 우리 가족의 현대사에서 가장 충격적인 사건을 털어놓았다. 아버지는 위스콘신주에 있는 클라스 가문의 묘비 사진도 보여주었는데, 한 면에 쓰인 어린아이들의 이름과 다른 면에 쓰인 클라라의 이름에 모두 똑같은 사망일이 적혀 있었다. 충격적이었다. 그러나 나는 클라라가 자식들을 살해한 뒤 자살하지 않았더라면 내가 존재조차 못 했으리라는 사실을 깨달으며 더욱 큰 충격을 받았다. 나는 소름 끼치는 대량 학살 덕에 탄생할 수 있었다. 네 명의 순진무구한 어린아이가 죽었고, 지금 나는 살아 있으며, 여러분은 내 생각을 읽고 있다. 아모르 파티는 우리가 가끔은 근사하고 가끔은 큰 하자가 있는 과거의 파생물이라는 진실, 그리고 우리보다 앞섰던 인생의 비극들이 우리가 여기 존재하는 이유라는 진실을 받아들이고, 수용하며, 인식한다는 의미다. 우리의 존재는 친절함과 잔인함, 선과 악, 사랑과 증오에서 생겨난다. 그러지 않을 수는 없다. 그러지 않았다면 우리는 지금의 우리가 될 수 없었을 테니까.

"우리는 죽을 것이다. 그 점에서 우리는 행운아다."[14] 리처드 도킨스는 한때 이렇게 주장했다. "많은 사람이 죽지 않을 것이다. 태어나지도 않을 것이기 때문이다. 지금 내가 있는 자리에 존재할 수도 있었지만 실제로는 결코 햇빛을 보지 못할 잠재적 인간들은 아라비아 사막의 모래알보다 많다." 이들은 존재할 수 있었던 사람들로 가득 찬 존재할 수 있었던 무한한 미래로, 리처드 도킨스는 이들을 '태어나지 않은 유령'이라 불렀다. 이들의 계급은 무한하지만 우리는 유한하다. 아주 작디작은 변화만으로도 완전히 다른 사람들이 태어났을 테고, 완전히 다른 세상의 완전히 다른 삶으로 이어졌으리라. 우리의 존재는 가장 불안정한 토대 위에 세워져 당황스러우리만큼 취약하다.

우리는 왜 그렇지 않은 척할까? 우리의 존재가 취약하다는 근본적인 진실은 이 세상이 어떻게 작동하는지 파악하기 위해 우리가 가장 깊숙이 간직하고 있는 직관과는 어긋난다. 우리는 본능적으로 대형 사건에는 사소하고 우연한 원인이 아닌 커다랗고 뻔한 원인이 있다고 믿는다. 나는 사회과학자로서 Y를 초래한 X를 찾아내야 한다고 배워왔다. 그러다가 몇 년 전에는 쿠데타 시도가 실패한 원인을 조사하기 위해 아프리카 남부의 잠비아를 여행했다. 잠비아의 쿠데타는 정치제도가 충분히 안정적이었기에 실패했을까? 아니면 대중들이 정부 전복 시도를 지지하지 않았기에 실패했을까? 나는 **진짜** 이유를 찾아내려고 떠났다.

잠비아의 쿠데타 계획은 단순하지만 현명했다. 우두머리는 군사령관을 납치하라고 병력을 보냈다. 장군을 총으로 위협해서 강제로

라디오에서 쿠데타가 일어났다고 선언하도록 하려는 것이 계획이었다. 공모자들은 언뜻 보기에 군 장성이 내린 듯한 이 명령을 듣고 나머지 군인들이 쿠데타에 합류해 정부를 타도하길 바랐다.

그러나 나는 납치를 시도했던 군인들과 인터뷰를 하면서 현실의 명확한 방식과는 전혀 다른 진실을 모두 깨닫게 됐다. 군인들이 집으로 들이닥쳤을 때 군사령관은 침대에서 벌떡 일어나 뒷문으로 도망갔고, 자택 뒷벽을 기어오르기 시작했다. 나와 인터뷰를 한 군인 가운데 한 명은 그 장군을 잡으려 손을 뻗었고 손가락으로 바짓부리를 꽉 움켜쥐었다고 했다. 군사령관은 자기 몸을 끌어 올렸고, 군인은 그를 끌어 내리려 했다. 슬로모션 영화처럼 장군의 바지 천이 군인의 손가락 사이로 빠져나갔고, 군사령관은 벽을 기어올라 탈출하는 데 성공했다. 단 한 순간에 쿠데타 계획은 실패로 돌아갔다. 이 군인이 1000분의 1초만 빨랐어도, 손아귀 힘이 아주 조금만 더 셌어도, 정권은 붕괴하고 말았을 것이다. 민주주의는 말 그대로 실낱같은 차이로 살아남았다.

1922년 조지 버나드 쇼는 연극 〈므두셀라로 돌아가라〉[15]에서 "어떤 이들은 상황을 있는 그대로 보고 '왜?'라고 묻는다. 나는 절대 일어나지 않았을 상황을 꿈꾸면서 묻는다. '왜 아니지?'" 우리는 과거의 사건들, 어쩌면 다르게 펼쳐질 수 있었던 그 무한한 사건들에 의해 우리의 존재가 예측되는 이 세상을 어떻게 이해할 것인가? 내 경우처럼 한 사람의 삶이 다른 사람들의 죽음을 조건으로 삼거나 민주주의가 바짓부리의 실오라기 덕에 살아남았을 때, 우리는 우리 자신이나 사회를 어떻게 이해할 것인가? 우리는 무한한 가능성을 지닌 우주에 대해 깊이 생각하며 대체된 세계를 상상할 수 있다. 그러나 우리가 눈으로 볼 수 있는 세계는 단 하나로, 따라서 과거에 작은 변화가 가해졌다면 무슨 일이 벌어졌을지 알 수 없다. 만약 1926년 스팀슨 부부가 교토로 가는 기차를 놓치고 대신 오사카에서 휴가를 보냈다면 어땠을까? 고쿠라를 노렸던 폭격기가 몇 분 늦게 이륙했고 구름이 걷혔더라면 어땠을까? 내 증조할아버지가 그 비극의 날 조금만 더 일찍 집에 돌아왔더라면 어땠을까? 세계는 달라졌을 것이다. 하지만 어떻게 달라졌을까?

나는 (환멸에 빠진) 사회과학자다. 오랫동안 이 세상이 우리가 그런 척 가정했던 방식대로 움직이지 않는다는 찜찜함을 품고 있다가 환멸에 빠졌다. 현실의 복잡성을 해결하려 애쓸수록, 우리가 모두 자기 자신에 관한 이야기부터 역사와 사회적 변화를 설명하려는 미신에까지 이르는 안락한 거짓말 속에서 살아왔다고 더욱 의심하게 됐다. 나는 인류의 역사가 단순히 무질서와 확률, 혼돈으로 규정되는 세상에 질서와 확실성과 합리성을 부여하기 위해 꾸준하지만 헛되이 투쟁하는 과정일까 궁금해하기 시작했다. 그러면서 장난삼아 매혹적인 생각을 한 가지 떠올렸다. 우리와 우리 주변의 모든 상황이 그저 다 우연이며 길들일 수 없는 우주가 던져놓은 것이라는 사실을 받아들임으로써, 난잡하고 불확실한 현실을 맞이하는 법을 배우고 이 혼돈 속에서 새로운 의미를 찾을 수 있으리라는 생각이었다.

그런 이지적인 이론異論은 주일학교부터 시작해 대학원에 이르기까지 내가 배웠던 모든 것과 어긋났다. 모든 일은 이유가 있어 벌어지며, 우리는 그저 그 이유가 무엇인지만 알면 된다는 가르침이었다. 사회적 변화를 이해하고 싶다면, 그냥 역사책과 사회과학 논문을 더 읽어봐라. 우리 인류의 일대기와 우리가 어떻게 지금의 우리가 됐는지 알고 싶다면, 생물학에 푹 빠져서 다윈과 친숙해지면 된다. 인생의 알려지지 않은 신비를 해결하고 싶다면, 철학의 거장들과 시간을 보내고 신앙이 있는 사람이라면 종교에 의지하자. 그리고 우주의 복잡한 메커니즘을 이해하고 싶다면, 물리를 배워라.

그러나 이토록 오래도록 이어져온 인간의 신비가 똑같이 커다란 의문의 일부라면 어떨까?

특히 **왜 모든 일이 벌어지는가?**는 인류가 해결하려고 애써야 하는 가장 거대한 퍼즐이기도 하다. 세월이 흐르고 더 많은 책을 읽을수록, 나는 이 거대한 퍼즐에는 정치학 이론과 철학 서적, 경제학 공식, 진화생물학 연구, 지질학 조사, 인류학 논문, 물리학적 증거, 심리학 실험 또는 신경과학 강의로부터 선택되길 기다리는 안성맞춤의 해결책 따윈 없음을 깨달았다. 대신에 나는 잡다한 인간 지식의 영역에서 제공하는 조각들이 결합할 때 이 감 잡을 수 없는 퍼즐의 해결책에 더 가까이 갈 수 있으리라 깨닫기 시작했다. 이 책의 도전 목표는 이 조각들을 한데 엮어서, 우리가 누구이며 우리의 세계가 어떻게 작동하는지에 대한 관념을 재구성해 줄 새롭고 일관성 있는 그림을 만들어내는 것이다.

퍼즐 조각들을 충분히 맞추고 나면 참신한 그림이 나타난다. 그 그림이 명확해지는 모습을 보면, 우리가 스스로 들려주던 안락한 거짓말 대신 더욱 정확한 진실에 가까워질 수 있다는 희망이 솟는다. 설사 그것이 우리 안에 깊이 새겨진 세계관 전체를 완전히 뒤집어야 한다는 의미일지라도 마찬가지다. 미리 경고하자면, 방향감각을 잃고 혼란스러울 수도 있다. 그러나 우리는 이미 음모 가득한 정치와 팬데믹, 경제위기, 기후변화, 그리고 최신 AI 기술에서 탄생한 사회를 뒤집어 놓을 신선한 마법 등으로 구성된 혼란스러운 시대에 살고 있다. 빠르게 변화하는 세계 속에서 우리는 불확실성의 바다에서 난파된 듯한 기분을 느낀다. 그러나 바다에 빠졌을 때는 안락한 거짓말에 매달려 봤자 더 깊숙이 가라앉을 뿐이다. 최고의 구명 뗏목은 그저 진실일지도 모른다.

우리는 우리가 믿어야 했던 것보다 더 흥미롭고 복잡한 세계에서 살고 있다. 조금만 더 가까이서 응시해 보면, 깔끔하고 단정하게 엮인 동화 같은 현실은 확률과 혼돈이 지배하는 현실, 임의로 얽히고설켜서 아무리 사소한 순간이라도 모두 중요할 수 있는 세계에 자리를 내어줄지 모른다.

이 책을 통해 나는 진실인 척 취급받는 사악한 미신들을 떨쳐버리려 한다. 그러면서 우리 자신을 이해하는 데 도움이 될 인간 경험의 세 가지 측면을 탐구할 것이다. 우리 인류는 어떻게 지금의 상태에 이르렀으며 왜 그것이 우리에게 중요한가? 우리의 얼크러진 삶은 통제할 수 없는 임의적이고 우연한 사고들 때문에 어떻게 끝없이 방향을 바꾸는가? 그리고 왜 우리는 현대사회의 역동성을 이토록 자주 오해하는가? 곧 증명되겠지만, 아주 작디작은 우연마저도 중요할 수 있다. 세상을 떠난 철학자 한나 아렌트는 한때 이렇게 말했다. "가장 한정적인 환경에서 하는 가장 사소한 행동도 무한한 가능성의 씨앗을 품고 있다. 하나의 몸짓, 또 가끔은 하나의 단어로도 모든 별자리를 바꾸기에 충분하다."[16]

어떤 일은 아무 이유 없이 일어난다

혹자는 이 대담한 주장과 고귀한 인용에 이미 반기를 들었을 수도 있다. 현실의 동화 같은 모습은 거짓이며 확률과 혼돈이 우리가 상상했던 것보다 더 많은 변화를 이끈다면 우리의 삶과 역사, 그리고 우주에서 드러나는 그 분명한 질서는 왜 존재하는 것일까? 그렇다, 우리 삶의 여러 측면이 안정적이며 규칙과 편안한 일상의 지시를 받는 것은 사실이다. 어쩌면 내가 사례들을 과장하고 있는지도 모르고, 교토 이야기처럼 몇 가지 특이한 사례를 제외하고는 제멋대로 이루어지는 만남들과 우연한 사건들은 그다지 중요치 않은, 하찮은 호기심일 수도 있다.

수십 년 동안 진화생물학 분야는 세상을 바라보는 이 두 가지 대조적인 시각에 따라 갈렸다. 한쪽 진영에서는 인생이 제한적이고 안정적인 궤적을 따라간다고 본다. 또 다른 진영에서는 그리 확실치는 않으나 확률과 혼돈으로 인해 끊임없이 방향을 바꾸는, 영원히 가지를 뻗어나가는 생명의 나무를 들먹인다. 이 논쟁의 틀을 짜기 위해 생물학자들은 정반대의 용어들을 사용해 질문을 제기한다. "이 세상은 **우발적**인가, 또는 **수렴적**인가?" 중심 질문은 진화가 기이한 사건들과 임의적인 변동에도 예측 가능한 방식으로 계속되느냐, 아니면 이 우발성으로 인해 여러 갈래로 갈라져 진행되느냐다. 곧 살펴보겠지만, 이 용어들은 단순히 우리가 다윈의 이론과 갈라파고스의 핀치새 부리들을 이해하는 데에만 도움이 되는 것이 아니다. 우리네 삶과 사회가 왜 예상치 못하게 방향을 전환하는지 이해할 수 있는 유용한 길을 알려주기도 한다.

우리의 삶이 영화와 같아서 어제로 되감기 할 수 있다고 상상해 보자. 그러고 나서, 하루가 시작되는 시점으로 돌아갔을 때 작은 디테일을 바꿔보자. 이를테면 현관으로 뛰쳐나가기 전에 잠깐 멈춰서 커피를 마셨다든지와 같은 부분이다. 여러분이 커피를 마셨든 말든 하루가 거의 똑같이 흘러갔다고 하면 이는 수렴적인 사건이 된다. 디테일은 그다지 중요하지 않았고, 벌어졌던 일은 어찌 됐든 벌어지게 되어 있었다. 여러분 인생의 기차는 몇 분 늦게 기차역을 떠났으나 똑같은 궤도를 따라갔다. 그러나 여러분이 잠깐 멈춰서 커피를 마셨고 미래의 인생이 몽땅 다르게 풀려나갔다면 이는 우발적 사건이 된다. 작은 디테일 하나에 너무 많은 것이 달라졌기 때문이다.

자연계는 우발성과 수렴성 사이에서 아슬아슬 줄타기를 하는 것과 같다. 6600만 년 전에 지름이 약 15킬로미터인 소행성이 히로시마 원자폭탄의 100억 배나 되는 강도로 지구에 부딪혔다. 소행성은 멕시코 유카탄반도의 얕은 바다 밑에 깔린 석고암과 충돌했고, 그 충돌로 인해 폭발하면서 유독한 유황이 멀리까지 구름처럼 피어올랐다.

어마어마한 암석 부스러기가 대기 중으로 퍼지면서, '적외선 파동'[17]에서 정점에 이르는 강력한 마찰을 만들어냈다. 지구의 표면은 섭씨 260도까지 올랐고, 닭고기구이와 같은 온도로 공룡을 구워버렸다.[18]

충돌 후의 열이 엄청나게 높아서 살아남은 생물은 거의 둘 중 하나였다. 땅을 파고 사는 생물이거나 바다에 사는 생물이었다. 오늘날 정글이든 사막이든 살아 있는 생물들을 볼 때, 아니 사실은 우리가 거울을 들여다볼 때 우리는 이 소행성에서 살아남은 자들의 파생물을 보고 있는 셈이다. 다시 말해, 주로 임기응변으로 땅을 파고 들어간 생물들로부터 이어져 내려온 임의적인 생명의 가지다.[19]

한 가지 디테일을 바꾸면, 완전히 다른 세계를 상상할 수 있다. 소행성이 1분만 더 빨리, 혹은 더 느리게 충돌했더라면 얕은 바다 대신 깊은 바다를 쳤을 테고, 훨씬 적은 양의 독가스를 내뿜었을 것이며, 더 적은 수의 생물이 목숨을 잃었을 것이다. 소행성이 딱 1분만 느려졌어도, 어쩌면 지구 자체를 피해 갔을 수도 있다. 더욱이 놀랍게도, 하버드 천체 물리학자 리사 랜달은 이 소행성이 암흑물질을 통과하던 중에 태양 궤도가 진동해 생겨났다고 주장한다.[20] 이 작은 중력의 방해가 머나먼 오르트 성운으로부터 지구를 향해 소행성을 끌어당겼다는 것이다. 이렇게 저 깊은 우주의 헤아릴 수 없이 머나먼 곳에서 울린 작은 진동 하나로 공룡이 살아남았을 수도 있고, 그리하여 인간은 영영 존재하지 않았을 수도 있다. 이것이 바로 우발성이다.

이번에는 눈을 생각해 보자. 우리는 망막 안에 특별히 복잡하고 특화된 간상체와 원추세포가 존재하도록 진화했고, 그 덕에 빛을 감지할 수 있으며, 우리의 뇌는 그 빛을 처리하고 해석해서 이 세상의 생생한 이미지로 바꿔놓는다. 이 능력은 우리의 생존에서 필수적이지만, 지구의 역사에서 대부분의 시간 동안 동물들에게는 눈이 없었다. 그러다가 뜻하지 않게 임의적인 돌연변이가 일어나 빛을 감지하는 세포 무리를 창조해 냈다. 이 운 좋은 생물들은 자기가 더 밝거나 더 어두운 공간에 있는지 구분할 수 있었고, 그 덕에 생존하기 쉬웠다. 세월이 흘러 자연도태에 따른 진화가 이뤄지면서 이 생존의 이점이 강화됐다. 마침내 우리는 돌연변이로부터 시작해 PAX6 유전자라는 DNA 조각이 된 정교한 눈을 갖추게 됐다.[21] 언뜻 보기에 이 변칙적인 PAX6 돌연변이는 또 다른 우발적 사건처럼 보인다. 우리의 머나먼 조상들은 운이 좋았고, 수십만 년이 흐른 뒤 우리는 넷플릭스를 볼 수 있다.

그러나 오징어나 문어처럼 우리와 현저히 다른 생물들의 게놈을 일정한 순서대로 배열하기 시작하면서 학자들은 놀라운 발견을 하고 말았다. 문어와 오징어의 눈이 우리의 눈과 극도로 닮았다는 사실이었다.[22] 문어와 오징어의 눈은 PAX6 유전자와는 별개지만 유사한 돌연변이로부터 독립적으로 생겨났다. 아주 드문 확률로 똑같은 유전자가 발생한 것이다. 우리의 진화 경로는 문어와 오징어의 진화 경로와 대충 6억 년 전에 갈라졌지만, 결국 우리는 거의 같은 눈을 가지게 됐다. 인간과 오징어가 모두 희박한 확률을 깨고 진화의 복권에 당첨됐다는 의미가 아니다. 그보다 여기에서의 교훈은 자연이 가끔 똑같은 문제에 봉착했을 때 똑같은 효과적인 해결책으로 수렴하기도 한다는 것이다. 몇 안 되는 해결책만이 효과가 있기 때문이다. 언뜻 사소해 보이는 우연한 사건들이 만들어낸 요철이 결국에는 매끈해지는 경우도 왕왕 있다는 점에서 중요한 통찰이다. 문어의 눈과 인간의 눈이 결국 똑같은 일을 하고 있다면, 아마도 조그마한 변화는 그리 중요하지 않을 수 있다. 우발성으로 인해 발견이 일어나는 방식이 바뀔 수는 있으나 결과물은 비슷하다. 아침에 자명종을 꺼버려서 여행이 지연될 수는 있으나 삶의 경로가 바뀌지는 않는 것과 마찬가지다. 무슨 일이 벌어지든 여러분은 동일한 목적지에 도착할 것이며, 그게 바로 수렴성이다.

수렴성은 진화생물학에서 '모든 일에는 다 이유가 있어' 학파다. 우발성은 '어쩌다 그럴 수도 있지' 학파다.

이 체계는 우리 스스로를 이해하는 데 유용하다. 우발성이 우리의 삶을 이끌어간다면, 사소한 변동도 우리의 커리어 궤도부터 결혼 상대, 미래의 아이들까지 모든 것에 커다란 영향을 미칠 수 있다. 그러나 수렴성이 지배한다면, 겉보기에 임의적이거나 우연한 사건들은 우리의 삶을 급격하게 바꿔놓을 단순한 호기심이 될 가능성이 높다. 이렇게 우리는 우연의 힘을 무시할 수도 있다.

몇 세기 동안 과학과 사회는 수렴성에 대한 흔들리지 않는 믿음으로 정의되는 세계관이 지배하고 있었다. 애덤 스미스는 우리의 행동을 유도하는 '보이지 않는 손'에 대해 설명했다. 생물학자들은 처음에 찰스 다윈의 이론을 거부했다. 다윈이 우연한 가능성을 지나치게 강조하고 고상한 질서는 지나치게 경시했기 때문이다. 합리적 선택과 시계장치이론은 오랫동안 불확실성을 피하고 한쪽으로 밀어두었다. 사소한 변화는 반드시 무시해야 하는 '잡음'이라고 묵살해야 우리가 진짜 '신호'에 집중할 수 있는 법이다. 어느 유명한 명언조차도 수렴성의 깔끔한 논리에 물들어 있다. "도덕적 세계가 그리는 호는 길지만 정의를 향해 구부러진다."[23] 우리는 절대로 임의로 구부러지는 일은 일어나지 않는다고 듣는다.

몇십 년 전 기무라 모토라는 진화론의 이단자가 이 전통적인 지혜에 딴지를 걸면서, 사소하고 임의적이며 우연한 변동이 생각보다 중요하다고 주장했다. 1920년대에 유년 시절을 보낸 기무라는 학술적인 연구에 평생을 바치지는 않은 듯하다. 그는 일반적으로 인정받는 지식에 순응하고 존중해야 하는 체제 안에서 교육이 이루어지는 학교에 가기를 꺼렸다. 새로운 아이디어로 실험을 하다가는 혼이 났고, 그곳에서 지식이란 권위로부터 전해 내려오는 질서와 확실성을 의미했다. 기무라는 타고난 호기심쟁이였으나, 그가 다니던 학교는 탐구심 많은 사람을 받아주지 못했다. 그러다 마침내 1937년 한 교사가 기무라의 호기심을 격려했고, 기무라는 식물학에 대한 자신의 숨은 학구열을 발견했다. 그는 식물의 비밀[24]을 배우는 데 평생 헌신하겠다고 다짐했다.

그러다가 1939년 기무라와 가족 전체가 식중독에 걸렸고, 동생이 세상을 떠났다.[25] 기무라는 집에 틀어박혀 건강을 회복하고 있었다. 식물을 연구할 수 없었던 그는 수학과 유전, 염색체에 관한 책을 읽기 시작했다. 식물에 대한 집착은 변화가 어떻게 우리 유전자에 새겨지는지 이해하고자 하는 집착으로 바뀌었다. 기무라의 커리어 궤도와 훗날 진화생물학의 분야는 썩은 음식으로 인해 틀어졌다.

신예 진화이론가인 기무라는 생명을 구성하는 분자 단위를 자세히 살폈다. 그리고 더욱 깊이 살필수록 유전적 돌연변이는 아무런 규칙적 반복이나 이유 없이 발생한다고 의심하게 됐다. 그는 여러 돌연변이가 딱히 도움이 되거나 해가 되는 경우보다 임의로 일어나는 의미 없고 중립적인 변화인 경우가 흔하다는 사실을 발견했다.[26] 돌연변이가 일어날 때마다 기무라의 선배들은 타당한 설명과 이유를 찾았다. 그러나 기무라는 그저 어깨를 으쓱일 뿐이었다. 어떤 일은 아무런 이유 없이 일어난다. 어떤 일은 단지 그런 법이다.

기무라의 발견은 진화생물학 분야를 재편했고, 신선한 통찰을 가져와 여러 세대에 걸쳐 학자들에게 영향을 주었다. 그러나 그의 아이디어는 그보다 더 광범위한 영향력을 지녔다. 곧 살펴보겠지만, 기무라의 사상은 우리 세계의 복잡성과 그 안에 존재하는 뜻밖의 행운을 더욱 잘 이해하는 데 도움이 된다. 아마도 모든 일에 다 이유가 있지는 않으리라. 그리고 복잡하게 뒤얽힌 세상에서는 가장 작은 변화가 가장 커다란 변화를 일으킬 수도 있다.

또한 기무라는 존재 자체가 자기 아이디어에 대한 살아 숨 쉬는 설명이며, 임의적이고 상호연관된 변화가 어떻게 우발성을 만들어내는지 알리는 걸어 다니는 광고판이었다. 1944년 기무라는 일본 군대에 징집당하지 않으려고 대학에 입학했고, 1945년 8월 교토대학교의 학생이 됐다. H.L 스팀슨 부부가 1926년 기차를 놓치고 교토 대신 오사카에서 휴가를 보냈더라면, 기무라 모토와 그의 아이디어는 눈부신 원자폭탄의 섬광 속으로 사라지고 말았을지 모른다.

2장

하나를 바꾸면
열이 바뀐다

모든 행동이 각각 독립되어 있을 거라 믿는
개인주의의 착각

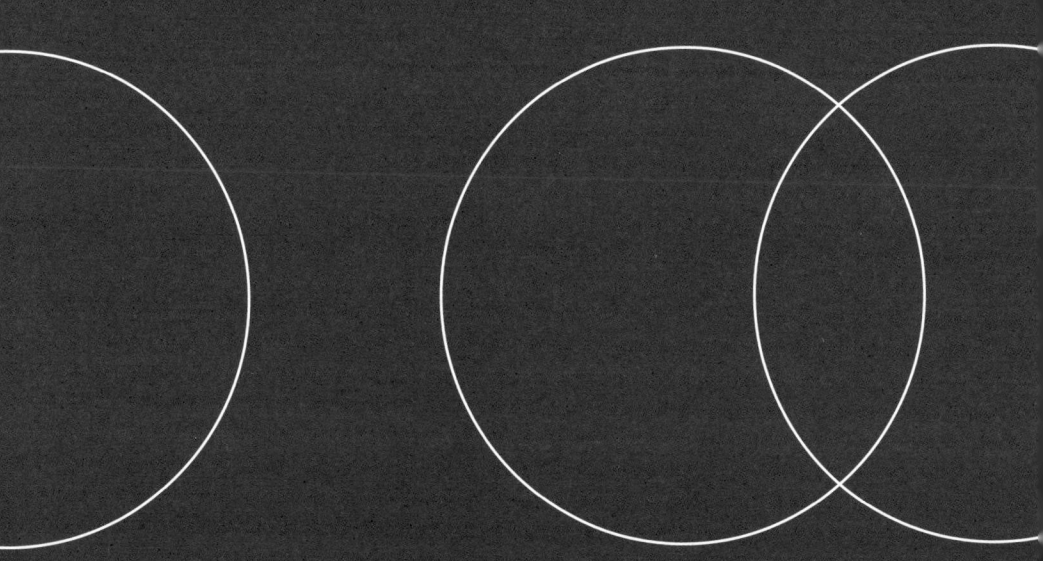

원자폭탄으로 인한 죽음을 가까스로 피한 기무라 모토와 같이 극적인 탈출을 경험한 이는 많지 않다. 그러나 모두 지나고 보면 자기 삶을 완전히 뒤바꿔 놓았던 우연의 순간이 언제였는지 정확히 짚어 낼 수 있다. 어쩌면 미래의 배우자와 마주쳤다든지 고등학교 시절에 새로운 열정을 심어주고 장래 희망을 완전히 바꿔놓은 수업을 들었다든지 하는 전통적인 회전점이었을지 모른다. 아니면 핸들을 꺾어 가까스로 목숨을 구한 구사일생의 위기를 겪었다든지, 집이나 아파트를 지원해 준다는 후한 제안을 거절한 뒤에 이제는 '우리 집'이라 부를 만한 훨씬 더 좋은 곳을 찾아낸 일일 수도 있다. 이 순간들은 분명 결과적으로 좋았기에 우리 기억에 남는다. 우리는 벌어질 수도 있었던 일들을 예상한다. 대안적인 길이 있었을 게 분명하다. 하지만 작은 변화 하나로 천생연분을 평생 만나지 못하고, 열정은 결코 드러나지 못하며, 구사일생의 사고는 치명적인 타격이 된다.

그러나 이런 순간들은 이른바 '이상치'로, 정확하게는 너무 드물고 특이한 순간이라서 감탄을 자아낸다. 우리는 마치 확률이 아니라 선택이라는 구성 요소로 삶을 만들어갈 수 있으리라 생각한다. 그리고 혼자 힘으로 이 중대하고, 또 바라건대 현명한 선택을 통제한다고 여긴다. 우리는 어느 길을 선택할지 조언해 달라고는 할지 모르나, 우리가 통제할 수 없는 것에 대해 조언해 달라고 하지는 않을 것이다(그 누구도 다음번 소행성의 대충돌로 인한 멸종을 피하는 법을 알려준다는 자기계발서는 읽지 않으리라). 이로써 중요하고 인생을 뒤바꿀 결정을 내릴 때 우리의 궤도가 바뀐다는 것이 분명해진다. 딱 맞는 대학을 고르고, 적절한 경력을 쌓기 위해 첫 직장에서 열심히 일하고, 평생을 함께할 올바른 상대를 선택한다. 그리고 중요한 일들을 바로잡는 데 집중하면 모든 것이 괜찮아지리라는 이야기를 듣는다. 동기부여를 해준다는 테드토크를 듣거나 자기계발서를 읽어보면 우리가 찾을 수 있는 유일한 해결책은 우리 자신뿐이라고 말한다. 이 메시지들이 인기 있는 까닭은 우리 대부분이 개인주의자의 프리즘으로 삶을 들여다보기 때문이다. 우리의 인생사는 크라우드 소싱으로 이뤄지지 않는다. 우리가 내린 중요한 결정이 우리의 진로를 결정하며, 이는 **우리가** 우리의 진로를 통제한다는 의미가 된다. 그리고 그 진로를 이해하고 싶다면 '나'라는 제단에 기도를 올려야 한다.

그러나 가끔 우리는 우리의 진로가 다른 누군가의 진로와 부딪혀 통제할 수 없을 것처럼 보이는 언뜻 당황스러운 순간을 목격한다. 우리는 이 순간을 운이나 우연의 일치, 아니면 운명이라 부르면서 정도에서 벗어난 것으로 분류한다. 세상이 '정상적으로' 기능할 때 삶은 예측 가능하고 질서정연한 규칙성을 띤 것처럼 보이기 때문이다. 우리는 대개 이 규칙성을 직접 지시할 수 있다고 확신하며, 스스로가 운명의 주인이라 생각한다. 그러다 이 자신감 넘치는 확실성에 딴지를 거는 이상한 우연이랄지 우연한 전환에 맞닥뜨리면, 정상에서 잠시 벗어난 상태를 무시하고 계속 나아가면서 우리의 미래를 형성하는 다음 차례의 중요한 결정을 내릴 준비를 한다. 이는 이론의 여지가 없을 정도로 어디에나 존재하는 흔한 사고방식이다. 이것이 바로 세상이 돌아가는 방식이다.

다만 문제가 하나 있으니, 바로 거짓말이다. 그 거짓말이 우리의 시간을 규정하므로 이를 **개인주의의 착각**이라 부를 수도 있겠다. 우리는 물에 빠진 사람이 떠다니는 파편에 매달리듯 이 착각에 매달린다. 그러나 가끔 스스로가 모든 사람과 상황으로부터 분리되어 있다거나 분리될 수 있다고 생각하는 것이 얼마나 터무니없는지 분명히 밝혀주는 이야기를 마주한다.

시계처럼 정확한 우주 vs. 불확실한 우주

2022년 여름, 그리스 해변에서는 새로울 것 없는 비극이 벌어졌다. 북마케도니아에서 온 이반이라는 관광객이 바다로 떠내려간 것이다. 친구들은 서둘러 구조 요원들에게 알렸지만, 수색은 별 소득 없이 끝났다. 이반은 바다에서 실종됐다고 신고됐으며 다들 그가 목숨을 잃었으리라 추측했다. 그러나 이반은 열여덟 시간 후 발견돼 기적적으로 살아 돌아왔다.[1] 불가능해 보이는 일이었다. 그러나 이반은 파도에 휩쓸려 익사하기 일보 직전에, 작은 축구공 하나가 저 멀리 동동 떠 있는 것을 발견했다. 그는 젖 먹던 힘까지 쥐어짜서 공까지 헤엄쳐 갔고, 밤새 공에 매달려 있다가 구조됐다. 공이 이반의 목숨을 살렸다.

이반의 생존기가 그리스 전역에 보도됐을 때 아들 둘을 둔 어느 어머니가 이반이 들고 있는 공을 알아보고 깜짝 놀라고 말았다. 그 어머니의 두 아들이 열흘 전 바로 그 공을 가지고 놀다가 실수로 바다로 차 보냈던 것이다. 공은 파도를 타고 130킬로미터가량 흘러갔고, 딱 적절한 순간에 익사 직전이던 선원과 한 몸이 됐다. 아이들로서는 공을 잃어버리든 말든 별 상관이 없었고, 어깨를 한번 으쓱이고 새 공을 하나 더 샀을 뿐이다. 그러고는 나중에야 자기네가 실수로 공을 차 보내지 않았다면 지금쯤 이반은 이 세상 사람이 아니었으리라는 사실을 알게 됐다.

우리 삶의 진짜 이야기는 가끔 구석에서 발견된다. 작은 디테일이 문제가 되고, 심지어 우리가 결코 만날 일 없는 사람들의 결코 중요하지 않은 선택이 우리의 운명을 확정 지을 수도 있다. 다만 우리 대부분이 이반이 경험했던 것처럼 그 상황을 명확히 보기 어려울 뿐이다. 여기서 결정적인 실수는 이반을 이상치, 즉 세상이 작동하는 평범한 방식에서 잠시 떨어져 나온 것이라고 주장하는 것이다. 이반은 이상치가 아니다. 그보다, 뜻하지 않게 얽히고설킨 우리의 존재 속에서 꾸준히 일어나는 일을 잠시나마 명료하게 목격했을 뿐이다. 그러나 우리는 우리가 자기 삶을 홀로 책임지는 독립적인 단위라는 착각으로 가득 찬 세계관에 눈이 멀어서 그 사실을 무시한다.

인생의 태피스트리는 마법의 실로 짜여 있다. 풀어낼수록 끝도 없이 길어지는 실이다. 현재의 모든 순간은 저 머나먼 과거까지 뻗어나가는, 서로 연관되어 있지 않은 가닥들로 이루어져 있다. 실 한 가닥을 잡아당길 때마다 언제나 예상치 못한 저항이 생겨난다. 각각의 실이 태피스트리의 각자 다른 부분에 연결되어 있기 때문이다. 버밍햄 감옥에서 마틴 루터 킹이 쓴 편지처럼, "우리는 하나의 운명이라는 이름을 가진, 벗어날 수 없는 상호관계의 연결망에 얽혀 있다"[2]는 것이 진실이다.

1814년 프랑스의 다재다능한 학자 피에르 시몽 라플라스가 이런 식의 뒤얽힌 존재가 지닌 오랜 미스터리와 씨름하고 있었다. 왜 우리는 미래를 형편없게 예측하는가? 왜 가끔 우리를 놀래키는 사건들이 발생하는가? 왜 세상이 변하는지 이해함으로써 변화를 더 용이하게 통제하는 것이 가능한가?

라플라스의 수학적 천재성은 동시대 과학인들에게 초인으로 보였을 것이 분명한 아이작 뉴턴의 업적을 바탕으로 삼았다. 뉴턴 이전에 세상은 야생의 수수께끼로, 판독이 불가능하도록 자신의 비밀을 굳건히 지키고 있었다. 뉴턴은 암호를 해독하고 수많은 비밀을 발견했으며, 이 비밀들을 움직이는 몸의 규칙적이고 예측 가능한 행동들을 설명하는 '법칙'이라고 썼다. 뉴턴의 법칙은 우리가 우주를 이해하는 방법뿐 아니라 우주에 대한 철학적 관점에도 지대한 변화를 일으켰다. 아주 오랜 옛날에는 변화와 재난이 신의 음모 탓이라고 보았다. 인간이 신을 화나게 하거나 제물을 충분히 바치지 않았기에 배가 난파되고 탑이 무너진다고 했다. 뉴턴은 이런 간섭쟁이 신들을 은퇴시켜 버렸고, 그로써 더 이상 생활에서나 자연에서 매 순간 일어나는 변화들을 설명하는 데 신이 필요치 않게 됐다. 우리에게는 그저 애초에 우주를 지배하는 법칙이 어디에서 나왔는지 설명하기 위해 초자연적인 힘이 필요했을 뿐이었다. 신이 시계를 창조했는지 몰라도, 시계를 계속 움직이게 한 건 뉴턴의 법칙이었다.

라플라스는 여기서 아이디어를 얻었다. 우리가 엄격한 법칙이 지배하는 규칙적인 우주에서 살고 있다면, 시계의 메커니즘을 이해함으로써 완전히 정확하게 미래를 예측하고, 어질어질한 세상에 예리하게 초점을 맞추며, 현재를 보듯 환하게 미래를 볼 수 있어야 한다. 우리에게는 그저 적절한 도구가 필요했을 뿐이다. 결국 과학혁명이 일어나기 전에는 당구대 위 공의 움직임을 정확하게 예측하는 게 마법에 가깝게 보였다. 뉴턴의 법칙과 함께 수학과 물리학의 등식이 미래를 볼 수 있는 마법의 힘을 안겨주었다. 그렇다면 우주 전체가 완전히 예측할 수 있는 뭔가로 변화될 수 있었을까?

라플라스는 모든 사건과 모든 돌풍, 모든 분자가 엄격한 과학적 규칙들의 지배를 받는다고 여겼다. 이것이 뉴턴이 제시한 확고한 자연의 법칙이다. 따라서, 당구를 치는 누군가가 공을 코너포켓에 넣을 수 있을지 예측하고 싶다면, 뉴턴역학의 원칙들과 공의 무게, 공을 치는 힘과 각도를 이해해야 한다. 또한 겉보기에 중요치 않은 디테일들, 이를테면 실내 온도나 열린 문에서 바람이 불어오는지 혹은 큐대에 분필 찌꺼기가 남았는지 여부 등도 알고 있어야 한다. 그러나 라플라스는 당구공이나 방 안을 떠돌아다니는 공기 분자를 원자 수준까지 파악할 수 있다면 당구공이 결국 어디까지 갈 것인지 완벽하게 정확히 예측할 수 있을 것이라 판단했다. 그러고는 급진적인 사상을 제시했다. "만약 인간 역시 당구공과 같아서, 우리네 인생이 서로 맞부딪히면서도 똑같은 자연의 법칙을 따른다면 어떨까?"

이 논리를 활용해 라플라스는 흥미로운 사고실험을 제안했다. 여러분에게 전지전능한 지력이 있는 초자연적인 생명체인 이른바 '라플라스의 악마'[3]가 있다고 상상해 보자. 이 생명체는 그 무엇도 바꿀 힘이 없으나, 우주에 있는 모든 원자의 모든 세부적인 부분을 절대적으로 정확하게 알 수 있다. 호주 본다이 비치의 모래알을 구성하는 분자부터 파라과이에 서식하는 아르마딜로의 대장 속 가장 어두운 구석에 존재하는 박테리아의 화학 성분까지 모두 다 안다. 라플라스는 이 생명체가 존재한다면 "그런 지적 능력으로는 그 무엇도 불확실하지 않을 것이며 미래는 마치 과거처럼 눈앞에 펼쳐질 것이다"[4]라고 주장했다. 다시 말해서, 완벽한 정보를 가진 악마는 마치 완성된 직소퍼즐처럼 시간과 공간을 초월해 현실을 바라본다. 그 결과, 모든 일이 왜 벌어지는지 이해할 수 있고 그리하여 다음 차례에는 무슨 일이 벌어질지도 알 수 있다. 물에 떠다니던 축구공은 이반을 놀라게 했으나 과거와 현재, 미래에 모든 것이 어떻게 딱 떨어지는지 명료하게 볼 수 있는 라플라스의 악마는 이반이 공포에 질리기 시작할 즈음 축구공이 다가오고 있음을 알았을 것이다. 악마에게 세상은 전혀 미스터리가 아닐 테니까.

다른 과학자들과 철학자들은 라플라스의 악마가 지닌 시계처럼 정확한 세계를 인정하지 않는다. 우리가 시계처럼 정확한 우주를 이해하지 못한다거나 우리에게 이를 측정할 적절한 도구가 없다는 게 아니라, 우주의 신비는 이해할 수 없다는 뜻이라고 이들은 주장한다. 우리의 삶은 달라질 수도 있었다. 미래는 우리가 상상할 수 있는 그 어떤 기술이나 전지전능한 악마와 상관없이 언제나 수수께끼와 같다. 우리가 모르는 게 아니라, 알 수가 없다.

그렇다면, 어느 쪽일까? 우리는 시계처럼 정확한 우주에 살고 있을까, 아니면 불확실한 우주에 살고 있을까?

미세한 차이가 일으키는 엄청난 변화

60년 전 에드워드 노튼 로렌즈라는 사람 덕에 우리는 정답에 한층 더 가까워질 수 있었다. 어린 시절부터 로렌즈는 날씨에 관심을 가졌다. 그러나 다트머스대학교에서 수학을 공부하고 하버드대학교에서 박사 학위를 따기 위해서는 이 관심사를 마음 한구석에 묻어두어야 했다. 그 후 한창 공부에 매진하던 차에 제2차 세계대전이 발발했다. 미국 정부는 새내기 수학자들뿐 아니라 모든 시민을 필요로 했다. 우연히 로렌즈는 미군 기상예보단에서 신병을 모집한다는 전단지를 보게 됐고, 날씨에 매료됐던 어린 시절을 떠올리며 지원했다. 그는 MIT의 기상 체계에서 전문 훈련을 받은 후 사이판과 오키나와로 파견됐고, 그곳에서 일본에 맞서 폭격을 할 때 구름의 양을 예보하는

'상층 대기부'를 담당했다(고쿠라가 예상치 못했던 먹구름 때문에 행운을 누렸던 당시 로렌즈가 기상예보의 핵심적인 인물이었을 가능성이 높다).[5]

최고의 두뇌와 최고의 장비를 갖추었어도 1940년대의 기상학은 추측에 가까웠다. 전쟁이 끝난 후 로렌즈는 태평양의 이 예측 불가능한 기상 체계로부터 교훈을 얻어 왜 어떤 일들이 일어나는지에 대해 더 중요한 진실들을 실험해 보기로 결심했다. 1960년대에 컴퓨터는 여전히 걸음마 단계였고, 따라서 실제 세계의 기상 체계를 모의 실험해 보기란 불가능했다. 그러나 로렌즈는 LGP-30 컴퓨터로 단순화한 소세계를 창조해 냈다.[6] 실제 세계에서 기상 체계에 영향을 미치는 수백만 가지의 다양한 변인 대신, 그가 컴퓨터로 만들어낸 모델은 기온이나 풍속 같은 12개의 단순 변인만 갖추고 있었다. 이 원시적인 디지털 세계에서 로렌즈는 라플라스의 악마 역할을 맡았다. 자신이 만든 가상의 세계에서 모든 것의 정확한 측정량을 언제나 알 수 있었기 때문이다. 악마처럼 로렌즈도 미래를 보기 위해 자신의 정확한 정보를 사용할 수 있었을까?

어느 날 로렌즈는 다시 시뮬레이션을 해보기로 결심했다. 시간을 아끼기 위해 중간에서부터 시작하기로 했고, 그 초창기 정보를 데이터 측정 지점에 연결했다. 그는 풍속과 기온을 같은 수준으로 맞춰놓는 한, 기상 패턴이 예전에 그랬던 것처럼 반드시 반복되리라고 여겼다. 같은 조건이면 같은 결과가 나온다는 의미였다.

그러나 조금 이상한 일이 벌어졌다. 로렌즈가 모든 것을 예전과 동일하게 설정했음에도, 시뮬레이션을 반복할 때마다 날씨가 모든 면에서 다르게 나타났다. 뭔가 실수가 있었던 모양이라고 그는 판단했다. 다른 이유로는 설명할 수가 없었다. 하지만 이를 이해하기 위해 데이터를 보고 또 본 뒤에야 로렌즈는 무슨 일이 벌어졌는지 깨달았다. 그의 컴퓨터는 데이터를 소수점 이하 셋째 자리까지 반내림해서 인쇄했다. 예를 들어, 정확한 풍속이 시속 3.506127마일이라면 인쇄물에서는 시속 3.506마일이라고 표시되었다. 그가 끄트머리가 잘린 수치를 다시 시뮬레이션에 입력할 때면 언제나 조금씩 숫자가 줄어들었던 셈이다(이 경우에 겨우 시속 0.000127마일이었다). 작은 반내림 오차처럼 의미 없어 보이는 변동만으로도 커다란 변화가 일어났다.

그로 인해 로렌즈는 우리가 세상을 이해하는 방식의 토대를 깨뜨리는 깨달음을 얻게 됐다. 조건이 통제되는 정확한 우주에서조차 작디작은 변화가 어마어마한 차이를 만들어낼 수 있다는 것이다. 기온을 100만 분의 1도 높인다거나 기압을 1조 분의 1바 올리는 것만으로도, 두 달 뒤 맑고 청량한 하늘에서 장대비가 내리거나 심지어는 허리케인이 일어날 수 있다. 로렌즈의 발견은 **나비효과**라는 개념을 창조해 냈다. 브라질에서 나비 한 마리가 날갯짓을 한 번 했을 때 텍사스에서 회오리바람을 일으킬 수 있다는 개념이다.

로렌즈는 얼결에 **카오스 이론**chaos theory을 탄생시켰다.[7] 교훈은 분명했다 라플라스의 악마가 존재할 수 있다면 흠 없이 측정을 할 수 있어야 한다. 생명체에서 원자 하나라도 달라지면, 시간이 흐름에 따라 그에 대한 예측은 손쓸 수 없을 정도로 틀리게 되고 만다. 여러 체계가 무질서하고 초기조건의 사소한 부분에까지 민감하게 영향을 받다 보니 아무리 정확한 이론을 따르더라도 무언가를 예측하기가 대단히 어렵다는 사실을 이제 우리는 알고 있다. 오늘날 역시 최고의 슈퍼컴퓨터를 마음대로 다룰 수 있다 하더라도 기상 예측은 완전히 신뢰하기 어려우며, 기상학자들은 일주일 혹은 2주 이상 먼 미래를 감히 예측하려 들지도 않는다. 미세한 차이가 엄청난 변화로 이어질 수 있기 때문이다. 셜록 홈스는 한때 "사소한 것들이 당연코 가장 중요하다는 것이 내 오랜 좌우명이다"[8]라고 떠들어댔다. 카오스 이론은 홈스의 말이 맞았다는 사실을 증명했다.

작은 변화가 그토록 엄청난 차이를 만들어낼 수 있기 때문에 우주는 언제나 우리에게 불확실하고 심지어는 임의적인 것처럼 **보일** 수 있다. 제아무리 기술적으로 도약한다 하더라도 인간은 결코 라플라스의 악마가 될 수 없다. 우리가 보고 경험하는 모든 것의 이면에 시계처럼 정확한 우주가 재깍거리며 존재한다면 우리는 절대로 그 우주를 온전히 이해하지 못할 것이기 때문이다.

카오스 이론은 예측 가능한 당구공조차도 예측할 수 없다고 재분류해야만 한다는 의미였다. 당구대 근처에 선 한 무리의 사람이 만들어내는 중력질량의 미세한 당김도 당구공이 다른 공들과 대여섯 차례 튕긴 이후 어떻게 움직일지 예측할 수 없게 할 수 있다.[9] 그렇기 때문에 완벽한 뱅크숏조차도 몇 차례 부딪히고 나면 어떻게 할지 계획할 수 없다. 이렇게 조그만 당구대 안에서도 그렇다면, 세상을 구성하는 수억 수조 개의 셀 수 없이 많은 원자 당구공은 어떨지 상상해 보자. 가장 작디작은 변동마저 문제를 일으킬 수 있고, 따라서 예측 가능한 미래란 허풍선이들과 바보들이 믿는 섭리일 뿐이다. 아니면 신학자 페마 초드론의 말마따나 "당신이 보장과 확실성에 집착한다면, 엉뚱한 세상에 태어난 셈"이다.[10]

카오스 이론은 우리가 세상을 이해하는 방법을 바꿔놓았다. 그러나 로렌즈의 발견은 우리 자신의 존재에 관한 불안한 의문들로 이어지기도 한다. 풍속이 미세하게 바뀐 탓에 몇 달 후 폭풍이 일어난다면, 화요일 아침에 알람을 꺼버리는 대신 침대에서 벌떡 일어나겠다고 한 결심은 어떻게 될까? 우리의 삶은 하찮은 선택을 비롯해 외견상 마구잡이로 찾아오는 작은 불행이나 운에 지배당하고 있을까? 그리고 다음과 같이 당혹스러운 의문도 생겨난다. 만약 1926년 헨리 스팀슨의 휴가 계획이 20년 후 수천 킬로미터 떨어진 곳에 사는 수십만 명의 목숨에 영향을 미칠 수 있다면, 우리가 걱정해야 할 대상은 단순히 우리의 알람 시계가 아닐 것이다. 알람 시계와 언뜻 보기에 중요치 않아 보이는 80억 인구의 선택 역시 우리 삶의 궤적을 흔들어놓을 수 있다. 우리가 그 사실을 인식하지 못하는 경우에도 마찬가지다.

잠시 동안 눈을 가늘게 뜨고 현실을 노려보면, 우리가 시간과 공간을 넘어 서로에게 떼려야 뗄 수 없게 연결되어 있음을 깨닫게 된다. 이처럼 얽히고설킨 세상에서는 우리가 하는 **모든 것**이 중요하다. 우리가 일으키는 잔물결은 다른 사람들의 삶에 폭풍우를 일으키거나 그 삶을 잠잠하게 가라앉힐 수 있다. 이는 우리가 생각보다 훨씬 더 세상을 통제하지 못한다는 의미다. 지축을 뒤흔드는 사건들은 거의 예상할 수 없는 이상하고도 예기치 못한 상호작용을 바탕으로 생겨날 수 있다. 그러나 그 반대인 척할 때, 개인으로서 질서정연하고 분리할 수 있는 세계에서 살아가는 척할 때 우리는 훨씬 더 편안함을 느낀다. 그러니 그런 척을 해보자.

우리가 세계의 총체적인 단일성을 무시하고 그 대신 모든 것을 깔끔하게 분류할 수 있는 척 가장하는 이유가 무엇이든, 현실은 상호 연결**되어** 있다. 상호 연결성이 모든 것을 이끌어가며, 우리의 세계는 서로 얽혀 있다. 일단 얽매인 존재라는 것을 인정하고 나면, 사건들이 벌어지는 과정에서 확률과 혼돈, 임의적인 사고들이 중요한 역할을 맡고 있다는 점이 명백해진다. '신호'와 '잡음'은 진짜로 분리되지 않을 수도 있다. 잡음이란 건 존재하지 않는다. 한 사람의 삶에서 발생하는 잡음은 설사 우리가 감지하지 못하더라도 다른 사람의 삶에서는 신호가 된다.

이와 똑같은 역학이 살인을 저지른 정신이상자의 남편을 조상으로 둔 나에게도 실제로 적용되며, 나만큼 끔찍한 방식은 아니길 바라지만 여러분에게도 그렇다. 모든 삶에서 새로이 전개되는 사건들은 작고 우발적인 디테일로 인해 무한대로 변화한다. 우리는 이것이 진실이 아닌 척하길 좋아하지만, 현실은 우리가 무슨 생각을 하든 아랑곳하지 않는다. 우리는 영원히 다른 사람들이 일으키는 잔물결에 몸을 맡긴다. 그리스의 먼바다에서 허우적대던 이반은 이 진실을 문자 그대로 경험했다. 그러나 우리 대부분은 이를 무시한다.

개인에게 진실이라면 사회에서도 진실이다. 나심 니콜라스 탈레브가 '검은 백조'[11]라고 칭한, 안온한 상태에서 우리를 강타하는 예상 밖의 크고 중대한 사건들은 어떻게 설명할 것인가? 최근 몇 세기 동안 세상은 더욱 밀접하고 긴밀해졌다. 새로운 의견은 아니지만, 분명 작은 변화와 사건, 그리고 우연성 등은 그 어느 때보다 '검은 백조'가 되기 쉽다는 의미다. 아이슬란드에서 터진 화산이 수백만 명을 고립시킬 수 있다. 수에즈 운하에 갇힌 배 한 척이 수십 개 나라의 공급망을 파괴할 수 있다. 중국의 한 도시에서 새로운 바이러스에 감염된 사람 한 명이 한 번에 세계 모든 곳에서 일어나는 모든 일을 중단시킬 수 있다. 우리의 세계는 초연결되어 있다.

우리의 세계는 단순히 뒤얽혀 있을 뿐 아니라, 우리가 느끼지 못한대도 끊임없이 변화한다. 여러분도 이 책을 읽는 동안 계속 변화한다. 여러분은 (감사하게도 아주 경미한 수준으로) 노화되고 있지만, 뇌 속의 신경망 역시 여러분이 각 단어를 인지하는 동안 미세하게 변하고 있다. 결정적으로, 우리가 중요한 일을 전혀 하지 않는 듯 보일 때조차도 미래의 삶을 바꿔놓을 사건들이 인접 환경 바로 바깥에서 벌어지고 있다. 다만 우리가 깨닫지 못할 뿐이다. 고대 그리스 철학자인 헤라클레이토스는 이를 정확하게 짚어냈다. "그 어떤 사람도 같은 강물에 두 번 들어갈 수 없다. 같은 강도 아니고, 같은 사람도 아니기 때문이다."[12] 여기에 더해, 헤라클레이토스의 제자인 크라틸로스는 우리가 그저 수동적인 관찰자는 아니라고 언급했다. 강물에 발을 담그면, 그 사람이 그 강물을 바꾼다. 그 무엇도 정적이지 않다. 미세한 변화조차 시간이 흐름에 따라 합쳐진다.

특히나 복잡계를 연구하는 과학자들은 오랫동안 이 진실을 알고 있었다. 혼돈 체계에서는, 로렌즈가 발견했던 것처럼 체계의 하위 집합에서 벌어지는 작은 변화가 그 외의 모든 것에서 예측할 수 없는 효과를 일으킨다. 이 과학자들은 그 무엇도 진정으로 독립적이지 않다는 분명한 사실을 절대로 놓치지 않는다. 모든 것은 일체화된 전체의 일부다.

어느 소규모 인간 집단은 우리보다 더 본능적인 방법으로 이 진실을 경험해 왔다. 지구 전체를 일제히 본 적 있던 이 집단은 우주의 칠흑 같은 어둠에 반대한다. 이 관점은 사람들을 감동시키고 세계관을 순식간에 재설정한다. 그러나 지구 전체를 잠시 보았던 몇 안 되는 행복한 우주비행사들은 아름다움에 쉽게 흔들리기에는 그다지 감상적이거나 자유로운 영혼이 아니었다. 미국 우주 프로그램이 시작되자 미국 항공우주국은 감상이나 경외심에 거의 좌우되지 않을, 합리적이고 실용적인 사람들 위주로 잠재적인 신입 요원들을 찾았다. 미 항공우주국은 철학자와 시인의 성향을 지닌 이들이 경험에 눌려 결정적인 순간에 항공기를 충돌시킬지도 모른다고 걱정했다.

우주비행사들은 상대적으로 냉정하고 무정한 기질을 기준으로 선발된 사람들이었으나, 온전한 모양의 푸른 지구를 직접 보고 나서는 그 관점이 뒤흔들리며 눈이 번쩍 뜨이는 순간에 휩싸였다. "내 평생 가장 아름답고 마음을 사로잡는 광경이었다."[13] 아폴로 8호 작전을 지휘한 프랭크 보먼은 이렇게 말했다. 아폴로 14호의 조종사였던 에드거 미첼도 여기에 동의하며, 그 경험에서 "일체감의 황홀경"을 얻었고 존재의 깨지지 않는 연결성을 인식할 수 있었다고 강조했다. 작은 창을 통해 지구를 지켜보면서 그는 "내 몸의 분자와 우주선 자체의 분자는 아주 오래전에 '나'라는 하늘에서 타들어 간 고대의 별들 가운데 어느 별의 용광로에서 만들어졌다"[14]라고 문득 생각했다. 우주에서 지구를 바라보는 이들은 공통적으로 이 일체감에 대한 심오한 깨달음을 얻었고, 그러다 보니 이를 가리켜 '조망효과'라고 부르게 됐다.[15]

우리는 여전히 제한된 시야에 갇혀 있다. 우주비행사들이 우주비행선 바깥을 가만히 응시했듯 시야를 넓혀보자. 그러면 금세 개인주의란 신기루에 지나지 않음을 명확하게 깨달을 수 있다. 우리를 정의해 주는 것은 관계성이다.

처음에는 긴밀하게 연결된 세상이 두려워 보인다. 통제할 수 없는 상황이나 지구 반대편에 사는 타인의 결정, 오랫동안 잊혔던 몇십 년 전의 결정이 우리를 죽이거나 경제를 심각한 불황으로 무너뜨릴 수 있다는 이야기를 듣고 싶은 사람은 아무도 없다. 그러나 좋든 싫든 이것이 세상이 움직이는 방식이다. 오래전에 세상을 떠난 사람들이 내린 결정들조차 계속해서 중요한 영향을 미친다. 1905년 위스콘신주에서 네 명의 아이가 살해당하지 않았더라면 독자 여러분은 이 문장을 읽을 수 없었으리라.

좋을 때나 힘들 때나 현실은 두려운 것이 아니라 경이로우며, 삶의 모든 순간에 잠재적으로 숨겨진 의미를 부여한다. 또 개인주의적인 세계관을 철저히 뒤집는다. 우리는 중대한 결정을 하면서 개인적인 운명을 완전히 통제할 수 없으며, 가장 사소한 결정조차도 영원히 세상을 바꿔놓을 만큼 중요하다. 윌리엄 블레이크의 시 「순수의 전조」 도입부에는 과학적 진실이 담겨 있다. "모래알 하나에서 세상을 보고／야생화 한 송이에서 천국을 보려면／손바닥 안에 무한을 쥐고／찰나에 영원을 담으라."

이제는 세상 안에서 자기 자신을 어떻게 바라볼지에 대한 우리의 관점을 조정할 때가 왔다. 우리의 혼란하고 얽히고설킨 존재는 다음과 같이 강력하고 놀라운 사실을 드러낸다.

우리는 그 무엇도 통제할 수 없지만 모든 것에 영향을 미친다.[16]

우리는 생각보다 훨씬 더 제멋대로인 세상에 살고 있다

이 놀라운 사실을 인식하는 이는 거의 없다. 정반대로 이야기하는, 즉 세상은 긴밀히 연결되어 있지 않으며 개인주의적이라고 말하는 메시지들이 우리를 맹공격하기 때문이다. 우리가 각자 제어할 수 있다고 믿는 통제 가능한 세상에 대한 신화가 특히나 현대 서양 사회 여기저기에 편재해 있다. 현대 문화에 관한 모든 것이 우리가 세상을 변덕대로 주무를 수 있는 주인공인 양 느끼게 한다. 법적인 성인이 사소한 불만을 생방송처럼 떠들어댄다. 이제는 우주비행사보다 유튜브 스타가 되고 싶은 아이들이 세 배는 더 많다.[17] 아메리칸 드림은 극단적인 개인주의에 대한 망상이다. 모든 것이 우리에게 달렸다니! 이것이 진실이라면, 우리는 다른 사람들의 결정이 시간과 공간을 초월해 만들어낸 동요와 잔물결을 지워낼 수 있어야 한다. 그러나 우리는 때때로 이반과 축구공 같은 이야기를 들으며 인생의 숨겨진 관계성에 머리를 한 대 얻어맞는다. 아주 잠깐은 개인주의의 신화 속에서 신경에 거슬리는 문제를 접할 수도 있겠지만, 그때마다 우리는 그저 어깨를 한번 으쓱이며 넘어가 계속 거짓의 삶을 살아간다.

이 세계의 사상과 신념을 지배하는 제도인 서구의 근대성은 우리의 삶과 사회에서 어떤 변화가 어떻게 일어났는지 설명하기 위해 단순화된 신화를 생성해 왔다. 분리된 개인이 의도적이고 독립적으로 행동한다는 전통적인 지혜가 너무나 만연해서 "사실 우리 모두는 존재의 일체화된 인과관계에 전적으로 연루되어 있다"라는 식의 주장이 눈으로 관찰할 수 있는 경험적 사실을 공표한다기보다는 자기계발서를 낸 뉴에이지 도사의 입에서 나올 법한 소리로 들릴 정도다(과학 분야에서 이런 메시지를 가장 많이 포용하고 퍼뜨리는 이는 이론 물리학자일 때가 많다).

이 근대적 오개념은 현실의 광대한 복잡성을 다듬어서, 우리가 그 미쳐 돌아가는 혼란스러움을 좀 더 관리하기 쉬운 깔끔한 상자 안에 욱여넣을 수 있게 해준다. 이 상자들은 불확실성을 확실성으로, 혼돈을 질서로, 어수선한 복잡성을 우아한 단순성으로, 그리고 서로 꼬여 있는 돌발적인 세계를 (주로) 합리적인 개인들이 독립적으로 선택하며 다스리는 세계로 대체한다. 이 상자들 덕에 우리는 편안하다. 인간은 X가 Y를 야기한다는 식의 간단한 이야기를 좋아하지, 수천 개의 이질적인 요소가 결합해 Y를 야기하는 설명은 선호하지 않는다. 우리는 커다란 사건을 설명하기 위해 단 하나의 큰 변화에 초점을 맞추며, 작은 모래 알갱이가 쌓이고 쌓여서 산사태를 일으킨다는 사실은 무시한다. 심지어 자연의 광대함을 각각 작은 상자에 담으면서, 자연을 일체화된 전체에서 떼어낼 수 없는 일부로 바라보기보다는 등산이나 가는 장소로 취급하기도 한다.

우리의 언어는 이 오개념을 반영한다. 작가이자 철학자인 앨런 와츠는 우리가 탄생을 말할 때 보통 이 세상**으로** 나왔다고 표현하지만, 분명 우리는 일시적으로 운 좋게 인간으로 재배열된 원자들의 집합인 세상**에서** 나왔다는 점에 주목했다.[18] 우리가 어디를 바라보든, 이 거짓된 패러다임으로부터 흘러나온 잘못된 추측이 아주 많다. 특히 그 가운데에는 인생의 사소한 변동은 가뿐하게 무시할 수 있다는 거짓말도 있다. 우리의 서구 문화는 역사상 그 어떤 사회보다도 개인주의를 우선시하며, 우리를 한데 묶는 놀라운 관계를 쉽사리 무시한다.

예나 지금이나 모든 사람이 개인주의에 대한 망상에 빠져 있지는 않다. 철학에서는 **원자론적** 세계관과 **관계론적** 세계관이 근본적으로 갈라져 있다.[19] 원자론적 관점은 우주의 어느 물질도 구성 원자로 세분할 수 있다고 설명하는 방식과 똑같이, 개인의 성정을 분리할 수 있다고 주장한다. 따라서 어떻게 상호작용하는지가 아니라 요소를 연구한다. 철학자 엘리자베스 볼가스트는 원자론적 사상에서 "사회를 구성하는 개인은 마치 물 한 잔에 든 분자처럼 교체될 수 있다. 사회는 단지 개인의 총합일 뿐이다"라고 주장했다.[20] 서구 철학 전통은 원자주의를 강조하는 경향이 있다.

동양철학은 관계적 사고가 두드러지는 경향이 있다. 구성 요소 자체보다는 체계 내에서 구성 요소들이 맺는 관계가 더 중요하다. 관계적 관점에 따르면 개인은 더 큰 존재의 일부로 보았을 때만 이해할 수 있으며, 우리의 정체성은 더 광대한 집합체의 일부인 자연 안에서 사회적으로, 맥락에 따라 규정할 수 있다고 주장한다. 관계적 사고방식에서 우리는 배우자든, 어머니든, 아니면 회계사든 간에 다른 사람들을 참고해 자신의 정체성을 규정한다. 우리가 스스로를 원자론적 관점에서 생각한다 하더라도, 우리의 삶은 관계적으로 규정된다. 개인 간의 인연과 관계가 사회를 구성한다. 그 누구도 칵테일파티에서 스스로를 '한 인간'이라고 소개하지 않는다.

　서양 사상과 동양 사상 간의 이러한 차이는 어디서 온 걸까? 혹자는 동물학 역사에서 벌어진 한 사고가 어느 정도 영향을 미쳤을 수 있다고도 주장한다. 「창세기」에서 하나님은 이렇게 선언했다. "우리의 형상에 따라 우리의 모양대로 사람을 만들라. 그리고 사람이 바다의 고기와 하늘의 새와 가축, 그리고 온 땅과 땅 위를 기는 모든 것을 다스리게 하라." 이런 형상의 세계에서 인간은 자연 세계의 나머지 존재들과 뚜렷이 구분된다. 기독교가 탄생할 무렵 중동과 유럽의 주민들은 이를 진심으로 받아들였다. 당시에는 낙타와 소, 염소, 쥐, 개가 우리와 마주하는 동물계, 즉 우리와는 상당히 다른 야생동물 세계의 대부분을 차지했다.

　반면, 동양 문화에서 고대 종교는 자연 세계와 우리와의 일체감을 강조한다. 한 이론에 따르면 사람들이 어느 정도 원숭이와 영장류 사이에서 살았기 때문이다. 우리는 그들 사이에서 우리 스스로를 인식했다. 생물학자 롤런드 에노스가 지적하듯 **오랑우탄**이라는 단어는 심지어 '숲에 사는 인간'[21]이라는 의미다. 힌두교에는 하누만이라는 원숭이 신이 있다. 중국에서는 주 왕조가 원숭이를 숭배했다. 이 친근한 영장류들을 보건대 우리가 자연의 일부이며 자연이 우리의 일부라는 사실을 무시할 수 없게 됐다는 것이 이 이론이 주장하는 바이다.

어디서 유래됐는지와는 상관없이 관계론과 원자론 사이의 장벽은 종교에 그대로 반영됐다. 힌두교는 우주에 존재하는 모든 것을 위한 완전한 일체성이라는 개념으로 **브라만**[22]을 제시한다. 브라만은 전체로부터 독립성을 지닌다고 착각하는 개별적인 영혼인 **아트만**과 대조된다. 힌두 철학 사상인 아드바이타 베단타Advaita Vedanta(비이원론)에 따르면, 진정한 자유는 오직 인간이 자아에 대해 착각하고 있음을 인지할 때만 얻을 수 있다. 따라서 힌두교는 개인주의를 대놓고 망상으로 취급한다. 이와 관련해 불교는 개인주의적 세계관을 뒤집는 '비자아감'을 추구하려 한다. 여러 토착 문화는 이 개인적이지 않고 긴밀하게 엮인 정서들을 그대로 따라간다. 예를 들어, 멕시코 시에라 마드레 고원에 사는 라라무리족은 '모든 생명의 완전한 상호 연결성과 통합성'[23]을 설명하기 위해 '이프가라Iwfgara'라는 개념을 사용한다.

기독교인들 역시 이 결에 가깝게 생각했다. 초기 유럽 기독교는 하나님이 자연에서 분리된 존재가 아닌 그 일부이며 "모든 사물의 모든 곳에 존재한다"[24]고 보았다. 『신의 역사』를 쓴 카렌 암스트롱은 이는 신이 어떤 존재가 아니라 존재하는 상태 자체라는 의미라고 설명했다. 계몽주의 시대에 들어서면서 신성의 개념은 바뀌었다. 신은 개별적인 행위자가 되었고, 뉴턴은 신을 "기계학과 기하학에 몹시도 숙련된"[25] 개인으로 보기도 했다.

오늘날 현대 기독교는 개인의 윤리적 책임, 그리고 개인으로서 행동하고 묘사되는 유일신이 신성하게 조치해 주길 부탁하는 기도에서 특별한 자아unique self의 역할을 우선시하는 경향이 있다. 현대 프로테스탄트 교회의 일부 종파에서, 특히나 미국에서는 '번영신학'이 뿌리를 내렸다. 번영신학은 개인의 신앙과 종교적 명분을 내세운 기부, 그리고 긍정적인 생각이 곧장 하나님으로부터 보상을 받으리라고 본다. 부는 신성의 품목으로 꼽히나 이를 누릴지 아닐지는 오직 당신에게 달려 있다.

여러 탈계몽주의 기독교인들에게 삶의 대본은 우리 위에 존재하는 유일하고 초자연적인 저자가 써 내려가는 것이지, 우리 주변에 널리 분산된 신성한 존재를 통해 쓰이는 것이 아니다. 이반이 익사하지 않은 이유는 우리가 가닥가닥 얽혀 구명용 매듭이 지어진 그물 같은 세상에 살고 있어서가 아니다. 개인적인 신성인 하나님이 숨겨진 중대한 계획의 일부로서 그를 구하기 위해 축구공을 보내서다. 이는 해석과 의미를 결정적으로 변화시켜, 이 세상이 의도적이고 분리 가능한 개인적인 결정에 따라 형성된다는 개념을 더욱 강화한다. 미국의 문화 정체성은 특히나 이 관점의 영향을 받아왔는데, '프로테스탄트 직업윤리'는 누구든 고된 노동에 헌신함으로써 깊은 신앙심을 드러낼 수 있다고 주장한다. 이는 하나부터 열까지 개인주의적인, 영원한

구원의 관점이다.

　시간이 흐름에 따라 개인주의는 더욱 강조됐다. 현대에 우리 역시 자연 세계와의 연결감을 잃어왔기 때문이다. 우리는 이제 자기 자신을 주변의 모든 사물과 모든 사람의 일부라기보다는 개인적인 존재라고 생각한다. 수렵채집인들은 과학과 기술에 우리보다 훨씬 무지했으나, 머나먼 옛날 대부분의 평범한 사람은 자연과 자연의 비밀에 더욱 긴밀히 연결되어 있었다. 이들은 바다 건너 다른 나라 사람들과 이야기를 나누거나 하늘로 여행을 떠나지는 못했지만, 삶을 세상에 대한 보편적인 이해에 의존했다. 반면에 우리에게는 깊지만 협소한 전문 지식이 있다. 수천 년 동안 혁신과 놀라운 과학 발전이 이뤄졌다 해도, 우리가 만약 무인도에 버려진다면 최신식 전문가들보다는 고대 로마나 중세 영국에서 온 상인이나 농부와 함께할 때 생존 가능성이 더 높아질 것이다("하지만 나는 워드와 엑셀을 진짜 잘 다루는데" 하고 항의할 수도 있겠다).

　현대인들이 세상에서 제대로 터득한 부분은 아주 적다. 그러나 우리는 힘을 합해 이 부분들을 짜맞추면서 과거에는 상상조차 할 수 없었던 잠재력을 발휘해 왔다. 복잡한 현상을 개별적인 부분으로 쪼갤 때 가장 잘 이해할 수 있다고 가정하는 **환원주의**의 위대한 승리였다.[26] 그러나 체제에서 분리해 낼 수 있는 부분들에 초점을 맞출수록, 서로 긴밀히 얽힌 연결성을 간과하기가 더 쉬워진다. 환원주의는 놀라운 과학적 발전을 이룩하도록 도와왔고, 놀라울 정도로 유용하다는 것이 증명됐다. 그러나 우리는 유용한 부분에 지나치게 초점을 맞춘 나머지 무엇이 진실인지는 잊고 말았다. 연결은 부품만큼 중요하다. 현대 과학이 더 자세히 들여다볼수록 개인주의는 정밀하게 검토하기가 더 어려워진다.

'개인'이라는 표현이 무엇을 의미하는지에 대한 과학적 개념조차 수정됐다. 일부 체계 생물학자들은 우리 존재가 서로 연결되어 있고 의존적인 특성을 지닌다는 사실을 인정하고, 인간을 개인으로 표현하는 대신 각 개인을 전생명체holobiont[27]라고 부르기 시작했다. 전생명체는 우리 주변에 사는 유기체들의 무리뿐 아니라 핵심 숙주(우리의 경우 인간이 핵심 숙주다)를 포함한다. 이상하게 들릴 수 있지만, 우리는 그저 우리 자신이 아니라 균류와 박테리아, 고세균, 바이러스 및 관련 미생물들과 결합된 인간 세포의 집합이라 할 수 있다. 최적의 추정치에 따르면 우리 몸 안에는 인간 세포 하나당 약 1.3배의 박테리아 세포가 존재한다. 생물학자 멀린 셸드레이크에 따르면 "우리 은하계의 별보다 더 많은 박테리아가 내장 안에 살고 있다".[28] 바이러스가 우리의 생체시계에 영향을 미치며,[29] 기생충이 우리의 생각을 바꾸고,[30] 미생물군집은 기분장애를 유발할 수 있다는 새로운 증거가[31] 속속 등장하고 있다.* 과학적으로 우리는 단 한 번도 혼자인

---

* 예를 들어, 톡소플라즈마 기생충은 감염된 동물들의 행동에 영향을 미치는데 기생충에 감염된 늑대들은 대담하게 행동해 결국은 무리의 우두머리가 될 가능성이 크다. 똑같은 기생충이 가끔 고양이에게서도 발견되며 이는 고양이를 기르는 인간들 역시 감염될 가능성이 높다는 의미다. 일부 연구에 따르면 이 기생충은 인간의 행동을 상당히 바꿔놓는다. 대략 네 명당 한 명이 현재 톡소플라즈마에 감염되어 있다.

적이 없었다. 다만 최근까지 그 사실을 알 수 없었을 뿐이다. 길들이는 것이 가능한 세계를 독립적이고 권위적으로 통제하겠다는 개인주의자들의 사고방식은, 우리의 생각이 체내에 사는 작고 보이지 않는 유기체들로부터 영향을 받는다는 사실을 안다면 다소 이해하기 어렵다. 당혹스럽지만 이게 진실이다.

이런 식의 생각은 우리의 모든 직관에 어긋난다. 그러나 현대의 가장 독창적인 철학자 가운데 한 명인 고故 데릭 파핏은 개인의 경계를 쉽게 정할 수 있다고 믿는 우리의 가설이 잘못됐음을 폭로하는 놀라운 시나리오를 제시했다.[32] 인간 세포를 한 번에 하나씩 집을 수 있는 아주 정밀하고 정확한, 세계에서 가장 작은 족집게가 있다고 상상해보자. 가령 당신이 마돈나와 함께 수술실에 들어왔다고 하자. 당신은 수술실 왼편 의자에 앉고, 마돈나는 오른편 의자에 앉았다. 그 후에 냉철한 외과 의사가 그 사이에 앉아서 둘의 세포를 한 번에 하나씩 바꾸기 시작한다. 헤아릴 수 없이 여러 번 이 작업을 반복해서 당신과 마돈나의 몸이 100퍼센트 교체될 때까지 계속한다.

이 사고실험의 양극단을 이해하기란 어렵지 않다. 세포를 하나만 바꿨을 때 당신은 여전히 '당신'이다. 이와는 정반대로 족집게가 각자의 몸에 있는 세포를 모두 바꿔치기했다면, 처음에 당신이 앉았던 의자에 여전히 '당신'이 앉아 있다고 말하기가 다소 어색해진다. 정확히 당신처럼 보고 느끼는 사람은 이제 반대편 의자에 앉아 있을 테니까. 그러나 여기에서 이해할 수 없는 의문이 생긴다. 정확히 어느 지점에서 당신은 더 이상 당신이 아닌 게 되는가? 세포의 30퍼센트가 교체됐을 때 당신은 여전히 '당신'인가? 50.1퍼센트는 어떤가? 여기에는 명확한 답이 존재하지 않는다.*

지배적인 개인주의적 패러다임을 조금 더 자세히 살펴보면, 이제는 개인주의가 아주 가벼운 의문에도 산산조각이 나고 말 세계관을 고수하는 결함 있는 개념임을 깨닫게 된다. 감사하게도 우리는 개인주의에 대한 망상을 인정한 덕에, 어떻게 우리가 정말로 세계에 맞춰 변화할 수 있는지에 관한 몇 가지 새로운 사실을 살펴볼 수 있게 됐다. 파핏은 자신의 사고실험과 씨름한 끝에 상호 연결된 존재들을 인정한다면 자유를 얻고 심지어는 행복해질 수 있다는 결론을 내렸다.

"내 인생은 유리 터널처럼 보였다. 내가 매년 더 빠른 속도로 통과해 가는 유리 터널로, 그 끝에는 어둠이 기다리고 있었다. …… 관점을 바꾸자 내 유리 터널의 벽이 사라졌다. 이제 나는 탁 트인 바깥에서 살아간다. 여전히 내 인생과 다른 사람들의 인생은 조금 차이가 있으나, 그 차이는 얼마 되지 않는다. 다른 사람들은 더욱 친밀해졌다. 그리고 나는 내 여생을 걱정하기보다는 다른 사람들의 인생에 좀 더 관심을 기울인다."[33] 현실의 관계적이고 상호 연결된 특성을 이해한다면 우리가 세상을 경험하는 방식은 더욱 나은 방향으로 변화할 것이다.

● 이 사고실험은 기원전 2세기에 플루타르크가 논했던 '테세우스의 배'와 유사한 부분이 있다. 이 난제는 배의 모든 부품을 차례대로 동일한 부품으로 교체했을 때 이를 여전히 똑같은 배라고 할 수 있는지 묻는다.

직관에 반하는 여러 결론은 우리의 혼란스럽고 곤란한 현실을 인식하는 데서부터 시작된다. 우리는 왜 어떤 일들이 벌어지는지를 두고 마주하게 되는 가장 어려운 수수께끼 중 일부를 해결하려는 여정을 함께하며 이 문제를 탐구해 볼 것이다. 그러면서 마침내 우리의 기원과 사회, 인생, 그리고 변화의 속성 자체를 다르게 생각해 보는 데까지 이르려고 한다.

우리는 여섯 가지 중요한 질문을 파고들 것이다.

1. 모든 일에는 다 이유가 있는가, 아니면 그냥 어쩌다 그런 것뿐인가?
2. 왜 작은 변화가 가끔은 엄청난 영향을 미치는가?
3. 왜 우리는 진실이 아닐 때조차 동화 같은 현실에 집착하는가?
4. 더 나은 데이터와 더 정교화된 확률 모델을 통해 그저 우연성을 억누를 수는 없는가?
5. 우연성은 어디서 오는가? 그리고 왜 우리를 불시에 찾아오는가?
6. 이 세계의 혼돈을 받아들인다면 더 나은 삶, 더 행복한 삶을 살 수 있는가?

이 질문들에 대한 답을 모두 합하면 충격적인 결론이 도출된다. 우연성이라 부르는 사소하고 우연한, 심지어 우발적인 변화들은 우리가 믿는 것보다 훨씬 더 중요하다. 우리는 모두 표류하는 축구공처럼 불확실성의 바다에서 아래위로 흔들리며 떠다닌다. 분명 똑바로 헤엄치고 있는 것처럼 보일 때도 그렇다. 이는 우리가 우리의 상상보다 훨씬 더 우발적이고 제멋대로인 세상에서 살고 있다는 의미다. 앞으로 살펴보겠지만, 이 당황스러운 취약성은 완전히 처음으로 거슬러 올라간다. 역사상 가장 위대한 우연성은 20억 년 전까지 되돌아간다.

3장

모든 일에 다 이유가 있는 건 아니다

우발성은 어떻게 확률과 혼돈이 이끌어가는 세계에서
군림할 수 있었을까?

『종의 기원』을 마무리하며 찰스 다윈은 복잡한 생명의 놀라운 폭발성에 감탄했다. 생명은 영겁의 시간을 거쳐 발달했고, "아주 단순한 시작점에서 가장 아름다운 무한한 형태에 이를 때까지" 움직이면서 우리에게 이르렀다. 그리고 시작은 단순**했다**. 지구의 역사에서 대부분의 세월 동안 생명은 단세포 유기체에 갇혀 있었다. 난초와 문어, 까치와 목련, 하이에나와 인간같이 "가장 아름다운 무한한 형태"로 발전하기 위해 우리는 운이 좋아야만 했다. 그리고 그저 지극히 흔하디흔한 운으로는 부족했다. 우리에게는 겨우 수십억 년마다 만날 수 있는 그런 운이 필요했다.

대략 20억 년 전까지 지구의 모든 생명체는 복잡하지 않은, 작은 원핵생물이었다. 박테리아와 그 사촌 고세균처럼 세포핵 없는 단세포였다는 의미다. 그 후, 알 수 없는 이유로 인해 박테리아 하나가 원핵세포와 우연히 만났고 결국 그 안으로 들어갔다.[1] 이 박테리아는 결국 우리 세포의 발전소인 미토콘드리아가 됐다.* 즉각 모든 것이 바뀌었다. 나무부터 풀과 달팽이, 그리고 인간에 이르기까지 생명을 지닌 모든 미래의 복잡한 종은 이 예상치 못한 미생물 간의 합병[2] 덕에 존재할 수 있었다. 인류라는 대하소설이 우연히 벌어진 어느 미생물 사건으로 거슬러 올라가 시작됐다는 점은 불안감이 들게 한다. 이 사건은 20억 년 전에 딱 한 번 발생했고, 그 이후에 다시는 일어나지 않았다. 아마도 역사상 가장 위대한 우연성일 것이었다.

우리 종의 역사를 추적해 가다 보면 이와 유사한 놀라운 이야기가 아주 많이 등장한다. 그로 인해 이제 우리의 존재와 우리가 살아가는 방식이 우발적이고 임의적이며, 따라서 불안정하다는 사실이 명확해진다. 심지어 과학자들은 우리가 달걀을 낳지 않는 이유가 1억 년쯤 전에 뒤쥐 비슷한 생물이 레트로바이러스에 감염된 사건에까지 거슬러 올라간다는 사실을 발견했다. 그로 인해 태반, 그리고 궁극적으로는 출산의 과정이 진화했다.[3] 우리 생명의 이야기는 광활한 거리를 건너 머나먼 과거까지 거슬러 올라간 인간과 인간이 아닌 종이라는 무수한 작가가 복잡하게 얽힌 협업을 통해 써 내려갔다. 그러나 희미할 정도로 아주 오래 잊혔던 세월 동안 단 한 번 우연처럼 벌어진 사건이 아니었다면 우리는 존재하지 못했으리라.

기나긴 진화의 역사에서 이 장엄한 취약성은 현대 생활과는 아주

● 생물학자 린 마굴리스는 1966년 스물여덟 살의 나이에 이 개념을 제시했고 엄청난 조롱을 받았다. 그녀는 자신의 생각을 수십 종의 학술지에 보냈지만, 터무니없어 보인다는 이유로 계속 거절당했다. 마굴리스의 이론은 훗날 옳았다고 증명됐다. 그리고 이제는 20세기에 한 가장 중요한 발견 가운데 하나로 여겨진다.

거리가 멀어 보이지만, 우리의 사회적 세계는 해마다 시시각각 임의적으로 변신한다. 우리의 세계는 긴밀하게 얽혀 있으며, 뭔가를 바꾸면 모든 것이 바뀌므로 보기에 의미 없어 보이는 변화가 가장 괴상하고 예상치 못한 방식으로 모습을 드러내기도 한다.

우리는 의미 없는 데서 의미를 찾는다

연구를 위해 나는 2011년부터 정기적으로 마다가스카르를 여행했다. 몇 년 전에는 길 가장자리를 따라 늘어선 노점에서 새로운 음식을 팔고 있는 모습을 눈여겨봤다. 바로, 마블가재 혹은 대리석가재였다. 마블가재는 약 15년 전 동아프리카 연안에 있는 이 적토의 섬에 처음으로 나타났고, 지난 10년 동안 섬을 장악했다. 이제 어디를 가든 이 가재가 존재한다. 그러나 여기서 한 가지 의문이 생긴다. 이 가재들은 어디서 온 걸까?

과학자들은 확신하지 못하고 있으나, 주요 작업가설에 따르면 1995년 독일의 어느 반려동물 가게[4] 수족관에서 암컷 가재 한 마리가 기이한 돌연변이[5] 과정을 거친 끝에 새로운 종이 등장했다고 한다. 여전히 불가사의한 원인으로 인해 반려동물 가게의 가재는 당혹스러운 방식으로 변화했다. 이 암컷은 염색체를 두 쌍이 아니라 세 쌍 가지고 있었고, 수컷 없이도 임신을 할 수 있었다. 이 돌연변이 마블가재는 무성생식으로 갑자기 스스로를 복제해 냈고, 유전적으로 동일한 알을 낳았다. 이후 태어난 가재들은 모두 암컷으로, 본래의 돌연변이 어미에게서 나온 유전적 복제였다. 홀로 번식할 수 있는 이 이상한 능력 때문에 마블가재 한 마리가 유입되면 개체수가 폭발적으로 늘어났다. 마다가스카르에서도 마찬가지였다.

　마블가재는 침입종으로, 논을 게걸스레 집어삼키려는 경향이 있다. 그러나 수백만 마리가 복제된 덕에 기대치 못한 이익을 안겨주기도 했다. 마다가스카르 인구의 대부분은 영양실조에 시달렸으며, 값비싼 단백질을 충분히 섭취하지 못했다. 하지만 가재가 풍부하게 공급된 덕에 이제는 맛있는 영양식[6]이 저렴하고 꾸준하게 제공된다. 또한 마블가재는 민물달팽이를 먹이로 삼는데,[7] 이 달팽이는 마다가스카르섬에서 수백만 명을 괴롭히는 기생충성 질환인 주혈흡충증의 매개체다. 마다가스카르의 벼농사는 큰 타격을 입었으나, 3000만 명이 새로운 영양원을 얻었으며[8] 기생충 때문에 죽을 뻔한 아이 수백만 명이 살아남았다. 이 모든 일이 1995년 어느 날 독일의 한 반려동물 가게에서 돌연변이 가재 한 마리가 단 한 번의 유전학적 돌연변이를 일으킨 데서 비롯됐다.

　상황은 더욱 희한해져 간다. 연구자들이 유전적으로 동일한 마블가재 두 마리를 데려와 동일하게 통제된 환경에 놓자 깜짝 놀랄 일이 벌어졌다. 서로가 서로의 유전적인 복제본이며 똑같은 환경에서 길렀음에도, 이들의 자손은 이상할 정도로 달라졌다. 작가 마이클 블라스트랜드가 지적했듯, 한쪽 암컷 자손은 다른 쪽 자손보다 스무 배는 더 크게 자랐다.[9] 무리 내에서 개체들은 다양하게 변형된 장기를 가지고 있었으며, 행동 역시 근본적으로 달랐다. 한 개체는 437일 동안 살아 있었고, 또 다른 개체는 그보다 두 배 이상 길게 생존했다.

유전적으로나 환경적으로 이 대대적인 불일치를 설명할 수 있는 것은 아무것도 없었다. 그렇다면 어떻게 설명해야 하나? 아무도 알 수 없다. 빠르게 성장하고 있는 후생학 분야에서 앞으로 다루게 될지는 몰라도, 과학자들은 좌절감을 맛보고 있다.

임의적인 변동은 시간과 공간을 뛰어넘어 퍼지면서 예상치 못한 기회나 비참한 재앙, 또는 둘 모두를 야기할 수 있다.* 마다가스카르에 사는 수백만 명의 삶이 머나먼 곳에서 오래전에 죽은 독일산 가재가 돌연변이를 일으킨 덕에 바뀌었다. 여기에는 원대한 계획이 없었다. 임의의 유전적 실수로 인해 벌어진 단순히 사고였고, 그 사고의 영향력은 얽히고설킨 존재들을 통해 증폭됐다. 그런 이해하기 어려운 우발적인 사고와 마주쳤을 때는 이를 가볍게 떨쳐버리고 스코틀랜드 생물학자인 다시 톰슨이 주장하는 "모든 것은 그렇게 됐기 때문에 그렇다"[10]라는 설명할 수 없는 설명을 따르는 것이 최선일지도 모른다.

그러나 우리는 반복해서 "모든 일에는 다 이유가 있다"라는 말을 듣는다. 그렇게 불안감을 없애주는 미신 때문에 인지적 실수를 저지

• 나는 항상 '임의적인' 사건을 언급할 때는 **외견상 임의적**이라는 의미로 사용한다. 즉, 우리의 무지로 인해 임의적으로 보이는 사건들이라는 뜻이다. 주사위를 던졌을 때 나오는 결과는 우리에게는 임의적이면서 예측할 수 없는 사건이지만 실은 임의적이지 않다. 매번 주사위를 던지는 행위는 물리법칙에 따르는 결정론적인 사건이기 때문이다. 외견상 임의적인 사건들은 어떤 중요한 목표를 감추고 있지 않더라도 여전히 명확한 원인에 의해 벌어진다(현대 과학이 설명할 수 있는 수준에서, 우주를 통틀어 정말로 임의적인 유일한 현상은 원자 및 아원자 수준에서의 양자효과뿐이다).

르고, 이를 합리적이고 질서정연한 유형 안에 쑤셔 넣으면서 현실을 잘못 판단한다. 예를 들어 우리는 운의 역할을 조직적으로 깎아내리려는 경향이 있으며, 인생을 살면서 우연히 마주하게 되는 임의적인 사건들을 설명하기 위해 운이라는 단어를 사용한다. 세계적인 갑부들이 천재성 덕에 부를 이룩할 수 있었다는, 사람들이 널리 믿고 있으나 잘못된 신념들을 떠올려보자. 그러나 더 자세하고 면밀하게 들여다보면 금세 이 미신이 잘못됐음을 알 수 있다.

지성과 기량, 그리고 고된 노력 등 인간의 특성 대부분은 보통 뒤집힌 U 자처럼 정규곡선 혹은 종 모양 곡선을 그리며 분산되어 있다. 반면에 부富는 정규분포를 그리지 않는다. 세계적인 부의 커다란 몫을 소수가 지배하는, 멱 법칙 또는 파레토 분포를 따른다는 의미다. 여러분보다 키가 다섯 배 크거나 5분의 1 정도로 작은 성인을 찾기란 절대 불가능하지만, 오늘날 세계에서 가장 돈이 많은 사람은 평균적인 미국인보다 백만 배 이상 부유하다. 그러니, 여러분보다 아주 조금 더 똑똑한 사람은 여러분보다 아주 조금 더가 아니라 백만 배는 더 부유할 수도 있다. 이것이 바로 나심 니콜라스 탈레브가 『블랙 스완』에서 제안한 팻 테일fat tail의 세계다.

그러나 이런 극단적인 부가 재능이 아니라 이른바 '운'이라는 임의적인 요소로 인해 생겨난다면 어떨까? 최근 연구에서 물리학자들은 경제학자와 팀을 이뤄, 컴퓨터 모델링을 이용해 경쟁하는 개인들 사이에 있는 재능 있는 사람들의 현실적인 분포를 반영한 가짜 사회를 만들어냈다. 이 가짜 세계에서는 재능이 중요한 만큼 운도 중요했다.[11] 이후 시뮬레이션을 반복적으로 돌리자 가장 부유한 사람이 가장 재능 있는 사람은 결코 아니라는 사실이 드러났다. 그 대신, 평균에 가까운 사람이 언제나 가장 큰 부자였다.

이유가 무엇일까? 전 세계 80억 인구는 대부분 재능의 종형 곡선에서 가장 큰 면적을 차지하고 있는 중앙 부분에 모여 있다. 이제 운이 번개와 같아서 되는대로 찾아온다고 생각해 보자. 그 순수한 숫자 자체로, 운은 최고의 재능을 지닌 천재들로 구성된 작은 부분이 아니라 중간 정도 재능을 지닌 광범위한 수십억 명 가운데 한 명에게 들이닥칠 가능성이 당연히 높다. 연구자들은 "우리의 결과는 이른바 '순진해 빠진 메리토크라시meritocracy(능력이나 실적 등 메리트에 의해 지위나 보수가 결정되는 사회체제로 능력주의나 실적주의라고도 부른다. - 옮긴이)'라는 패러다임의 위험성을 강조한다. …… 성공의 결정 요인 가운데 임의성의 역할을 과소평가하기 때문이다"라고 요약한다. 어떤 부자들은 유능했을 수도 있겠지만, 모든 부자는 운이 좋았다. 그리고 운은 당연하게도 확률의 산물이다. 탈레브와 던컨 와츠, 그리고 로버트 프랭크는 저마다 사람들이 성공했을 때 어떻게 이른바 '서사의 오류'[12], 더 흔하게는 '사후확신 편향'[13]을 통해 그 이유를 소급해서 추론하는지 보여주었다. 억만장자들이 반드시 유능해야 한다는 개념은 이런 오류에 속한다.

하지만 운이 성공에서 그렇게나 중요한 역할을 한다면, 우리가 행운과 불운에 관해 생각하는 방식에도 영향을 미쳐야 한다. 성공이 어느 정도 우연이나 확률 때문에 얻어지는 게 아니라 가장 능력 있는 개인들에게 돌아가는 메리토크라시의 세상에 살고 있다고 믿는다면, 성공을 오롯이 자기 덕으로 돌리고 실패할 때마다 오롯이 자기 탓을 해도 당연히 괜찮다. 그러나 확실한 임의성과 우연한 사고가 우리 인생의 변화에서 상당한 부분을 이끌어낸다고 믿으면(그리고 그것은 사실이기도 하다) 그로 인해 인생관이 바뀔 것이다. 룰렛 게임에서 돈을 잃어도 우리는 쓸모없는 실패를 했다고 자책하는 대신 임의적인 결과를 받아들이고 넘어간다. 긴밀하게 연결된 복잡한 세계에서는 의미 없고 우연한 성과를 흔히 얻을 수 있다는 사실을 인식하면 큰 힘과 함께 해방감을 얻을 수 있다. 우리는 승리에 대한 지분도 조금만 차지하고 실패에 대한 비난도 조금만 받아야 한다.

우리는 특히 임의적으로 보이는 불운을 마주했을 때 틀린 설명을 만들어내고 거기에 집착하는 경향이 있다. 우리는 왜 암에 걸렸는지나 왜 자동차 사고가 났는지 설명할 때 임의성을 쉽게 인정하려 하지 않는다. 나쁜 소식은 그 이면에 이해할 수 있는 이유가 존재해야만 하며, 고통을 겪는 **진짜** 이유를 알아내지 않고는 불운에서 벗어나는 것이 불가능하다. 그리고 의미 없는 재난일지도 모를 상황에서 파악하기 어려운 의미를 찾아내려는 탐구를 하게 된다. "모든 일에는 다 이유가 있어"는 일자리를 잃거나, 갑작스레 실연당하거나, 누군가가 세상을 떠났을 때 가장 흔히 듣는 대처 메커니즘이다. 우리는 의미 없는 데서 의미를 찾는다. 모든 것에는 깔끔하고 질서정연한 계획이 있다는 미신에서 위로를 얻고 도움도 받을 수 있으나, 이 말은 사실이 아니다. 그저 유용하고 우리를 안심시켜 주는 허구일 뿐이다.

아무리 중요하거나 부아가 치밀거나 끔찍한 일이 있더라도, 어떤 일은 그냥 벌어질 뿐이다. 이것이 상호 연결된 혼돈스러운 세계에서 맞이할 필연적인 결과다. 사고와 실수, 그리고 무엇보다 임의적이고 중성적인 변화가 생물종을 창조해 내고, 사회를 형성하며, 우리의 삶을 바꾼다.

이와는 정반대로, 연구에 따르면 사람들은 복권 당첨처럼 예상치 못한 긍정적인 사건을 경험할 때는 임의성이나 확률 때문에 벌어진 일이라는 설명을 기꺼이 만족스럽게 받아들인다.[14] 예상치 못한 즐거움을 느끼는 순간에 우리는 마치 강아지가 자기 생일날에 왜 갑자기 닭고기와 치즈를 이유도 없이 양껏 먹을 수 있는지 이해는 못 하지만 딱히 의심하지 않고 즐겁게 먹어치우는 모습과 비슷해진다.

그러나 중요한 뭔가를 설명하려 할 때는 임의성과 확률을 바로 배제해 버린다. 우리가 사람들 사이의 차이를 어떻게 이해하려 하는지 생각해 보자. 우리는 빈번히 지나치게 단순한 양분화에 의존하고 만다. 즉, 천성(유전자)과 교육(우리의 환경과 양육 과정, 경험)이 어느 정도 복합된 결과라고 보면서, 제3의 가능성은 자주 무시한다는 의미다. 만약, 여전히 의문인 마블가재처럼 우리 사이의 어떤 차이가 그저 우발적이거나 임의적이라면 어떨까?

행동 유전학자들은 인간들 사이에서 나타나는 차이의 절반가량은 DNA 때문이라고 결론지었다. 그리하여 나머지 절반은 진행 단계의 암흑물질이라거나 설명할 수 없는 인생의 디테일 때문이 되어버렸다. 킹스칼리지런던의 행동 유전학자 데미언 모리스는 우리 삶의 경로가 가끔은 외견상 임의적인 가능성에 따라 달라진다고 주장하며, 이를 설명하기 위해 교실 안 일란성 쌍둥이의 이야기를 꺼낸다. "한 명은 창문으로 밖을 내다보다가 날아가는 새 한 마리에 정신을 빼앗긴다. 한 명은 선생님이 설명하는 어떤 시에 흠뻑 빠져서 평생토록 시를 사랑하게 된다."[15] 이 쌍둥이의 전공과 직업은 창문 밖을 스쳐 날아간 새 한 마리 때문에 훗날 갈라지고 만다.

이 추론은 과학적으로 검증됐다. 태아의 뇌가 발달하는 단계에서 외견상 임의적인 변동이 시작된다는 사실은 점차 확실해지고 있으며, 이 작은 변화가 평생의 궤적에서 지대한 역할을 할 수 있다. 연구자들은 똑같은 환경에서 기른, 유전적으로 동일한 초파리의 행동을 비교하는 실험을 실시했고, 비유전적인 특성에서 설명할 수 없는 변이가 상당히 많이 나타났다. 신경회로가 구성되는 과정에서 아주 작고 보기에 임의적인 불일치가 발생한 탓에 이런 차이가 생겨난 것으로 보인다.[16] 즉, 발달 과정에서의 작은 변동이 평생의 흔적을 남겼다는 의미다. 우리의 뇌는 초파리의 뇌와 비슷하게 설계됐다. 따라서 인간에게 비슷한 실험을 실시하기에는 비윤리적이지만, 우리의 신경 배선이 우연히도 결과론적인 변주를 따랐다고 믿기에는 충분하다. 아무리 열심히 아닌 척해도 우리는 가끔 우발적인 사고의 꼭두각시가 된다.

많은 이들이 이런 식으로 세상을 바라보는 데 반대하며, 이는 그저 '잡음'일 뿐이라고 주장한다. 외견상 임의적인 이 변동들은 그저 시간이 흐르면 사라져 버리니 말이다. 분명히 변화는 구조화된 유형과 질서에 따라 일어난다. 마지막으로 한 번만 더 핵심적인 퍼즐을 풀어 보자. 우리의 세계는 수렴적인가, 우발적인가? 모든 일에는 다 이유가 있는가, 아니면 그냥 그럴 수도 있는가?

조금만 비틀어도 모든 게 달라진다

힌두교 신화와 중국 신화, 그리고 일부 미국 원주민 기원 설화에서는 지구가 거대한 거북의 등 위에 자리하고 있다고 한다. 어느 유명한 우화에 따르면 이 이야기를 들은 한 남자아이가 다음과 같이 당연한 질문을 던졌다. "하지만 그 거북은 뭘 밟고 서 있어요?" "첫 번째 거북은 두 번째 거북 위에 서 있단다." "그러면 두 번째 거북은 뭘 밟고 서 있어요?" 아이가 물었다. 답은 신속하고 명확했다. "거북들이 모두 켜켜이 쌓여 있지."

"켜켜이 쌓인 거북들"은 **무한후퇴**에 대한 약칭으로, 하나 위에 하나, 그 하나 위에 또 다른 하나 등이 반복되는 설명을 뜻한다. 그리고 우발성이 바로 이렇게 작용한다. 우발적인 세계에서 여러분은 거의 무한에 가깝게 짜인 사건의 그물 맨 꼭대기에 자리한다. 이 그물은 그저 적절한 가닥들이 서로 맞물리는 무늬로 짜여서 여러분의 존재를 만들어낸다. 어느 가닥이든, 제아무리 중요치 않은 가닥이라도 바꿔버리면 여러분은 사라져 도킨스가 '태어나지 않은 유령'이라 부른 존재들 사이에 합류하게 된다. 조금만 비틀어도 모든 게 달라진다. 우발성은 켜켜이 쌓여 있으니까.

인류 역사가 달라졌더라면 어땠을지 상상해 본 이야기로 인기를 얻는 책이 많다. 그러나 이 책들에는 근본적인 문제가 있다. 우리에 겐 오직 하나의 지구만 있다. 우리는 다른 가능한 세계에 대한 가설을 시험해 볼 수 없다. 그리고 시간을 되돌려서 반사실적인 상황을 시험해 볼 수 있는, 즉 약간의 수정을 가미해 사건들을 재상영하면서 역사가 다르게 혹은 어떻게 펼쳐졌을지 살펴볼 수 있는 메커니즘도 없다. 우리는 억측을 강요당하며 살아간다.

1998년도 영화 〈슬라이딩 도어즈〉는 우리가 다른 가능한 세계를 볼 수 있다고 상상했다. 이 영화는 귀네스 팰트로가 열연한 헬렌이 런던 지하철역에서 기차를 놓치지 않으려고 서두르는 모습으로 시작한다. 헬렌은 계단을 뛰어 내려가지만 어린 여자아이가 앞길을 가로막는 바람에 순간적으로 시간이 지체된다. 기차 앞에 다다랐을 때는 문이 쾅 닫히고, 헬렌은 플랫폼에 남겨지고 만다. 이때 테이프가 약 15초가량 되감긴 뒤 다시 시작한다. 모든 상황이 똑같아 보이지만, 이번에는 여자아이의 엄마가 자기 딸을 끌어당긴다. 그 결과, 헬렌은 문이 닫히는 순간 기차에 가까스로 끼어 탄다. 영화는 두 세계에서 펼쳐지는 헬렌의 삶을 뒤쫓는다. 한 세계에서 그녀는 기차를 탔고, 다른 세계에서는 기차를 놓쳤다. 여러 가지 면에서 헬렌의 인생은 근본적으로 갈라져 버렸다. 그러나 다른 관점에서 보았을 때 헬렌의 인생은 궤적이 바뀌었음에도 비슷한 결과를 향해 수렴한다. 이 영화를 떠올려보면 우리의 인생이 이렇게 나아간다는 사실이 분명하게 드러나지만, 우리는 그 점에 대해 거의 생각하지 않으려 한다. **모든 순간순간이 중요하다는 사실을 인식하는 것은 견디기 어렵고 미**

칠 것 같은 일이기 때문이다. 그리고 영화제작자들과는 달리 우리에게는 되감기 버튼이 없다. 따라서 우리에게 가장 중요한 〈슬라이딩 도어즈〉의 순간이 언제인지 결코 알 수 없다.

진화생물학 연구는 〈슬라이딩 도어즈〉의 개념들을 반영한다. 생물종들은 진화의 기차를 탈 것인지 여부를 두고 예측 가능한 유형에 따라 흥하고 쇠하는가? 아니면 겉보기에 중요치 않은 사소한 변화와 우발적인 사건들이 궤적을 바꾸고 새로운 특성과 새로운 행동, 새로운 종을 등장시키는가? 진화생물학은 우리가 대체로 변화에 관해 생각하고 평가할 수 있는 전례 없는 방식을 제공하는 전통 과학이다. 따라서 다윈의 세계를 잠시 둘러보고, 다른 동식물군으로부터 배운 교훈을 바탕으로 우리의 인생과 사회가 어떻게 변화했는지 이해해볼 가치가 있다.

다윈은 자연 세계가 평균적으로 누가 살아남고 누가 죽을 것인지를 결정하는 '선택압력'을 만들어낸다는 핵심적인 통찰력을 보여준다. 넓적한 부리를 가진 새 무리가 울퉁불퉁한 바위 위에서 살아가면서 먹이라고는 오직 좁은 바위틈에서만 찾을 수 있다면, 이 새들은 틈새에서 먹이를 끄집어낼 수 있는 가느다란 부리를 지닌 새들보다 목숨을 잃을 가능성이 더 크다. 따라서 시간이 흐름에 따라 가느다란 부리가 '선택'된다. 가느다란 부리를 가진 새들이 생존해서 자손을 낳을 가능성이 더 높으며, 스스로 먹이를 구하지 못하는 다른 새들은 목숨을 잃을 것이기 때문이다. 세대가 거듭될수록 생물종들은 환경에 적응할 테고 뿌리가 좁고 뾰족한 되새들이 어느 날 태어나서 진화적 경쟁에서 다른 새들을 물리칠 것이다. 이는 환경이 바뀔 때까지 계속되며, 환경이 바뀌면 생존을 위한 선택압력도 바뀐다.

그러나 합당한 진화를 위해서는 지구가 오랜 세월을 묵히면서 생물종들에게 시험해 보고 적응할 시간을 주어야 했다. 몇 세기 동안 지구의 나이가 고작 5850년이라고 보는 패러다임이 지배적이었다(1600년대에 대주교 제임스 어셔는 지구가 기원전 4004년 10월 22일 오후 6시에 탄생했다고 결론 내렸다).[17] 진화가 그 마법을 발휘할 만큼 오랜 세월이 흐르지 않았다. 로마가 하루 만에 세워지지 않았듯 비둘기 역시 분명히 엿새 만에 생겨나지 않았을 것이다. 따라서, 지질학자들이 과거에 믿었던 것보다 지구가 훨씬 더 오래됐다는 사실을 발견하자 진화론이 그럴듯해졌다.

생전에 다윈은 미세한 화학적 조합이 생물종 내에서, 그리고 그 사이에서 변주를 만들어낸다는 근원적인 메커니즘을 이해하지 못했다. 그러나 다윈이 세상을 떠난 후 몇십 년이 지나자 진화생물학 분야는 '현대종합이론'이라는 개념에 따라 형태가 잡히게 됐다. 현대종합이론은 단순하지만 강력한 모델로, 생물종 내와 사이에서의 전환뿐 아니라 인간 내에서의 사회적이고 문화적인 변화를 이해하는 데 유용하다. 유기체는 돌연변이를 일으키고, 임의적인 변이를 축적하며, 시행착오를 겪으면서 문제를 해결하는 유전적인 구성 요소를 만들어낸다(오늘날 우리는 DNA를 복제했을 때 임의적으로 보이는 변이가 일어난다는 사실을 알고 있지만, 다윈은 이 이중나선구조가 발견되기 71년 전에 세상을 떠났다). 이 돌연변이가 다양한 부리 모양을 만들어낼 수 있다. 어떤 부리는 길고 좁으며, 또 어떤 부리는 짧고 넓적하다. 그 후 자연선택이 제 할 일을 한다. 보통은 더 유용한 특성을 갖춘 유기체가 생존해서 자신들의 유전자를 다음 세대로 전달하며, 덜 유용한 특성을 갖춘 유기체는 번식할 기회도 얻지 못하고 죽는 경우가 흔하다.

생존자들이 미래를 결정한다. 이는 무자비하지만 효율적이다.

그러나 생물학자들은 진화 과정에서의 변화를 필연적인 결과를 향해 흘러가는 원활하고 예측 가능한 수렴성이라고 묘사하는 파와, 우발성이 결정하는 들쭉날쭉하고 예측할 수 없는 진행이라고 보는 파로 나뉜다(이런 분파는 역사학과 경제학, 정치학, 사회학 같은 분야 내에서도 비슷하게 갈라진다). 얼마나 갑자기 변화가 일어나는가? 과학자들은 이 논쟁에 유머러스하게 접근한다. 진화가 느리고 꾸준한 과정이라 주장하는 과학자들은 가끔 "음침한 녀석들의 느릿느릿한 진화"를 대표한다고 폄하된다. 그리고 진화가 대체로 안정적으로 진행되다가 갑작스러운 전환이 일어나 모든 것을 바꿔놓는다고 주장하는 과학자들은 "성질 급한 바보들의 급작스러운 진화"[18]를 대표한다고 조롱받는다.*

이 논쟁은 우리가 '스누즈 버튼 효과'라고 부르는 문제에서 중요한 역할을 한다. 세계가 대부분 수렴적이라면, 우리가 원래 계획했던

---

* 프린스턴대학교의 대담한 진화생물학자 부부인 로즈마리와 피터 그랜트를 비롯해 과학자들은 놀라울 정도로 짧은 시간 안에 이뤄진 진화를 직접적으로 기록해 왔다. "성질 급한 바보들의 급작스러운 진화"는 가끔 격식을 갖춰서 **단속평형설**이라고 부른다.

것보다 5분 정도 늦게 깼다고 해서 문제가 되지는 않을 것이다. 그러나 세계가 가끔은 작고 우발적인 사건들로 인해 뒤바뀐다면, 스누즈 버튼을 한 번 누를 때마다 모든 것이 바뀔 수 있다.

자연 세계에는 두 관점 모두에 대한 증거가 있다. 수렴성의 입장에서는 오리너구리 같은 생물을 내세운다. 오리너구리는 생물학자 조너선 로소스가 "1회성 진화"[19]라고 부른 생물종이다. 오리너구리는 오리의 부리와 비버의 꼬리, 수달의 발을 가졌고 독성이 있으며, 알을 낳으면서도 포유류라서 기본적으로 배에 난 작은 유두에서 모유가 나와 새끼에게 먹일 수 있다. 이 동물은 아주 기이하고 그 어떤 동물과도 닮지 않아서, 첫 표본이 1799년 영국으로 보내졌을 때 당시 잘나가던 한 해부학자는 이렇게 말했다. "이 동물은 인위적인 방식으로 남을 속이려고 준비하는 아이디어를 자연스레 자극한다."[20] 그는 다른 동물의 사체들을 서로 꿰매서 일종의 오리 부리 프랑켄슈타인을 만들어낸 것은 아닌지 의심하며 헛되이 바느질 자국을 찾아보기도 했다. 또 다른 해부학자는 오리너구리를 진화적인 난교에서 탄생한 새끼 괴물로 보고 "이 모든 다양한 동물의 수컷과 암컷이 난잡한 성교를 벌였을 것"[21]이라고 가설을 세우기도 했다. 확실한 가설이었다.

또는 남아시아나 동남아시아에 서식하는 곰고양이인 빈투롱을 떠올려보자. 빈투롱의 소변에는 2AP$_\text{2-Acetyl-1-pyrroline}$라는 화학물질이 함유되어 있는데, 이 화합물은 튀긴 팝콘 같은 매혹적인 향을 풍긴다. 빈투롱은 발과 꼬리에 소변으로 자유롭게 거품을 내서 냄새의 흔적을 만들어낸다. 그 때문에 빈투롱의 서식지를 따라 걷는 사람은 가끔 정글에서 극장의 냄새를 맡기도 한다.[22] 우발적인 사건들을 통해 다소 희한한 진화가 일어날 수도 있다.

오리너구리가 우발적이라면 게는 수렴적이다. 예를 들어 킹크랩과 자기게, 소라게 등은 진짜 게가 아니라 게와는 전혀 관계없는 갑각류다. 적어도 다섯 차례에 걸친 별개의 진화에 따라 게와 닮은 몸체를 갖추게 됐기 때문이다. 이는 '뭔가를 게와 유사한 형태로 바꾼다'[23]는 의미의 게화carcinization라는 용어가 생길 만큼 흔한 일이다(일부 학자들은 이 수렴력이 워낙 강하다 보니 인간이 결국에는 집게발을 달고 종종거리며 다니게 될 것이라고 주장했다). 이와 유사하게, 날 수 있는 능력은 생명의 나무에서 적어도 네 방향의 나뭇가지로 진화해 나갔다. 바로 곤충과 박쥐, 새, 그리고 익룡이다.[24] 자연은 공통의 문제에서 비슷한 해결책으로 수렴한다.

우리의 세계는 수렴성과 우발성 사이에서 움직이면서 구조와 질서라는 환상을 심어주다가, 하나의 사소한 수정으로 모든 것을 바꿔놓는다. 레딩대학교 진화 생물학자인 마크 페이겔은 정교한 DNA 배열을 바탕으로 새로운 생물체의 78퍼센트가 단 한 번의 사건에서 비롯됐다는 놀라운 증거를 발견했다.[25] 자연은 임의적인 실수 혹은 우발적인 일탈을 일으키고, 그렇게 새로운 종류의 딱정벌레가 생겨난다.

그러나 왜 이런 게 우리에게 중요한가?

우리는 과연 스스로의 삶을 통제하고 있을까?

우리는 인류의 역사가 우발성과 수렴성 사이의 싸움이라고 이해한다. 안정적이고 장기적인 추세가 변화를 이끌어낼까? 아니면 가장 사소한 디테일을 중심으로 역사의 방향이 바뀔까? 우리는 이미 지나간 과거로는 실험을 해볼 수 없기 때문에 그저 두 가지 세계관 사이에서 추측할 수밖에 없다.

그러나 다중세계를 만들어**낼** 수 있다면 어떨까? 그리고 그 세계에서 무슨 사건이 벌어질지 통제할 수 있을뿐더러 시간도 통제할 수 있다면 어떨까? 신의 역할을 할 수 있는 능력이 있어서 마음대로 멈춤 버튼을 누르고, 중요한 순간을 되감고 재생할 수 있다고 상상해보자. 이를 통해 우리는 어마어마한 정확도를 가지고 인과관계의 내적인 수수께끼를 언뜻 훔쳐볼 수 있을 것이다. 그리고 마침내 변화가 어떻게 일어나는지, 수렴성이나 우발성 중 어느 것이 가장 우위에 서게 될지 알 수 있을 것이다. 생각만 해도 짜릿한 사고실험이지만, 이런 일이 벌어질 수 있을까?

몇십 년 전 리처드 렌스키라는 과학자가 공상과학소설 속이 아니어도 이런 일이 벌어질 수 있음을 깨달았다. 인상적인 다윈풍 수염을 자랑하는 렌스키는 진화생물학자로 일하면서, 포식성을 지닌 남부딱정벌레를 연구하려고 노스캐롤라이나주 교외에서 현장 연구를 수행했다. 그는 바깥에서 일하기를 좋아했지만, 연구는 느리게 진행됐다. 독사들이 우글거리는 지역이었고, 딱정벌레들은 폭우 때문에 익사하는 경우가 잦았으며, 무엇보다도 너무 많은 변수를 만들어내는 현실

세계의 복잡성 때문에 가장 신나는 아이디어들을 정확히 실험해 보기가 불가능했기 때문이다. 렌스키는 진화 과정에서의 변화를 길들이지 않는 야생에서가 아닌 과학 실험실의 통제된 환경에서 실험해 볼 수 있는지 궁금해졌다. 1988년 렌스키는 과학사상 가장 길고 가장 중요한 실험에 착수했다.

렌스키의 실험은 단순하다는 점에서 훌륭하다.[26] 열두 개의 똑같은 플라스크를 준비해서 열두 가지의 동일한 대장균을 넣고, 여기에 정확히 똑같은 포도당을 채운 뒤에 진화하도록 내버려두었다. 대장균은 빠르게 번식하기 때문에 하루에 6.64세대를 거쳤다. 평균적인 인간의 한 세대는 26.9년 동안 지속되므로,[27] 이 박테리아의 세계에서 하루는 인간으로 치면 대략 178년에 가깝다. 믿기 어렵겠지만, 1988년 이후로 렌스키는 대장균이 7만 세대에 거쳐 진화하는 모습을 직접 지켜보았다. 인간으로 치면 190만 년에 해당하는 변화의 세월이다. 2004년 또 다른 뛰어난 과학자 재커리 블런트가 렌스키의 실험실에 합류했다. 둘은 함께 오랫동안 플라스크 안에서 각기 소용돌이치는 열두 개의 미생물 우주를 감독해 왔다.

나도 이 통제된 우주를 들여다보기 위해 그 실험실을 방문했다. 미시건주립대학교에 있는 렌스키와 블런트의 연구실은 평범하다. 비커와 눈금이 새겨진 실린더, 페트리 접시, 그리고 화학물질이 담긴 하얀 병이 선반에 꽉 들어차 있다. 렌스키가 문 옆에 놓인 네모난 인큐베이터를 가리켰다. 인간의 체온과 같이 섭씨 37도, 또는 화씨 98.6도로 맞춰져 있는 이 인큐베이터는 미생물이 담긴 플라스크를 천천히 돌리고 흔들면서 웅웅 소리를 내고 있다. 무균실 같은 겉모습에도 실험실은 진화의 수수께끼에 집착하는 장소라는 단서들을 내보인다. 다윈의 유명한 항해를 표현하는 포스터가 벽에 붙어 있고, 사람처럼 서 있으나 문어의 촉수를 가진 상상의 동물을 그린 그림이 전등 스위치 옆에 걸려 있다. 그 위로 달린 배너에는 미국의 건국이념인 **E Pluribus Unum** 또는 '여럿이 이룬 하나'를 거꾸로 뒤집은 문구가 쓰여 있다. LTEE_{Long-Term Evolution Experiment}(장기간 진화 실험)의 과학자들은 진화 과정에서의 변화에 경의를 표하는 또 다른 주문인 **Ex Una Plures**를 추구한다. '하나에서 여럿을'이란 의미다.

나는 이 문구를 채택해서 배너를 만든 장본인인 재커리 블런트를 미시간주 이스트랜싱에 있는 실험실 근처 어느 스트립몰의 인도 음식점에서 만났다. 등산화 위로 쑥 올라온 알록달록한 양말을 신은 그를 못 알아볼 수는 없었다. 블런트는 스스로를 핸드폰도 없는 '21세기 괴짜'라고 묘사한다. 블런트는 가장 견고하게 지켜지고 있는 생명의 비밀을 해독하려고 실험실에 머물거나, 아니면 숲속 캠핑장에서 두꺼운 역사책을 읽으며 이 비밀들을 고민하고 있을 때가 대부분이다. 그는 미생물과 인간사 모두에서 나타나는 우연성에 홀딱 빠져 있어서, '낮박밤비(낮에는 박테리아, 밤에는 비잔틴제국)'하는 타입이다. 블런트와 네 시간을 보낸 뒤 나는 이토록 세상에 호기심을 품고, 또 신중하게 생산적으로 세상을 이해하려는 사람은 처음 만나봤다고 생각했다.

블런트는 열정적으로 자신의 실험을 설명했다. 매일 각 플라스크에 담긴 박테리아는 동일한 포도당이나 설탕, '오렌지주스의 시큼한 맛을 내는 산'으로 잘 알려진 구연산염이 섞인 동일한 용액 속에서 자라난다. 작은 유기체들은 구연산에서 헤엄치지만 오직 포도당만 먹을 수 있다. 생식을 위해 교미하는 대신 박테리아는 거의 동일한 두 개의 딸세포로 갈라진다. 따라서 플라스크마다의 변이는 주로 복제 도중에 나타난 돌연변이나 작은 실수들 때문에 생긴다. 실험의 천재성은 동일한 환경에서 하나의 공통적인 조상으로부터 열두 가지의 다양한 개체군이 자유로이 진화한다는 데 있다. '하나에서 여럿을'이다. 따라서 실험은 상황으로부터 교미와 환경적 변화, 포식자들을 제거해 과학자들이 가장 순수한 형태의 진화를 관찰할 수 있게 해준다. 그러므로 렌스키와 블런트는 진화 과정의 변화를 수렴성이 좌우하는지, 또는 우발성이 좌우하는지 실험해 볼 수 있다. 수렴성이 변화를 주도할 때 열두 개의 플라스크는 더 긴 시간이 흘러도 작은 변화를 보인다. 아마도 열두 가지의 다양한 경로를 거친다고 하더라도 결국에는 대략 동일한 결과가 나올 것이다. 이는 진화의 스누즈 버튼이 거의 의미가 없다는 뜻이 된다. 그러나 우발성이 지배적일 때 열두 개체군은 결국 엄청난 방식으로 갈라져서, 우연한 기회에 미생물 괴물을 만들어내고 영원히 진화의 경로를 바꿔버린다. 스누즈 버튼을 한 번 누르는 행위가 모든 것을 바꿀 수도 있다.

또한 렌스키와 블런트에게는 대부분의 과학자에게는 없는 물건이 있다. 바로 타임머신이다. 대장균은 냉동고를 스톱 버튼처럼 써서 손상 없이 냉동될 수 있다. 플레이 버튼을 누르려면 그냥 박테리아를 꺼내서 해동하면 된다.[28] 처음부터 렌스키 팀은 열두 개의 플라스크 안의 박테리아를 500세대마다 얼리고 있는데, 이는 연구자들이 실험 중 어느 시점의 어느 부분이든 재생할 수 있다는 의미다. 소련이 붕괴된 날, 아니면 2001년 9월 11일부터 시작된 박테리아를 되살리고 싶은가? 아무런 문제 없이 가능하다. 용액이 담긴 이 열두 개의 우주에서 렌스키와 블런트는 시간을 통제할 수 있다.

10년 이상의 기간에 걸친 실험은 진화적 수렴성의 가설을 뒷받침하는 듯 보였다. 열두 개의 작은 변화가 불가피하게 되면서 열두 개의 배양균은 모두 달랐지만, 대부분 모두가 비슷한 방식으로 변화하고 있는 것처럼 보였다. 박테리아의 각 계통은 포도당을 먹으면서 점차 발전했고, 다윈주의 관점에서 더욱 '적합'해졌다. 질서의식이 명료하게 드러났고, 특정한 돌연변이는 그다지 의미가 없는 듯했다. 열두 개의 플라스크가 전부 똑같은 궤도를 따라가는 듯, 같은 도착지를 향해 달려가는 듯 보였다. 성질 급한 바보가 아닌 음침한 녀석들의 정당성이 입증되고 있었다.

그러다가 2003년 1월의 어느 추운 날, 박사 후 과정에 있던 팀 쿠퍼가 실험실에 와서, 이제껏 수백 번도 더 해왔듯 열두 개의 배양균을 들여다보았다. 그런데 이번에는 뭔가가 달랐다. 열한 개의 배양균은 "플라스크에 한두 방울의 우유가 섞인 듯한 물이 담겨 있었고, 다만 옅은 백탁이 수백만 마리의 박테리아가 거기에 살고 있음을 가리킬 뿐"[29] 평소와 다를 바 없어 보였다. 그러나 열두 번째 플라스크는 매우 달랐다. 대부분 투명하고 맑았어야 했음에도 일부가 불투명하고 뿌연 혼합물이 되어 있었다. "실수라고 생각했어요. 하지만 뭔가 재미있는 일이 벌어지고 있다고 확신할 수 있었죠." 쿠퍼가 내게 말했다.

쿠퍼는 렌스키에게 전화를 걸었다.

"실험실 오류라 생각했죠.[30] 실험실에서 우리는 오염을 막기 위해 '의심스러우면 버리자'라는 좌우명을 실천하고 있거든요."[31] 렌스키는 최근에 얼린 샘플부터 해당 계통의 박테리아를 다시 키우기로 결심했다. 다행히도 미생물 타임머신 덕에 실수는 쉽게 수정될 수 있었다.

몇 주 후 똑같은 플라스크가 또다시 뿌옇게 변했다. 분명 아무런 실수도 저지른 게 없으니 무슨 일인가 벌어지고 있었다. 당황한 과학자들은 그 뿌연 플라스크에 사는 대장균의 DNA를 차례로 배열했고, 놀라운 사실을 발견했다. 박테리아는 자신들이 헤엄치고 있는 구연산염을 먹을 수 있는 능력을 진화시켰다. 분명히 가능하지 않았던 일이었다. 20세기에는 대장균이 구연산염을 소화시킬 수 있다는 사례가 단 한 건만 기록됐었다. 이런 일이 이제 우연히 벌어졌다는 사실만으로도 이미 중요한 발견이었다. 그러나 이야기는 더욱 흥미롭게 흘러가려는 참이었다.

구연산염을 소화시키기 위해 이 박테리아의 '괴물' 계통은 우선 적어도 네 차례의 관련 없는 돌연변이를 거쳤고,[32] 이 돌연변이는 개체군에 명백한 이득을 제공하지 않았으니 무의미한 오류로 보였다. 그러나 이 네 번의 실수가 이 특정한 순서에 따라 모두 일어나지 않았더라면, 대장균이 구연산염을 먹는 능력을 갖출 수 있게 해준 다섯 번째 돌연변이는 일어나지 않았을 것이다. 다섯 번의 우발적인 돌연변이가 서로의 위에 차례로 쌓였고, 그 역시 완전히 있을 법하지 않은 일이었다. 켜켜이 쌓인 우발성이었다.

그렇다면 도대체 얼마나 우발적이었을까? 이를 알아내기 위해 블런트는 몇 년 동안 괴물 개체군을 연구했다. 그는 다양한 시점에서 돌연변이 계통의 샘플을 얼렸고, 구연산염을 먹는 능력이 다시 생겨나는지 실험해 보려고 얼린 박테리아 화석의 기록을 활용했다. 3년에 가까운 실험에서 대략 40조 개에 달하는 세포들을 분석한 후, 그는 고작 열일곱 번만 구연산염 돌연변이를 복제할 수 있었다. 그러나 박테리아의 진화사를 저 멀리까지 거슬러 올라가 봐도 구연산염 돌연변이는 **절대로** 일어나지 않았다. 하나부터 열까지 모두 우발적이었다. 오늘날까지, 인간으로 치면 190만 년에 해당하는 7만 세대의 박테리아가 진화했으나 열두 계통 가운데 오직 하나만이 구연산염을 소화하는 능력을 개발했다. 한 계통의 박테리아에게 일어난 작은 변화 하나가 미래의 **모든 것**을 바꿔놓았다. 모두 전혀 관련 없는 네 차례의 사고가 발생한 덕에 가능해진, 임의적인 돌연변이 때문이었다. 그 외의 박테리아 우주 열한 개는 여전히 포도당을 먹는 데에만 갇혀서, 렌스키의 말마따나 "레몬맛 사막"[33]에서 수영하고 있다는 사실을 인식하지 못하고 더할 나위 없이 행복하게 살고 있었다.

블런트는 LTEE가 인간 사회의 결정적인 전환점에 대해 생각해 볼 정교한 논리를 제공한다고 주장한다. 예를 들어, 여러 역사학자가 제2차 세계대전에서 디데이가 연합군의 승리를 가져온 핵심이라고 말한다. 역사학자들이 이 주장을 실험해 볼 수 있다면 렌스키와 블런트가 수행했던 것과 똑같은 연구 설계를 따랐을 것이다. 여러분에게 1,000개의 동일한 지구가 있고, 전쟁 동안 다양한 시점에서 지구를 멈출 수 있다고 상상해 보자. 연합군이 디데이 이후의 세계에서 승리할 가능성이 훨씬 더 커졌다면 역사학자들은 디데이가 핵심적인 전환점이었다고 결론 내릴 수 있다. 그러나 1942년 6월의 세계를 해동하든 1944년 6월의 세계를 해동하든 연합군이 75퍼센트의 승률을 보인다면 역사학자들이 틀렸다는 것이 확실해진다. 디데이는 그다지 중요치 않았다. 연합군은 언제나 이겼을 것이다.

안타깝게도 지구는 하나뿐이고, 우리는 시간을 되돌릴 수 없으며, 이 우발성 대 수렴성 실험은 오직 과학 실험실의 미생물에게만 가능하다. 그러나 그 순간만큼은 렌스키와 블런트, 그리고 LTEE에 참여했던 대규모 연구팀에서 우발성 대 수렴성 논란을 해결한 듯 보였다. **즉, 세상은 우리에게 수렴적인 모습을 보이면서도, 그러다 문득, 놀랍게도 수렴적이 아님을 깨닫게 한다.**

우리는 가끔 가슴 철렁한 일이 생겨날 때까지는 세상을 제대로 보지 못한다. 우리는 정해진 일과를 따르고, 세상은 하루하루 흘러가며, 사소한 변화는 그리 중요해 보이지 않는다. 아침 뉴스는 시계처럼 7시에 나오며, 출근은 20분에서 25분 정도 걸린다. 우리가 보기에는 수렴성이라는 음침한 녀석들이 우월해 보인다.

그러나 가끔 우리의 삶과 사회는 우발적인 사건이라는 과감하고도 성질 급한 바보들로 인해 바뀐다. 가끔 이 변이는 사소한 변화가 수없이 누적되어 나온다. 오랜 시간 동안 쌓이다가 티핑 포인트에 도달하고, 이제 모든 것이 무너져 내린다. 어떤 경우에는 외견상 독립적인 개인의 궤적이 인과관계상으로는 서로 얽혀 있다. 우리가 2장의 이반과 표류하는 축구공 이야기에서 본 이 현상은 쿠르노의 우발성[34]이라 불린다. 파리 한 마리가 몇 시간 동안 윙윙거리며 날아다니면서 허공을 탐색하다, 갑자기 오토바이 운전자의 얼굴에 부딪힌다. 운전자는 방향을 틀지만 충돌 사고를 내고 사망한다. 이 파리의 궤적은 오토바이 운전자의 삶에 어마어마한 의미가 있으나, 운전자는 자기 삶의 궤적에서 파리가 지닌 중요성을 미처 염두에 두지 못하고 있다가 손쓸 새 없이 가혹한 운명을 맞이한다.

이런 식으로 우리는 〈슬라이딩 도어스〉의 헬렌처럼 가끔은 작고 우발적인 변화들이 어떻게 우리의 삶을 바꾸고 우리 사회를 바꾸는지 잊는다. 어떤 경우는 DNA 돌연변이처럼 임의적인 사건이고, 또 어떤 경우는 우리가 내리는 의도적이지만 사소한 결정들이다. 이런 일들은 꾸준히 벌어지고 있다. 우리는 스스로의 삶을 통제하고 있다고 말하지만, 실은 자기 자신을 포함해 모든 것이 항상 유동적으로 밀려 들어온다. 대장균처럼 우리도 이른바 **우발적인 수렴성**으로 규정되는 세상에서 살고 있다. 우발적인 수렴성은 대략적으로 변화가 일어나는 방식을 의미한다. 질서와 구조가 존재하면서, 스누즈 버튼 효과도 실제로 존재한다. 그리하여 불안정하면서도 명랑한 진실, 즉 **모든** 순간이 중요하다는 결론으로 이어진다.

왜 진화 과정에서 임의성의 역할이 간과되었을까?

우발적인 수렴성이 득세한다면, 왜 진화 과정에서 일어나는 변화에서 임의성의 역할이 자주 간과될까? **적자생존**이라는 표현은 다윈이 만든 게 아니라 나중에 채택됐지만, 나쁜 쪽에서 좋은 쪽으로 끊임없이 발전해 나간다고 말하는 듯 보인다. 자연선택은 가끔 수렴적인 "모든 일에는 다 이유가 있어" 학파에 깔끔하게 맞아떨어지는 방식으로 등장하며, 이 학파는 진화가 너무 무자비해서 현재 존재하는 진화된 특성들은 자연의 숨은 손이 지닌 지혜로 형성됐다고 추정한다. 리처드 도킨스는 한때 진화가 "자린고비 회계사처럼 푼돈을 아까워하고, 시계만 들여다보고 사소한 낭비도 처벌하면서" 서서히 진행되며 "무자비하고 멈추지 않는다"고 표현했다.[35] 진화는 무자비하고 최적화된 과정에서 꼼꼼하게 오류를 수정한다. 이 개념에서는 단순히 질서와 구조만 있는 게 아니라 분명한 목표도 존재한다. 세계는 더 큰 적합성에 가까이 다가가기 위해 노력한다는 점이다.

진화는 가끔 더 임의적인 과정일 수 있다. 이 부분은 어느 거대한 운석이 지구를 강타해서 생명의 나무 전체를 휩쓸어버리는 바람에 포유동물이 출현할 수 있었다는 사실을 알게 됐을 때 꽤나 명확해진다. 또한 진화는 **유전적 부동**genetic drift(생물 개체군 내에서 발현하는 유전자 빈도가 우연이나 확률에 근거한 사건에 의해 변하는 것.-옮긴이)[36]에 의한 임의적인 변화를 따라가는데, 유전적 부동에서는 한 개체군의 유전적인 변이가 우연히 일어난다. 그러나 진화의 임의성과 확률을 강조하던 생물학자들은 다양한 역사적 이유로 인해 학계에서 외면당했다.* 진화를 대중적으로 논할 때는 보통 가장 운이 좋은 개체가 아니라 가장 적합한 개체가 생존한다는 이야기가 주류를 이룬다.

그럼에도 오늘날 우리는 아주 오랜 옛날부터 일부 운 좋은 개인, 혹은 진화의 '복권 당첨자' 덕에 살아남았다. 우리는 다양한 **유전적 병목현상**을 이어받은 후손으로, 이는 유전적 부동의 부분집합이라는 의미다. 병목현상은 유전적 다양성이 생물종 내에서 개체의 숫자가 급격히 줄어들 때 생겨난다. 예를 들어, 나를 포함해 많은 사람이 캘리포니아 해안가 전체에 드문드문 서식하는 북방코끼리물범[37]을 보고 감탄한다. 그러나 1800년대에 인간이 해수유를 얻기 위해 사냥하면서 이 동물은 거의 멸종 직전까지 갔고, 고작 스무 쌍만이 살아남았다. 오늘날 모든 코끼리물범은 이 작은 집단의 후손이다. 그러므로 어느 코끼리물범 개체가 살아남아서 종을 되살렸는지가 얼마나 중요한지 쉽게 깨달을 수 있을 것이다.

이제 인간에게 비슷한 일이 벌어졌다고 상상해 보자. 인류 전체가 고작 마흔 명으로 줄어들었고,[38] 그러다가 8억 명의 개인으로 폭발하듯 늘어났다고 가정하는 것이다. 이 마흔 명이 정확히 어떻게 구성되었는지가 인류를 규정짓게 된다. 예를 들어, 이 마흔 명이 모두 한 어린이병원의 간호사들과 의사들이었다 치면, 그럴 일은 없길 바라지

---

* 프린스턴대학교의 진화생물학 교수였던 고故 존 타일러 보너는 미생물을 주로 다룬 『진화의 우연성Randomness in Evolution』이라는 책에서 이와 비슷하게 불경스러운 주장을 했다. 보너가 "단순히 이단에 접근한 것이 아니라, 그냥 이것이 이단이다"라고 내세우는 책 광고도 있었다.

만, 미래의 인류는 카다시안 패밀리로 마흔 명을 채웠을 때와는 사뭇 다를 것이다. 이렇게 적은 수로도 개개인이 인류를 재편성할 수 있다. 좋든 싫든, 40분의 1 도널드 트럼프에서 시작된 유전자풀로부터 나온 수십억 명은 40분의 1 말랄라 유사프자이를 포함한 유전자풀의 후손들과는 전혀 달라질 것이다.

가설의 이야기가 아니다. 인류는 수천수만 년 전에 심각한 인구 병목현상을 (아마도 여러 차례) 거쳤다.* 한 연구는 어느 시점에 인류는 겨우 1,000쌍만 존재했다고 결론을 내렸다. 또 다른 연구에서는 그렇게까지 적은 숫자는 아니었으나, 여러 차례 병목현상을 겪으면서 약 1만 명의 인간이 남아서, 그 자체로 잠재적인 인류 유전자풀의 임의적인 부분집합이 됐다고 추정했다.[39] 1만 명에서 80억 명까지, 눈 깜짝할 사이에 일어난 진화였다. 인간의 유전적 다양성은 이 병목현상이 일어나는 동안 급격하게 줄어든 것으로 보이며, 카메룬에 흐르는 어느 강의 양안에 사는 현대의 침팬지들이 보여주는 유전적인 차이가 수천 킬로미터 떨어진 서로 다른 대륙에 사는 현대의 인간들보다 더 다양할 정도다.**[40]

• 예를 들어 인류 역사상 가장 강력하다는 인도네시아의 토바 화산 폭발처럼, 인류의 진화를 연구한 연구자들이 주장하는 일부 병목현상은 여전히 논란의 대상이다. 얼마나 많은 병목현상이 발생했으며 얼마나 심각했는지는 정확히 알 수 없다.

•• 치타는 더욱 심각한 병목현상을 경험했다. 그로 인해 연구자들이 한 치타의 피부를 벗겨내 다른 치타에게 이식해도 사실상 몸이 그 피부를 자기 조직으로 인식하기 때문에 아무런 문제가 없을 정도로 유전적 다양성이 낮다.

우리의 생명과 역사 전체는 아주 긴 과거에서 찰나의 진화적인 사고라 할 수 있는 이 병목현상들을 중심으로 바뀌었다. 병목현상 없이는 여러분과 여러분이 아는 모든 사람이 존재하지 않았을 것이다.

뒤이은 선사시대의 이동 역시 훨씬 더 규모는 작지만 역시나 임의로 선택된 인구가 지리적으로 고립된 지역에서 독립적으로 발전한 다른 인구 집단을 '발견'했다는 의미였다. 이를 '창시자 효과'라고 부른다. 예를 들어, 일부 유전학에서는 미국 원주민들이 아시아로부터 건너온 70명에서 250명 정도의 소수에 의해 생겨났다고 주장한다.[41] 남대서양에서 멀리 떨어진 트리스탄다쿠냐의 섬들에서는 약 150명에서 300명의 주민들이 천식을 앓고 있다.[42] 초창기에 이 섬에는 고작 열다섯 명(그 가운데 천식이 있는 사람이 여럿이었다)이 정착했었기 때문이다. 한때 잘나갔다지만 이제는 멸종된 도도새[43]조차도 아시아에서 온 비둘기가 수백만 년 전 모리셔스를 찾아와 몸집을 키우고 비행 능력을 잃는 창시자 사고에 의해 생겨났다. 천식을 앓는 섬사람들이나 잃어버린 비둘기에게는 아무런 숨은 목적도 없었다. 그저 사건이 발생했을 뿐이다.

이 견해들은 **생존 편향**이라는 개념과 연결되어 있다. 즉, 우리는 생존한 개체만 볼 수 있다. 우리가 지닌 혈거인에 관한 지식 대부분은 동굴벽화에서 나왔다. 누군가가 동굴에 살지 않고 자주 나무껍질에 그림을 그렸다면 이들을 나무인으로 생각해야 하는 일도 있을 수 있다. 그러나 나무들은 오래전에 사라졌고 동굴은 살아남았으니, 우리는 뭐라고 할 수가 없다. 이와 비슷하게, 그리스와 로마의 고전 사상은 근본적으로 근대성의 기반을 마련했으나 이에 대한 우리의 해석에 영향을 미친 것은 임의적인 요인이다. 즉, 문서를 통해 살아남은 사상과 역사 속에 사라져 버린 사상이다. 자연과 마찬가지로 인류사의 특정 측면 역시 돌이킬 수 없이 임의적이다.

그러나 자연이 가차 없는 최적화 추구자라는 이미지는 집요하게 살아남아 있다. 『굿 이너프』[44]의 작가인 대니얼 S. 밀로는 이 관점에 반론을 제기하며 이 세상이 "적당한 good enough" 해결책들로 가득하다고 설득력 있게 주장한다. 이를 클러지 접근법이라고도 하는데, **클러지** kludge는 '특정 목적을 충족하기 위해 소집된 부분들의 조잡한 모음'이라고 설명할 수 있다. 우리는 나이가 들어가면서 인간의 무릎이나 허리가 모두 적당히 제 할 일을 하고는 있지만 이게 최선은 아님을 깨닫는다. 우리가 앞서 만나본, 운 좋게 교토에서 목숨을 잃지 않은 우발 생물학자 기무라 모토는 의미 없는 사건으로 인해 진화 과정에서 얼마나 많은 변화가 일어날 수 있는지 증명한 학계의 몇 없는 연구자 중 한 명이었다. 그의 중립적인 분자이론은 임의성이 분자 수준 또는 유전적 수준에서 상당한 변화를 이끌어간다는 사실을 보여준다. 그러나 진화 생물학 분야 외에서는 기무라의 이름이나 이 핵심적인 개념을 들어본 사람은 거의 없다. 사소한 변화만으로 너무 많은 일이 다른 결과를 불러올 수 있다. 진화에서뿐 아니라 우리의 삶과 사회에서도 마찬가지다. 모든 일에는 다 이유가 있지 **않다**.

예상치 못한 곳에서 가장 놀라운 발전이 일어난다

외견상 임의적인 변동에는 예상치 못한 좋은 면이 있다. 진화 덕에 우리는 중요한 교훈을 얻는다. 아무런 지시 없는 실험 작업이 중요하다는 것이다. 영원히 변화하는 환경에서 시행착오식 접근법은 우리가 앞으로 나아갈 수 있는 최선의 길을 찾을 수 있게 해준다. 실험을 통해 우리는 우연성이 인생에 안겨주는 예상치 못한 기쁨과 지혜를 발견한다.

2014년 2월 런던의 지하철에서 일하는 여러 노동자가 파업을 했다. 수만 명의 출퇴근에 영향을 미쳤고, 통근자들은 대안을 실험해 볼 수밖에 없었다. 익명의 데이터를 활용해 옥스퍼드와 케임브리지 대학교의 경제학자들은 지하철 파업 전과 후의 측정점 2억 개를 조사했다. 대다수의 사람이 파업으로 인해 강제로 사용해야 하는 경로에 묶여 있었고, 일터까지 가는 더 낫거나 좋은 경로를 인식하지 못하고 있었다. 또한 주의를 약간만 돌린다면 이 틀에 박힌 생활에서 벗어날 수도 있었다. 숫자를 꼼꼼히 계산하고 나서 경제학자들은 놀라운 결론에 도달했다. 결과적으로 수천수만 명의 통근자들이 일터로 가는 더 효율적인 경로를 발견한 덕에, 지하철 파업은 우연히 런던의 경제에 상당한 순이익을 안겨주었다.[45]

실험 작업은 우리와 우리의 동물 친구들이 어떻게 음악을 탄생시켰는지에서도 중요하다. 예를 들어, 노래하는 새들은 모방과 시행착오를 조합해 배운다.[46] 즐거움이 느껴질 때까지 음을 연습해 보다가 조금씩 되풀이해 가며 변화를 가해 노래를 다듬는다.[47] 인간도 똑같다. 베토벤은 어디든 공책을 들고 다니며 단편적인 음을 간략하게 적어두었다가 협주곡으로 키워나갔다. 2021년 비틀즈의 희귀 장면을 담은 한 다큐멘터리[48]에서 폴 매카트니가 기타를 되는대로 튕겨보다가 원하는 대로 음이 나오는 놀라운 모습이 등장했다. 그는 이 음들을 연주하면서 미세하게 변주를 가했다. 이 경이로운 4분의 시간 동안 시대를 초월한 명곡 〈겟 백 Get Back〉이 내내 실험을 거쳐 불쑥 작곡됐다.

그러나 우리는 신선한 시도를 해보려는 자발적인 노력보다는 강제적인 변화에 의해 이런 교훈을 배우는 경우가 잦다. 1975년 1월 유명 재즈 피아니스트인 키스 자렛이 특별공연을 하기 위해 독일 쾰른에 도착했다. 그러나 혼선으로 인해 자렛은 아마추어 연습용으로나 사용됐을, 음이 하나도 안 맞는 부서지기 직전의 낡은 피아노를 연주할 수밖에 없었다. 그는 망가진 피아노를 고쳐야 했고, 이 흠집 투성이의 피아노에 흠집 하나 없는 재능을 맞춰가며 실험적으로 연주를 해나갔다.[49] 음악의 마법이 일었다. 이 공연의 실황 녹음은 재즈 역사상 가장 많이 팔린 솔로 앨범으로 기록되어 있다.

우발적인 세계에서 우리는 실험 작업을 통해 발전한다. 사소하고 아무런 지시 없는 돌연변이는 미시간주 대장균의 한 혈통에 지대한 이점을 더해주었다. 또 런던의 통근자들은 직장에 가는 더 좋은 방법을 찾아냈다. 비틀즈는 뜬금없이 기타를 치다 히트곡을 만들어냈다. 그리고 컴포트존에서 억지로 끌려 나온 재즈 피아니스트는 불편한 상황에 적응하다 예상치도 못한 아름다운 예술을 만들어냈다. 발전하기 위해서는 정교한 최적화가 답이라는 관념이 이끌어가는 세상에서 가끔은 우발적인 사고가 가장 커다란 영감을 주고 우리 삶을 개선한다.

그러나 우발성이 어딘가에 영향을 미치고 우발적인 수렴성이 우리의 세계를 지배한다면, 왜 우리는 수렴성에 지나치게 많은 관심을 기울이며 우발성을 간과할까? 그리고 왜 여러 일이 벌어지는 이유를 설명하면서 임의성을 빼놓고 이야기할까? 이제 살펴보겠지만, 그 답은 뇌가 우리에게 거짓말을 하도록 진화했다는 데 있다.

4장
우리의 뇌가
현실을 왜곡하는 이유

우리는 유형을 과하게 탐지해내도록 진화됐다

두 종류의 동물을 상상해 보자. 한 마리는 진실의 동물이고 한 마리는 단축의 동물이라고 하자. 진실의 동물은 모든 것을 있는 그대로 보아서 산소를 구성하는 모든 분자, 자외선의 모든 흐름, 발톱 밑에 숨은 모든 박테리아 속 원자 하나하나를 시각적으로 지각할 수 있다. 시각 정보의 모든 잠재적인 파편은 진실의 동물의 뇌 속에서 지각되고 처리된다. 그 무엇도 주목받지 못하고 지나칠 수 없다. 반면에 단축의 동물은 이런 세부적인 부분은 전혀 볼 수 없지만, 자신에게 가장 유용한 것만 지각하고 처리할 수 있다. 그 외에 모든 것은 무시당하거나 인지되지 않는다. 그 결과 단축의 동물은 현실의 대부분을 감지하지 못한다.

어떤 동물이 되고 싶은가?

우리는 진실의 편에 서고 싶은 유혹을 받지만, 이는 치명적인 실수일 수 있다. 단축의 동물이 언제나 승리하기 때문이다. 감사하게도 단축의 동물은 바로 우리다. 우리는 불필요한 부분은 모두 제거하고 단순화한 형태로 현실을 지각하도록 진화한 생물종이며, 따라서 생존하기 위해 그 형태를 이해할 수 있다. 이 추측은 '적합성이 진실을 이긴다Fitness beats Truth, FBT'[1] 정리에 의해 정당성이 입증되는데 이 정리는 수학자들과 인지과학자들이 제안하고 실험했으며, 캘리포니아 대학교 어바인 캠퍼스의 도널드 D. 호프먼이 유행시켰다. 학자들이 발견한 내용은 이 세상이 어떻게 돌아가는지에 대해 알고 있던 우리의 상식을 뒤집어 놓는다.

우리가 흑백으로만 볼 수 있었다면 역사는 어떻게 달라졌을까?

우리 대다수는 진실이 당연히 유용하다고 추측한다. 그러나 이 사실을 좀 더 신중하게 생각해 보면 그렇지 않다는 것이 확실해진다. 우리는 현실이 아니라, 세상을 탐색하는 데 도움이 되는 유용한 환상인 '현시적 이미지'[2]를 본다. 호프먼은 자신의 의견을 입증하려고 컴퓨터를 은유로 사용한다. 한 컴퓨터의 '진실한' 기계적 운영은 비전문가들이 이해하기 어렵다. 대부분의 사람은 아이콘을 더블클릭했을 때, 키보드를 경쾌하게 두드렸을 때, 또는 파일을 삭제했을 때 물리적 수준에서 무슨 일이 벌어졌는지 설명하려 할 때 말을 잇기 어렵다. 감사하게도 기술의 마법사들은 컴퓨터가 어떻게 작동하는지 이해하기 쉽도록, 완전히 부정확하지만 유용한 환상을 개발해 냈다. 우리는 이를 '데스크톱'이라고 부르면서 만화처럼 생긴 커서를 이리저리 움직인다. 그러나 우리가 사용하는 기계 안에는 데스크톱도 커서도 없다. 그 대신, 이진법 계산을 수행하는 실리콘과 플라스틱, 구리 뭉치만 존재할 뿐이다. 나는 호프먼의 의견에 더해, 이런 비유가 MS-DOS 운영체계 같은 개인 컴퓨터의 초창기 형태를 생각하면 더욱 명료해진다고 덧붙이고 싶다. 이 운영체계는 우리 같은 컴퓨터 사용자들을 현실에 한 발짝 더 가까이 데려갔지만 그렇기 때문에 우리는 너무나 혼란스러웠다. 현실과 훨씬 동떨어졌지만 더 유용한 비주얼 데스크톱이 등장하면서 MS-DOS는 쇠퇴했다.

똑같은 역학이 자연에서도 끊임없이 작동하며, 그것이 우리 정신이 탄생한 기원설화다. 현실에 대한 우리의 지각은 자연선택을 통한 진화의 우발적인 부산물이다. 진화의 경로를 따라가던 우리 조상들은 갈라진 길을 마주했다. 한쪽 길은 진실로, 한쪽 길은 유용함으로 통했다. 우리는 진실의 동물이 될 수도, 단축의 동물이 될 수도 있으나 두 가지 다 될 수는 없다. 진화에서 가장 중요한 것은 번식성공도다. FBT 정리가 증명되고 진실과 유용함이 맞서 싸우면, 단축의 전략이 결국은 언제나 진실의 전략을 이긴다. 인지심리학자 스티븐 핑커는 이렇게 밝혔다. "우리는 천사가 아닌 유기체고, 우리의 정신은 진실로 통하는 파이프라인이 아닌 내장이다. 우리의 정신은 정확성을 바탕으로 교감하는 대신, 자연선택을 통해 조상들에게 중요했던 죽느냐 사느냐의 문제를 해결하기 위해 진화했다."[3] 우리의 지각은 몇백만 년의 세월 동안 덜도 말고 더도 말고 우리의 생존을 돕기 위해 구성되고 미세하게 조정됐다.

신경과학적으로 우리가 이 세상을 더욱 잘 항해할 수 있게 해주는 메커니즘 가운데 하나가 '시냅스 가지치기'라는 증거가 쌓이고 있다.

신생아의 뇌는 1000억 개의 뉴런으로 구성되어 있다. 그러나 말하기 조심스럽지만, 여러분에게는 구질구질한 860억 개(대략 몇십억 개 정도)의 뉴런이 있다. 아기들 역시 대뇌피질의 시냅스 밀집도로 치면 여러분이 사용하는 시냅스보다 약 50퍼센트 정도 높은 수준이다. 좋은 소식이라면 시냅스 가지치기와 함께 진화가 우리가 세상을 이해하는 데 도움이 될 훌륭한 요령을 알아냈다는 것이다. 카네기멜론대학교의 신경과학자인 앨리슨 바르트는 이렇게 설명했다. "우선은 넘치도록 많았다가 그 이후에는 가지치기를 통해 구성되는 연결망들은 훨씬 튼튼하고 효율적이다."[4] 우리의 뇌는 우리에게 가장 유용한 연결을 유지할 수 있게 키질winnowing 과정을 거치면서, 정신이 우리가 살아가는 세상과 잘 맞도록 조정한다.

우리의 감각도 마찬가지다. 다만 우리가 세상을 보는 방식은 무한한 진실이 아닌 진화된 감각을 통해 걸러진 진실이라고 잠시 멈춰서 생각하지 않을 뿐이다. 자외선과 적외선부터 분자와 쿼크와 아메바에 이르기까지 모든 것을 감지하는 기관이 없어서 우리는 현실을 제대로 인지하지 못한다. 우리는 그 자리에 있는 것을 있는 그대로 보지 않는다. 그렇지만 우리가 인지하고 처리하는 정보조차도 그 대부분을 자동적으로 무시한다. 뇌가 걸러내는 것이다.

세상을 살아가다 보면 정보가 폭발적으로 급증할 때가 있다. 우리는 모든 것에 주의를 기울일 수 없다. 그랬다가는 과부하가 되어서 정말로 중요한 것을 보지 못할 것이다. 여기에 대처하기 위해 우리 뇌는 레이저처럼 예리하게 초점을 맞춰서, 유익한 유형과 잠재적으로 위험한 변칙을 감지해 내는가 하면 불필요한 것들은 버린다. 철학자 루드비히 비트겐슈타인은 이렇게 의견을 밝혔다. "우리는 정서를 읽는다. …… 우리는 얼굴의 일그러짐을 보고서 상대가 기쁨이나 슬픔, 지루함을 느끼는지 추리하는 것이 아니다. 얼굴을 다르게 설명할 수 없을 때조차 즉각적으로 표정이 슬프다, 환하다, 지루하다라고 표현한다."⁵ 이런 것들이 단축의 동물이 지닌 장점이다.

살아남기 위해 우리는 불필요한 세부 정보는 내버린다. 이 말이 믿기지 않는가? 5달러/파운드/유로 지폐처럼 여러분이 수천 번도 더 본 물건을 순전히 기억에 의지해서 가능한 한 정확하게 그려보자. 분명 잘 그려지지 않을 것이다. 우리 뇌는 자동적으로 현실을 처리하고 미래에 회상할 수 있도록 적게 유지한다. 우리는 그저 작고 유용한 조각만 지각하고 간직한다.

그렇다면 우리가 현실을 경험하는 기본적인 방식은 부분적으로 임의적인 진화의 사건에서 파생된다고 볼 수 있다. 다음을 생각해 보자. 우리가 세상을 들여다보는 창인 시각은 몇 가지 우연한 변화로 인해 극단적으로 달라질 수 있다. 우리의 시력이 독수리만큼 좋아서 3킬로미터 가까이 떨어진 곳에 있는 적군을 파악할 수 있다면 전쟁이 지금과 같은 방식으로 진행될까? 우리가 흑백으로만 볼 수 있다면 역사는 어떻게 갈라졌을까?

이는 억지로 갖다 붙인 사고실험이 아니다. 우리가 현실을 지각하는 것은 그저 세상을 보는 또 하나의 방식일 뿐이다. 우리는 눈의 세 가지 광수용체(빨강, 초록, 파랑) 때문에 삼색시자로 알려져 있다. 우리의 반려견을 포함해 대부분의 포유동물들은 수용기가 오직 파랑과 초록에만 민감하기 때문에 이색시자이며, 이 경우 적록색맹인 인간과 색각이 비슷하다.[6] 돌고래와 고래는 단색형 색각자로, 오직 흑백으로만 볼 수 있다.[7] 대부분의 새와 물고기, 일부 곤충과 (공룡을 포함한) 파충류는 자외선UV까지 볼 수 있는 사색형 색각자다.[8] 거미원숭이 같은 신대륙 원숭이들은 더 희한하다.[9] 보통 암컷은 삼색시자지만 수컷은 이색시자다(여성과 남성이 서로 다른 색상들을 인지한다면 세상은 참 이상할 것이다).

우리 눈을 형성하는 유전자들의 특성에 따라, 이론적으로 인간은 세 개가 아닌 네 개의 원추세포를 가지고 태어나서 사색형 색각자가 될 수도 있다. 뉴캐슬대학교의 가브리엘레 조던 박사는 커리어의 대부분을 사색형 색각자를 찾는 데 할애했다. 몇 차례 거짓 양성을 겪은 후 조던은 마침내 진짜 사례를 찾아냈다. 이 여성은 영국 북부에 사는 의사로, 과학계에는 cDa29[10]로 알려져 있다. 조던 박사가 일상에 자주 끼어드는 기자들과 인터넷 방송 진행자들을 피하고 싶어 했던 것도 당연하다. 우리는 대략 백만 가지의 색깔이 화려하게 덮은 세상을 본다. cDa29에게 그 숫자는 **1억**으로, 나머지 우리들은 그 찬란함을 상상 속에서만 볼 수 있다.

우리는 모든 일이 단순히 이유가 있어서가 아니라 **좋은** 이유가 있어서 일어난다고 생각하고 싶어 한다. 그러나 사실은 몇 가지 작은 변화만으로 cDa29의 눈으로, 혹은 흑백에 갇힌 고래의 눈으로, 아니면 공작갯가재[11]의 어마어마한 열두 색깔 원추세포로 세상을 지각했을 수 있다. 그런 일이 벌어졌다면 인류 역사의 **모든 것**이 바뀌었을 것이다. 반사실적 역사는 보통 억지스러운 '만약'의 상황을 상상하면서, 결정적인 선택이나 성과가 다른 방향으로 흘러갔다면 우리가 사는 세상이 어떻게 됐을지 그려본다. 만약 히틀러가 미대에 갔거나 에이브러햄 링컨이 암살당하지 않았다면 어땠을까? 그러나 수만 년의 세월 동안 모든 인간이 현실을 다르게 인지했다면 어떤 세상이 펼쳐졌을지 반사실적인 역사를 생각해 보자. 우리의 감각은 우리 생물종의 결정적이지만 숨겨진 변수다. 인생에서 많은 것이 그러하듯, 몇몇 사소한 변화가 주어졌더라면 다른 모습이 되었을 수도 있다.

우리의 감각은 임의적으로 생겨난 것이 아닌, 복잡한 진화사를 거쳐 남은 우발적이고 우연한 결과물이다. 그렇다면 인간이 왜 두 가지 대신 세 가지(빨강, 초록, 파랑) 원추를 가지게 됐을까? 수백만 년 전 영장류는 두 무리로 나뉘었다. 연구자들은 두 무리를 나눈 것에 흥미로운 상관관계가 있다는 점에 주목했다. 초록색 농장에서 자라는 불그레한 무화과가 많은 지역의 영장류들은 생존을 위해 초록색 배경에서 빨간색을 탐지해 내도록 진화했다.[12] 무화과가 없는 지역의 영장류들은 그러지 못해 적록색맹으로 남았다. 우리는 무화과 영장류의 후손이다. 과학자들은 형식상 그럴듯한 '원인'을 제시했을지 모른다. 즉, 경쟁자보다 무화과를 잘 찾아볼 수 있게 진화된 조상의 후손**이라서** 우리 눈에 광수용체가 세 개라는 것이다. 얼마나 근거 없는 이야기인가? 생명이 지닌 가장 커다란 미스터리에 대한 답이…… 무화과라고?

단축의 동물이 발휘하는 또 하나의 요령은 인간의 뇌가 유형 감지 기계이기 때문에 가능하다.[13] 초창기부터 조상들은 하늘의 별을 이어 별자리를 만들고, 하늘의 용기에 관한 이야기와 동화들을 완성했다.* 오늘날 여러 신경과학자는 우리의 "우월한 유형 처리 능력"이 근본적으로 인간다운 특성이며, 특출한 지성과 상상력, 발명이 가능하도록 해준다고 여긴다. 우리는 카테고리를 나누고, 원인과 결과를 추론하며,[14] 특히나 복잡한 세계로부터 유형을 파악할 수 있는 신경학적 구조를 지니고 있다.

그러나 우리 뇌는 확률과 혼돈을 아주 싫어하도록 진화해서, 상황이 왜 벌어졌는지에 대한 잘못된 유형을 탐지하고 잘못된 원인을 제시할지언정 우발적이거나 임의로 벌어졌다는 정확한 설명은 받아들이지 않는다. 단축의 동물은 명백한 임의성을 두고도 깔끔한 설명을 내놓고, 그로 인해 우리는 우연성이 중요하지 않다고 무시하게 된다. 진실보다 생존을 우선시하는 인지 과정을 통해 우리의 정신은 오해를 불러일으키지만 유용한 형태로 원인과 결과를 단순화해서 이해할 수 있게 진화했다. 우리는 한 가지 결과에 대해 한 가지 원인을 찾고, 원인과 결과 사이에 직접적이고 직선적인 관계가 존재한다고 상

• 별자리의 무늬와 그로부터 이야기를 지어내겠다는 생각은 시대와 지역을 가리지 않고 반복해서 일어날 정도로 보편적이다. 예를 들어, '오리온의 허리띠' 성군은 기독교 이전의 스칸디나비아에서 "프리그의 물레가락"[15]이라 불렸고, 뉴질랜드의 마오리족 토착 문화는 이 세 개의 별을 "세 사람의 끈"이라 부르면서 거대한 하늘의 카누를 이룬다고 했다. 이렇게 인간들은 거듭해서 하늘의 무늬에 매달렸다.

상하는 경향이 있다(사소한 원인은 사소한 결과를 낳고, 중대한 원인은 중대한 결과를 낳는다). 그리고 체계적으로 임의성과 확률의 역할을 깎아내리고, 원인이 없을 때조차 만들어내며, 확실치 않고 알려지지 않은 것들을 혐오한다.

우리는 유형을 **과하게 탐지해 내도록** 진화됐다. 잠복해 있던 포식자가 부스럭거리는 소리를 냈다고 잘못된 추측을 하는 것이, 이를 생뚱맞은 바람 소리라고 무시하는 바람에 사자를 발견하지 못하는 것보다 더 안전하다. 우리 뇌는 생존을 위해 움직임과 의도를 파악하는 데 극도로 민감해졌다. 진화철학자 대니얼 데닛은 우리가 움직임뿐 아니라 신념과 욕망, 정보, 목표, 그리고 타인의 목표에 동조한다고 주장한다.[16] 혹은 우리는 진화를 통해 "누가 무엇을 아는가?"와 "누가 무엇을 원하는가?" 같은 질문을 던지도록 배웠다고 한다. 여기 있는 송곳니 달린 낯선 생물은 나를 잡아먹으려 하는가, 아니면 그저 호기심이 일었을 뿐인가? 이는 상당히 중요한 질문이다. 머나먼 과거에 목숨을 잃은 이들은 유전자를 물려주지 못했을 것이며, 따라서 인류의 미래로부터 추려졌을 것이다. 거짓 양성은 짜증나지만 부정 오류는 치명적인 세상에서 신경과학자들과 진화생물학자들은 우리 뇌가 언젠가 생명을 구해줄 수 있는 유형을 탐지하는 데 과도하게 맞춰져 있다고 주장한다.

유형을 선호하는 인간인 우리는 어떤 일이 벌어진 원인을, 설사 좋은 원인이 아니더라도 찾아내길 갈망한다. 1944년 매사추세츠주 스미스 컬리지의 심리학자 메리엔 지멜과 프리츠 하이더는 스크린 위로 도형들이 무작위로 움직이는 간단한 애니메이션을 가지고 이 경향이 얼마나 깊숙이 작용하는지 발견했다.[17] 이 학자들의 연구에서 애니메이션을 시청한 서른여섯 명의 실험참가자 가운데 서른다섯 명이 큰 삼각형이 '용맹하고 활기찬' 작은 도형들을 쫓아다니는 악당이라고 묘사했다. 참가자들은 정신적으로 도형들에게 원인과 서사, 심지어 인격까지 부여하지 않을 수 없었다.

그러나 이 민감한 유형 탐지의 이면에서 우리는 임의적인 사건을 무시하거나 숨겨진 질서정연한 구조의 일부인 양 본다. 마치 무질서한 산점도 사이로 깔끔한 선을 긋는 것과 같다. 우리 인류는 '왜냐하면'교의 광신도다.

우리의 뇌는 이야기를 꾸며내기 위해 설계됐다

우리가 확률의 희생양이라고 느끼는 것만큼 당황스러운 일은 없으며, 삶과 죽음이 겉보기에 마구잡이로 찾아온다는 개념만큼 불안한 것도 없다. 그러나 이런 일은 가끔 벌어진다. 이해할 수 없는 대상을 이해하고자 하는 희망은 우리 인간과 인간의 친척들이 오랫동안 품어온 야망이다. 5만 년 전의 네안데르탈인 무덤은 심지어 미신적인 신념을 보여주었다.[18] 이를테면 일부 무덤에는 뼈 주변에 꽃가루 입자가 흩어져 있거나 다양한 동물의 뿔과 코뿔소 두개골이 들어 있기도 했다.[19]

계몽주의가 이성의 시대를 이끌어간 이후 비종교적인 미신적 신념은 점차 지적 담론을 통해 조롱당하게 됐지만, 여전히 예기치 않은 곳까지 널리 퍼져나갔다. 어느 출처가 불확실한 일화에 따르면, 노벨상 수상자인 물리학자 닐스 보어의 집을 찾은 손님이 문 앞에 걸린 말발굽을 보았다.[20] 원자설과 양자물리학의 창시자가 미신을 믿는다는 사실에 경악한 손님은 보어에게 실제로 말발굽이 행운을 가져다줄 것이라 믿는지 물었다. "당연히 아니지요. 하지만 그 미신을 믿지 않는 사람에게도 행운을 가져다준다는 이야기를 들었소." 전하는 바에 따르면 보어는 이렇게 대답했다고 한다.

우리는 당장 아무런 설명도 찾아낼 수 없을 때 설명을 지어내기 위해 많은 노력을 기울인다. 예를 들어, 제1차 세계대전이 끝났을 때 피에 물든 참호는 시체뿐만 아니라 부적으로도 가득 차 있었다. 헤더의 가지, 하트 모양 부적, 토끼발 등이 임시로 만든 무덤과 함께 묻혔다.[21] 오스트리아-헝가리 제국의 산에서 내려온 군대는 박쥐 날개를 속옷에 꿰매면 목숨을 지킬 수 있다고 믿었다. 아무리 고급 가죽으로 만들어졌어도 죽은 사람의 장화를 감히 신을 수 있는 사람은 없었다.

20년 후에 세계대전이 또다시 터졌고 미신이 다시금 늘어났다. 1944년 비행폭탄이 런던에 떨어지기 시작하면서 주민들은 지도와 대항을 위한 미신을 갖추고 다음 차례의 산탄식 폭탄이 어디에 떨어질 것인지 예측하려고 미친 듯이 애를 썼다. 그러나 전쟁이 끝난 후 폭발 지역을 분석해 보자 거의 철저히 무작위로 분산된 푸아송분포를 따라 파괴된 것으로 나타났다.[22]

미신은 설명할 수 없고 분명 임의적인 것들로부터 파생됐다. 우리는 인과관계의 불확실성을 비롯해 왜 어떤 일이 벌어졌는지 알 수 없고 혼돈의 노리갯감이 된 것처럼 느껴질 때 드는 혼란스러운 기분에 대처하기 위해 미신을 만들어낸다. 많은 이들이 부당하게 믿고 있는 바와는 달리 미신은 얼간이들의 섭리가 아니다. 인간이 세상을 다루는 평범하고 이성적인 방식이 헛되다고 느껴질 때, 확고히 통제할 수 있는 정상적이고 보편에 가까운 방식이 바로 미신이다. 시어도어 젤딘은 미신을 "현대의 자동차 운전사처럼 기능한다. 자동차가 어떻게 움직이는지는 모르지만 자동차를 항상 신뢰하고 오직 무슨 버튼을 누를지 아는 것에만 흥미를 가진다"[23]고 설명했다. 행운의 부적은 효과가 없을지 몰라도, 하늘에서 폭탄이 비처럼 내린다면 이보다 더 좋은 방법을 떠올릴 수 있을까?

또한 우리는 조너선 갓셜의 말마따나 '스토리텔링 애니멀'[24]이기에 임의성에 만족하지 못한다. 우리의 뇌는 서사를 위해 설계됐고, 자신에게 이야기를 들려준다. 그리고 좋은 이야기는 명료한 원인과 결과를 중심으로 만들어지기 마련이다. 우리는 난수 생성기가 새로운 숫자를 뱉어내길 기다리는 동안에는 신이 나지 않는다.

E. M. 포스터는 언젠가 "'왕이 죽었고, 이후 왕비가 죽었다'는 이야기다. '왕이 죽었고, 이후 왕비가 슬픔을 못 이겨 죽었다'는 플롯이다"라고 쓴 적이 있다. 추리 소설가 P. D. 제임스는 여기에 동의하면서도 플롯이 "모든 사람은 왕비가 슬픔을 못 이겨 죽었다고 생각했지만, 왕비의 목에서 찔린 자국이 발견됐다"[25]는 부가적인 설명을 더해 발전된다고 말했다. 이 세 문장은 가장 기억에 남지 않는 문장부

터 기억에 남는 문장까지 차례로 이어진다. 첫 문장에는 원인이 없고, 따라서 그저 관련 없는 사실들의 목록이자 기억하기에 가장 어려운 유형의 정보가 담겨 있다. 두 번째 문장은 인과관계를 언급하지만, 왕비가 죽음을 맞이한 원인을 즉각 제시하는 바람에 우리의 흥미를 꺾어놓는다. 그러나 세 번째 문장은 누가 왕비의 목을 찔렀는지 궁금하게 하므로, 이 인과관계의 스릴러는 기억하기 쉽다. 이것이 바로 미스터리 소설가들의 책이 베스트셀러에 잘 오르는 이유이자, 실제 범죄가 팟캐스트와 다큐멘터리 순위를 독차지하는 이유다. 우리는 누가 그랬는지 알고 싶어 하고, 무엇보다도 **왜** 그랬는지 알고 싶어 한다.

커트 보니것은 『고양이 요람』에서 '보코논교'라는 가상의 종교에 관해 쓰면서 이런 인간의 충동을 패러디했다. 보코논교는 인간과 신의 조우에 대해 이렇게 말한다. "인간이 눈을 깜빡였다. '이 모든 것의 목적이 무엇입니까?' 그는 예의 바르게 물었다. '모든 것에 목적이 있어야 하는가?' 신이 물었다. '당연하지요.' 인간이 말했다. '그러면 그대가 이 모든 일의 목적 한 가지를 생각해 내게나.' 신은 이렇게 말하고는, 그만 가버렸다."[26]

우리는 왜인지 모를 때, 알고 있는 척 가장한다. 원인을 창작해 내는 이런 성향은 분할 뇌 실험에서 가장 명백하게 드러난다. 가끔 심각한 뇌전증을 앓는 환자는 뇌의 우반구와 좌반구를 연결하는 두터운 신경 다발인 뇌들보를 절단하는 수술을 실시한다. 환자들은 여전히 기능할 수 있으나, 정보는 통로가 차단당했기 때문에 분리된 양반구를 통과할 수 없다. 뇌의 좌반구는 언어에 특화되어 있어서, 우리가 세상을 이해할 수 있도록 서사적인 설명을 형성한다. 희한하게도 실험에 따르면, 정보가 환자의 우반구에만 주어지고 좌반구에는 주어지지 않았을 때, 환자의 좌반구는 자동으로 그럴듯한 설명을 만들어내서 이 혼란에 대처한다. 이는 좌반구가 우리 두개골 안에서 통역사 역할을 한다고 생각하는 신경과학이론을 낳았다.[27]

숨겨졌다고 믿는 설명을 찾아 헤메는 음모론자들

우리에게는 그저 아무 이유가 아닌, 간단한 이유가 필요하다. 우리가 갈망하는 단정하고 깔끔한 세상에서는 한 가지 원인이 한 가지 직접적인 효과를 원인의 중요도에 비례해서 만들어낸다. 그러나 현대 세계는 이렇게 움직이지 않는다(더 자세한 내용은 다음 장에서 다룰 예정이다). 무질서하고 임의적이기까지 한 과정에 목적이 있는 질서정연한 이유를 붙이는 인지적 실수를 저지를 때 우리는 이를 목적론적 편향이라고 부른다. 이 편향은 여러 문화에 내재되어 있는 듯 보인다. 예를 들어, 서양뿐 아니라 중국의 어린이들은 인간이 오를 수 있게 산이 만들어졌다고 직관적으로 믿기 십상이다.[28] 교육은 이런 인지적 편향을 약화시키지만, 목적론적 사고는 끈질기게 버틴다. 변화에 대한 대중적인 개념을 형성한 사상가들은 사실상 특정 사건이 중립적인 사건이나 임의성, 또는 혼돈스럽거나 우발적인 사건에 따라 움직인다고 주장하지 못한다. 참호의 군인들이 종종 틀린 것으로 판명되는 단순하고 명쾌한 인과관계로 임의성과 불확실성을 덮을 때 우리는 이를 미신이라 한다. 그러나 이 복잡한 세상에서 변화를 설명하기 위해 비슷한 행위를 할 때는 전문가 의견과 잘못된 사회과학이라 부른다.

다음은 내 개인적인 경험에서 나온 이야기다. 나는 가끔 TV 뉴스 프로그램에 출현하고, 질문에 답을 하기 위해 최선을 다한다. 그러나 전문가 의견에는 여러 불문율이 있다. 참신한 '해석'은 대가를 얻는다. 불안정한 의견에서 강력하게 자신감과 확실성을 표현하는 게 수줍어하고 불확실해하는 것보다 낫다. **왜냐하면**은 절대로 입 밖에 내선 안 될 세 단어 **나는 잘 몰라요**보다 낫다. 중요한 사건들이, 아니 그러니까, 가끔은 중요한 사건들이 80억 명의 상호작용하는 인류가 살아가는 극도로 복잡하고 밀접하게 얽힌 체계인 이른바 현대사회에서 작고 우발적인 동요 때문에 벌어진다는 이야기는 절대로, 정말이지 절대로 하지 말아야 한다는 것이 암묵적인 철칙이다. 혹은 더 정확히 이야기하자면, 케이블 TV에서 숨 막히는 방송국 조명을 8분의 1 정도 받으며 40초 남짓한 시간 동안 인상적인 표현을 써가며 뉴스를 토론하는 특권을 반복적으로 누리고 싶다면 절대로 하지 말아야 한다. 이 현상은 특히나 시장분석에서 두드러지는데, 이들은 일부 확률적인(분명 임의의) 주가 변동을 거의 언제나 명확한 인과관계에 따른 자연스러운 결과라고 설명하곤 한다. "시장이 반응하고 있어서"라든가 "오늘은 주가가 하락했다. 왜냐하면"이라는 말이 들릴 때마다 목적론적 편향을 감지하는 안테나가 경계태세에 돌입해야 한다.

목적론적 편향은 아포페니아$_{apophenia}$[29]라는 현상과 관련이 있다.

아포페니아는 두 가지 관련 없는 대상 사이의 관계를 추론하거나 인과성을 잘못 추론하는 것을 의미한다.* 이는 스포츠에서 '핫 핸드hot hand 오류'[30]로 나타나는데, 한 농구 선수가 연달아 슛을 성공했을 때 이 선수가 과거에 던진 공이 미래에 던질 공과는 (자신감 상승 외에는) 전혀 상관이 없음에도 절대로 공이 빗나가지 않을 것이라 생각하는 현상이다. '도박사의 오류' 역시 비슷한데, 연달아 판돈을 딴 사람은 임의적인 성과로부터 유형을 잘못 파악해서 과하게 자신감을 가지게 된다.

음모론은 **크기 편향**을 포함해 이런 인지 편향들을 바탕으로 성장하고 있다. 단순하고 직선적인 세계관에 따르면 중대한 사건은 반드시 중대한 원인 때문이지, 사소하고 우발적이거나 임의적인 원인 때문에 일어난 게 아니다. 골드스미스런던대학교에서 이상심리 연구팀을 이끌고 있는 크리스토퍼 프렌치는 내게 다이애나 왕세자비의 죽음이 너무 많은 음모론을 부추겼다고 말했다. 대다수의 사람은 이런 중대한 사건이 단순히 인간의 실수로 벌어졌다거나 자동차를 너무 빠르게 운전한 탓에 사선을 넘고 말았다는 생각을 견디지 못하기 때문이다. 음모론자는 뭔가 다른 일이 벌어지고 있으며 그 은밀한 유형을 찾아내야 한다고 생각한다. 심지어는 더 중요하고 숨겨진 설명을

• 특히나 이 인지 편향에 포함되는 하위 개념으로는 파레이돌리아pareidolia가 있는데, 우리는 임의의 이미지에서 얼굴 같은 시각적인 무늬를 발견해 낸다. 1994년 플로리다주의 다이앤 듀서는 자신의 그릴드 치즈 샌드위치에서 성모마리아의 모습을 발견했고, 다른 사람들도 그 모습을 알아보았다는 이유로 샌드위치를 2만 8,000달러에 팔았다.

배제하느니 서로 모순되는 설명을 받아들이는 쪽을 택한다. 일부 음모론자들은 다이애나가 여전히 살아있음**과 동시에** 영국 첩보부에게 암살당했다고 믿는다. 음모론자에게는 둘 다 진실이라는 논리적인 불가능성이 단순한 사고였다는 불만족스러운 설명보다 훨씬 낫다.

볼테르는 외견상 임의적인 비극인 1755년 리스본 지진을 이해하려고 애쓰면서 그 사건에서 영감을 받아『캉디드』를 써야겠다고 결심했다. 리스본 지진은 아무 확실한 이유 없이 도시를 무너뜨리고, 쓰나미를 불러일으켰으며 1만 2,000명의 사람을 죽였다. 책에서 지나치게 낙천적인 인물인 팡글로스 박사는 눈길이 닿는 곳이면 어디에서든 원인과 최적화를 찾아내는, 인간의 모습을 한 목적론적 편향이다. 돌은 훗날 영주가 성을 지을 수 있도록 땅 위에 생겨났다. 다리는 18세기 반바지가 완벽하게 어울릴 수 있게 설계됐다. 우리의 코는 안경이 발명될 것을 예상하고 그에 정확히 딱 맞는 모습으로 얼굴에 붙었다. 볼테르의 캐릭터는 새로운 용어 '**팡글로시안**Panglossian'을 탄생시켰다. 팡글로시안은 우리가 사는 세상이 최고이며, 이 세상은 끊임없이 발전해 나가면서 모든 것이 그 기능에 딱 맞게 설계된 곳이라는 끊임없는 낙천주의를 가리키는 말이다. 이 관점은 자연스레 모든 일에는 다 이유가 있으며, 모두 곧 밝혀질 숨겨진 목적을 품고 있다는 만트라의 짝이다. "당신이 이교도 심문소에 넘겨지지 않았거나, 아름다운 엘도라도에서 양들을 모두 잃지 않았더라면 지금 이곳에서 잘 보존된 유자와 피스타치오를 먹지 못했으리라." 팡글로스는 이렇게 주장한다.

아마 그럴 수도 있겠지만, 팡글로스 박사는 일자로 이어진 사건들의 궤적이 발전의 최종 목표로 이어진다고 주장할 때 보통 우리가 그러듯 오진을 내렸다. 헤겔과 마르크스도 틀렸다. 자연과 현대 인간 사회 같은 복잡한 체계는 어느 이상적인 최종 목표를 향해 끈질기게 움직이지 않는다. 이런 식의 가장 극단적이고 기이한 생각을 자랑스레 떠들어대는 팡글로스 박사의 말은 우스꽝스럽게 들리지만, 이와 비슷한 팡글로시안적 사고는 여전히 현대사회에서 큰 지분을 차지하고 있다. 우리는 실제로는 아무것도 없는 자리에서 무늬와 의미 있는 관계를 찾아내는 경우가 종종 있다. 아무것도 보지 못하는 것보다는 낫기 때문이다. 세상을 떠난 철학자 수잔 랭거는 이렇게 말했다. "인간은 상상력이 대처할 수 있는 것이라면 무엇에든 대처할 수 있다. 그러나 혼돈은 처리할 수 없다."[31]

그러다가 우리는 때때로 단축 때문에 실패한다. 우리가 지구를 영예롭게 빛내는 대부분의 시간 동안 우리의 진화된 정신은 우리가 생존할 수 있도록 훌륭한 일을 해왔고 생존자들이 우리 인류를 형성했다. 그러나 세상이 바뀌면서 단축의 동물은 스스로 위험에 처했음을 깨달을 것이다. 옛 유형이 새로운 유형에 자리를 내어주면, 한때 유용했던 무언가를 발견해 내는 해법이 갑자기 독이 될 수 있다. 우리와는 사뭇 다르지만 비슷한 뇌를 가지고 이 세상을 파악하는 두 생명체로부터 이러한 교훈을 배울 수 있다. 세상이 변하면서 두 생명체의 내적 기만도 치명적인 것으로 증명됐기 때문이다.

잠시 바다거북과 비단벌레를 살펴보자. 두 생명체 모두 우리와 같이 단축의 동물이다. 바다거북은 빛을 단축키로 사용한다. 갓 부화한 거북은 지평선의 가장 빛나는 부분을 향해 움직이는데, 보통은 바닷물에 반사된 달빛이다. 이는 믿을 만한 단축키였으나, 그만 인간들이 해변에 밝은 조명을 단 호텔들을 세우고 말았다. 거북은 빛을 향해 움직이며 끈질기게 물을 찾으려 애썼으나, 바다에서 멀어지면서 죽어가기 시작했다(여러 해안 지역은 급기야 이 슬픈 죽음을 방지하기 위해 조명에 관한 조례를 통과시켰다).

그러나 비단벌레는 단축키가 잘못될 수 있는 인상적인 사례를 보여준다. 수컷은 몸집이 훨씬 큰 암컷 몸의 '진실'을 보지 못하지만, 대신 차별적인 색감과 크기, 울룩불룩한 껍데기 무늬로 암컷을 찾는다. 이 단축키는 효과적으로 쓰이고 있었는데, 한 호주의 맥주회사가 아주 우연히도 맥주병 디자인에 암컷 비단벌레의 특성을 시각적으로 따라 했다. 유사성은 무시무시했다. 단축키를 따라간 수컷은 버려진 병과 짝짓기를 시도하기 시작했고, 따라서 자손을 만들어내는 데 실패했다. 길가에 버려진 맥주병을 우연히 발견한 과학자들은 수컷 비단벌레들이 떼 지어 맥주병에 올라타서 "삽입기를 밀어 넣으려 애쓰는 가운데 성기가 바깥으로 뒤집어졌다"[32]고 이 현상을 상당히 조심스레 묘사했다.

망가진 단축키로 인한 이 잘못된 조합은 '진화의 덫'[33]으로 알려졌다. 진화의 덫은 옛날 생존 방식들이 새로워진 현실과 양립할 수 없을 때 벌어진다. 불행히도, 곧 살펴보겠지만 상상할 수 없이 복잡한 현대사회를 항해하려는 인간들은 이제 자체적인 진화의 덫에 직면하고 있다. 우리의 정신은 위태로운 상황을 향해 줄기차게 수렴해 가는 초연결사회에 대처하도록 진화하지 못했기 때문이다. 초연결사회에서는 단 한 번의 사소한 우연이 즉각 모든 것을 바꿔놓을 수 있다. 단축의 동물은 새롭고 더 복잡한 세상을 항해할 때는 그다지 힘을 발휘하지 못한다.

5장

무리의 법칙

모든 무리는 혼돈의 가장자리에 불안정하게 서 있다

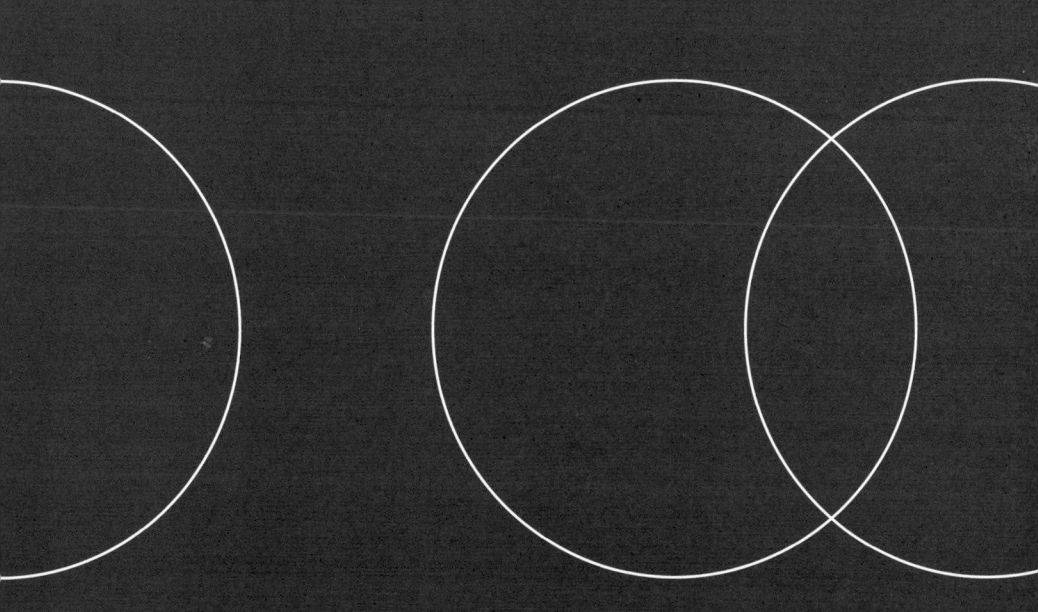

1875년 캘리포니아주만 한 규모의 메뚜기 떼가 미국을 휩쓸면서, 지나가는 길에 있는 모든 것을 집어삼켰다. 메뚜기들은 위로는 미네소타주부터 아래로는 텍사스주까지 비옥한 평야 전체로 퍼졌다. 약 3조 5000억 마리의 벌레들이 2,900킬로미터에 달하는 구름을 형성했다.[1] 메뚜기 떼가 점점 다가오면서 농부들은 저 멀리 보이는 모습에 당황했다. 누군가에게는 지평선 위로 곡물을 공격하며 다가오는 맹렬한 우박 떼처럼 보였고, 또 누군가에게는 땅 가까이에서 제멋대로 연기를 내뿜으며 타오르는 초원의 불처럼 보였다. 그러다가 메뚜기들이 가까워지면서 진정한 공포가 확연해졌다. 인류 역사상 가장 거대한 규모로 기록된 메뚜기 무리였다.

메뚜기 떼는 이후로도 몇 년간 미국을 황폐하게 만들었다. 땅은 "몇 센티미터 깊이로 들끓는, 꿈틀거리는 벌레 떼로 덮여 있거나 감춰졌다".[2] 햇빛은 가려졌고, 어둠 속에서 일제히 "자르고 싹둑거리는 수천 개의 가위"가 내는 굉음이 곁들여졌다.[3] 메뚜기 떼는 모든 것을 먹어치웠다. 보리와 밀, 양배추가 회색빛 섬광 속에 사라졌다. 복숭아나무 껍질이 아주 깔끔하게 벗겨져서 가지 위로 씨만 남았다. 너른 옥수수밭은 "한낮의 태양 아래 희뿌연 서리가 이파리마다 앉은 듯 망가졌다".[4] 사람들은 절망한 나머지 허공에 대고 총을 쏘아댔지만 웅웅거리는 3조 5000억 마리의 군인들과는 싸움이 되지 않았다. 여성들은 옷가지와 담요들을 텃밭 채소들 위로 덮었지만, 그래봤자 메뚜기 떼는 천들을 밑에 숨겨진 식사를 하기 전에 입맛을 돋워줄 애피타이저로 취급했다. 심지어는 양의 등에 붙어 양모를 직접 갉아 먹었다. 농부들은 서둘러 임시변통으로 '메뚜기 불도저'를 만들었다. 해충들을 가둔 뒤에 등유나 끈적거리는 당밀을 쏟아부어서 소탕하려는, 말이 끄는 넓적한 기구였다. 미네소타주의 주지사는 메뚜기가 날아다니기 전에 메뚜기 알을 짓이기면 현상금을 지불하겠다고 약속했다.*[5] 모든 사람이 메뚜기들이 다음 차례에는 어디로 향할지 예측하려 애썼다. 그래야만 그 맹공격에 대비할 수 있었기 때문이다.

그 무엇도 소용이 없었다.

메뚜기 떼는 미국의 곡창지대를 먹어치웠다. 이 무리는 전체적으로 미국의 모든 농산물 가치의 4분의 3을 집어삼켰고, 오늘날의 가치로 치면 1200억 달러의 피해를 입혔다《뉴욕타임스》의 한 필자는 손해 본 작황을 메뚜기 자체로 대체할 수 있을 거라고 유용한 제안을 했다. 세례자 요

● 당시 주지사는 훗날 필스버리 도우보이와 졸리 그린 자이언트로 대표되는 필스버리 컴퍼니의 창업자인 존 S. 필스버리였다.

한 식으로 메뚜기를 그릴로 바싹하게 구워서 풍미 가득한 냄새를 풍긴 후 꿀과 함께 제공하자는 내용이었다).[6] 메뚜기는 로라 잉걸스가 살던 초원의 집조차 가만두지 않았다. 잉걸스는 『초원의 집: 플럼 시냇가』에서 이 파괴의 현장을 묘사했다. 메뚜기들이 잉걸스 가족의 작물을 모두 갉아 먹었는데, "군인처럼" 밀밭을 전진하며 일부러 파괴했다고 언급했다.[7]

하나가 되어 행진하고 예고 없이 방향을 바꾸는 무리

메뚜기 떼는 분명 행진**한다**. 과학자들은 메뚜기들이 무리 지어 하는 협조 행위를 묘사하면서 이 전문용어를 사용한다. 아마도 가장 듣기 좋은 비교는 아니겠지만, 우리 인간은 메뚜기 떼와 우리의 공통점을 탐색하며 스스로를 더욱 잘 이해할 수 있다. 그래, 메뚜기와 인간은 모두 대단한 규모로 소비하고 파괴할 수 있으나, 우리가 공유한 탐욕은 메뚜기로부터 배울 수 있는 것이 아니다. 그러나 무리 안팎에서 메뚜기의 개별적이고 집단적인 행동은 현대 인간 사회에 유용한 비유를 제공한다. 현대 인간 사회는 월등히 통합적이고 엄격히 관리되며 구조적으로 조작된 구역이지만, 인류 역사상 가장 불규칙하고 임의적인 충격을 받기 쉬운 곳이기도 하다. 메뚜기 떼의 양상은 무시무시하게 질서정연해 보이지만 갑작스레 모든 것이 변해버리는 사회적 세계를 이해하는 데 도움이 된다. 물리학적인 표현을 빌리자면, 우리는 **혼돈의 가장자리**[8]에 불안정하게 선 무리에서 살아간다.

메뚜기는 지킬 박사와 하이드 씨와도 같다. 메뚜기는 일생의 대분을 혼자인 상태로 경쾌하게 날아다니는데, 이는 해를 끼치지 않는 풀

메뚜기grasshopper로 다소 마음 내키는 대로 움직이다가 배가 고플 때 신나게 우적우적 먹는다. 의지대로 할 수 있을 때 이 메뚜기들은 동료 메뚜기들을 피하려 한다. 그러나 보통은 먹이가 부족해지는 바람에 어쩔 수 없이 함께 움직이게 된다. 그러면 이 메뚜기 떼는 내면의 하이드 씨를 끌어낸다. 이들은 '군집적인' 상태로 변해서, 초록색과 갈색으로 된 위장색을 벗고 훨씬 더 밝은 노랑 또는 검은색으로 변신한다. 보기에 익숙한 '군집적인' 모습에도, 이들은 식사 자리에 초대하고 싶지 않은 손님이다. 빚만 남기고 모든 것을 빼앗아 가기 때문이다.

과학자들은 오랫동안 메뚜기들이 왜 무리를 형성하는지 몰라 당혹스러워했다. 최근 조사에서 마침내 이 수수께끼가 풀린 것처럼 보였는데, 그 답은 밀집도에 있었다.[9] 제곱미터당 열일곱 마리보다 적은 메뚜기가 있을 때, 메뚜기들은 계속 혼자인 상태를 유지했다. 메뚜기들의 움직임에는 협동이나 목표가 빠져 있고 명료한 유형 없이 쉽게 변동해서 그 경로를 예측할 수가 없었다. 거의 완벽한 무질서였다. 각 메뚜기는 서로에게서 거의 영향을 받지 않았다. 연결과 상호의존보다는 고립과 독립이 고독한 메뚜기의 삶을 규정했다.

더 많은 메뚜기가 무리에 합류하면 행동이 변하기 시작했다. 제곱미터당 스물네 마리에서 예순한 마리 정도의 메뚜기가 존재하는 중간 정도의 밀집도에서 이들은 작은 무리를 지었다.[10] 다소 조화를 이루며 움직이지만, 이 작은 떼는 독립적이다. 각각의 반※유기적인 무리는 하나로 움직이지만, 집단들 사이에 통합된 움직임은 없다. 군인보다는 고등학교 파벌에 가깝다. 그리고 파벌처럼 꽤 변덕스러울 수 있는데, 마치 어떤 유행을 따르다가 날쌔게 또 다른 유행을 향해 움직이듯 눈 깜짝할 사이에 빠르게 방향을 바꾼다. 각각의 메뚜기는 파벌 내에서는 변화를 만들어낼 수 있지만 다른 파벌에 영향을 주지는 않는다.

메뚜기는 제곱미터당 정확히 73.7마리가 있게 될 때 하나의 메뚜기 떼가 되어 행진하기 시작한다(어떻게 또는 왜 메뚜기가 이 특정한 밀집도로 움직이기로 결정했는지는 묻지 말자. 자연은 여러 비밀을 품고 있다). 애들레이드대학교의 교수이자 이 연구를 수행한 제롬 뷜은 "상당히 확고한 티핑 포인트"라고 말했다.[11] 이렇게 와글거리며 몰려들면서 행진이 시작된다. 당연히 이 고밀도 메뚜기 떼는 메뚜기가 군집할 수 있는 가장 안정적이고 예측 가능한 형태다. 이들은 하나가 된 전체로 움직이며, 가차 없이 강제로 배열된다. 메뚜기 한 마리가 무리를 거슬러 움직이려 한다면 잡아먹히고 말 것이다. 이는 메뚜기 떼가 반드시 함께 움직이게 만드는 동족 살해의 벌칙이다. 그리고 메뚜기 떼는 함께 움직인다. 하나의 구름이 되어 행진한다.

이 가차 없는 강제적인 질서에도, 광란의 메뚜기들이 다음 차례에는 어디로 갈지 예측하기란 불가능하다. 하늘을 나는 새 무리가 한꺼번에 급강하하거나 물고기 떼가 산호초 안팎을 돌아다닐 때 보이는 불규칙한 모습과 비슷하다. "실험실의 환경에서 우리는 실제로 방향의 변화가 순전히 임의적이고 예측 불가능하다는 점을 보여줬다"고 뷜은 지적했다. 적절한 곳에 살충제를 뿌리고 싶은 정부나 메뚜기 떼가 도착할 것 같은 곳에 메뚜기 불도저를 놓고 싶어 하는 19세기 농부라면 문제가 될 부분이다. 이것이 이른바 **군중의 역설**paradox of the swarm이다. 완전한 혼돈에서 벗어난 메뚜기 떼는 놀라운 질서를 만들어낸다. 그러나 충분한 시간이 흐르면, 군중의 전체적인 질서는 복잡하고 예측할 수 없게 되어버린다. 이들은 하나가 되어 행진하고, 이후 예고 없이 갑자기 방향을 바꾼다.

완벽한 비유는 아니다. 우리는 곤충이 아니니까. 그러나 몇천 년 동안 인간은 중간 밀집도의 메뚜기를 닮은 사회에서 높은 밀집도의 메뚜기 떼를 닮은 사회로 변화했다. 우리는 작고 고립된 소규모 군중으로 살도록 진화됐었다. 이제 우리 모두는 그 어느 때보다 미쳐 돌아가면서도 취약한, 어마어마한 사회에서 살아간다.

예를 들어, 50년 전 인간 대부분은 작고 고립된 무리에서 살았다. 이들은 자주 다른 무리와 마주쳤지만 짧은 교류만 이뤄졌다. 지역사회마다 독특한 관습과 문화를 발전시켰다. 먼 거리를 뛰어넘는 중요한 문화적 교류나 공통의 관습 같은 것은 없었다. 유목적인 특성이 가장 두드러졌던 영국의 석기시대 수렵채집인들조차 아시아나 아프리카에 사는 사람들을 절대로 만나보지 못했을 것이다. 우리는 메뚜기 파벌과 어느 정도 비슷했다. 작은 무리로 반쯤은 조직되어 있었으나 별도로 움직였다는 의미다.

족장과 국가는 이후 형성됐고, 이후 제멋대로 뻗쳐나가는 제국들이 생겨났다. 그러나 인류는 계속 느슨한 통제를 받는 사회에서 이 중간급을 유지했으며, 물리적인 근접성을 가장 중시했다. 이 세계는 낮은 연결성과 공간을 가로지르는 상호 연결성으로 정의됐다. 왕이나 종교 지도자, 장군 같은 일부 권력자들이 사회를 재구성할 수 있었으나, 이들조차 영향력을 미칠 수 있는 범위가 제한되어 있었고 세력이 일시적이었다(〈몬티 파이튼의 성배〉에 등장하는 장면을 떠올려보자. 한 소작농이 브리턴의 아서왕을 만났으나, 그는 전에 아서왕이나 브리턴의 이름을 단 한 번도 들어보지 못했다). 소작농처럼 평범한 사람들은 집합군을 거의 고쳐놓을 수 없었다. 이런 역학이 인류사 대부분의 기간 동안 지속됐다.

이 전근대적 생활양식을 한 해에서 다음 해까지 삶이 얼마나 안정적이고 규칙적이며 질서정연한지의 관점에서 생각해 보자. 이는 우리에게 유용하다. 과거는 대개 **지역적인 불안정성**으로 정의됐다. 일상생활은 예측하기 어려웠다. 하루는 건강하지만, 다음 날은 알 수 없는 전염병에 걸려 죽을 수도 있었다. 출산은 목숨을 거는 일이었다. 이유를 알 수 없는 흉년이 들거나 한때 흔했던 동물들이 갑자기 사라질 수도 있었기에 굶주림은 지속적인 위협이었다. 그러나 우리의 머나먼 조상들은 **국제적인 안정성**을 경험하기도 했다. 세상이 절대로 변하지 않았다는 뜻이 아니라, 대체적으로 보았을 때 사회가 한 세대에서 다음 세대로 거의 비슷하게 움직였단 뜻이다. 부모가 농부라면 자식도 농부가 됐다. 오늘날과는 달리 조부모와 손주는 같은 세상에 살았다. 부모가 자식에게 기술을 가르쳤으며, 그 반대로는 가르칠 수 없었다. 석기시대처럼 기술혁명은 몇 달이 아닌 몇천 년마다 찾아왔다.

현대사회는 근본적으로 다르다. 하나가 되어 행진하는 메뚜기 떼처럼, 엄청난 질서와 명백한 질서가 존재한다. 인구가 급증하고 밀집도가 예측 불가능한 수준까지 치솟아도 그렇다. 80억 인구가 존재하지만, 이들은 현대의 규칙 기반 경제에서 문명으로 결집했고, 극도로 예측하기 쉬운 유형을 드러내기 시작했다. 조상들과는 달리 우리는 더욱 **지역적인 안정성**을 경험하고 있다. 익명 처리된 휴대전화 데이터를 활용한 최신 연구에서는 특정인이 시간의 약 93퍼센트를 어디에 쓰는지 정확하게 예측할 수 있었다.[12] 우리는 반복과 습관의 동물이기 때문이다. 사회는 개인행동에 중대한 지배력을 행사한다. 그렇기 때문에 우리는 거대한 쇳덩이를 몰고 좁은 아스팔트 길을 시속 110킬로미터로 달리면서도 다른 사람들이 동일한 규칙을 따를 것이라 거의 확신할 수 있다. 이 규칙을 준수하지 않는 사람은 다른 무리와 반대로 움직이는 바보 같은 메뚜기처럼 죽을 수도 있다.

인구 간의 연결성 역시 가장 높은 수준에 도달했고, 인간 군집에서 나타나는 문화와 관습의 수렴으로 이어졌다. 세계 어디에서든 엘리베이터에 올라 주변을 둘러보자. 모든 사람이 문을 바라보고 있을 것이다. 어떤 규칙이나 법도 언급할 필요가 없다. 사무실 빌딩의 엘리베이터에 탔을 때, 마닐라에서든 맨해튼에서든 사람들은 대부분 비슷한 복장일 것이다. 엄청난 문화적 격차가 비즈니스 정장의 딱딱한 매력으로 이어졌다는 것은 놀라운 사실이다.[*] 세계 어디에서든 ATM의 비밀번호는 네 자리고, 수천 킬로미터 떨어진 지역은행으로부터 즉각 돈이 인출된다. 118개국에서 동일한 맥도널드 햄버거를 주문할 수 있다. 현대 인간 사회는 전례 없는 규칙성을 보인다. 우리는 그 어느 때보다 질서정연하고, 엄격하며, 구조적인 세계에서 살고 있다. 견고하고 예측 가능하다고 느껴지는 곳에서 말이다.

그러나 이제는, 행진하는 메뚜기 떼와 같이 모든 것이 즉각 변한다. 우리 삶은 종종 금융위기와 팬데믹, 전쟁처럼 대대적인 사회적 충격에 의해 자주 파괴된다. 우리는 이 거대하고 기대하지 않았던 중대 사건들, 즉 검은 백조들로부터 불시에 습격을 당한다. 그로 인해 우리의 존재는 **국제적인 불안정성**에 좌우된다. 오늘날 그 누구도, 아무리 세상을 등진 사람이더라도 우발성의 변덕으로부터 보호받지 못한다.

이것이 군집의 역설이다. 인간 사회는 질서 있는 규칙성을 향해 일제히 수렴해 가고 있으며(따라서 매력적이게도 예측 가능해 보인다) 더욱 우발적이 되어간다(근본적으로 불확실하고 혼돈 상태다). 현대인은 그 어느 때보다 더욱 질서정연한 사회에서 살고 있으나, 우리 세계는 인류 역사상 어느 사회적 환경보다 난잡하고 무질서하다.

무슨 일이 벌어지고 있는가?

모래알 하나가 일으킨 처참한 연쇄반응

우리 뇌는 단순한 세상에서 살아가도록 적응했다. 지난 20만 년

- 어디를 들여다볼지 안다면 삶의 구석구석에서 우발성을 발견할 수 있다. 현대식 정장의 등장은 틀림없이 섭정 시대의 사교계 명사인 보 브럼멜[13]이라는 사람에게로 거슬러 올라간다. 사람들이 누군가를 '보Beau'라고 지칭할 때, 이는 보 브럼멜을 말한다.

동안 대충 8,000세대의 인류가 존재했으나 로마의 몰락 이후에는 겨우 57세대만이 남았다. 이는 인간의 뇌가 지금 우리가 사는 곳과는 사뭇 다른 세계에서 진화를 통해 대대적으로 변화했다는 의미다. 과거에 우리는 오직 단순한 유형만 이해하면 됐다. 인과관계를 이해하려 할 때 "검치호는 고통스러운 죽음을 초래한다"라는 사실도 꽤나 복잡하게 느껴졌다. 우리의 정신은 원인과 결과의 직접적인 모델을 가지고 움직이도록 진화했다. 오늘날 우리는 이런 직접적인 관계성을 '흡연 → 해로운 화학물질의 흡입 → DNA 파괴 → 폐암의 위험성 증가'라는 식으로 상상한다.*

복잡한 사회 체계를 간추린 형태의 진실로, 원인에서 결과까지 한 방향으로 움직이는 단순한 화살표로만 설명하기는 거의 불가능하다. 오늘날 진짜 세계는 피드백 루프와 티핑 포인트, (결과가 동시에 원인을 만들어내는) 역인과관계, 그리고 끊임없이 밀려오는 자잘한 물결인 우연성으로 꽉 들어차 있다. 정말로 중요하다고 밝혀지긴 했으나, 우리는 여전히 자신이 처한 환경을 효과적으로 처리할 수 있으므로 이런 것들이 일상생활에서 항상 중요하다는 의미는 아니다. 문제는 우리가 훨씬 더 복잡한 사회를 이해하고 길들이려 할 때 시작된다. 그렇다면 우리의 정신이 더 간단한 사회적 세계를 이해하도록 진화된 경

• 현대의 연구는 이른바 방향성 비순환 그래프Directed Acyclic Graph 또는 DAG라고 하는 이 단순명료한 현실의 증류를 통해 꽃피운다.[14] 이들은 폐쇄적이고 안정적인 체계 안에서는 유용할 수 있으나, (경제학과 생태학, 정치 등의 분야에서 가장 관심을 기울이는) 역동적인 혼돈의 체계에서는 쓸모가 없기도 하다.

우에는 어떻게 해야 할까?

 그 답은 복잡성 과학[15]과 복잡적응계 연구라고 하는 상대적으로 새로운 지식 영역에 있다. 복잡성 과학은 물리학과 수학, 화학과 생태학, 경제학 등 다양한 연구 분야에서 성장했다. 이 학문은 질서와 무질서, 순수한 임의성과 안정성, 그리고 통제와 무정부상태라는 양극단 사이에 존재하는 세계의 상태를 다룬다. 복잡성 과학의 메카는 산타페 인스티튜트로, 이 잘나가는 연구소는 뉴멕시코주 산쑥 언덕에 있는 원자폭탄 개발 장소로부터 그다지 멀지 않은 곳에 자리하고 있다. 현대 인간 사회는 분명히 복잡계인데도 이를 이렇게 있는 그대로 다루는 연구자들이 안타깝게도 주류 경제학과 정치학, 사회학 등의 내부에는 극소수로 남아 있다. 그러나 이 분야는 학제 간 협업과는 관련이 없다. 그 대신 세상을 보는 관점이 완전히 다르며, 모든 것에 더 예리하게 초점을 맞춘다.

 옛 관점을 통해 연구자들은 단 하나의 평형점을 가진 잘못된 선형 체계에 주로 의존하는 모델들을 제시했다. 이를테면 가격이 단일한 수렴점을 만들어내면서 공식이 '올바른' 대답을 해줄 수 있는 수요-공급 곡선 등이다. 실제 경제는 그렇지 않지만, 학생들은 대대로 시험에 통과하기 위해 이 기만적인 그림을 그려냈다. 이는 여러 사상을 왜곡했고, 수많은 학생이 엄밀히 규정된 규칙과 경계선을 가진 이차원적이고 판에 박힌 세상을 상상하도록 배웠다. 이와 비슷하게, 사회 변화에 대한 낡고 간결한 선형 모델에서 원인의 변화는 직접적으로 결과의 크기에 비례한다고 여겨졌다. 작은 변화는 작은 결과를 자아내고, 큰 변화는 큰 결과를 이끌어낸다. 이는 분명 사실이 아니다. 또한 옛 관점은 언뜻 보기에 직관적으로 이해할 수 있을 듯한 세 가지 가정을 포함하는 경향이 있었다.

1. 눈에 보이는 모든 결과는 눈에 보이는 구체적인 원인을 가진다.
2. 뭔가를 이해하고 싶다면 구성 요소를 이해하면 된다.
3. 과거로부터 이어져 온 유형을 이해한다면 미래를 더 쉽게 이해할 수 있다.

현대 인간 사회 같은 복잡적응성 체계에서는 세 가지 가정 가운데 그 무엇도 진실이 아니다. 아주 사소한 원인이 가끔은 엄청난 결과를 낳는다. 결과에는 거의 언제나 여러 원인이 있으며, 이를 쉽게 풀어낼 수도 없다. 체계의 구성 요소를 이해하는 것만으로는 부족하며, 각 성분이 서로 다른 부분들과 어떻게 상호작용하는지를 이해해야 한다. 복잡계는 개별적으로 분리된 조각이 아닌, 서로 뒤얽힌 관계와 잔물결로 정의되기 때문이다. 그리고 과거로부터의 유형이 반드시 미래를 이끄는 지침이 되지는 않는다. 한 체계의 역학관계는 시간이 흐름에 따라 대폭 변화할 수 있으며, 티핑 포인트에 도달해서 오랫동안 지속돼 왔던 규칙성의 유형을 뒤집어 버릴 수도 있다. 현대 세계는 우리가 오랫동안 상상해 왔던 모습과는 사뭇 다르다.

  몇 가지 용어를 명확하게 짚어보자. 스위스제 시계는 까다롭지만 Complicated 복잡하지Complex 않다. 시계에 들어 있는 정교한 부품들은 각기 다른 역할을 맡고 있지만, 이해하기 어렵다거나 어떻게 행동할지 예측하기가 어렵지는 않다. 결정적으로 개별적인 부품들이 다른 부품들의 변화에 맞춰 적응하지 않기 때문에, 까다롭지만 복잡하지 않다. 시계의 톱니바퀴열이 고장 난다고 해서 다른 부품이 새롭게 변하거나 새로운 기능을 발달시키거나 톱니바퀴열이 하던 일을 이어받지는 않는다. 시계는 그저 망가질 뿐이다. 인간의 창의성을 극도로 발휘하더라도 우주선은 까다롭지만 복잡하지 않다. 그렇기 때문에 챌린저호는 단 하나의 오링O-ring에 결함이 있었단 이유로 폭발했을 수 있다. 그렇다면 무엇 때문에 '복잡Complex'해지는가?

메뚜기 떼나 현대 인간 사회처럼 복잡계complex system에는 서로에게 적응하는 **다양**하고, **상호작용**하며 **상호 연결**된 부분(또는 개인)이 포함된다.*[16] 우리 세계처럼 이 체계는 지속적인 변화를 겪는다. 체계의 한 측면을 바꾸면 다른 부분들은 자연스레 조정되면서, 전혀 새로운 뭔가를 만들어낸다. 운전을 하다가 브레이크를 밟을 때, 또는 군중 속 누군가가 잠시 걸음을 멈추고 다른 누군가에게 말을 걸 때 사람들은 그저 계속 움직이는 것이 아니라 수정된 궤적을 따라간다. 이들은 적응하고 조정한다. 체계 속에서 사람 혹은 자동차의 전체 흐름은 단 하나의 작은 변화로 급격한 영향을 받는다.

결과적으로 복잡적응계는 갈림길의 정원과 비슷하게 **경로 의존적**이다. 한 가지 길을 택하면 여러분이 택할 수 있는 미래의 경로에 영

---

* 이 정의는 미시건대학교의 복잡계 학자인 스콧 E. 페이지가 제의했다.

향을 미친다. 오래전에 임의적으로 나열해 썼던 QWERTY 키보드를 여전히 지금도 쓰고 있는 것과 같다. 더 나은 키보드 레이아웃이 개발되어도 우리가 이미 선택을 마쳤기 때문에 이미 늦은 셈이다. 결과적으로 복잡적응계를 이해하려면 그 역사도 이해해야 한다.

한 체계가 적응하면서 메뚜기 떼가 그러하듯 불안정한 질서가 생겨난다. 그러나 전체 체계는 **탈중앙화되고 자기조직화되어** 있다.[17] 이는 체계가 어떻게 운영될지 결정하는 거의 무한한 조정과 행동의 총합이지, 위에서 부과하는 대단히 중요한 규칙이 아니다. 주식시장을 생각해 보자. 주가는 위로부터 결정되지 않고, 중앙은행이 주식폭락을 명할 수도 없다. 예측 가능한 질서도 아니지만 무질서한 혼돈도 아니다. 그러나 시장은 이 둘 사이 어딘가에 존재하며, 상호작용하는 수백만 행위자가 행동을 하는 곳이기도 하다. 주식시장은 메뚜기 떼처럼 통제할 수 없는 탈중앙화된 체계다.

상호 연결된 다양한 행위자나 구성 단위가 서로에게 꾸준히 적응하면서 만들어내는 상호작용은 **창발**이라는 현상을 만들어낼 수 있다. 창발은 개인이나 구성 요소가 부분의 합과는 다른 뭔가를 만들어내는 방식으로 스스로를 조직할 때 일어난다. 이는 메뚜기 떼가 한 마리의 메뚜기와는 근본적으로 다른 특성을 지닌 것과 같다(인간의 뇌는 가끔 창발적이라고 한다. 개별적인 뉴런은 의식적이거나 복잡한 생각을 만들어낼 수 없지만 뉴런이 함께 모이면 놀라운 위업을 달성할 수 있기 때문이다). 인간 사회 역시 창발적인 특성들로 가득하다.

탈중앙적이고 자기조직화된 창발을 바탕으로 복잡적응계는 규칙성과 유형을 만들어낸다. 부분적으로는 복잡계 과학자들이 **끌림 영역**basin of attraction[18]이라 부르는 현상 때문이다. 전문용어로 위장하고는 있으나, 이는 간단한 현상이다. 시간이 흐름에 따라 체계가 하나 또는 여러 개의 특정한 성과를 향해 수렴할 것이라는 의미다. 진자가 흔들리는 모습을 떠올려보자. 어디서 흔들기 시작했는지와는 상관없이, 진자는 결국 정중앙의 가장 낮은 지점에서 멈춘다. 이것이 극도로 단순한 체계에서의 끌림 영역이다. 이 논리를 인간에게 적용하면, 교통의 흐름과 자동차 속도, 그리고 그 사이의 간격이 끌림 영역이라고 생각할 수 있다. 자동차들은 다양한 속도로 출발할지 모르나 도로를 따라 달리면서 대략 비슷한 속도와 비슷한 간격을 유지하도록 스스로를 조직하는 경향이 있다. 끌림 영역이 존재한다면 우리는 비슷한 방식으로 어떤 유형이 반복적으로 나타나는 모습을 쉽게 볼 수 있다.

복잡계에서 끌림 영역은 시간이 흐름에 따라 바뀌면서 불안정성을 만들어낼 수 있다. 예를 들어, 끌림 영역의 은유를 정당에 적용해보면 미국 정계는 당파 정체성에서 주요한 끌림 영역이 두 곳 존재한다. 바로 민주당과 공화당이다. 어떤 사람이 정치적으로 관여할 때마다, 최초의 이념과는 상관없이 이 개인은 두 영역 가운데 하나로 강하게 끌려갈 가능성이 매우 높다. 그러나 도널드 트럼프가 2016년 공화당을 '네버 트럼프Never Trump'와 'MAGAMake America Great Again' 공화당원으로 분할했다거나 영국에서 노동당과 토리당 간의 전통적인 구분이 '브렉시트'라는 새로운 끌림 영역에 자리를 내어준다거나

5장 무리의 법칙 145

하는 분할 현상도 종종 생겨난다.* 이와 비슷하게 서구는 중세 시대에 종교의 끌림 영역이 하나만 존재했지만, 종교개혁은 다시 한번 변동성을 끌어내며 새로운 분할과 끌림 영역을 만들어냈다. 여러 끌림 영역이 갑자기 증가할 때 체계는 점차 충격을 받는다.

반대로 사회가 안정적으로 보인다면 끌림 영역이 안정적이면서 '평범한' 유형에 따라 작동하고 있어서일 경우가 많다. 그러나 여기에서 문제가 발생한다. 현대사회는 그저 안정성의 착각을 만들어낼 뿐이다. 우리는 불행한 특성을 지닌 여러 복잡계를 설계해 왔다. 벼랑 끝이나 티핑 포인트 근처, 아니면 이른바 '혼돈의 가장자리'에 끌림 영역이 존재하도록 설계된 복잡계다.

인간 사회가 거친 땅을 헤매고 다니는 탐험가와 같다고 상상해 보자. 인류 역사상 대부분의 시간 동안 방랑은 두서없고 헛되며 비효율적이었지만 충격은 덜 받았다. 수렵채집인들은 비교적 간소한 사회망 속에서 지역을 탐험했다.

그러나 현대에 우리는 효율성에 집착한다. 따라서 사회는 충동적이고 강박적인 등산인이 된 탐험가와 같다. 임의로 어딘가를 돌아다니기보다는 가장 가까운 산꼭대기로 가는 직선 코스를 만들어내고 효율을 최대한 끌어올린다. 그렇지만 탐험가가 정상에 오르자마자 우르릉

---

* 사실 이 비유들은 엉성하다. 카오스 이론과 복잡계에서 등장하는 모든 개념은 수학적으로 정확한 용어들이며, 동적체계이론에서 더 구체적인 정의가 등장한다. 따라서 이해를 돕기 위해 부정확하게 사용했다면 용서해 주시길. 끌림은 안정적인 체계에서도 존재할 수 있으며, '이상한 끌개strange attractor'는 혼돈계에 존재한다.

쾅쾅 소리를 내며 산사태가 일어나고 모든 것이 무너져 내린다. 그러나 바닥으로 굴러떨어진 이후 강박상태가 되살아나면서, 탐험가는 산으로 곧장 기어 올라가 다음 차례의 산사태를 기다린다. 무자비하고 완벽한 최적화를 가차 없이 추구하려는 우리의 동기로 인해, 정치와 경제 등 대부분의 현대사회 체계에는 느슨한 부분이 거의 없으며 상호 연결의 수준이 이제는 너무나 높아져서 사소한 동요도 어마어마한 충격을 자아낼 수 있다. 우리는 의도적으로 낭떠러지를 향해 달려가면서도, 낭떠러지에서 굴러떨어질 때마다 계속해서 놀란다.

여기에 대해 생각해 볼 수 있는 또 하나의 방법은 안에 구슬이 놓인 종이 그릇을 상상하는 것이다. 종이가 그릇 모양을 하고 있을 때는 작은 흔들림이 그다지 큰 문제가 되지 않는다. 구슬은 언제나 그릇의 가장 낮은 부분에 멈출 것이다.* 이제, 체계가 시간의 흐름에 따라 바뀌고 종이 접시를 완전히 펼친다고 상상해 보자. 구슬을 굴리기 시작하면 종이 위에서 완전히 벗어나서 결국 완전히 새로운 어딘가에서 멈출 것이다. 이것을 다른 방향으로 밀면 종이 위로 돌아와 멈출 수 있다. 그러나 종이 접시를 거꾸로 뒤집는다면 무슨 일이 벌어질까? 심지어 고깔 모양으로 접어서 뾰족한 끝이 위로 오게 한다면? 정점에 구슬을 올렸을 때, 구슬은 꼭대기에서 위태롭게 균형을 잡다

● 이 안정성의 비유는 단기적인 인간 사회에만 적용된다. 전체적인 체계는 혼돈스러우며, '그릇처럼 생긴' 대부분의 사회는 더 길게 봤을 때 결국 혼돈의 역학을 따를 수밖에 없기 때문이다.

가 살며시 부는 바람에, 심지어는 사람의 한숨 한 번에 굴러떨어지다가 결국 원래의 위치로부터 아주 먼 곳에 다다를 것이다. 그 구슬을 고깔 위로 다시 튕겨 보낼 수는 있지만 구슬이 고깔 끝에 가만히 머물 일은 전혀 없다시피 하다. 이 방식은 우리 사회에 대입해 보면 꽤 유용하다. 어떨 때는 그릇처럼 회복력이 있지만, 어떨 때는 평평하게 펼친 종이와 같다. 그러나 점차 우리는 사회라는 종이가 끝이 뾰족한 고깔이 되어 혼돈의 가장자리에 놓일 만큼 최적화되어 가고 있다. 그로 인해 가장 작은 떨림에도 위기가 발생할 수 있다.

복잡계는 비선형적이다. 이는 변화의 정도가 결과의 규모에 비례하지 않는다는 의미로, 작은 변화는 가끔 크고 예측할 수 없는 사건을 자아낸다. 이것이 바로 탈레브가 경고한 검은 백조다. 검은 백조는 종종 연쇄반응의 결과로 나타나기도 하는데, 이는 결과론적으로 중요하면서도 예측하기 어렵다. 그리고 연쇄반응이 일어나고 난 후 나중에 돌이켜보더라도 이해할 수 없을 때가 많다.

예를 들어, 1995년 회색 늑대들이 옐로스톤 국립공원에 다시 등장했다. 이는 예상치 못한 영양 단계 연쇄반응을 촉발했고,[19] 전체 생태계가 이 비교적 작은 변화로 인해 갑자기 조정됐다.[20] 늑대가 없을 때 공원 내 엘크는 포식자를 피하려 많이 이동할 필요가 없었고, 따라서 한자리에 붙어서 버드나무를 씹어 먹었다. 늑대들이 돌아오자 엘크가 더 멀리 움직이면서 더 다양한 먹이를 먹었으며, 버드나무는 되살아날 수 있었다. 이는 서식지가 단 하나로 줄어들었던 비버들에게 새로운 기회를 선사했다. 곧, 되살아난 버드나무와 함께 비버 서식지

아홉 곳이 번창했다. 비버가 늘어나자 공원의 시냇물이 바뀌었고, 물고기의 생태계가 활성화됐다. 연쇄반응은 계속됐고, 거의 30년이 흘렀지만 여전히 일부만 파악된 상태다. 그리고 이 모든 것이 1995년 늑대 서른한 마리를 공원에 풀어놓으면서 시작됐다.

인간의 관점에서 연쇄반응은 여러 형태를 갖춘다. 많은 사람이 중세 유럽에서 가톨릭교회에 대해 불평을 늘어놨지만, 마틴 루터가 1517년 비텐베르크의 한 교회 정문에 95개조 의견서를 붙이자, 세상에서 가장 막대한 영향력을 지닌 기관 가운데 하나를 분열시킨 종교혁명이 일어났다. 당시 크리스트교도는 이미 티핑 포인트에 가까운 갈림길에 서 있었고, 루터의 작은 행동이 체계를 낭떠러지로 밀쳐냈다. 그 후 이어지는 연쇄반응이 유럽 전역을 장악하고 있던 가톨릭교를 깨뜨렸다.

오늘날 우리는 더 쉽게 혼돈의 가장자리에 서며, 억눌린 분노의 시간이 필요하지도 않다. 2008년에서 2009년에 걸친 금융위기 이전에 주택담보대출산업은 위험한 방식으로 낭떠러지를 향해 움직였고, 대출을 감당할 수 없는 사람들에게 후한 융자를 제공했다. 시장은 새로운 끌림 영역을 향해 더 높이 기어 올라갔다. 모든 것이 성공적으로 보였다. 그러다가 갑자기 금융체계가 티핑 포인트를 찍었다. 연쇄반응은 헤아릴 수 없이 많은 생명을 앗아갔다.

복잡계는 혼돈의 가장자리로 다가가고 티핑 포인트에 도달할 준비가 됐을 때 경고 신호를 보내기 시작할 수 있다. 경고 신호 중 하나로 과학자들이 **임계감속**critical slowing down이라고 부르는 현상이 새로 발견됐다.²¹ '감속'은 한 체계가 작은 교란 후에 평형상태로 돌아오기까지 얼마나 걸리는지를 가리킨다. 복잡계가 탄탄할 때 작은 변화는 적어도 당분간은 흡수되며, 체계는 빠르게 '정상'으로 회복한다. 이런 체계는 회복력이 있다고 말한다. 그러나 복잡계가 취약해졌을 때 작은 변동은 극단적인 불안정을 만들어내다가, 철저하게 전체 체계를 재배열한다. 그렇게 모든 것이 바뀐다. 이 임계감속이론은 어느 숲에서 나무를 갉아 먹는 곤충들의 숫자가 갑자기, 그리고 뚜렷한 이유도 없이 예측 불가능하게 폭발적으로 늘어났고 생태계를 완전히 파괴했다는 사실을 눈여겨본 생태학자들이 주장했다. 그러나 이 곤충이 폭발적으로 증가하기 직전에 숲의 다양한 지역에 사는 곤충 개체수가 극적으로 바뀌었고, 숲은 '평소' 상태로 돌아가지 못했다. 안정적인 상태로 빠르게 돌아가지 못했다는 것이 자연의 초기 경보 체계일 수 있다고 생태학자들은 말한다.²² 아니나 다를까, 생태학자들이 개체수 변동을 감지해 낸 직후, 아주 작은 변화 하나가 숲을 집어삼킬 곤충 부대를 불러왔다.

왜 이런 예측 불가능한 연쇄반응이 일어날까? 답은 **자기조직화 임계성**self-organized criticality²³이라는 현상에 있다. 이 이름은 1987년 덴마크의 물리학자인 페르 박이 고안해 낸 것으로, 그는 자신의 개념을 모래 산을 이루는 모래 알갱이에 적용했다. 모래 알갱이는 안정적인 유형으로 천천히, 하나하나 쌓인다. 모래 산이 천천히 커지는 동안 모든 것이 완벽하게 질서정연하고, 안정적이며, 예측 가능해 보인다. 즉, 모래 산이 임계상태에 이르고 한 톨의 모래 알갱이가 어마어마한 산사태를 일으킬 때까지는 그렇다. 이런 모래 산 모델에서는 안정기가 지나고 아무런 경고 없이 발생하는 처참한 연쇄반응이 뒤따르는 모습을 볼 것이라 예상할 수 있다. 모래알 하나가 그런 사태를 만들어낼 수 있기 때문에, 작은 변화는 체계에 대대적이고 불안정한 영향력을 미친다.『레 미제라블』에서 빅토르 위고는 "우리는 어떻게 천지창조가 무너지는 모래 알갱이들로 결정되지 않는다고 아는가?"라고 썼다. 페르 박의 대답은 간단했다. "우리는 분명 안다." 세계는 단순히 무너지는 모래 알갱이들이 아닌, 모래알 한 톨로 결정될 수 있다.

지나치게 높이 솟은 모래 산처럼 메뚜기 떼는 그 '임계' 상태에 존재하며, 이는 메뚜기 떼가 당시에는 안정적으로 보이나 위태롭고 취약하다는 의미가 된다. 메뚜기를 연구하는 연구자들은 개별적인 곤충 몇 마리의 움직임에 작은 동요만 일어도 연쇄반응효과를 낳을 수 있으며, 갑작스레 메뚜기 떼를 새로운 궤도로 다시 이끌 수 있다는 사실을 발견했다. 한두 마리 곤충이 1, 2센티미터만 자리에서 벗어나더라도 전체 무리가 획 소리를 내며 방향을 바꾸기도 한다. 몇 킬로나 펼쳐진 수십억 곤충 떼의 움직임이 인간 손바닥 크기의 작은 방해에도 급작스레 바뀔 수 있다.[24] 이는 믿기 어려운 결론으로 이어진다. 즉, 1870년대 미국이나 현대 아프리카의 농부들의 생계 자체가 벌레 한 마리의 날갯짓에 좌우될 수 있다는 이야기다. 우리의 얽히고설킨 세계에서 자기조직화 임계성은 우발성을 증폭시킨다.

그러나 메뚜기 한 마리가 무리를 지시할 수는 없다. 벌레 한 마리가 군집을 동쪽이나 서쪽으로 움직이도록 결정할 수도 없다. 개별적인 움직임이 내놓은 결과는 예측할 수 없기 때문이다. 스콧 페이지가 적절히 지적했듯, **각 개인은 거의 아무것도 통제하지 못하지만 거의 모든 것에 영향력을 발휘한다.** 우리도 똑같다. 메뚜기 떼와 모래 산은 왜 우리가 가끔 잘못된 안정감에 위안을 얻는지 이해하는 데 도움이 되는 유용한 비유다. 우리는 잘 제어하고 있다고 스스로를 속이지만, 그러다가 다시 한번 금융공황이나 파괴적인 신기술, 테러리스트 공격, 또는 팬데믹처럼 무시무시한 위기로 인해 좌절한다. 그러나 의도된 대로 정확히 작동하는 모래 산의 존재처럼 이 필연적인 사태를 체계의 정상적인 기능이라 이해하기보다는 '충격'이라고 잘못 생각한다.

우리가 복잡계를 지배하려 할 때 많은 문제가 발생할 수 있다. 마오쩌둥 통치하의 중국은 쓰라린 경험을 통해 이를 깨달았다. 마오쩌둥은 자연의 생태가 복잡하며, 심지어 몇몇 생물종은 길들일 수 없고 변화에 민감하다는 사실을 이해하지 못했다. 중국의 독재자는 제사해 운동을 추진하며 국민들에게 쥐와 파리, 모기, 참새를 죽이라고 명령했다. 그는 이것이 인간의 질병을 근절하는 데 도움이 되길 바랐다. 그러나 참새가 박멸되자 메뚜기 떼는 더 이상 자연의 포식자를 만날 일이 없었다. 그로 인해 메뚜기 떼가 지역을 장악하면서 예상치 못한 생태학적 대혼란을 일으켰다. 기근이 들어 5500만 명의 사람이 목숨을 잃었던 것이다.[25]

학자들은 현대 인간 사회가 자기조직화 임계성의 정확한 수학적 정의에 부합한다는 주장에 동의하지 않지만, 세계를 이해하는 데 유용한 틀을 제공한다.* 우리는 규칙적이고 제어할 수 있을 것처럼 보이는 세계를 만들어냈다. 우리가 적당한 법률을 통과시키고 올바른 통화정책만 제정하면 가능한 이야기다. 사회적 충격을 받아 놀랐을 때, 사람들은 세계를 더 낫게 통제하려면 더 열심히 노력해야 한다는 교훈을 배우는 경향이 있다. 우리에게 더 나은 법률, 더 나은 규제, 더 나은 예측 데이터만 있다면 검은 백조는 그저 과거의 골칫거리가 됐을 수도 있다. 하지만 이는 진실이 아니다. 진짜 교훈은 현대 세계는 메뚜기 떼처럼 근본적으로 통제하거나 예측할 수 없다는 것이다. 자만심이 우리를 착각하게 한다. 현대사회는 복잡계로, 안정적으로 보이나 혼돈의 가장자리에서 비틀거리다가 우연이든 극소량이든 작은 변화만 생겨도 모든 것이 무너져 버린다.

잇달아 생겨난 의미 없는 우연의 엄청난 효과

복잡계는 우리가 역사를 더욱 잘 이해하게 도와준다. 제1차 세계대전의 발발은 임계와 우발성 간의 관계를 그럴듯하게 설명한다. 역사학자들은 제1차 세계대전의 원인을 두고 오랫동안 토론해 왔다. 전쟁이 일어나기 전에 유럽 열강들은 연달아 연맹을 형성했다. 이는

---

* 예를 들어, UC 산타바버라의 물리학자이자 복잡계의 선구자인 진 칼슨은 자신이 개발한 이른바 '고도로 최적화된 허용오차 Highly Optimized Tolerance'[26] 이론이 여러 실세계 체계를 더욱 잘 설명한다고 확신 있게 주장하고 있다. 이 이론이 생물 복잡계와 인간이 창조한 복잡계의 행동 양식을 예측하기에 더 알맞기 때문이다.

당시 안정감을 자아냈다. 침략을 억제하는 것처럼 보이는 명백한 권력 구조를 유럽 대륙에 세웠기 때문이다. 그러다가 프랑스와 러시아는 독일과 평형을 이룰 수 있는 동맹에 동의했다. 모래 산이 커지고 있었다. 이에 따라 독일은 프랑스와 러시아를 견제하기 위해 오스트리아–헝가리 동맹보다 강력한 관계를 구축하기로 했다. 모래 산이 커졌다. 영국은 새로운 세력 균형이 프랑스와 러시아에 손을 내밀까 봐 걱정했다. 모래 산이 커졌다. 다음에는 독일이 세 강대국과 대립하며 '고립'될까 봐 두려워했다. 모래 산이 커졌다. 모든 강대국이 빈틈없이 무장을 했다. 모래 산이 커졌다. 1914년까지 모래 산은 높이 높이 쌓이면서, 세상을 대재앙의 위기로 몰아갔다. 그러나 작은 위기가 될 것인가, 엄청난 위기가 될 것인가? 아무도 알 수 없었고, 그 답은 우발적인 사건 혹은 끔찍한 역사적 사고에 의해 결정 날 것이었다.

1913년 11월, 오스트리아–헝가리 제국의 대공 프란츠 페르디난트가 노팅엄셔 웰벡 수도원에서 포틀랜드 공작을 만나기 위해 영국에 왔다. 궁궐 영지에 두텁게 눈이 쌓였으나 공작과 대공은 그럼에도 뇌조 사냥을 떠났다. 엽총을 쏘는 동안 여러 마리의 뇌조가 하늘로 솟아오르며 총알을 넣는 역할을 하는 하인인 '장전자'를 놀라게 했다. 그는 발을 헛디뎌 눈 위로 넘어졌고, 비틀거리는 사이에 손에 들고 있던 총의 양쪽 총열이 풀렸다. 오발탄이 가까스로 프란츠 페르디난트 대공을 비껴갔다. 장전자가 살짝만 움직여서 총열의 각도가 1도만 바뀌었어도, 대공은 목숨을 잃었을 것이다.[27]

그 대신 대공은 살아남아서, 몇 달 후 사라예보로 여행을 갈 수 있었다. 사라예보에 도착한 프란츠 페르디난트는 호사스럽게 꾸며진 자동차를 타고 움직였다. 오스트리아에서 만든 1910년산 그라프 앤 드 스티프드 무개차로, A-III-118이라는 번호판을 달고 있었다.[28] 대공은 자동차 행렬이 도시를 이리저리 빠져나가는 동안 자신이 암살의 표적이 되었다는 사실은 깨닫지 못했다. 네델코 차브리노비치는 대공의 차가 자기 곁을 지나갈 때 폭탄을 던졌다. 폭탄은 자동차에서 튕겨 나왔고, 스무 명 남짓한 사람의 목숨을 앗아갔다. 그러나 의도했던 표적은 털끝 하나 다치지 않았다.[29]

이것으로 이야기가 끝날 수도 있었다. 그러나 대공과 대공비 소피는 자기들을 암살하려 했던 폭탄으로 인해 다친 사람들에게 경의를 표하기 위해 병원을 방문하기로 했다. 계획에 없던 문병에 대한 암살 계획은 없었다. 그러나 차량이 거리를 달리다가 잘못된 길로 들어갔다. 운전기사가 차를 돌렸고, 그러다가 시동을 꺼트렸다. 결과적으로 역사상 가장 불운했던 순간으로, 차가 또 다른 암살자였던 가브릴로 프린치프에게서 고작 2미터도 떨어지지 않은 곳에 급정거했다. 군중들이 웅성거리는 사이 프린치프는 자동차를 향해 총을 겨누었고 두 발을 쏘았다. 운이 좋았다. 총알이 명중했고, 대공과 대공비 모두 사망했다.

둘의 죽음은 연쇄반응을 일으켰고 제1차 세계대전이 발발하는 데 이르렀다. 그러나 연쇄반응의 규모는 유럽 내부의 임계에 의해 결정됐다. 우발적인 사건이나 임계상태 하나만으로는 전쟁으로 이어지지 않았다. 그보다는 둘의 결합이 문제였다. 역사학자들은 여전히 전쟁이 필연적이었는지에 대해 의견이 갈리지만, 일부 세부적인 상황들이 다르게 펼쳐졌더라면 충분히 피할 수 있었을 것이다. 사냥터에서 가까스로 죽음을 면한 대공의 모습을 목격했던 포틀랜드 공작 역시 이와 똑같은 생각을 했다. 그는 회고록에 이렇게 썼다. "나는 가끔 대공이 이듬해 사라예보가 아닌 사냥터에서 세상을 떠났더라면, 제1차 세계대전을 막거나 적어도 미룰 수 있지 않았을까 궁금해하곤 한다."[30] 아무도 알 수 없다. 그러나 제1차 세계대전의 발발은 임계상태가 어떻게 단 하나의 우발적인 사고로부터 커다란 연쇄반응을 일으킬 수 있는지를 보여준다. 눈 위로 미끄러진 한 남자의 각도가 약간만 달랐어도, 수백만 명의 목숨을 구할 수 있었을 것이다. 역사는 영원히 바뀌고, 오늘날 현대 세계에 살아남은 사람들은 철저히 달랐을 수도 있다.

이 이야기는 우리에게 교훈을 한 가지 더 안겨준다. 앞서 언급했듯, 대공의 자동차에 달린 번호판에는 A-III-118이라고 쓰여 있었는데, 이를 A-II-I1-18이라고 쓸 수도 있었다. 서부전선에서 총성이 멈춘 날인 종전기념일 Armistice Day 은 1918년 11월 11일, 또는 A-11-11-18이다.[31]

얼마나 신비로운가?

시험을 한번 해보자. 여전히 목적론적 사고의 덫에 사로잡혀 있는가? 자동차 번호판은 그저 우연일 뿐이다. 종전을 뜻하는 독일어는 Waffenstillstand(독일어로 waffen은 '무기', stillstand는 '정지'를 뜻하며 Waffenstillstand는 말 그대로 '종전'이라는 의미다. 앞서 언급한 자동차 번호판에서 종전기념일이 1918년 11월 11일이기 때문에 A-11-11-18이라고 해석할 수 있다는 일부 주장에 대해 독일어를 쓰는 오스트리아 대공의 자동차 번호판을 영어로 해석하는 것은 무리가 있다는 의미. - 옮긴이)다. 수많은 사건과 마찬가지로, 미친 듯이 복잡한 세상에서 잇달아 만들어진 의미 없는 우연일 뿐이다.

규칙성의 신기루

제1차 세계대전이 끝나고 한 세기 이상이 지난 후, 빅데이터와 애널리틱스, 그리고 머신 러닝이 외견상 안정적으로 보이는 체제 내에서 군중들의 평균적인 행동을 예상하는 데 전례 없는 정확도를 선사하고 있다. 예를 들어, 영국에서 전력망은 이제 'TV 픽업TV pickups'을 고려해서 관리된다.[32] TV 픽업은 월드컵 경기 등 TV를 보던 수백만 명이 하프타임 동안 한꺼번에 전기주전자를 켜는 것이다. 필요한 전력량을 데이터에 기반해 예측하는 것은 종종 굉장히, 무서울 정도로 정확하다. 우리는 그 어느 때보다 수백만 명의 사람이 통합적으로 행동하는 것을 정확하게 예측할 수 있다. 이를 통해 우리는 세상을 정복했다는 우쭐한 기분을 얻는다. 이른바 **통제의 환상**이다.

이런 착각은 위험하다. 불황과 전쟁, 팬데믹을 단순히 무시하고 지나가도 되는 일탈이나 이상치로 보면서 '정상적인' 질서의 일을 꾸려나가도 된다고 생각하게 만든다. 수백만 톤의 모래 알갱이가 사고 없이 쌓이면, 우리는 이 역학이 언제까지나 지속될 것이라 상상한다. 나는 이를 **규칙성의 신기루**mirage of regularity라고 부른다. 그 후 우리는 산사태라는 기습 공격을 받는다. 산사태가 찾아오면, 우리는 이 산사태를 혼돈의 가장자리에 있는 체제 내에서 사건들이 필연적으로 정점에 올랐다고 보는 대신 외부 충격으로 분류한다. 그러나 이는 청천벽력 같은 충격이 아닌 사회적 모래 산이 무너지는 필연적인 결과였다. 이제는 사소한 변동에도 재앙적인 연쇄반응이 더없이 손쉽게 일어난다. 그러나 우리는 운명에 도전하며 계속 모래 산을 높이, 또 높이 쌓는다.

현대사회는 현재 너무나 밀접하게 엮여 있어서 왕과 교황, 장군이 아닌 평범한 개인들이 **전체** 인간 무리의 방향을 새로 바꿀 수 있다. 이 질문을 떠올려보자. 21세기 들어 지금까지 가장 큰 영향력을 발휘하는 사람은 누구였는가? 혹자는 시진핑이나 블라디미르 푸틴, 또는 도널드 트럼프라고 할 수도 있다. 내 생각은 다르다. 내가 꼽는 인물은 바로 무명씨다. 코로나19 팬데믹은 중국 우한에서 벌어진 한 사건의 한 사람으로부터 시작됐을 가능성이 크다.* 한 사람을 전염시킨 바이러스 하나가 말 그대로 수십억 명의 삶을 몇 년 동안이나 철저히 바꿔버렸다. 단 하나의 작고 우발적인 사건 때문에 인류 역사에서 그토록 오랫동안 그토록 많은 사람의 일상생활이 그토록 큰 영향을 받은 적은 없었다. 마치 이렇게 말하는 것 같다. "무리에 들어온

• 코로나19의 시작에 관한 논쟁은 이 책에서 다루는 범위를 벗어난다. 인수공통감염에서 시작됐든, 우발적인 '연구소의 누출'이든 간에, 두 설명은 한 사람이 관여한 한 행위에 의존하고 있다.

것을 환영하네."

잔물결은 어떻게 삶을 바꾸고 사회를 뒤엎는가

왜 현대사회는 임계성을 향해 요동치고 있으며 시간이 흐르면서 점점 우발적이 되는가? 여러 가지 이유가 있으나, 몇 가지만 강조하려 한다. 우선, 우리가 점차 강박적으로 최적화를 추구하고 있으며 효율성이라는 가짜 우상을 추종하기 때문에 사회 체계에 빈틈이 거의 없다는 점이다. 세상사가 그렇듯 뭔가가 잘못됐을 때, 그 결과는 연결성과 상호의존성으로 인해 더욱 부풀려진다. 완전히 최적화된 체계는 혼돈의 가장자리로 밀려날 때 티핑 포인트로 넘어가 연쇄반응을 일으킬 가능성이 더욱 크다.

반대로, 복잡계를 최적화보다는 유연함에 더 가깝게 설계하면 회복력이 더 높다. 예를 들어, 2010년 진도 8.8 규모의 대지진이 칠레를 강타했을 때, 전력망은 아주 잠시만 끊겼다. 지역 체계가 전국 체계로부터 '분리'될 수 있도록 설계됐기 때문이다.[33] 그로 인해 체계의 전체적인 효율성은 다소 낮아졌지만, 연쇄반응을 멈추고 몇 주 동안이나 계속될 수도 있던 전국적인 정전을 쉽게 예방할 수 있었다(이 사례로부터 우리 삶에 도움이 될 여러 교훈을 배울 수 있다. 조그마한 빈틈을 둔다면 상황이 잘못될 수 있는 잠재적인 피해를 구획 짓기 쉬워진다).

이 세상은 인터넷으로 인해 유례없는 임계 상황에 놓여 있다. 인터넷은 이미 밀접하게 얽힌 세계에서 연결성을 더욱 철저히 높이기 때문이다. 역사적으로 여러 커뮤니케이션 기술들이 변화해 왔다. 그러나 인쇄매체와 신문, 라디오 방송, TV 방송이 모두 정보를 **소비**할 수 있는 사람의 숫자를 늘려놨다. 인터넷은 근본적으로 다르다. 역사상 처음으로 광범위하게 퍼뜨릴 수 있는 정보를 **창조**할 수 있는 사람의 숫자를 폭발적으로 늘려놓은 혁명이다. 인터넷은 근본적인 변화다. **소수 대 다수**의 커뮤니케이션에서 **다수 대 다수**의 커뮤니케이션이 됐다. 아이디어는 설사 잘못된 정보라도 행동을 촉발하고, 수십억 인구가 유례없는 속도로 새로운 아이디어에 노출되고 있다. 역사학자 펠리페 페르난데스 아르메스토는 "아이디어가 인간 문화의 변화를 이끄는 중요한 원동기다. …… 변화의 속도는 아이디어의 상호 접근성으로 기능한다."[34] 변화의 원동기가 이제는 과열 상태에 이르렀다.

또한 현대사회는 점차 우발적이 되어간다. 우리 인간 무리가 속도를 높이고 있기 때문이다. 경제무역을 생각해 보자. 투기자들은 경쟁자들보다 정보의 우위에 있을 때, 그리하여 라이벌들보다 먼저 결정적인 경제 정보를 알고 있을 때 더 쉽게 돈을 벌 수 있다. 오늘날에는 컴퓨터가 고빈도 거래를 이끌고 있다. 속도의 우위는 밀리초로 측정된다(맥락상 벌새는 18밀리초마다 날갯짓을 한다).[35] 어마어마한 속도를 갖춘 금융제도는 더 자주 위험한 임계성을 향해 이동한다. 이는 2010년 5월 6일 오후 2시 42분에서 2시 47분 사이에 왜 1조 달러 가치의 주식시장이 몇 분 만에 사라졌는지를 설명해 준다.[36] 한 마리 메뚜기가 메뚜기 떼의 방향을 바꾸듯, 이 파괴적인 연쇄반응은 런던의 자기 방 침대에 누워 재미로 시장을 조작한 악독한 주식 중개인 한 명이 촉발했다. 메뚜기들에게 이동속도는 고정되어 있다. 우리 인간

무리는 다르다. 우리는 현대 생활에서 훨씬 더 광란에 휩싸인다.

복잡계 사고는 우리에게 중요한 교훈을 준다. 우리는 비공식적인 사회규범과 유형, 기대에 우리 삶을 맞춰왔다. 일종의 인간 끌림 영역이다. 이는 80억 명의 매우 다양하고 독특한 사람에게 안정성과 규칙성의 착각을 일으켰다. 그러나 우리는 규칙성의 신기루에 속아서 곤란함을 겪는다. 이 세상의 몹시도 예측 가능하고 반복되는 측면에만 집중하면서 사고와 이상치, 우연한 변동을 복잡한 삶의 신호음으로 이해하지 않고 단순히 떨쳐내야 할 백색소음으로 일축한다.

지금까지 우리는 밀접하게 얽힌 세상이 어떻게 모든 것이 중요하다는 의미가 되는지, 작은 잔물결이 어떻게 삶을 바꾸고 사회를 뒤엎는지 살펴보았다. 이 잔물결들은 우리가 믿어왔던 것보다 훨씬 임의적이고 우발적인 세상을 끌어냈고, "모든 일에는 다 이유가 있어"라는 만트라를 약화시켰다. 우리는 박테리아 진화를 자세히 살핀 후 전쟁을 멀찍이서 보았다. 우발성이 대권을 장악해서, 삶을 다시 쓰고 역사를 바꿔놓으며 심지어 새로운 형태의 삶을 퍼뜨리는 모습을 알아보기 위해서였다. 또한 어떻게 우리의 지각이 인과관계의 단순화된 유형에 초점을 맞출 수 있는 단축키를 곁들여 확률과 우발성을 자세히 풀어내기 위해 미세하게 조정됐는지 살펴보았다. 그리고 이제 자기조직화 임계성 혹은 인간의 무리가 잔물결과 사고 및 우발적인 사건들의 절정에 이르러 마침내 거대한 충격 또는 검은 백조가 될 가능성을 높이는지도 살펴보았다. 이 모든 것이 단 하나의 불안정해 보이는 결론으로 이어진다. 즉, 우리는 상상했던 것보다 훨씬 더 불안하고 불확실한 세상에서 살고 있다.

그러나 이제는 불확실성의 숨은 장점을 살펴봐야 할 때다.

6장
헤라클레이토스의 규칙

제어할 수 없는 혼돈을
제어할 수 있는 확률로 착각하는 사람들

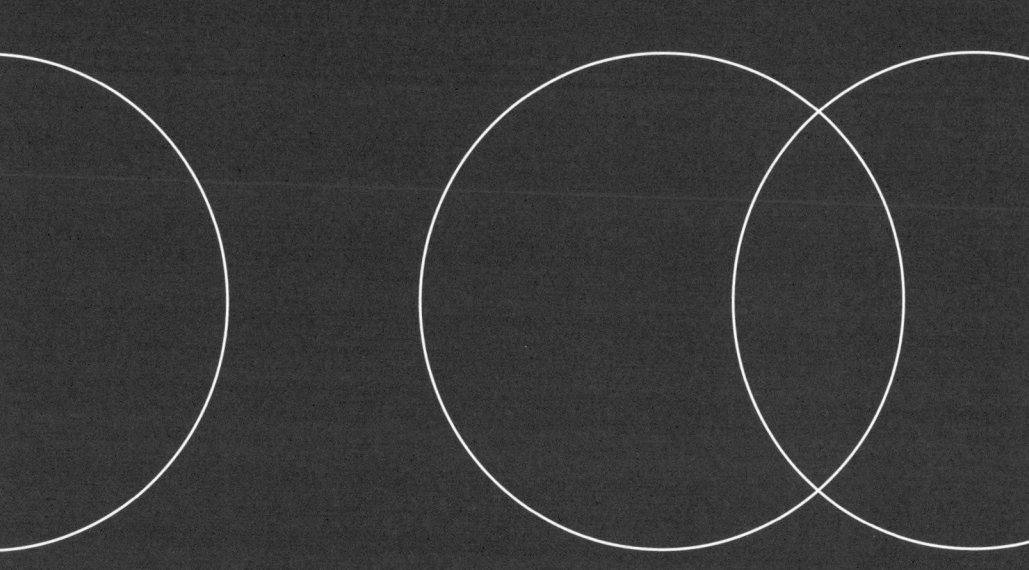

인간과 같은 지각 동물은 예측기와 같다. 우리의 생존은 예측기에 달렸다. 먹이를 찾고 싸우거나 도주한다는 결정은 모두 미지의 것을 계산하려는 시도를 기반으로 한다. 숫자나 정교한 논리, 아니면 네이트 실버Nate Silver(통계 전문가로 2008년도 미국 대선 결과를 정확히 맞춰서 유명해졌다. - 옮긴이) 없이도 동물들은 경험을 바탕으로 미래를 추측할 수 있다. 우리도 그렇다. 삶의 모든 경험은 신경학적 측정점이 되며, 우리 두개골 안에 장착된 회분홍색 컴퓨터로 처리된다. 예상치 못한 일이 벌어졌을 때는 뉴런망이 그에 맞게 조금씩 조정을 한다. 이렇게 우리는 세상을 항해한다. 그렇다면 우리 머릿속 예측기는 어떻게 불안정한 세상을 처리할까? 이 세상은 모래알 한 톨로도 대재앙과 같은 연쇄반응이 촉발될 수 있는 곳인데 말이다.

 인간은 오랫동안 통제권 밖의 불확실성을 받아들여 왔다. 고대와 현대를 통틀어 여러 문명은 모든 것을 알고 간섭하는 신들에게 신앙을 품어왔다. 사제나 예언자는 정의로운 자를 돕고 사악한 자를 징벌하기 위해 신성한 지혜를 구하거나 신을 움직일 수 있었다. 그러나 미래를 이해하거나 예측하는 것은 인류의 몫이 아니었다. 이런 세계관 내에서 불확실성은 세계의 특성이 아니라 인간의 무지가 지닌 흠이었다. 신은 언제나 안다. 하나님은 확률에 신경 쓰지 않는다.

그저 미약한 인간이 할 수 있는 최선은 신의 지혜와 소통해서 불가사의한 이면을 유용하게 훔쳐보는 것이었다. 예를 들어, 고대 중국에서 **팔괘**는 점치는 기계였는데, 톱풀 줄기를 사용해 더 심오하고 단호한 진실에 다가갔다.[1] 그러나 인류 역사상 측정이나 데이터를 가지고 불확실성을 극복하려는 시도는 오만한 바보짓이었고, 신을 수학적으로 풀려는 불경스러운 짓이었다. 1,000년 동안 불확실성과 위험을 정확히 측정하거나 수량화하려는 체계적인 시도는 놀랍게도 거의 이뤄지지 않았다.

이 사실을 바탕으로 신전을 숭배한 고대 그리스인이 왜 자연 세계의 모든 것에 대한 극도로 정교한 사상은 정확히 표현하면서도 확률이라는 가장 기초적인 수학도 발전시키지 못했는지 어느 정도 설명할 수 있을 것이다. 이 지식의 격차가 당혹스럽기도 하다. 고대 그리스인은 운에 좌우되는 게임들을 즐겼기 때문이다. 발굽 동물의 복사뼈와 관절뼈(거골이라고도 한다)는 기원전 5000년 그리스에서 주사위의 조상 격으로 사용됐다.[2] 사람들은 체계적인 논리를 형성해 내지 못했더라도 확률을 곰곰이 따질 수 있었다. 비슷한 확률의 게임이 역사상 다른 문화에서도 존재했다. 예를 들어, 아랍어로 주사위를 뜻하는 **Al-Zahr**에서 현대어로 위험을 뜻하는 **Hazard**가 나왔다. 스페인어

Azar는 '확률' 또는 '임의성'을 뜻한다. 수학은 게임보다 뒤떨어졌다.

그러다가 Risk(위험)의 어원이 된 라틴어 Resicum이 1156년 이탈리아 제노바 해양 공화국의 어느 공증 계약에서 나왔다.[3] 이 계약은 화물을 싣고 지중해를 건너는 위험한 항해의 성과들을 비례에 따라 보상하기 위해 사용됐다. 보통은 부를 가져오지만 가끔은 파산으로 이어지기도 했다. 그러나 논리적이고 정확한 방식으로 위험을 측정하고 정량화하기 위해서는 수학자들이 필요했다. 맨 처음부터 이들이 인식하는 위험에는 부분적으로 오류가 있었다. 머나먼 과거에 아리스토텔레스가 취했던 입장을 계속 고수했기 때문이다. 아리스토텔레스는 미래의 확률을 도출하기 위해서는 그저 삶의 일정한 양식에서 "대부분 무슨 일이 벌어지는가"[4]만 계산하면 된다고 말했다. (곧 살펴보겠지만, 과거가 미래를 알려주는 믿을 만한 안내서가 된다는 가정은 변화하는 세상에서 길을 찾아갈 때 끔찍한 실수가 될 수 있다.)

우리는 대답할 수 없는 질문의 답을 안다고 자주 착각한다

그러나 확률론은 한참 세월이 흐른 후에도 제대로 발전하지 못했다. 이렇게 지연된 한 가지 이유로 우발적으로 발생했던 한 사건이 있다. 로마와 그리스 숫자는 수학적으로 조작하기에는 너무 투박했다(MMXXIII에서 MDCCCXLIII을 빠르게 빼보자). 지금 우리가 사용하는 아라비아숫자 체계는 세계적으로 금방 전파되지 않았다. 유럽인들은 아라비아숫자가 쓰인 공식 문서는 너무 쉽게 위조할 수 있다고 걱정했다. 예를 들어, 숫자 1은 쉽게 4나 7로 바꿀 수 있었다(작가 피터 번

스타인은 이런 걱정으로 인해 여전히 유럽인들이 7을 쓸 때 기둥 부분에 선을 하나 더 긋는다고 설명했다).[5] 인쇄기가 등장하면서 아라비아숫자는 유럽에서 우세해졌다. 깃펜으로 위조하는 것이 불가능해졌기 때문이다. 유럽의 확률론은 문서위조에 과민하게 반응한 탓에 몇 세기가량 지연되어 등장했다.

초기 확률론은 운수에 따라 승패가 갈리는 게임에 의해 발전했다. 가장 눈에 띄게는 1654년 블레즈 파스칼과 피에르 드 페르마가 이른바 '방해의 게임'[6]에 대한 답을 제안했다. 방해의 게임은 두 플레이어가 게임을 시작하지만, 한쪽이 이기기 전에 모종의 이유로 중단해야 한다. 파스칼과 페르마 이전에는 수학적으로 누가 이길 가능성이 더 큰가를 바탕으로 판돈을 나누는 방식이 확실하지 않았다. 이 난제를 해결하면서 초기 확률 분야가 빠르게 발전했고, 지롤라모 카르다노와 슈발리에 드 메레, 야코프 베르누이, 피에르 시몽 라플라스(라플라스의 악마에 나오는 그 라플라스), 그리고 토머스 베이즈(이른바 베이지안 추론 또는 베이지안 통계학) 같은 거물들이 힘을 보탰다.

수학적 도구가 발전하면서 이 세계의 더 큰 부분을 이해하고 계산할 수 있었다. 곧 유럽 상류층의 지성인들 사이에서 광풍이 불었다. 바로 뭐든지 계산하는 것이었다. 세계가 수량화할 수 있는 양식을 따른다는 수리물리학이 아이작 뉴턴에 의해 발전하면서, 사상가들은 숫자와 공식을 이용해 인간 사회의 수수께끼를 해결할 수 있다는 가능성에 사로잡혔다. 1662년 존 그랜트는 런던에서 죽음을 정량 평가할 수 있는 획기적인 방법을 개발해서, 인구통계학 분야를 탄생시켰다.[7]

1800년대 초중반에 프랑스 철학자 오귀스트 콩트는 사회학 분야를 탄생시켰는데, 이 분야는 실증주의라고 하는 사상의 영향력 있는 분파와 합리적인 의사결정에 대한 새로운 양적 접근으로부터 주로 파생됐다. 벨기에의 천문학자이자 수학자, 사회학자, 통계학자인 아돌프 케틀레는 계산과 수량화에 집착하는 초기 사회과학을 발전시켰다. 사회적 세계의 어느 정도가 불확실성에서 확실성으로 변하는지를 두고 급진적이고 새로운 사상이 등장한 시대였다.

그러나 18세기에 스코틀랜드 철학자 데이비드 흄은 그 유명한 '귀납의 문제'를 내세우며, 확률은 확실성과는 거리가 멀다고 경고했다. 흄의 경고는 예리했다. 흄은 인과관계에 대한 우리의 지식은 대부분 경험, 즉 과거에 무슨 일이 벌어졌는지를 바탕으로 삼는다고 했다. 그러면서 미래가 과거와 같을 것이라는 보장은 없다고 강조했다. 또는 좀 더 매력적으로 이렇게 말했다. "확률은 과거와 미래 사이의 유사성을 추정하는 것을 바탕으로 삼는다. 우리가 이미 경험한 것과 아무런 경험도 없는 것 사이의 유사성이다."[8]

확률은 유용할 수 있다. 그러나 미래는 과거의 패턴과 다를 수 있고, 그럴 경우에 우리를 곤혹스럽게 할 것이다(곧 살펴보겠지만 흄이 옳았다).

오늘날 확률론은 수학에서 정교하고 수익성 높은 분파가 됐다. 수백만 명이 확률을 예측하는 업에 종사하고, 수십억 명이 이 예측을 바탕으로 알 수 없는 미래에 대해 더 나은 판단을 하며 정보를 근거로 평가하려고 한다. 점차 모든 것이 수량화되면서 환원주의자는 쇠

퇴하고 알고리즘은 점차 똑똑해졌으며 정교한 기계학습모델로서 블랙박스가 등장했다.

우리는 관절뼈에 주사위를 던지던 수준에서 벗어나 크게 발전해왔다. 오늘날 우리는 좀 더 신뢰할 수 있는 예언자인 과학과 통계에 의지하며 톱풀 줄기는 경험적인 증거와 점차 확장되는 데이터 세트가 대체했다. 이 중대한 변화가 인간의 어마어마한 잠재력을 활짝 열어젖혔다. 그러나 우리가 보듯, 불확실성을 지배하는 인류의 능력에 대한 믿음에는 지나친 감이 있다. 우리는 대답할 수 없는 질문에 대답을 할 수 있다고 착각하는 경우가 너무 잦다. 이 과한 자신감은 우리가 확률과 혼돈, 우발적인 우연을 배제하고 있다는 의미다. 존재한다고 믿고 싶은 더 깔끔한 세상에 맞지 않다는 이유에서다.

우리는 적어도 나 자신은 이해할 수 있을까?

왜 이런 일이 벌어졌을까? 우리는 우리가 거둔 놀라운 성공의 인지적인 희생자라는 사실이 이를 어느 정도 설명할 수 있다. 과학자들은 현대의 마법사다. 유전자를 조작하고, 거의 눈에 보이지 않는 입자까지 발견하며, 소행성의 방향도 바꾼다. 이런 돌파구는 우리가 세계의 수수께끼를 거의 다 알아냈다는 타당하지만 잘못된 느낌을 안겨주었다. 너무 많은 사람이 인간의 지식이 마무리 작업 중이며, 이 성가시게 질질 끄는 미지의 문제를 곧 깔끔하게 해결하고 만족스러운 답을 안겨줄 거라 믿는다. 암을 완치하는 치료법은 아직 없지만 머지않아 생기리라든가, 아직 화성에는 사람이 살지 못하지만 곧 살게 되리라는 식이다. 모든 것을 다 알고 있는 듯 보이는 현대 과학은 우발성과 혼돈의 위험으로부터 우리를 보호해 줄 것처럼 보인다.

그러나 여전히 많은 것이 불확실하거나 파악되지 않은 채 남아 있다. 이 우주에서 가장 풀기 어려운 수수께끼들 가운데 일부는 가장 기본적이고 중요한 것들로, 절대적인 불확실성이라는 안개에 가려져 있다. 우린 그저 모를 뿐이다. 그럼에도 여론조사부터 경제적 예측까지, 끝없는 모델들을 통해 예측이 쏟아진다. 여기에 마치 우리가 세상을 길들이기라도 했듯 오만함이 섞인다. 세상을 예측하고 통제하며 우리 멋대로 조작할 수 있다고 믿는다면, 임의적이고 신비로운 힘은 우리 삶에서 거의 역할을 하지 않는다고 여기기 쉽다. 이렇게 생각하는 사람에게는 우리 세계의 동화 버전이 그럴듯해 보인다. 반면에, 가장 거대하고 중요한 수수께끼가 여전히 해결되지 않은 상태라고 느낀다면 우연성이 중요하다고 인지할 여지가 더 많다. 그러나 우리 대부분은 우리가 안갯속에서 살아간다는 사실을 무시하며, 우리가 볼 수 있고 측정할 수 있는 것에 시선을 고정한다.

무엇보다도 위대한 수수께끼는 의식意識이며, 우리는 의식을 전혀 이해하지 못한다. 1994년 이래로 가장 골치 아픈 도전은 이른바 '의식의 어려운 문제hard problem of consciousness'[9]로, 현대 철학의 거장 데이비드 차머스가 이름 붙였다. 인간은 오랫동안 이른바 정신과 신체의 문제로 골치를 앓았다. 우리가 정신이라고 생각하는 것과 뇌의 신체적이고 화학적인 구조 사이에 근본적으로 다른 부분이 있는지의 문제다. 폐와 간이 단순히 화학물질을 함유한 조직과 세포의 체계적인 덩어리라고 기꺼이 인정한다면, 뇌라고 왜 다르겠는가? 그러나 차머스는 더 심오한 부분을 강조했다. 작가 올리버 버크먼은 다음과 같이 난제를 요약한다. "당신 두개골 안에 들어 있는 1.4킬로그램의 축축한 회분홍 세포 덩어리는 어떻게 회분홍 덩어리로서 존재한다는 **경험**, 그리고 그 덩어리가 붙은 몸만큼 불가사의한 뭔가를 만들어낼 수 있었을까?"[10] 이것이 바로 인간의 존재에 관한 질문이다. 그리고 우리에겐 답을 찾을 단서가 없다.

그다음으로는 우주의 근본적인 법칙이 있다. 1874년 열여섯 살의 나이에 대학에 입학한 독일의 한 천재는 무엇을 공부할지 지침을 달라고 스승에게 부탁했다. "이론물리학에 매여 있지 마시오." 스승은 이렇게 조언했다. "이 분야에서는 모든 것이 거의 다 발견됐소. 남은 것이라곤 몇몇 구멍을 메우는 일이지."[11] 감사하게도, 당시 제자였던 젊은 막스 플랑크는 이 조언을 무시하고 이 구멍들을 채워보기로 결심했다. 1918년 플랑크는 새로운 양자물리학 이론을 세워서 노벨상을 받았는데, 이 이론은 우리가 그동안 우주의 방식들에 대해 안다고 생각했던 모든 것을 뒤집어놓았다.

가장 작은 수준에서 상황은 불가능해 보이는 방식으로 움직인다. 양자 실험의 전통적인 해석은 작은 입자가 한 번에 두 공간에 있을 수 있는, '중첩'이라는 현상을 내포한다. 그러나 우리가 이 입자들을 관찰할 때, 입자들은 하나의 위치로 붕괴된다.[12] 누군가가 보고 있는지 여부에 따라 현실이 바뀐다는 의미다. 더욱 놀라운 점은, 양자 얽힘의 해석 가운데 쌍정의 입자가 멀리 떨어져 있어도 서로에게 빠르지는 않지만 즉각 영향을 미칠 수 있다고 보는 경우도 있다는 것이다. 이 현상은 한 입자가 측정되었을 때 발생하며, 아인슈타인은 이를 "멀리서 벌어지는 귀신같은 활동"이라고 폄하해서 표현하기도 했다. 우리에게는 이 현상을 설명할 단어가 없다. 이 입자들의 활동을, 직접 관찰할 수 있는 세계에서는 결코 마주칠 수 없기 때문이다. 최고의 과학자들도 무슨 일이 벌어지는지 알지 못하지만, 입자들은 마치 또 다른 생명의 마법 같은 실의 꼬리를 물고 완전히 서로 얽혀 있는 것처럼 보인다.

아마도 가장 기이한 부분은 양자물리학에서 최고의 과학자들이 **다세계 해석**many-worlds interpretation을 믿게 됐다는 점일 것이다. 슈뢰딩거방정식으로 알려진, 이 분야의 핵심적인 공식을 이해하기 위해서였다. 프린스턴대학교 대학원생인 휴 에버렛의 머리에서 나온 이 해석은 "모든 참석자가 어머어마한 양의 셰리주를 마셨다고 인정한"[13] 어느 날 저녁에 탄생했다. 다세계 해석에 따르면 일어날 수 있는 모든 일이 일어나고, 따라서 세계는 끊임없이 무한한 수의 우주로 뻗어나간다. 이 이론에 따르면 여러분의 복제인간은 무한정 존재하고, 그만큼 여러분이 존재한 적 없는 우주도 무한정으로 존재한다. 1960년대 공상과학 작가가 잔뜩 마약에 취해 펜을 들고 쓴 망상처럼 들릴 수도 있다. 그러나 양자역학계를 장악한, 확실하게 검증된 방정식을 가장 수학적으로 단순하게 해석한 결과이기도 하다. 아주 똑똑하고 최고로 성공한 물리학자들도 다세계 해석이 진실이라고 믿는다. 다른 우주에 수없이 많은 여러분의 대안이 존재하는지 여부는 아직 답을 찾지 못한 중요한 질문처럼 보인다.

그 누구도 정말로 우리 세계를 이해하지는 못한다. 그리고 진화생물학자 잭 블런트가 내게 설명했듯 불가피한 일일 수도 있다. "저는 우주를 완전히 이해하는 것이 가능한지조차 확신하지 못하겠어요. 적어도 두 발로 걷는 사회적인 영장류가 번식을 할 만큼 오래 살아남을 수 있게 진화된 뇌를 가진 인간으로서는 그렇습니다."[14] 우리는 언제나 불확실해 보이는 세상에서 살고 있다. 그렇다면 이쯤에서 이런 문제가 대두된다. 우리는 적어도 자기 자신을 이해할 수 있을까?

모른다고 인정하는 것이 잘못된 확률을 사용하는 것보다 낫다

2016년 《이코노미스트》는 IMF가 189개국을 대상으로 내놓은 대략 15년 치 경제예측을 분석했다.[15] 이 기간 동안 한 국가는 220차례 경제불황에 접어들었고, 이 경제적인 하락세는 수백만 명에게 심각한 영향을 미치는 중대한 문제였다. 매년 IMF는 4월에 한 번, 그리고 이후 반년 동안 실제 데이터를 본 후 10월에 한 번, 이렇게 두 차례에 걸쳐 경제예측을 발표한다. 이 예측은 경제불황의 시작을 몇 번이나 정확하게 짚어낼까? 우리 시대 최고의 지성들은 몇 번이나 옳은 답을 구해낼까?

220차례의 경제불황 가운데 4월 예측은 단 한 번도 맞지 않았고, 적중률이 0이었다. 이 예측들은 다가오는 미래를 결코 보지 못했다. 10월의 예측은 대처해야 할 경고신호가 추가된 현실 세계의 데이터를 확보했으나, 그 가운데 딱 절반만 제대로 이해했다. IMF의 경제

예측은 아프가니스탄부터 짐바브웨까지 이 세상 모든 국가가 매년 4퍼센트씩 고정적으로 성장하리라고 예측하는 통계모델과 비교해 그다지 나을 것도 없었다. 물리학 이론은 예측이 조금만 어긋나도 폐기된다. 그러나 우리는 자기 자신을 연구하면서 가끔은 "그 나라 경제가 내년에 위축될까?"라는 간단한 질문에조차 제대로 답하지 못하는 이론을 바탕으로 연구할 때가 있다.

한편, 2004년에 인류는 10년 동안 시간당 13만 5,000킬로미터로 우주를 날아가는 약 4킬로미터 지름의 혜성에 가볍게 착륙할 우주선을 쏘아 올렸다.[16] 모든 계산이 완벽해야 했고, 또 완벽했다. 반면, 태국의 경제가 앞으로 6개월 동안 성장할 것인지 위축될 것인지, 혹은 영국의 인플레이션이 지금으로부터 3년 동안 5퍼센트 이상 지속될지를 정확하게 알아내려 할 때 우리가 할 수 있는 일은 거의 없다.

사회과학을 비난하자는 것이 아니다. 어쨌든 나도 (환멸을 느끼는 와중에) 사회과학자다. 그러나 모든 사회과학자가 우리가 공개적으로는 거의 논하지 않는 비밀을 알고 있다. 최고의 지식인들조차 사회적 세계가 어떻게 작동하는지 **진정** 이해하지 못한다는 사실이다. 특히나 희귀하고, 반복되지 않으며, 우발적인 사건에 관해서는 진실이다. 밀접하게 엮인 사회적 세계는 우리가 꿰뚫어 보기에 지나치게 복잡하다. 끊임없이 변화하면서도 확률과 혼돈, 사고와 우연 등으로 흔들리는 피드백 루프와 티핑 포인트, 물리력이 이 세계를 이끌어간다.

20세기 초에 경제학의 변절자 프랭크 나이트는 몇 가지 단순 가정에 의존하는 전통적인 경제학에 딴지를 걸었다.[17] 나이트는 전문용어를 사용해, 불확실성 대 위험성의 차이를 명확히 설명하며 설득했다(이 문맥에서 위험성은 나쁜 일이 벌어질 위험이 아닌, 불안과 관련이 있다). 나이트는 둘 가운데서 관리가 가능한 쪽인 위험성은 미래의 결과를 알 수 없으나 어떤 일이 발생할 정확한 가능성은 안정적으로 알 수 있을 때 생긴다고 주장했다. 우리는 무슨 일이 벌어질지는 모르지만, 어떻게 또는 왜 벌어지는지는 분명히 안다. 예를 들어, 6면 주사위를 던지는 것은 불확실성이 아닌 위험성의 문제다. 어느 숫자로 떨어질지 정확히는 알 수 없지만, 각 숫자가 맨 윗면을 차지할 가능성이 6분의 1이라는 사실은 알기 때문이다. 위험성은 완화할 수 있다.

반면에 불확실성은 미래의 결과를 모르며 그 결과를 만들어내는 근본적인 메커니즘 역시 알 수 없는 데다 심지어는 꾸준히 변화할 때도 있다. 우리는 무슨 일이 벌어질지 모르며, 그 일이 벌어질 가능성을 계산할 방법도 없다. 우리는 완전히 어둠 속에서 헤매고 있다. 이런 상황에서 IMF는 불황의 시작을 예측하는 데 끊임없이 실패한다. 통제할 수 없는 불확실성을 해결할 수 있는 위험인 양 취급하기 때문이다. 그렇지 않다. 그러니 예측은 실패한다.

불확실성과 위험성을 나눈 나이트의 이분법은 유용하다. 끔찍한 판단 오류를 피하려면 무엇을 알고 무엇을 모르는지 구분하는 것이 중요하다. 그저 알 수 없는 경우도 있기 때문이다. 여기에 대처하기 위해 많은 사람이 점을 보는 옛날식 미신이 아닌, 가끔은 틀리기도 하지만 안정감을 안겨주는 확률에 빠졌다. 확률은 대부분 적절히 활용되어 더 현명한 결정을 내리게 함으로써 위험 속을 항해하는 데 도움을 준다. 그러나 알 수 없고 불확실한 영역을 탐험할 때 결정을 내리기 위해 확률을 활용하고 신뢰했다가는 끔찍하고 재앙에 맞닥뜨린 것과 같은 충격을 겪을지도 모른다. 제어할 수 없는 혼돈을 제어할 수 있는 확률로 착각해서는 안 된다.

경제학자이자 영국은행의 전직 총재 머빈 킹은 최근 인터뷰에서 이렇게 말했다. "지적인 사람이라면 누구나 불확실성을 확률의 관점에서 생각해 봐야 한다는 이야기를 듣고 자랐다. 그리고 미래의 불확실성을 확률로 해석해 보려는 사람도 많다. 나는 이것이 심각한 실수이며, 뛰어난 의사결정으로부터 우리를 멀어지게 만든다고 생각한다."[18] 확률은 위험성을 다루는 멋진 도구이며 관련 문제에서는 반드시 활용해야 한다. 그러나 풀리지 않는 불확실성의 경우에 "나는 몰라"라고 인정하는 것이, 알지 못하는 곳을 탐험하기 위해 잘못된 가정을 바탕으로 틀린 확률을 사용하는 것보다는 낫다.

그러나 가끔 우리는 절망적일 정도로 불확실한 때조차 선택을 해야 한다. 질문의 세계는 두 개의 카테고리로 나눠볼 수 있다. 반드시 대답해야 할 질문과 그럴 필요가 없는 질문이다. 이는 "최선을 다해 봐" 질문과 "애써봤자 소용없어" 질문으로 나눌 수 있다. 희귀병 환자를 두고 의사들은 어떻게 치료할지 결정해야 한다. 병의 원인이 무엇인지, 무슨 치료법이 효과적일지 모를 때도 마찬가지다. "나는 몰라"라고 말하는 것은 희귀한 형태의 암을 치료할 때 선택할 수 있는 답이 아니다. 최선을 다해보자.

그러나 브룬디 공화국이 5년 안에 정확히 3.3퍼센트 성장하는 문제에 관해서라면 이를 예측할 수 있는 법칙도, 이에 대한 도덕적 당위성도 없다. 정확할 리 없고, 분명 틀렸을 것이며, 아마도 잘못된 확신이 우리의 판단을 흐려서 심각한 실수르게 할 저지를 수도 있다. "나는 몰라"라고 말하는 것은 두 손 두 발 다 들고 아무것도 하지 말아야 한다는 의미가 아니다. 그저 불필요할 때 어리석은 예측을 하지 않는다는 의미일 뿐이다. 필요할 때 적어도 불확실성의 불쾌한 기운을 인식하고 혼돈스러운 역학 관계를 인정하며 의사결정과 결합하는 것이 중요하다. 불행히도 정확히 반대되는 관점이 우리 사회를 지배하는 경향이 있다. 지적인 겸손을 높이 사는 대신 우리는 (틀린) 확실성을 자신감과 권력에 잘못 엮는 경우가 잦다. 너무 많은 사람이 언제나 확신을 주지만 자주 잘못된 전략을 따라 정상에 오른다.

그러나 확률이 진짜로 불확실한 상황에서 도움이 되지 않는다면, 우리는 왜 그리도 자주 확률적 추론을 잘못 사용할까? 문제는 우리가 헤아릴 수 없이 다양한 상황을 '확률'이라는 단어 하나로 잘못 사용하는 데서 시작된다. 이런 혼란은 일단 누군가가 미래의 사건이 벌어질 확률을 설명하며 '63.8퍼센트' 같은 구체적 숫자를 제시할 때, 이 정량화 덕에 자신이 현대의 예언자라도 되는 양 느끼는 데서 한층 더 심각해진다. (설사 중대한 결함이 있는 가정을 바탕으로 계산했다 하더라도) 수학으로 도출되었기 때문에 이 지식은 마법처럼 더 정당성을 얻거나 진실이 되어버린다. 그냥 어떤 일이 벌어지리라 '믿는다'고 말하는 사람보다 명시된 확률과 싸우기가 더 어렵다. 그러나 그렇게 보는 게 옳을까?

우리는 확률에 관한 언급을 꾸준히 듣는다. 그러나 오늘 비 올 확률이 80퍼센트라고 말하는 것이 실제로 무슨 의미일까? 이 답은 누군가에게 설명하려 하기 전까지는 명확해 보인다. 대기 중에 초기 물리적 환경이 정확히 똑같다고 치면, (마치 확률이 고정된 주사위를 던지듯) 비가 그 기간의 80퍼센트 동안 내린다는 의미인가? 오늘날까지 비슷한 조건을 가진 상상 속 세계 100곳 중에서 80곳에서 비가 내리고 나머지 20곳에서는 내리지 않는다는 의미인가? 기후모델상 증거는 확실치 않으나 그 일기예보관이 비가 오리라는 전망을 할 때는 신뢰도가 80퍼센트라는 사실을 알아주길 바란다는 의미일까?*

그리고 예보가 옳았다는 것은 무슨 의미일까? 비가 올 확률이 50퍼센트 이상이라면 비가 오지 않을 때 예보가 틀린 것일까? 분명 옳을 수는 없다. 80퍼센트와 100퍼센트는 똑같지 않기 때문이다. 또는 기상예보가 80퍼센트의 확률로 비가 온다고 말할 때 100번 중 80번 비가 온다면 이 예보는 정확한가? 이 경우에는 아주아주 여러 번 예측이 반복되어야만 예보의 정확도를 입증할 수 있다. 그러나 그 누가 오늘날의 물리적 조건이 미래의 조건과 비슷하다고 말할 것인가? 어쨌거나 카오스 이론이 입증하듯, 날씨를 형성하는 물리적 체

• 특히 일부 일기예보 모델은 항의를 줄일 수 있는 방식으로 의도적으로 결과를 왜곡한다.[19] 예보에서 날씨가 맑을 것이라 했는데 결국 비가 내리면 사람들이 항의할 가능성이 높고, 예보에서 비가 올 것이라 했는데 결국 맑으면 항의할 가능성이 낮다. 항의를 피하기 위해 일부 모델에서는 일부러 전자와 같은 오류를 줄이려고 노력하지만, 후자 같은 상황에 대해서는 그다지 걱정하지 않는다.

계의 사소한 변주가 어마어마한 변화를 만들어낼 수 있다. 전혀 다른 것을 일대일로 비교한다면 어찌 될까?

이런 질문들은 확률이 날씨가 아닌, 선거처럼 고유하고 반복되지 않는 사건으로 옮겨 갈 때 훨씬 더 어려워진다. 네이트 실버가 2016년 대선에서 힐러리 클린턴이 (71.3도 아니고 71.5도 아닌) 71.4퍼센트 확률로 이기리라 예측했다면 이는 무슨 의미일까?[20] 컴퓨터 모델에서 선거를 반복적으로 재실시할 때 클린턴이 그 시간의 71.4퍼센트만큼 이긴다는 의미인가? 좋다, 하지만 현실에는 결과가 한 가지인 단 한 번의 선거가 있을 뿐이고, 다 지나고 나서는 아무리 되돌리고 싶어도 절대로 몇 번이고 되돌릴 수 없다. 아니면, 선거는 주사위를 굴리는 것과 같지만 힐러리 클린턴의 주사위는 6분의 1 확률이 아닌 71.4퍼센트를 이기도록 가중치를 주었다는 의미일까? 클린턴이 졌을 때는 71.4퍼센트의 예측이 틀린 것일까, 혹은 그저 덜 그럴듯한 결과가 나왔을 뿐일까?

분명 우리에겐 문제가 있다. 우리가 "Y가 일어날 확률은 X퍼센트야"라고 말할 때, 이 진술은 이 안에 녹아 있는 글이나 말로 표현되지 않는 가정으로 인해 완전히 다른 상황을 의미할 수 있다. "역사상 공자가 실제 인물일 확률은 60퍼센트야"라고 말하는 것은 확률적이며, "동전을 다음번에 던졌을 때 앞면이 나올 확률은 50퍼센트야"라고 말하는 것도 확률적이다. 이 둘은 철저히 다른 종류의 주장이지만, **확률**이라는 꼬리표에 함께 묶인다. 문제를 더욱 헷갈리게 해보자면, 확률을 묘사하는 단어들은 끝도 없이 많다. 이를테면 **베이지안**

식, 객관적, 주관적, 인식론적, 사행적, 빈도학적, 경향, 사리에 맞는, 귀납적, 예언적 추론** 등이다. 엎친 데 덮친 격으로 이 꼬리표들은 사람에 따라 각기 다른 것을 의미한다.

혼란스러움을 말끔히 정리해 보자.

확률 진술에는 두 가지 학파가 있다. 유명한 과학철학자 이언 해킹이 설명했듯, 확률은 **빈도 유형 확률**이거나 아니면 **신념 유형 확률**이다.[21]

빈도 유형 확률은 주로 결과가 얼마나 자주 생겨나는지, 특히나 장기적으로 보았을 때 반복적으로 시도하는 동안 어떤지를 본다. 예를 들어, 동전을 100번 뒤집었을 때 43차례는 앞면이, 57차례는 뒷면이 나올 수 있다. 이 결과를 설명하기 위해서는 두 가지가 가능하다. 뒷면으로 떨어지도록 편향된 동전일 수 있다. 아니면 동전은 공정한 50 대 50 동전이지만, 100번 던지는 동안 살짝 변이가 생겨났을 수 있다. 일단 동전 던지기 100번이 1억 번이 되면, 이 동전이 편향됐는지 여부가 명확해진다. 공정한 동전이면 앞면과 뒷면의 전체 비율은 50 대 50 비율로 수렴한다.

신념 유형 확률은 완전히 다르다. 이는 여러분이 특정한 요구나 미래의 결과에 대해 가지는 신뢰의 정도를 표현한다. 공자는 실존 인물이었을 수도, 아니었을 수도 있으니, 그의 존재에 관한 어떤 확률적 진술은 신념 유형 확률이다. 주사위 던지기와는 전혀 다르며, 역사의 계산 모델을 계속 돌리면서 몇 개의 세계에 공자가 존재했고 존재하지 않았는지를 보는 것도 아니다. 그 대신, 그저 여러분이 가진 근거를 바탕으로 최선의 추측을 하고 숫자 형태로 나타내는 것뿐이다. 그러나 확률적 진술을 하는 이들은 자신들의 주장이 신념 유형인지 빈도 유형인지 거의 설명하지 못하며, 따라서 사람들을 당연히 헷갈리게 만든다. 이 혼란이 지적으로 교묘한 속임수를 만들어내고, 그로 인해 사람들은 현대사회에서 숫자와 통계를 동원해 만든 그럴듯한 무의식적 지혜를 기꺼이 뒤쫓는다.

확률은 특정 상황에서만 유용한 지침이 될 수 있다. 단순하고 폐쇄적인 체제에서 문제에 부딪힐 때, 확률적인 추론은 완벽하다. 예를 들어, 여섯 개의 명확하게 정의된 결과가 나오는 주사위 던지기 같은 것이다. 그러나 우리가 엉망진창의 현실 영역 또는 우리가 살아가는 복잡적응계로 확률을 가져오면 음, 상황은 꽤 빠르게 엉망이 될 수 있다. 존 케이와 머빈 킹은 명저 『근원적 불확실성 Radical Uncertainty』에서 "잠재적인 결과가 제대로 규정되어 있고, 그 결과를 불러온 근본적인 과정은 시간이 흘러도 거의 변하지 않으며, (연관된) 역사적인 정보가 풍부한"[22] 상황에서 확률이 가장 잘 적용될 수 있다고 언급했다. 불행하게도 우리가 직면한 가장 중요한 문제들에는 이런 가정이 적용되지 않는다. 확률은 혼돈 속에서는 소용이 없다.

왜인지 살펴보기 위해, 불확실성보다는 위험성과 관련한 문제로 되돌아가 보자. 바로 동전 뒤집기다. 인과관계의 근원적인 역학은 시간과 공간을 초월해 안정적이다. 기술적으로 이야기하자면, **정상**定常적이다. 동전을 뒤집는 사람이 고대 중국의 청 왕조에서 온 군인이든, 현대 웨스트버지니아주의 바텐더든 상관없이, 앞면과 뒷면의 전체적인 비율은 각각 50퍼센트에 가깝게 끝나야만 한다. 게다가 우리가 동전 뒤집기의 확률에 대해 이야기할 때는 결과의 **평균** 분포를 이야기하는 것이지, 특정한 던지기가 앞면이냐 뒷면이냐를 예측하려는 게 아니다. 또한 동전을 원하는 만큼 던질 수 있기 때문에 현상은 **되풀이될 수** 있다. 동전 자체를 **비교하거나 교환할 수도** 있다. 내 동전을 사용하든 여러분 동전을 사용하든 간에, 동전이 둘 다 25센트이거나 매끈하게 만들어진 일반적인 동전의 카테고리에 속하는 한 상관없다. 이 모든 요인의 결과로, 동전 던지기의 확률은 **수렴적**이다. 오래 던질수록 각 결과는 50퍼센트에 가까워질 것이다. 이 요인들(정상, 평균, 반복, 비교, 수렴)이 조합되면서 동전 던지기는 확률적 분석에 가장 이상적인 사례가 된다. 과거의 사건들이 미래의 결과에 대해 거의 완벽한 예측 인자이기 때문이다.

이제 또 다른 사례들을 떠올려보자. 이부프로펜이 두통을 완화하는 데 도움이 되는지 여부를 알아내려 한다. 이는 동전 던지기보다 더 복잡하지만, 동일한 원칙이 적용된다. 두통이 새롭고 알려지지 않은 질병 때문에 생겨나지 않는 이상, 이부프로펜이 두통을 경감하는 데 도움이 되는 메커니즘은 매일 바뀌지 않는다고 말하는 것이 안전하다. 따라서 이는 정상의 문제다. 또한 특별한 사례에만 적용되는 것이 아닌 모든 잠재적인 환자에게 효과가 있는 치료법을 찾고 있는 만큼 **평균**에 관심을 가져야 한다. 대부분은 **비교**도 가능한데, 내 두통을 낫게 해주는 화학작용이 여러분의 두통도 낫게 해줄 가능성이 크다는 것은 타당한 가정이기 때문이다.

그러나 이 가정은 우리가 적절한 카테고리에서 확률을 이용할 경우에만 타당하다. 현학적으로 들릴 수도 있지만, 우리가 사용하는 언어는 확률에서 어마어마하게 중요하다. 통계학은 우리의 언어학만큼만 발전한다. 만약 내가 **두통**이라는 단어를 편두통이나 뇌종양으로 인한 머리 통증을 가리키기 위해 사용한다면 어떨까? 확률을 기반으로 추정할 때는 정확한 카테고리에 따라 달라지며, 이 개념은 내가 다양한 맥락에서 **두통**을 언급할 때 사과와 오렌지가 아닌 사과와 사과를 비교해야 한다는 의미다. 동전 뒤집기처럼 적절한 카테고리라면, 두통과 이부프로펜의 문제는 **수렴적**이다. 우리 사이에 나이와 성별, 인종, 키, 소득 등의 격차가 존재하더라도 이부프로펜은 여전히 효과가 있을 것이다. 동일한 역학이 보험료를 결정하기 위한 보험계리표, 매 시즌 동일한 규칙과 팀을 바탕으로 운영되는 스포츠 리그 등 다양한 영역에 적용된다. 과거의 유형은 미래의 믿을 만한 예측변수로, 따라서 확률은 안전한 베팅이 된다. 이것이 네이트 실버가 가장 편안하게 느끼는 **정상확률의 영역**이다.

이제 우리의 복잡하고 역동적이며, 우발적이고 밀접하게 얽힌 세계에서 생겨나는 곤란한 불확실성의 문제로 옮겨 가보자. 이 세계는 아주 작은 변화만으로도 티핑 포인트와 피드백 루프, 그리고 연쇄반응이 발생하기 쉽다. 경제학자 케이와 킹은 2011년 5월 2일 오사마 빈 라덴을 죽이기 위해 특수부대가 기습 공격을 하도록 명령한 버락 오바마의 결정을 대표적인 사례로 든다.[23] 모르는 것이 너무 많았다. 빈 라덴은 파키스탄의 은신처에 있는가? 그곳에 있다면 기습을 통해 인명 손실을 최소한으로 하고 그를 사살하는 데 성공할 수 있는가? 파키스탄 정부는 미국이 영공을 침범한다고 공격하거나 비난할 것인가?

오바마의 고문관들은 대통령이 올바른 결정을 내릴 수 있도록 확률적 추정치를 주려고 했다. "대통령 각하, 빈 라덴이 그곳에 있을 가능성은 70퍼센트입니다." 이는 손에 넣을 수 있는 근거와 신념을 기반으로 한 주관적인 자신감의 표현이었지, 대부분의 사람이 **확률**이라는 말을 듣고 생각하는 것이 아니었다. 빈 라덴은 그곳에 있을 수도 있고 없을 수도 있었다. 동전 던지기 시나리오가 아니었다. 이쪽 세계에 있는 그 누구도 빈 라덴이 그곳에 있는지 몰랐다. 그 누구도 파키스탄이 어떻게 반응할지 몰랐다. 그 누구도 무슨 일이 벌어질지 몰랐다. 결정은 피할 수 없는 불확실성 아래서 내려져야 했다.

빈 라덴 급습이 동전 던지기와 어떻게 다른지 생각해 보자. 이 사례에서 특수부대가 파키스탄을 공격한다면 그 결과를 결정하는 근원적인 역학은 정상定常적인 것이 아니라 **비정상적인** 인과관계였다. 아마도 파키스탄은 2008년 비슷한 기습 공격에는 심각하게 반응했지만, 2011년에는 아닐 수도 있다. 어쩌면 파키스탄 정보부장이 전날 밤 얼마나 잘 잤는지에 따라 반응이 달라질 수도 있다. 어쩌면 권력을 쥔 정부와 총리, 사실들이 총리에게 제공된 방법, 심지어는 당직 중인 군인들의 기분에 따라 달라졌을 수도 있다. 여기에서는 아무런 정상적인 인과관계도 확실하게 파악할 수 없었다. 정확히 똑같은 기습공격이 5월 2일이 아닌 5월 1일에 이뤄졌다면 결과는 극단적으로 다르게 펼쳐졌을지도 모른다. 역학은 변하며, 따라서 알 수 없었다.

게다가 한 번의 동전 던지기는 다음 차례의 동전 던지기와 비교할 수 있는 반면에 버락 오바마는 과거의 모든 특수부대 기습이 거둔 평균적인 성과에는 관심이 없었다. 그는 이 기습 공격이 성공할 것인지에 신경을 쓰면서, 평균 성과가 아닌 **특정** 성과를 걱정했다. 기습은 반복할 수 없기 때문이었다. 이는 **일회성**이라는 점에서 동전 던지기와는 아주 다르다. 또한 비교하거나 교환할 수 있다기보다는 **고유**하다. 물론 빈 라덴 기습을 다른 특수부대 기습의 카테고리에 넣어서 과거의 사건들과 비교할 수는 있겠지만, 유효하게 비교하기에는 너무 다르다. 과거의 작전에 대한 정보는 미 해군 특수부대가 훌륭한 업적을 지녀서 경쟁력이 있다는 이야기만 할 수 있다(이 점은 이미 확률 계산을 하지 않고도 확실히 알 수 있다). 소말리아에서 세 달 전에 미 해군 특수부대 팀 식스가 기습에 성공했다고 해서 빈 라덴을 상대로 한 바로 이 기습이 성공하리라는 보장은 없었다.* 마지막으로, 공습은 수렴적이지 않고 **우발적**이었다. 작은 실수나 외견상 사소한 우연도 결과를 급격히 바꿀 수 있었다. 이 요인들이 함께 돌이킬 수 없거나 급진적인 불확실성을 만들어냈다. 그 누구도 기습이 어떻게 될지 알지 못했고, 과거는 미래에 대한 믿을 만한 지침을 내놓지 않았다.

• 상당히 유사한 사건들로 이뤄진 일반적인 무리에서 관찰된 유형들을 바탕으로 구체적이고 개별적인 결과를 추론하려는 이러한 문제를 **생태학적 오류**라고 한다. 연기가 폐암을 유발한다 하더라도, 담배 피우는 사람이 무조건 암에 걸릴 것을 보장하지는 않는다. 특정 사례의 역학은 무리 전체의 유형으로부터 적당히 추론할 수 있을 뿐이다.

수학에 아무리 뛰어나도 상담을 받을 점쟁이가 없었다. 오바마는 위험이 아닌 불확실성에 맞서 결정을 내려야만 했다.

우리는 불확실성의 영역에서 확률을 사용할 때 길을 잃는다

나는 이것을 **헤라클레이토스 불확실성의 영역**이라 부른다. 헤라클레이토스는 소크라테스 이전의 철학자로, 영원히 변화하는 강과 영원히 변화하는 인간을 이야기했던 사람이다. 헤라클레이토스는 분명 변화가 거듭된다는 점에서 옳았다. 세계는, 실질적으로 우주 전체는 1분 1초마다 변한다. 그러나 가끔은, 앞서 살펴보았듯 이 변화가 티핑 포인트에 도달해 눈에 띄게 다른 인과관계의 메커니즘을 만들어낸다. 우리는 결코 이 돌연한 변화가 언제 일어날지 온전히 이해하거나 예측할 수 없다. 세상 자체가 변해 불확실성이 생겨나면 이것이 헤라클레이토스의 불확실성이며 확률은 빠르게 무용해진다. 과거의 유형이 즉각 의미가 없어지기 때문이다.

지금이 1995년이며 평균적인 영국인이 2020년까지 하루에 몇 시간이나 전화기를 사용하는지 예측하라는 요구를 받았다고 상상해보자. 여러분은 아주 옛날부터 전해오는 과거의 유형을 연구하고 어떤 식이든 베이지안 추론을 사용할 수 있지만, 그다지 도움이 되지 않을 것이다. 1995년에는 130명 중 한 명이 인터넷을 사용했다. 아이폰은 그 후 12년이 흘러서야 발명됐다. 인류 역사상 가장 정교한 공식들을 갖춘 슈퍼컴퓨터를 사용하는지는 중요치 않고, 통계모델이 확률을 생성할 때 빈도 기반 논리를 사용하는지 신념 기반 논리를 사용하는지도 상관없었다. 1995년에 확률적으로 예측한 2020년의 전화기 사용 시간은 완전히 빗나갔다. 왜냐고? 인간과 전화의 관계가 근본적으로 바뀌었기 때문이다. 게다가 100년에 한 번 찾아올까 말까 한 팬데믹이 사람들을 집에 가둬두고 지루하게 만들었다. 세상은 달라졌다. 1995년에 선견지명이 있던 미래학자 몇몇은 스마트폰의 등장을 예상했으나 이 통찰은 발전하는 기술을 이해해서이지, 과거 역사적 유형을 기반으로 확률적인 추론을 해서가 아니었다. 세상이 바뀔 때 과거는 언제나 우리를 이끌 수 없다. 우리는 헤라클레이토스 불확실성의 영역에서 확률을 사용할 때 길을 잃게 된다.

또 다른 불확실성의 형태도 있다. 다시 기상예보로 돌아가 보자. 날씨 변화는 잠시 제쳐두고, 날씨 유형을 이끄는 인과적인 역학이 대개 **정상적**이라서 과거의 유형으로 미래의 사건을 예측할 있다고 가정하는 것은 보통 타당하다. 기상예보는 **구체적**으로 할 수 있게 설계됐고, 평균적인 3월 1일에 비가 오느냐가 아닌, 특정한 날에 비가 올 것이냐를 예측한다. 또한 일회성이기라보다는 **반복적**이다. 또한 그 유형은 고유하다기보다는 **비교할 만하다**. 시간과 공간을 가로질러 뇌우세포를 비교하는 것은 타당하다. 빈 라덴 기습을 소말리아의 또 다른 기습과 비교하는 것과는 다르다. 그러나 이제 다음 문제는, 기상 유형이 **우발적**이라는 점이다. 카오스 이론의 창시자이자 기상학자인 에드워드 로렌즈로부터 알게 됐듯 초기조건은 엄청나게 중요하고, 따라서 기상 유형은 상상할 수 있는 가장 사소한 변화를 바탕으로 시간이 흐를수록 점점 더 갈라져 나갈 것이다. 지금부터 한 시간이 지난 후의 날씨는 감당할 수 있는 위험성이지만, 기상 체계가 아주 작고 예측할 수 없는 우연성에 민감하기 때문에 미래를 더 오래 내다볼수록 빠르게 불확실해진다. 우리는 날씨 예보가 구체적이어야 유용하게 사용할 수 있다. 그리고 초기조건이 아주 조금만 달라져도 엄청나게 다른 결과를 초래하기 때문에, 열흘 이후에는 모든 베팅이 다 벗어난다. 카오스 이론이 이겼다. 우리는 이를 **혼돈의 불확실성**이라 부를 수도 있다. 날씨에서 우리는 우리 이해의 한계를 인식하고 있다. 그 누구도 앞으로 3개월 후에 누군가의 결혼식 날 비가 올 것인지 예측하려 하지 않는다. 그러나 우리가 빈번히 마주치게 되는 헤라클레이토스 불확실성의 영역에서 아직도 사람들은 지식의 한계를 무시할 수 있는 척한다. 사람들은 근본적인 불확실성을 탐색하기 위해 확률을 사용한다. 이는 산에 오르면서 오리발과 스노클을 착용하듯 잘못된 도구를 사용하는 셈이다.

이런 형태들의 불확실성 위로 미국의 전前 국방장관인 도널드 럼스펠드가 '모른다는 것을 모르는 것들 unknown unknowns'[24]이라고 지칭해 우리를 깜짝 놀라게 한 것들이 켜켜이 쌓여 있다. 우리는 가끔 우리가 무엇을 모르는지 알지 못한다. 존재한다는 사실이 알려지지조차 않아서 올바른 정보를 찾지 못한다. 시간을 되돌아가 혈거인을 찾아서 이렇게 묻는다고 상상해 보자. "874년에 책이 존재할 가능성은 얼마인가요?" 터무니없는 질문이다. 책은 고사하고 글조차 아직 존재하지 않으니 말이다. 현대식 달력 같은 것도 없다. 874라는 숫자는 혈거인에게 의미가 없을 것이다.

우리가 무엇을 예상할 수 없는지 판단하는 것도 불가능하다.

우리는 혈거인과도 같은 상황에서 판단해 달라는 요구를 받는 경우가 잦지만, 판단하는 것이 불가능하지 않은 척을 해야 한다. 우리는 우리가 예상할 수 없는 일을 판단**할 수 있다**고 상상한다. 이는 현대의 데이터 분석에서 중요한 문제인데, 대부분의 연구가 이미 중요하다고 여겨지는 변수에 대한 데이터를 수집하는 데에만 노력을 기울이기 때문이다. 그러나 앞서 보았듯, 복잡계에서는 언뜻 중요치 않아 보이는 디테일들이 중요하다. 이런 것들은 데이터에는 포함되어 있지 않다. 그러다 보니 우리가 중요하고 명료한 결과를 예측하기 위해 중요하고 명료한 원인들을 찾을 때 잘못을 저지르게 한다.

확률은 이러한 문제를 해결할 수 없다. 뭔가의 위험성을 계산한다는 것은, 이미 그 위험을 인지하고 있다는 의미이기 때문이다. 우리가 답을 찾고 싶은 문제가 "미국은 일본의 어느 지역에 원자폭탄을 떨어뜨릴까?"라면, 그 누가 미국 공무원들의 과거 휴가지 목록을 살펴볼 생각을 할까? 원하는 모든 확률을 계산해 보자. 그러나 교토가 무사하리라는 것을 알기 위해 우리에게 필요한 것은 단 하나의 핵심적인 정보다. 즉, 육군 장관이 교토를 특별히 아끼는지, 그리고 그곳을 구하기 위해 개입할 것인지 여부다. **훗날** 그 중요성이 명확해지기 전까지는 결코 추적하려고 생각하지 못할 정보다. 따라서 모른다는 것을 모르는 것들은 나심 니콜라스 탈레브의 '검은 백조', 즉 공식에 의해서는 예측하거나 수량화할 수 없는, 희귀하고 예상치 못했으며 결과론적으로 중요한 사건들과 직접 연결된다. 검은 백조는 복잡적응계의 필연적인 결과이자, 너무나 자주 임계상태에 이르는 세계의 부산물이다. 외견상 중요치 않아 보이는 우연성이 이 얽히고설킨 세상에서 꾸준히 영향을 받는다는 사실을 이해한다면, 인간의 이해력이 가진 이러한 한계들을 인식할 수 있을 것이다. 반면에, 모든 것이 통제 가능한 위험이라고 생각하는 사고방식으로는, 이 문제들을 그야말로 무시하고 대재앙의 상태로 질주하게 된다.

오늘날 자만심은 특히나 위험하다. 우리 세상은 계속 변화하고 있으며, 우리의 동물 조상들과 초기 호미닌들, 그리고 인류사 대부분을 규정했던 삶의 방식들과는 영 낯선 방향으로 바뀌고 있다. 심지어 세계는 너무나 빠르게 변해서 과거의 규칙성이 그 어느 때보다 미래를 예측하지 못한다. 확률의 유통기한이 더욱 짧아져 이상한 역설이 생겨난다. 미래는 점차 불확실해지고 가끔은 예측할 수 없어진다. 동시에 우리는 점차 엄밀한 예측을 하지만 종종 완전히 틀린 것으로 드러난다. 우리는 위험을 무릅쓰고 확률을 맹목적으로 믿는다.

한 발짝 물러나서 보자면, 언제나 불확실성의 일부 형태를 심히 걱정할 필요는 없다. 적절히 관리한다면 어느 정도의 불확실성이 가끔은 경이로울 수 있다. 다만 우리는 불확실성을 마치 무찔러야 할 용처럼 취급하는 경우가 너무 잦다. 물론 당연할 때도 있다. 깜깜이 상태로 미래를 맞이하는 것이 참담한 불안과 괴로움을 불러일으킬 때도 있으니까. 예를 들어, 예후를 알 수 없는 암 진단을 받을 때가 그렇다.

그러나 완전한 확신을 주는 세상을 생각해 보자. 자신에게 일어날 모든 일을 아는 채로 세상에 태어났다고 상상해 보자. 혹은 거꾸로, 확신을 가지지는 못하지만 핵심적인 사건의 명료한 정상 확률이 주어진다고 하자. 10대 때 세 명의 배우자가 나타나서, A와 결혼할 확률이 64퍼센트, B와 결혼할 확률이 22퍼센트, C와 결혼할 확률이 14퍼센트라는 이야기를 듣는다. 일부는 예상치 못한 인생의 기쁨과 실망이 있는 세상을 선택하며, 냉정하고 고정된 방정식을 아로새길 수 있다. 불확실성을 없애면 놀라움과 뜻밖의 발견, 그리고 우연성 역시 사라진다. 우리 삶과 세계, 우주의 답할 수 없는 수수께끼들은 호기심과 경탄, 경외감은 물론 좌절과 절망을 유발한다. 그러나 이런 감정 없이 우리는 우리 자신이 될 수 없다. 이것이 바로 불확실성의 장점이다.

우리는 건강한 수준의 불확실성을 수용하기보다는 잘못된 확신을 고수한다. 우리 세계의 대부분은 이해하는 이가 거의 없는 복잡한 모델에 따라 움직인다. 그러나 문제는 점차 영향력이 커지면서 모델이 그저 모델이라는 사실을 잊는다는 데 있다. 모델의 의도적인 단순화는 상황 자체를 의도적으로 부정확하게 표현하는 것이다. 지도는 지역을 탐험하는 데 도움이 되지만, 지도가 지역은 아니다. 모델을 활용하기 위해서는 트레이드 오프(Trade-off, 자원이나 시간, 비용 등이 제한적인 상황에서 한 가지를 선택하기 위해 다른 것을 포기하는 것.-옮긴이)가 필요하다. 프랑스 시인 폴 발레리는 간단명료하게 말했다. "모든 단순한 것은 잘못됐다. 모든 복잡한 것은 쓸모가 없다."[25] 그 누구도 1:1 척도의 지도를 원치 않는다.

우리는 지도와 지역을 뭉뚱그려 이해하는 바람에, 표현을 현실로 착각해서 낭패를 본다. 구글 맵은 그 지도가 표현하는 광활한 자연 세계의 복잡한 아름다움과는 다르다. 인간의 행동을 설명한다고 주장하는 경제모델들은 구글 맵과 같아서, 대개는 유용하지만 경제 자체와는 상당히 다르다. 문제는 이런 사실을 모두가 명백하게 알고 있지는 않다는 데 있다. 단순화된 모델의 프리즘을 통해 세계를 바라보기 시작할 때 우리는 현실을 놀이공원 거울로 바라보는 실수를 저지르게 된다. 그리고 길을 잃고 만다. 핵심은 우리가 주변 모든 것을 이해하려는 방법들은 바뀌지 않으며, 그 뒤로 훨씬 혼돈스럽고 우발적인 세계가 존재한다는 사실을 되새기는 것이다.

하지만 우리는 여전히 선택을 해야 한다. 그렇다면 어떻게 **결정해야** 할까?

이 질문에 대한 가장 공통적인 질문은 **결정이론**에서 나온다.[26] 요점은, 결과가 불확실한 선택에 직면했을 때 다양한 선택지를 비교해보고, 각 결과에서 포기해야 할 부분을 따져보며, 각 결과의 확률에 대한 최선의 추측에 따라 그 선택을 조정해야 한다는 것이다. 이를 통해 한계이익에 따른 참담한 위험성을 고려할 수 있다. 치아가 미미하게 하얘질 확률이 95퍼센트지만 사망할 확률이 5퍼센트라고 하면 아마 누구도 그 의료적 처지를 받으려 하지 않을 것이다.

결정이론은 어려운 문제들을 엄밀히 따져보는 데 아주 영향력 있게 사용된다. 하지만 문제가 있다. 결정이론에 대한 가설은 실제로 존재하지 않는 단순화된 사회적 세계에 가장 잘 적용된다는 점이다. 다른 사람들이 여러분의 결정에 어떻게 반응하는지의 문제는? 결정적으로, 표준적인 의사결정모델은 **우리가 살고 있는 체제에 영향을 주지 않고** 별개로 결정을 내릴 수 있다고 가정한다. 이 가정은 재앙에 가까울 정도로 잘못됐다. 긴밀하게 얽힌 세상에서 여러분이 내린 결정은 그만 피하고 싶었던 결과를 의도치 않게 초래할 수 있다. 뱅크런bank run(경제 위기로 은행의 건전성에 문제가 있다고 인식한 고객들이 대량으로 예금을 인출하는 사태. - 옮긴이)이 이 역학의 훌륭한 예로, 위험한 금융기관으로부터 돈을 빼 오는 것이 개인적으로는 합리적으로 보인다. 그러나 그럼으로써 전체 체제가 무너질 가능성을 높이고, 결과적으로는 더욱 상황이 악화된다. 결정이론은 가끔 여러분의 행위가 고립됐고 그 외에 모든 것과 엮여 있지 않다고 가정한다. 그리고 이는 당연히 진실이 아니다.

결정이론은 또한 단기적인 규모에서 작동하며, 기대하지 않았던 장기적인 영향력은 비용-편익 분석을 하는 데 사용되는 확률 계산에 해당하지 않는다. 헨리 스팀슨은 교토로 떠난 휴가가 19년 후 세계적인 전쟁에서 중요할 역할을 할지 몰랐다. 이와 유사하게, 우리는 단기적인 비용-편익 분석에서 제외했던 삶의 영역들 가운데 어느 것이 장래에 가끔은 예상치 못한 방식으로 엄청나게 중요하다고 드러날지 알 수 없다. 결정이론은 따라서 우리 앞에 펼쳐진 갈림길의 정원을 탐구하기 위한, 결함은 있지만 때로는 유용한 방식이다. 그러나 우리가 복잡하고 혼돈스러운 세계 속에서 그 심각한 한계를 잊는다면 모든 것이 끔찍하게 잘못될 수 있다. 엉망진창인 세계를 탐색할 때 지나치게 깔끔한 지도가 자만심과 결합하면 우리는 곤란함에 빠진다. 언제나 정복할 수 없는 불확실성이 언제나 존재한다는 사실은 끊임없이 떠올리는 것이 가장 좋다.

이 세상은 우리가 세상을 상상하는 방식과는 다르게 움직인다. 그러나 지금까지 우리는 핵심적인 질문을 무시했다. 인생의 우연성은 어디에서 오는가? 다음 장부터 우리는 이 역학을 더욱 상세하게 살펴보고, 우리 삶과 사회에서 중대한 변화를 이끌어내는 인간 행동의 네 가지 영역을 살펴보려 한다. **왜** 우리는 이렇게 행동하는가? **어디서** 행동하는가? **누가** 행동하는가? 그리고 **언제** 행동하는가?

이스라엘로부터 시작해 보자. 우리는 이제부터 세상이 끝나는 날을 이끈다는 (거의) 붉은 암소를 만나볼 것이다.

7장
스토리텔링 애니멀

비합리적인 신념의 힘

멜로디는 1996년 8월에 이스라엘의 크파르 하시딤이라는 마을에서 밀레니엄이 끝나기 정확히 3년 전에 태어났다. 이 암송아지는 주둥이부터 꼬리까지 밝은 붉은색으로, 흑백의 홀스타인 소들을 키우는 방목장에서 뛰어다니는 강렬한 색깔의 그림처럼 보였다. 사람들은 멜로디를 평범하고 건강한 소라고 했다. 그러나 꼭 그렇지는 않았다. 멜로디는 소의 모습을 한 시한폭탄이었다. 저널리스트 게르숌 고렌버그는 『종말의 날The End of the Days』에서 멜로디가 "중동 전체를 불태울 수도 있었다"고 썼다. 멜로디는 지구에서 가장 위험한 소였다.[1]

거의 2,000년 동안 정통파 유대교인들은 옛터인 예루살렘의 성전산에 새로운 성전을 다시 세울 순간을 고대해 왔다. 종교적 신념에 따르면 성전의 재건은 세계의 종말과 동시에 일어나거나 종말을 인도할 수 있으며 메시아가 도래하게 할 것이었다.

그러나 성전산에는 빈자리가 없었다. 바위 사원과 알아크사 모스크가 자리한 성전산은 이슬람에서 세 번째로 신성한 장소였다. 일부

정통파 유대교의 해석에 따르면 이 무슬림 장소가 파괴되지 않는 이상 제3성전은 지어질 수 없으며 메시아도 돌아오지 못한다.* 그런 일이 벌어졌다가는 분명 세계적인 종교전쟁이 일어날 것이었다.

또 다른 문제도 있다. 성전의 건설 전에 성전산에 오르는 사람은 반드시 정화되어야 했다. 구약성서 중 「민수기」 19장은 정화를 위해 특유한 지시를 내리고 있다. 이스라엘인들은 "온전하여 흠이 없고 아직 멍에를 메본 적 없는 붉은 암송아지"[2]를 찾으라는 이야기를 듣는다. 이 완벽한 형상의 붉은 암송아지가 세 살이 되면, 도축해서 태운 뒤 잔해로 재와 물의 혼합물을 만들었다. 그리고 이는 일꾼들을 정화하는 데 쓰였다.

1997년 봄, 완전히 붉은 암송아지가 갓 태어났다는 신나는 소문이 퍼지기 시작했다. 유대교의 역사에서 오직 아홉 마리의 소만 진정한 붉은 암송아지로 인정받았다. 적당한 도전자들이 거의 2,000년 동안 인정받지 못했다. 멜로디가 열 번째 붉은 암송아지가 될 수 있을까? 랍비들은 돋보기를 장착하고 멜로디의 마을까지 행차했다. 이 암소는 적합한 붉은색인가, 아니면 인정받을 수 없는 황토색인가? 단 하나의 모낭에서라도 검은색 또는 흰색 털이 한 올 올라온 모습이 발견됐다가는 멜로디는 탈락할 것이었다. 아슬아슬했다.

• 이것이 설득력 있는 시나리오라고 생각하지 않길 바라면서: 제3성전을 짓기 위해 바위 사원을 날려 보내려던 복잡한 시도는 1980년대에 저지당했다. 과격파 집단의 일원은 체포되기 전까지 충분한 수량의 폭발물에 접근할 수 있었다.[5]

검사 이후 기쁜 판정 결과가 발표됐다. 멜로디는 온전히 붉은 암송아지였다. 암소가 세 살까지 붉은색을 유지할 수 있다면, 일꾼들이 멜로디의 성스러운 재를 뒤집어쓰고 폭발물을 설치할 수 있었다. 그리고 멜로디의 세 번째 생일은 언제였을까? 성스러운 징조였다. 새 천년이 밝기 직전이었던 것이다.

멜로디의 삶에서 1년 반이 흘렀고, 꼬리 끝에서 하얀색 반점이 작게 나타나기 시작했다. 「민수기」에서 요구하는 것은 **거의** 붉은 암송아지가 아니었다. 멜로디의 뿔은 제거됐고, 꿈은 사라졌다. 그러나 멜로디의 꼬리가 99.8퍼센트 붉은색이 아닌, 온전한 진홍색으로 남았더라면 어찌되었을까? 누군가는 제3성전을 짓기 위한 준비로 이슬람의 신성한 장소를 폭파해 버리려 했을 수 있다. 그러면 성전聖戰이 발발했을지 모른다. 우리는 말 그대로 머리카락 한 올 덕에 이 비극적인 운명을 피한 것일 수 있다.

대하소설은 끝나지 않았다. 멜로디의 위기일발은 붉은 암송아지를 탄생시키려는 메시아를 기다리는 유대인과 천년주의 기독교의 국제적인 노력을 활성화시켰다. 2022년 9월에 제3성전을 재건하는 데 열심인 단체 템플 인스티튜트Temple Institute는 텍사스주에서 탄생한 붉은 암송아지 다섯 마리가 도착했다고 발표했다.[4] "각 송아지는 완벽하게 붉은색이고, 아무런 흠도 없으며, 이제 갓 돌이 됐다." 2022년도 템플 토크 라디오의 방송에서는 상세한 내용을 밝힐 수는 없으나, 진정한 붉은 암송아지로 인정받으면 준비가 될 것이라 강조했다. 마침내 '그 송아지'를 확실히 길러낼 작정이었다. 그리고 그렇게 되면 정말로 소 한 마리가 성전에 불을 붙일 수도 있었다.

문제를 더욱 우발적이고 임의적으로 만드는 것은 붉은 암송아지의 대하소설 전체가 오역일 수 있다는 사실이다. 일부 종교학자들은 고대어의 초기 해석이 잘못됐다고 하며, 광신도들은 그 대신 노란 소 아니면 훨씬 더 흔한 갈색 송아지를 찾고 있어야 한다고 주장한다.[5]

믿음은 어떻게 인간의 행동을 형성할까?

동화책 같은 삶에서 인간은 합리적인 효용극대화주의자들로, 위험과 보상, 처벌과 이득으로 잘 구성된 내부 흐름도에 따라 선택을 한다. 사실 인간은 신념에 따라 행동하며 "왜?"가 우리를 이끌어간다. 이 신념들은 임의적이고, 우발적이며, 겉보기에 무작위인 것들로 인해 끊임없이 흔들린다. 그러나 우리는 자기 자신을 연구할 때, 즉 무엇이 사회를 움직이는가 이해하려고 애쓸 때, 체계적으로 이 확연한 사실을 무시한다.

합리적 선택이론과 그 지적인 파생물들은 애덤 스미스가 19세기에 그 핵심 가정을 발전시킨 이래로 인간의 의사결정에 대한 사회과학적 사상을 장악해 왔다. 이는 세상을 상상하기에 깊은 결함을 지닌 방식으로, 분명히 지형에 전혀 근접하지 않은 지도나 마찬가지였다. 이 사상은 우리가 객관적인 데이터에 대한 합리적인 평가를 바탕으로 명료한 목적을 가지고 모든 행위를 한다고 주장한다. 우리에게는 모든 목적을 달성할 수 있는 일관성 있는 전략이 있다. 완벽한 정보로서 의사결정을 내리며 언제나 길마다 드는 비용과 편익을 확신하지만, 그러면서도 선택 가능한 길이 몇 개나 되는지 정확하게 안다. 합리적 선택이론의 가장 교조적인 형태는 인간을 두 발 달린 계산기로 보며 인간이 고정된 선호 사이에서 상대적인 확률분포를 계산하고, 최적화된 행위자로서 일생 동안 발전하며, 매 순간 마지막 한 방울의 효율성까지도 기꺼이 짜낼 수 있다고 주장한다.

합리적 선택 이론학자들조차도 자기네 이론의 가장 순수한 형태가 주장하는 것처럼 행동하지는 않는다. 의사결정을 연구하는 독일의 심리학자 게르트 기게렌처는 가끔 두 결정이론학자들 간의 (실제라고 추정되는) 대화를 들려준다. 두 학자 중 한 명은 현재 근무하고 있는 컬럼비아대학교를 떠나 하버드대학교에서 제안한 일자리를 승낙할 것인지 고민하고 있었다. "'지금 자리에 머문다'와 '새로운 제안을 승낙한다'의 효용을 모두 적은 다음에 각각 확률을 곱해서, 둘 중에 더 점수가 높은 쪽을 선택하는 건 어때? 어쨌든, 그게 네가 하라는 식이잖아!" 상대편 이론학자가 이에 통명스러운 목소리로 대꾸했다. "됐어, 이건 심각한 문제라고!"[6]

과거에는 인간이 경제적인 관점에서 이익을 최대화하려 노력한다고 주장할 때 일반적으로 합리적 선택이론을 활용했다. 이 이론은 가끔 조잡한 경제모델을 만들기 위한 편법으로 사용되지만, 현실 세계에서는 아주 가벼운 검증에도 빠르게 무너져 버린다. 우리는 충동적이고, 감정적이다. 우리는 비합리성과 신념, 믿음에 흔들린다. 또한 합리적인 사익에 어긋나게 행동하기도 한다.* 마다가스카르를 여행하면서 나는 화려하게 장식한 대리석 무덤들을 보았다.[7] 섬의 높은 지대에 사는 메리나인들이 마지막으로 잠드는 가족묘였다. 보통 사람이 1년에 약 500달러를 버는 나라에서 무덤의 가격은 약 7,000달러로 개개인이 벌어들이는 돈을 **14년** 동안 모아야 하는 수준이었다. 미국인의 소득으로 치면 가족묘에 88만 9,000달러(한화로 약 12억 원. - 옮긴이)를 쓰는 것이나 마찬가지다. 그러나 마다가스카르의 의례에 대한 신념 체계에 따르면, 이승에서의 삶은 덧없지만 대리석 무덤에서는 영생을 살기 때문에 이 정도 비용은 아주 타당하다.

인간은 매우 경이로운 존재지만, 객관적이고 합리적으로 최적화하는 존재는 아니다. 그게 다행이기도 하다. 우리가 살아 숨 쉬는 모든 순간을 확률분포와 기대효용으로 냉철하게 계산해서 요약할 수 있다면 삶에서 풍요로움과 활력을 앗아갈 테니 말이다. 얼마나 암울한 세계가 될까. 그런 사람들이 정말로 존재한다면 나는 파티에서 그다지 마주치고 싶지 않을 것이다.

그렇기 때문에 오랜 시간 동안, 완벽한 정보를 가정하지 않는 더 완화된 버전의 합리적 선택이론이 우세해졌다. 이를 **제한된 합리적 선택이론**이라고 한다.[8] **제한된**이라는 의미는 의사결정 과정에서 완벽하지 않은 인간을 가리킨다. 우리는 인지적 실수를 하며 결정적인 정보가 부족하다. 우리는 최적화를 추구하기보다는 최소만족에 끌

● 내가 가장 좋아하는 예시는 4세기 중반에 등장한다. '키르쿰켈리온'[9]이라고 하는 한 무리의 북아프리카 기독교인들은 순교자가 되기 위해 적극적으로 살해당하려고 노력했다. 이들은 무장한 여행자들 앞에 갑자기 나타나 놀라게 하거나 로마 병사들을 목제 곤봉으로 약하게 공격해서 성공적으로 죽임을 당하곤 했다.

리는 경우가 종종 있다. **최소만족**satisfice이란 **만족하다**satisfy와 **충족하다**suffice의 혼성어로, 우리가 가장 바람직한 것을 고르는 것이 아니라 적당한 것을 고른다는 의미다. 게다가, 현대 신경정신학 연구는 우리의 결정에서 아주 작은 부분만이 의식적인 자기반성의 산물이라고 밝혔다. 우리의 의사결정 가운데 상당수는 자동조종장치를 통해 이뤄진다. 심지어 일부 결정은 뇌의 화학물질뿐 아니라 우리 생각을 바꿀 수 있는 능력이 있는 몸속 미생물로부터 영향을 받는다.

한때 순진하게도 합리적 선택이나 제한된 합리적 선택이론을 되는대로 적용하던 사회과학자들은 이제 그 한계를 더 널리 받아들인다. 그러나 합리적 선택이론의 가정들이 여전히 우리가 사회적 세계를 이해하고 탐험하기 위해 만들어내는 모델들의 핵심을 형성한다.

그 결과, 우리는 심각한 맹점을 지닌다. 여러 지식인은 경험적인 합리성을 넘어서서 신비주의의 영역으로 들어가는 사상들을 체계적으로 무시한다. 이 신비주의적 믿음이 인간 행동의 상당 부분을 이끌어간다고 해도 마찬가지다. 예를 들어, 연구자들은 가장 유명한 정치학 잡지를 분석하면서 얼마나 자주 종교에 관한 실질적인 기사가 실리는지 세어보았다. 답은? 4년에 한 번[10]이었다(이 리뷰는 9월 11일로부터 몇 년이 흐른 후에 이뤄졌다. 9.11테러 이후 이 학문 분야는 쭈뼛쭈뼛하며 음, 아마도 정치와 국제 관계에서 종교가 중요한 요소였다는 점을 인정하기 시작했다). 그러나 이런 일깨움 이후로도 상황은 그다지 나아지지 않았다. 9.11테러 이후 10년이 흐르는 동안 총 7245편 가운데 97편만이 종교에 관해 다루고 있으며 이는 약 1.3퍼센트의 비율이다.[11]

인류에 대한 전문적인 연구는 대부분의 사람이 세계를 어떻게 경험하는지에서 나온다. 세계 인구의 84퍼센트는 종교 집단과 동일시된다.[12] 퓨 리서치가 34개국에서 실시한 설문조사에서, 세 명 가운데 두 명이 "신은 내 인생에서 중요한 역할을 한다"는 데 동의했다. 2022년 95개국을 대상으로 한 연구에서는 세계 인구의 약 40퍼센트가 마법을 믿었는데,[13] 이 마법은 "초자연적인 방식을 통해 의도적으로 해를 끼치는 능력"으로 규정됐다. 믿음이 인간의 행동을 어떻게 형성하는지 명료하게 파악하지 못하고 정치를 이해하려고 애쓰는 것은 마치 핸들 없이 자동차를 운전하려는 것과 같다. 믿음은 무시해서는 안 될 중요한 인간의 요소다. 그러나 여러 합리적 선택모델과 게임이론 같은 일부 분파에서는 여전히 이를 무시한다. 현실 세계에서 감정과 육감, 충동, 신에 대한 신념과 믿음은 결과적으로 중요한 의사결정에 근본적으로 영향을 미친다. 그러나 우리는 이 세상이 잠재적인 확률 계산기 같은 사람들로 채워졌다고 가정한다.

의사결정모델이 우리 머릿속의 복잡하고 다양한 동기들을 파악하는 중요한 역할을 한다고 해도, 넘을 수 없는 문제는 **절대로** 극복할 수 없기도 하다. 우리는 어떻게 단 한 마리의 붉은 소가 이론적으로 세계대전을 촉발할 수도 있는 세상에서 벌어지는 일들을 진정으로 이해할 수 있는가? 체제의 질서를 유지하기 위해서는 원칙들을 보편적으로 따라야 한다. 만약 행성의 99퍼센트만 물리의 법칙을 따른다면 우주에 관한 계산은 빠르게 그 의미를 잃어갈 것이다. 우리의 천문도는 의미가 없어질 것이다. 합리적 의사결정이론은 아마도 자연의 법칙이 우리 인간에게 적용된다고 가정하는 데 가장 가까운 이론일 것이다. 그러나 일단 규칙에서 가끔 벗어날 뿐 아니라 매일 수십억 명의 인간이 자주 어긴다면, 질서정연하고 예측 가능한 사회에 대한 주장 전체가 무너져 내리게 된다. 신념은 흔들리지 않고 헤아릴 수 없는 우발성을 만들어낸다.

그것은 인간이 가스 속 분자나 궤도 위의 혜성과는 달리 자기 자신을 인식하고 반성하기 때문이다. 우리의 생각 역시 감각적인 지각과 경험, 다른 사람들의 생각, 자기성찰적인 존재들로부터 영향을 받으며 모든 것이 문화와 규범, 제도, 종교 등에 의해 절제된다. 이 정도의 복잡성은 1리터의 가스에는 존재하지 않는다. 우리는 종교 집단을 형성하고 시대에 따른 흐름을 이해하려고 최선을 다한다. 우리는 새로운 이념이 뿌리를 내렸는지 판단하기 위해 가장 정교한 알고리즘을 사용하고 수십억 개의 소셜미디어 포스팅을 분석할 수 있다. 그러나 암소 멜로디는 이러한 시도들조차도 언제나 한계에 부딪힌다는 것을 보여준다. 평범하지 않은 신도들로 이루어진 작은 집단이 그 외에 모든 사람을 위해 그럴듯하게 세상을 바꿔놓을 수 있기 때문이다. 그리고 이는 단순히 붉은 송아지의 문제만이 아니다. 9.11테러는 단 몇 분 만에 향후 10년간의 **모든** 지정학적 예측을 무효로 만들었다. 우리의 신념은 부차적인 문제가 아니다. 상황이 왜 벌어지는지 이해하려 할 때, 신념은 종종 주요 사안이 된다. 그러나 우리는 동화책 같은 현실이 존재하며 우리의 행동이 서사나 신념이 아닌 합리성의 지시를 받는다고 상상하고 싶은 마음에 이를 최소한으로 연구한다.

인간은 서사를 통해 세상을 항해한다

우리의 신념은 한 이야기에 사상을 주입했을 때 가장 쉽게 영향을 받는다. 인류는 초창기부터 세월의 흐름에 따라 이 세상을 이해하기 위한 지혜를 축적해 왔다. 이 지혜는 세대 간에 어떻게 되풀이될 수 있었을까? 신경과학자 안토니오 다마시오는 다음과 같이 답했다. "이 모든 지혜를 어떻게 이해하고 전파하며 설득하고 강요하게 만들지의 문제, 그리고 어떻게 유지할 것인가의 문제에 직면했고, 그 해결책을 찾았다. 스토리텔링이 바로 해결책이었다."[14]

우리의 뇌는 서사에 익숙해서, 점과 점 사이에 연결선이 없을 때도 점들을 이어서 이야기로 구성해 낼 수 있다. 이를 **이야기 편향**이라고 한다. 우리에게 불완전한 정보가 한 토막 주어졌을 때 머릿속에서 유형을 처리하는 네트워크가 빈틈을 채운다. 루크미니 바야 나이르는 여섯 단어로 들려주는 전통적인 벵골 이야기에서 이 효과를 보여준다.[15]

호랑이 하나.

사냥꾼 하나.

호랑이 하나.

우리의 정신은 여섯 단어를 플롯으로 바꿔놓는다. 우리는 장면과 기승전결, 그리고 극적인 긴장감을 상상한다. 이 여섯 단어로부터 떠올리는 정확한 이미지는 사람마다 다를 수 있으나, 기본적인 플롯은 놀라울 정도로 같다. 사냥꾼이 도망갔다거나 두 번째 호랑이가 등장했다고 가정하는 이는 거의 없겠지만, 이런 이야기도 마찬가지로 그럴듯한 해석이 된다. 심지어 이 여섯 단어가 연결되어 있는지조차 모른다. 어쩌면 아무런 서사와도 관련이 없을 수도 있다. 우리는 이 단어들을 본능적으로 기워나간다. 그러지 않을 수 없다. 우리의 뇌는 제한된 정보 속에 명확한 의미를 불어넣는다. 작가들이 이 본능을 부당하게 활용하는 것은 너무나 당연하다. 떠도는 소문에 따르면, 어니스트 헤밍웨이는 몇몇 의심 많은 사람에게 단 여섯 단어로 그럴듯한 소설을 지어낼 수 있다고 장담했다고 한다. 구경꾼들은 헤밍웨이가 허풍을 떠는 것이라며 내기를 걸었다. 헤밍웨이가 글을 끄적였고, 구경꾼들은 이를 들여다보다가 돈을 내놓았다.

판매: 아기 신발, 한 번도 안 신었음. (For Sale: Baby Shoes, never worn)

문학자 바버라 하디는 우리가 "서사로 꿈을 꾸고, 서사로 몽상을 하며, 서사에 의해 기억하고 기대하고 희망하고 절망하며, 믿고 의심하고 계획하고 수정하고 비판하고 구성하며 험담을 하고 배우고 미워하며 살아간다"라고 말했다.[16] 지난 몇십 년 동안 모든 것을 이야기로 바꿔놓고 싶은 우리의 내적인 욕망이 광대한 과학 문헌으로 확장됐고, 문헌연구부터 진화생물학, 그리고 신경과학으로 퍼졌다. 이 연구들은 정보가 서사로 제시될 때 훨씬 더 습득하기 쉽다는 것을 보여줬다.[17] 또 한 번 조너선 갓셜의 표현을 빌리자면, 우리는 '이야기꾼 동물storytelling animal'이다. "이야기를 만들어내는 정신은 불확실성과 임의성, 그리고 우연에 질색한다. 그리고 의미에 중독되어 있다."*18

그러나 여기에 놀라운 부분이 있다. 이야기 편향은 인과관계를 지닌다는 점이다. 이야기들은 우리를 행동하게 한다. 그리고 가끔 이야기는 삶과 죽음 사이의 차이가 될 수 있다.

2004년 12월 26일 수마트라의 서쪽 해변에서 조금 떨어진 바다 밑 땅이 흔들렸다. 거대한 파도가 바닷속 진앙으로부터 시속 800킬로미터로 솟구쳤다. 초기경고체계도, 번쩍이는 사이렌도 없었다. 해일이 외해로부터 건너오기까지는 시간이 걸렸으나 수만 명이 그 운명을 깨달았을 때는 이미 너무 늦어버렸다. 약 22만 8,000명이 목숨을 잃었다.

한 무리의 사람들은 살아남았다. 바로 모켄족이었다. 모켄족은 걸음마를 하기도 전에 수영하는 법을 배운다.[19] 바다 유목민으로서 이들은 나무로 엮은 배 위에서 평생을 살며, 자연에 아주 익숙하다. 그 12월의 아침에 태국 해안가의 안다만섬에 머물던 모켄족은 주의 깊게 귀를 기울이는 사람에게만 들리는 경보음을 들었다. 바로 침묵이

● 식견 높은 독자들은 다음과 같이 반문할 수도 있다. "잠깐! 당신도 우리한테 이야기를 해주고 있잖아.『어떤 일은 그냥 벌어진다』에도 서사가 있어! 당신은 우리 뇌를 우리에게 불리하게 활용하고 있어." 이런 주장에 대해 내 죄를 인정한다. 내게는 인간의 뇌가 있고, 여러분도 그렇다. 그러니 이것이 효과적으로 의미를 전달할 수 있는 유일한 방법이다.

었다. 보통 아침 공기를 채우던 매미의 윙윙거리거나 맴맴거리는 소리가 이상할 정도로 멈춰 있었다.[20] 그러다가 바다에서 물이 빠지기 시작했다. 모켄족은 어떻게 해야 할지 알고 있었다.

헤아릴 수 없이 많은 세대를 거쳐 모켄족에게는 **라분**Laboon 또는 "사람들을 잡아먹는 파도"를 경고하는 이야기가 전해져 왔다.[21] 라분은 바닷속 영혼들이 일으키며, 해일이 닥쳐올 때 매미가 입을 다문다고 경고하는 이야기였다. 모켄족은 라분이 닥치기 전에 더 높은 지대로 기어 올라갔다. 이들이 머물던 곳은 산산조각이 났으나, 모켄족은 아무도 죽지 않았다.

이 생존의 동화는 사건을 형성하는 이야기의 힘을 묘사하고 있다. 우리는 걸핏하면 인과성의 냉철한 현실과 왜 어떤 일들이 벌어지는지로부터 이야기를 분리해 낼 수 있다고 가정한다. 우리는 놀라울 정도로 자주 이야기를 장부의 '비과학적' 측면으로 격하시키고, 대부분의 이야기가 변화를 주도할 힘이 없다고 가정한다. 그리고 데이터 기반의 몰개성한 객관적인 현실이 존재해서, 세상이 작동하는 방식을 결정한다고 주장한다. 우리는 경제가 이야기가 아닌 숫자를 바탕으로 돌아간다고 학교에서 배운다. 그러나 사실은 그렇지 않다. 인간은 경제를 지어내고, 서사를 통해 세상을 항해한다. 그러나 게임이론부터 결정이론까지, 이야기꾼 동물은 모형화 전략에 따라 합리적 동물로 변신한다. 이는 문제를 복잡하게 만든다. 우리는 서사에 집착하는 정신으로 현실을 자연스레 걸러내고, 더 나아가 이를 실제로는 존재하지 않는 똑같은 모양의 합리성으로 추출한다. 이 처리 과정 중에 그 어디에도 사건과 임의성, 우발성, 혼돈을 위한 자리는 없다.

얼마 전까지만 해도 서사와 입소문을 분석해서 경제의 불황과 호황 주기를 연구한다는 개념은 경제학자들에게 비웃음만 살 뿐이었다. 이제는 다르다. 노벨 경제학상 수상자인 로버트 실러를 포함해 여러 저명한 전문가가 이 개념을 주류로 끌어올렸기 때문이다.

"우리가 유명한 서사의 급속한 확산을 이해하지 못한다면, 경제와 경제적 행위의 변화를 온전히 이해하지 못할 것이다."[22] 실러는 이렇게 주장했다. 너무 뻔해서 흔하게 들릴지 몰라도, 내러티브 경제학은 최근까지 학계에서 변방의 영역으로 취급받았다. CNBC나 블룸버그로 가서, 하락하는 주가 수익성 지표가 아닌 입소문 서사가 어떻게 불황의 조짐이 되는지 이야기해 보자. 그러나 이런 것이 자성 예언으로 작동할 수 있기 때문에 가끔은 입소문이 현실이 되기도 한다. 평범한 사람들은 경제불황 이야기를 듣기 시작하면 겨울을 준비하는 다람쥐처럼 소비를 줄이기도 한다. 막 투자를 하려던 기업들은 이를 거둬들이고, 경제가 얼어붙는 계절에 대비해 자본을 아낀다. 이미 그 냉기를 느껴서가 아니라 겨울이 오고 있다는 이야기를 들었기 때문이다. 미래에 어떤 사건이 벌어질지 모른다는 이야기는 그 사건이 벌어지는 **원인**이 된다. 이는 이야기꾼 동물로부터 떼어낼 수 있는 독립적이고 객관적이며 합리적인 시장경제가 아니다. 시장은 수십억 이야기꾼의 총합**이기** 때문이다. 서사가 우리를 몰아가고, 그에 따라 우리가 건드리는 모든 것을 몰아간다면 여기에는 정치든, 경제든, 우리의 일상생활이든 뭐든 다 포함된다.

문제는 측정화된 서사가 이를 만들어낸다는 데 있다. 야외에 온도계를 부착한다고 해서 그 온도계가 날씨를 더 덥거나 춥게 하지는 못한다. 그러나 소비자들을 대상으로 경제에 대한 신뢰를 조사하고 그 숫자를 보도하면, 소비자 신뢰에 영향을 미친다. 측정과 보도는 여러분이 측정하고 보도하는 대상을 바꿔놓는다.

이야기에 따라 흔들리는 것은 경제뿐만이 아니다. 실러는 1852년 출간된 『톰 아저씨의 오두막』을 예로 든다. 이 이야기는 악덕 노예 매매업자 사이먼 리그리를 통해 노예제도의 야만성을 묘사한다. 또한 링컨의 반노예 공화당이 성장하는 데 큰 역할을 했으며 분명 10년도 채 흐르기 전에 전국이 남북전쟁에 휘청이게 한 사건들에 영향을 미쳤다. 우리의 주관적인 신념은 변화를 주도하고, 세상이 더욱 우발적인 곳이 되게 한다.

현실에는 기승전결이 없다

그러나 더욱 놀라운 점은 스토리텔링의 과학이 가능하다는 점이다. 우리의 서사는 언제나 특정한 유형을 따르며, 우리의 정신 과정이 변화를 이해하는 데 가장 잘 맞는 특정 템플릿으로 진화할 이상한 가능성을 높여준다. 즉, 동화책 같은 현실을 글자 그대로 물리적으로 구현한 모습이 우리 마음속에 부호화된다는 의미다. 가장 위대한 작가 가운데 한 명인 커트 보니것은 인간의 이야기 대부분을 도식화할 수 있다고 주장했다.[23] 좋은 일 혹은 나쁜 일이 주인공에게 생길 것인지와 관련한 수직축을 그리고, 이야기의 흐름에 따라 시간을 나타내는 수평축을 그리면 된다는 것이다. 그는 신데렐라 이야기와 신약성서의 '형태' 사이에서 중대한 유사성을 발견하면서 이 개념을 떠올렸다. 또 다른 이야기 형태는 '구멍에 빠진 인간'이라고 칭했는데, 한 사람이 어려움에 빠졌다가 그로부터 빠져나와 해피엔드로 이야기를 끝낸다고 했다. 『오즈의 마법사』가 이런 유형의 이야기이며, 지금까지 나온 거의 모든 시트콤 에피소드도 마찬가지다. 여러분은 재수가 없으면 보니것이 말한 "나쁜 일에서 더 나쁜 일로" 흘러가는 스토리 아크Story Arc에 빠진 자신의 모습을 발견할 수도 있다. 주인공이 꼬리에 꼬리를 물고 이어지는 불안을 경험하는 것이다(여러분이 카프카의 『변신』처럼 이런 이야기의 주인공이 되지 않길).

현실에는 기승전결의 전개가 없다. 그럼에도 우리의 스토리텔링 정신은 세계관을 왜곡해서 현실을 그 구조에 밀어 넣는다. 조너선 갓설은 『이야기 패러독스』에서 이 서사의 관습으로 인해 우리가 사고나 확률이 세상을 몰아간다는 잘못된 인상을 가지게 된다고 언급했다. 우리는 이야기가 어떻게 끝날지 예상하며, 이야기가 이 예상에서 어긋났을 때 실패하고 만다. 한 연구에 따르면 서사에 따라 도덕적 정의를 보여주는 쇼일수록 닐슨 TV에서 더 시청률이 높은 것으로 나타났다.[24] 즉, 허구 속 세상은 마침내 선한 주인공이 승리하도록 명을 받으며, 세상은 실제보다 더욱 그래야만 한다. 때때로 우리는 악이 승리하는 이야기에 집착하기도 한다(〈왕좌의 게임〉과 〈브레이킹 배드〉가 눈에 띄는 사례다). 그러나 우리는 임의적이거나 확률적으로 끝나는 이야기의 결말에는 거의 절대로 열광하지 않는다. 갓설이 언급했듯,

우리는 "해리 포터가 볼드모트를 무찌를 수 있었던 것은…… 볼드모트가 바나나 껍질을 밟고 넘어져 머리가 깨져버리기 때문이 아니"라는 사실을 알고 있다.[25]

음모론은 스테로이드를 복용한 서사 편향에 의해 움직인다. 갓셜이 설명했듯, 음모론은 겉보기에 연관이 없는 듯한 데이터 포인트가 들쑥날쑥 이어지는 것들을 가져와 일관성 있는 이야기로 만들어낸다. 보통은 아주 재미있는 이야기가 되기도 하는데, 은폐와 그림자 같은 음모로 완성되며 무모한 멍청이가 **진실**을 발견하지 못하기를 바라는 만화 속 악당이 이를 조직한다. 팩트 체커와 폭로자들에게는 어려운 업무가 주어진다. 이들의 임무는 여러분, 즉 이야기꾼 동물에게 **이야기가 존재하지 않는다**[26]고 말하는 것이다. 이미 진 싸움이다. 진화는 승자를 결정했고, 재미있는 이야기와 아닌 이야기 가운데 선택을 해야 한다면 우리는 팝콘을 먹으며 숨겨진 플롯에 완전 마음을 쏙 빼앗기는 쪽을 택한다.

우리는 각자 다양한 서사를 따라가며 그 서사에 매 순간 새로운 정보를 더한다. 80억 인류가 80억 개의 다양한 개념을 바탕으로 결정을 내리고 있다. 우리 모두가 상호작용을 할 때 나타나는 여러 이상하고도 예측할 수 없는 결과들은 피할 수 없다.

여러분은 분명 비합리적인 신념의 힘을 개인적으로 마주해 본 적 있을 터다. 괴짜 삼촌과 명절에 대화를 나눠야 한다든지, 자멸적이라고 생각되는 방식으로 끊임없이 행동하는 누군가를 다뤄야 한다든지 하는 식이다. 여러분 역시 비합리적이며 서사의 유혹에 영향을 받기 쉽다. 나도 그렇다. 사람이라면 다 그렇다.

놀라운 진실이다. 우리는, 단일한 신념이 규칙성과 유형을 만들어내서, 일부 경제학자들이 의심할 여지도 없이 수학적 아름다움을 맹목적으로 추종하는 디스토피아적인 세상에 살았을 수도 있다. 감사하게도 우리는 그런 참혹한 장면으로 고통받을 필요가 없다. 나는 진지하게 재의 후계자인 (거의) 붉은 암송아지 멜로디가 결코 중대한 종교적 갈등을 일으키지 않길 바란다. 그러면서도 선조들이 우리에게 들려준 이야기들과 이야기꾼 동물인 우리들의 존재, 그리고 한 마리의 붉은 암소 덕에 사회가 변화하고 역사가 재구성될 수 있는 이 경이롭고 미칠 듯한 우주에서 살 수 있어서 감사하다.

8장
지구 복권

지질과 지형은 어떻게 우리의 운명을 형성하고
삶의 궤적을 바꿔놓을까?

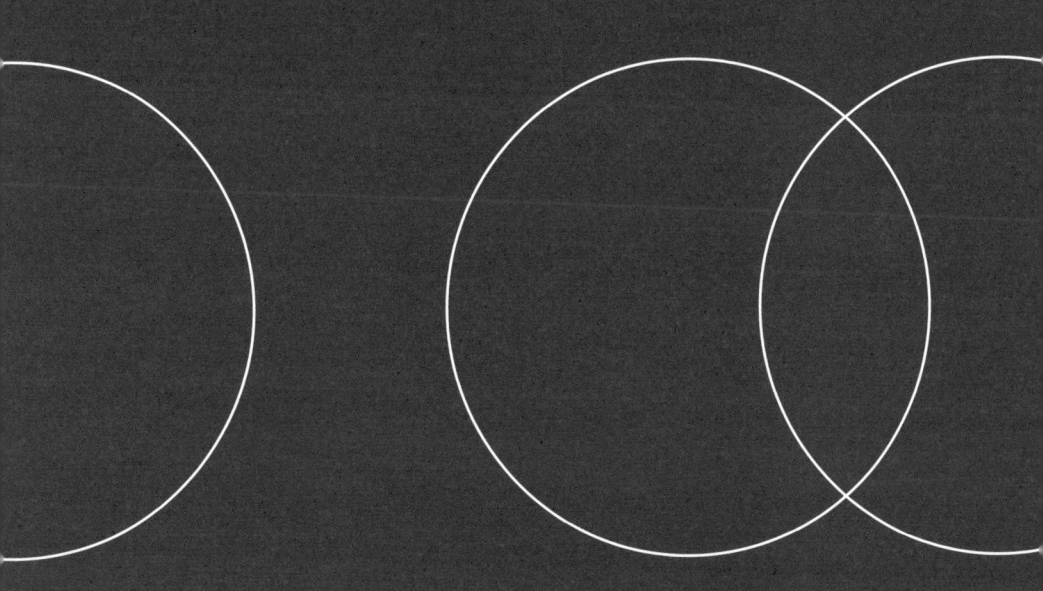

이제 **왜**에서 **어디**로 옮겨 가보자.

우리는 **시공**時空이라는 말을 들을 때면, 아인슈타인과 물리학의 헤아릴 수 없는 수수께끼를 희미하게 떠올린다. 그러나 이 말은 우리의 일상적인 존재와 사회적 변화를 생각하면 처음 접했을 때보다 더 유용한 단어다. 보이는 바와 같이 3차원 공간과 4차원 시간을 함께 뭉뚱그린 개념으로, 이 단어는 한 심오한 발상을 묘사할 수 있다. 즉, 어떤 일이 벌어지는지만큼 언제 어디서 뭔가가 벌어지는 것도 중요하다는 의미다. 시간이나 공간과는 상관없이 동일한 방식으로 이뤄지는 동전 뒤집기와는 달리, 우리 사회적 세계의 여러 측면은 위치와 시기를 기반으로 바뀐다. 그러나 시기로 넘어가기 전에, 우리는 깜짝 놀랄 만한 진실을 해결하려고 노력할 필요가 있다. 즉, 우리 삶과 사회의 궤적이 가끔은 지구 지각판의 숨겨진 움직임에 따라 흔들린다는 것이다.

영국과 옛 식민지인 미국의 서로 밀접하게 엮인 역사를 생각해 보

자. 영국은 8,000년 전 유럽 대륙에서 떨어져 나왔고,[1] 이때 노르웨이의 어마어마한 산사태가 세계를 바꿔놓은 해일을 일으켜 마지막 대빙하기 끄트머리부터 천천히 솟아오르기 시작한 섬을 만들어냈다. 영국 역사에서 섬이 됐다는 사실은 틀림없이 결론적으로 가장 중대한 사건이겠으나, 대부분의 영국사 책에서는 찾아볼 수 없다. 그러나 이후 일어난 모든 사건은 적어도 부분적으로라도 영국과 유럽을 잇는 다리가 존재하지 않는다는 사실에 의해 결정됐다. 그 어디에도 그 무시무시한 해군과 함께 세워진 왕국의 발전보다 더 확실한 결론은 없었다.

해군들은 배가 필요했고, 배는 목재가 필요했다. 18세기 말까지 영국 왕립해군은 120만 그루의 나무로 만든 300척의 선박을 적극적으로 운영하고 있었다.[2] 왕립해군이 탐욕스럽게 목재를 소비하기 위해 숲을 쳐내고 높이 솟은 나무들을 쓰러뜨리는 바람에 영국의 지형은 영원히 바뀌었다. 단단하고 긴 목재에 대한 수요가 높아지면서 공급이 부족해졌다. 좋은 목재가 귀해졌다. "정치인들은 좋은 목재를 손에 넣을 궁리를 했고, 전열함들은 목재를 조달하려고 싸웠다."[3]

미국은 아직 사람의 손길이 미치지 않은 숲들이 들어찬 광활한 대륙으로, 왕립해군을 구원해 줄 곳이었다.[4] 코네티컷주 주지사는 '하늘에 닿을 듯 커다란' 소나무들을 뽐냈다. 초기 미국 정착민들은 이 소나무들을 베어내 집을 지었다.[5] 그러나 대서양 건너편의 영국 왕은 이 나무들을 해군에서 사용하고 싶었다. 최고급 소나무들을 벌목하지 않도록 보장하기 위해, 정부 공무원들은 숲과 농장을 빙 둘러보고

키가 큰 나무들에 국왕의 표식을 남겼다. 나무껍질 위로 도끼를 세 번 휘둘러 '넓적한 화살'의 표식을 새긴 것이다.[5] 곧, 왕의 법을 위반하는 불법 교역이 대두했다.

1772년 겨울, 한 왕실 감정인이 뉴햄프셔주 위어 근처에서 제재소 여섯 곳을 발견했다. 제재소들은 나무껍질에 넓적한 화살이 새겨진 목재들을 가공하는 중이었다. 공장주는 체포됐고, 마을 사람들은 이를 어처구니없는 부정행위로 보았다. 1772년 4월 14일 아침 일찍, 폭도 한 무리가 왕립 집행자가 잠들어 있는 소나무 여관으로 몰려갔다. 폭도는 근방의 나무에서 꺾은 나뭇가지들로 만든 회초리로, 왕의 소유물이라고 압수한 나무 한 그루당 한 대씩 집행자를 때렸다.

'소나무 폭동'[6]으로 알려진 이 사건은 혁명의 간접적인 계기가 됐다. 왕은 가혹한 처벌이 봉기를 일으킬까 봐 두려워했고, 따라서 폭도들은 이를 가볍게 넘길 수 있었다. 가벼운 처벌로 인해 미국의 식민지 주체들은 대담해졌고, 점차 왕실의 규칙에 불만을 품게 됐다. 역사학자들은 소나무 폭동이 보스턴 차 사건의 중요한 기폭제이며, 그로부터 미국 독립전쟁과 미국의 독립까지 이어진다고 본다. 높은 나무들은 미국 건국에서 핵심적이면서도 쉽게 잊히는 요인이었다.

- 지름 60센티미터 이상 되는 나무들은 보통 국왕의 소유물이었다.[7] 정말로 오래된 뉴잉글랜드 지방 주택들에서 의심스러울 정도로 많은 마루청이 그 기준치에 아슬아슬하게 못 미치는데, 이를 보면 왕의 나무들을 합법적인 한계에 미치기 전에 벌목을 했음을 알 수 있다.

8장 지구 복권

곧 뒤따르는 전쟁에서, 새로운 미 해군은 수목 저항 세력의 기를 내걸고 항해했다. 하얀 바탕에 높이 솟은 소나무 한 그루가 그려진 깃발이었다.

지형은 우리가 써 내려간 역사의 한 페이지를 장식한다

지형은 운명이라 한다. 물론 인간을 인류사의 작가에서 배제해버리는 이 진술은 과장법이다. 그러나 지형은 분명 우리가 써 내려간 역사의 한 페이지를 장식한다. 우리의 삶은 물리적 환경에 의해 형성되고 바뀌기 때문이다. 우리는 대개 인간의 특성에 초점을 맞추고, 우리가 흘려낸 잉크에만 관심을 가진다. 역사가 펼쳐진 자연 세계라는 페이지 한 장 한 장은 그저 배경처럼 보일 뿐이다. 그러나 자연 세계는 어마어마한 변화를 주도한다. 우리는 우리 자신이 지형의 힘이나 끝없는 지질의 확장과는 동떨어지고 분리되어 있다고 상상하는 경우가 잦다. 우리는 '자연력'을 배척하기 위해 집을 짓고, 집은 우리가 질병과 동물, 먼지로부터 스스로를 분리할 수 있는 안락함을 선사한다. 우리는 자연'으로' 나간다고 말하며, 등산이나 캠핑을 떠난다. 그러나 우리는 지구의 일부며, 지구는 우리의 일부다. 그리고 우리는 우리의 우발적인 지형으로 인해 수혜자가 될 때도, 희생자가 될 때도 있다.

처음부터 우리의 몸은 말 그대로 물리적 환경에 의해 만들어졌다. 200만 년 전까지 우리의 영장류 조상들은 나무 위에 올라가 안락하게 만든 둥지에서 몸을 말고 잤다. 우리의 지문은 인류사에서 이 시기가 남긴 흔적일 수도 있다. 지문은 매끄러운 물건을 잡기 어렵게 만든다. 이랑처럼 돋은 부분이 표면의 접촉 부위를 줄이기 때문이다. 그러나 지문은 습한 조건에서, "특히나 나뭇가지처럼" 거친 표면에서 우리의 악력을 개선해 준다. "손바닥의 이랑과 나무껍질의 이랑이 서로 맞물리기" 때문이다.[8] 이것이 우리 손가락 끝에 독특한 소용돌이가 새겨진 이유로 나무에서 보낸 인간의 시절을 떠올리게 하는 계기가 되어준다. 롤런드 에노스는 『나무의 시대 The Wood Age』의 작가로서 초기 수목 생활이 인간의 손톱이 기원한 이야기를 전해준다고 주장했다. 인류 이전의 영장류들에게 굵은 나뭇가지와 잔가지 사이를 손쉽게 누비는 능력을 안겨준 부드러운 손가락 끝마디 덕에 "더 이상 발톱이 필요 없어졌다. 그 대신 혼자 다듬어야 할 납작한 손톱이 됐고, 이는 자동차 타이어를 받쳐주는 림rim처럼 손가락 끝마디를 단단히 받쳐" 준다고 했다.[9]

우리는 유인원의 후손이지만, 그 유인원은 판구조론이 결정했다. 2000만 년 전 두 개의 거대한 판이 부딪혀서 티베트 고원을 생성해냈다. 이 고원은 동아프리카로부터 수분을 빨아들여서 지역을 메마르게 했고, 과학자 루이스 다트넬의 말에 따르면 "타잔의 배경에서 라이온 킹의 배경으로" 환경을 바꿔놓았다.[10] 유인원 개체수는 날씨에 의해 갈라지면서 두 가지 부류로 나뉘었다. 바로 아프리카 유인원과 아시아 유인원이었다. 결국 아프리카 유인원이 우리 인류가 됐다.[11]

지구는 또한 인간의 고등 지능을 발전시켰다. 우리의 유인원 조상은 동아프리카 열곡대에 살았는데, 날씨는 변덕스럽고 풍경은 다양한 곳이었다. 구조력 덕에 열곡대는 바위투성이 지형이 됐다. 우리 조상들은 살아남기 위해 이 다양한 환경에 적응하고 정복해야 했다. 재치 있는 지능을 가진 제네럴리스트의 시대가 왔다. 더 똑똑해져야 한다는 이 진화적인 압박은 날씨의 급격하고 예상치 못한 변화로 인해 더욱 강력해졌다. 열곡대 유역은 때때로 물로 채워져서 '확장호'를 만들어냈다.[12] 이곳은 기후의 유형이 조금만 변해도 민감하게 반응했다. 호수는 물로 가득 채워진 후에도 비교적 눈 깜짝할 사이에 바싹 마르고 말았다. 이런 거친 변화가 이 지역에 사는 생물들에게 극심한 압박을 주었다. 놀랍게도, 최근 열곡대에 살던 호미닌들의 화석들을 분석한 결과, 돌연한 환경 변화의 시기는 화석 기록에서 관찰된 뇌 크기의 확대와 겹치는 것으로 나타났다. 또한 연구들은 인간이 세 차례에 걸친 극도의 기후 불안기 동안 더 발전된 형태의 도구를 만들어냈다고 제시했다.[13] 이 상관관계로 인해 일부 과학자들은 우리의 지능이 갑작스럽고 급격한 환경 변화에 대처하면서 진화했다고 결론 내렸다. 지능과 사회적 협동은 생존에 유용하기 때문이었다. 어쩌면 우리는 지질학적으로 더운 지역에서 겪은 혼란한 날씨 덕에 똑똑해질 수 있었다.

훗날 **호모 사피엔스**가 아마도 또 다른 기후변화의 촉발로 아프리카에서 등장했을 때, 초기 인류는 유라시아 전체로 퍼져나가 새로운 집을 찾아냈다. 그러나 다트넬이 지적하듯, 주요한 고대문명의 발생지를 지도에서 살펴보고 이를 지구의 지각판 위에 겹쳐보면 충격적인 관계가 드러난다. 페르시아와 아시리아는 아라비아판과 유라시아판 사이의 경계선에 맞닿아 있다. 고대 그리스인은 판 경계 근처에 도시국가를 세웠다. 고대 제국들은 무작위로 싹을 틔우는 대신, 지구 표면 아래에 숨겨진 단층선을 따라갔다.[14]

일단 정착을 한 뒤에 우리의 환경은 초기 문화들을 빚어냈다. 왜 그리스인들은 단일 제국 대신 그 유명한 다양한 도시국가를 발전시켰을까? 다시 한번, 그 답은 어느 정도 지형에 달려 있다. 약 1,000여 개의 그리스 도시국가 중 대부분은 에게해와 이오니아해, 그리고 지중해가 펼쳐진 지역에 따라 나뉜 별개의 섬들에 자리하고 있었다. 바위산으로 된 지형과 그 사이로 뻗은 짙은 와인빛 바다를 갖춘 이 땅은 정복해서 통일하기가 어려웠다. 그 대신 수없이 많은 독립적인 도시국가가 발달했다. 각 국가는 사회를 조직하기 위해 새로운 방식들을 실험하고 시험했다. 정치적 다양성이 강렬한 철학적인 의견 충돌을 촉발했고, 가끔은 인간 사상의 혁신에 불을 붙이기도 했다. 이는 매력적인 질문으로 이어진다. 아테네인이 더 쉽게 정복할 수 있는 온대 초원에 자리하고 있었다고 해도 현대 서구사회가 고대 그리스로부터 그토록 큰 영향을 받았을까?

우리는 지구가 어떻게 우리를 형성했는지는 거의 생각하지 않는다

사회적 변화에 대한 현대적인 설명에는 지리적이거나 지질적인 요인이 거의 포함되어 있지 않다. 예를 들어, 경제학과 정치학 분야에서는 지리를 완전히 무시하는 모델들을 정례적으로 내놓는다. 이 공식에서 우리는 마치 변동도 없고 특징도 없는 단일한 세계에서 사는 것만 같다. 우리는 어떻게 역사를 형성하게 됐는지에 대해서는 아주 깊이 고민하지만, 잠시 멈춰 서서 지구가 어떻게 우리를 형성했는지는 거의 생각하지 않는다.

지형과 지질의 역할을 더욱 정확하게 이해하기 위해서, 우리에게는 몇 가지 개념이 필요하다. 첫 번째는 **지구 복권**이다. 이는 우리가 살아가는 물리적 환경의 임의적인 특성을 가리키는 말로, 이 특성은 (적어도 우리가 역사를 측정하려고 사용하는 시간의 척도에 따르면) 거의 변하지 않는다. 예를 들어, 영국이 섬이며 미국에는 내해가 없다는 점은 중대하면서도 우리에게 중요한 시간의 척도상 고정적인 사실이다. 그렇더라도 임의적인 풍경이 인간의 선택을 좌우한다.

그러나 인간이 의사결정을 할 때, 한 가지 중요한 선택이 꽤 오랜 시간 동안 고정된 궤적을 만들어낼 수는 있다. 이것이 **경로의존**의 개념이다. 지나간 결정은 미래의 결정을 제약한다. 갈림길의 정원이라는 보르헤스의 비유를 사용하자면, 한쪽 길로 걸어가는 것은 미래에 다른 쪽 길로 걸어갈 가능성을 닫아버리지만 탐색해야 할 새로운 경로를 열어준다. 그러나 이 길들은 쉽게 바뀔 수 없으며, 여러분은 주어진 궤적에 갇혀 옴짝달싹 못할 수 있다. 어떻게 자연과 상호작용했든 과거의 인간이 현재의 사회를 바꿔놓고 심지어 우리가 개인적인 삶을 살아가는 방식도 지시할 수 있는가?

이 부분은 우리가 1,000년 동안 인간의 문명들이 차지했던 곳에 살고 있을 때 더욱 명확해진다. 나는 지금 영국 윈체스터에 살고 있으며, 이곳에서는 자연경관이 과거와 현재에 인간의 궤적을 어떻게 바꿔놓았는지 쉽게 알아차릴 수 있다. 나는 가끔 도시 부근에서 언덕을 따라 개와 산책한다. 몇천 년 전 철기시대의 작은 정착민 무리는 이 언덕을 유용한 자연 방어벽이라 보았다.[15] 이들은 그 꼭대기에 요새를 세웠고, 지금은 윈체스터라고 부르는 지점에 자리 잡았다. 로마인들은 폐허 속에 상점을 세우기로 결정했고 그 후로 앵글로색슨 족, 노르만족 등으로 이어지다 오늘날에 이르렀다. 몇천 년 전에 이 방어가 가능한 언덕을 정찰한 철기시대 정착민들 덕에 내가 사는 곳, 내 사회생활과 강아지 산책까지도 어느 정도는 결정이 됐다는 것은 매력적이고도 정확한 생각이다. 이것이 지리적 경로의존이다.

경로의존으로 인해 과정을 바꾸기가 더욱 어려워질 수도 있다. 예를 들어, 대부분의 철도는 표준적인 규격 폭을 사용한다. 일단 철도망을 건설하기 시작하고 그에 맞는 기차를 갖춘다면, 철도에 변화를 주는 것이 터무니없이 비싸진다. 전체 철도망을 교체하고 기차를 바꿔야 하기 때문이다. 이런 사례에서 분명 경로의존은 체계 밖에서부터 비롯될 수 있다. 일부 국가들은 다른 국가에서 내린 역사적 결정에 의한 철도 규격을 따르면서, 자기네 기차가 국경을 넘어서도 계속 운행될 수 있게 보장한다. 특정한 역사적 순간에 어떻게 물리적 환경과 상호작용할 것인지에 대한 단 한 명 또는 소수 인간의 선택은 미래 세대가 따르게 될 궤적을 만들어낼 수 있다. 그러나 여기에는 미치게 하는 지점이 있다. 가끔은 언제 한 결정이 경로의존을 만들어낼지 알 수 없다는 점이다. 대부분의 철기시대 정착민들에게는 현대성에 대한 확실한, 그리고 식별할 만한 영향력이 없다. 지나고 보면 우리는 때때로 오래전에 죽은 인간이 여전히 우리에게 영향을 미치는 역사적 궤적을 뒤바꿔놨다고도 말할 수 있다.

마지막으로, 지형과 지질이 역사의 경로를 다시 바꿔놓은 가장 흥미로운 사례도 있다. 나는 이를 **인간 시공 우발성**human space-time contingency이라고 부르고 싶다. 지리적 또는 지질적인 요인은 시간이 흘러도 우리에게 계속 중요한 영향을 미치면서, 우발적으로 인간의 문명과 상호작용할 때 변화를 이끌어내는 동기가 되기도 한다. 예를 들어, 석유는 대략 1억 6000만 년 전에도 지금의 사우디아라비아 지역에 매장되어 있었지만, 19세기 내연기관이 발명된 이후에야 인간 사회에서 중요해졌다. 사우디의 석유는 1938년에 발견됐다. 그해에 아라비아 반도에서 자동차는 거의 쓰이지 않았고 낙타가 여전히 주요한 교통수단이었다.[16] 사우디아라비아는 지구상에서 가장 가난한 나라 가운데 하나였지만, 오늘날에는 가장 돈이 많은 나라다. 이 갑작스러운 변화는 지리적 요인이나 인간적 요인 하나만으로 설명할 수가 없다. 특정한 시간과 공간에서 일어난 둘 사이의 상호작용은 사우디왕국이 이 검은 황금으로 현금을 끌어모을 수 있게 해주었다.

일단 이런 식으로 생각하기 시작하면, 우리와 물리적 환경 간의 상호작용은 우연성의 주요한 기폭제가 되며, 우리가 존재한다고 가정하는 깔끔한 현실을 바꿔놓는다. 지형이 인간의 역사와 개인적인 삶을 빚어낸다는 개념은 새롭지 않다. 그저 변화를 설명하는 방법으로서 인기를 잃었을 뿐이다. 여기서 수수께끼가 하나 나온다. 우리가 환경에 의해 만들어진다는 것이 확실하다면, 왜 그렇게 말하는 데 논란이 따를까? 그 답은 대개 그렇듯 역사의 불운하고도 우발적인 순간에서 나온다. 과거에 영향력 있는 사상가들은 음흉한 목적을 품고 지리적인 설명을 오용했다. 이런 설명은 주변의 개념들을 오염시켰고 오늘날까지도 끈질기게 남아 있다.

지리적 요인은 사람들의 선택을 바꾸고 역사를 바꾼다

오늘날, '지리적 결정론' 또는 '환경결정론'에 의존하는 주장을 펼치는 것은 역사와 사회과학에서 심각한 모욕이자 즉각 학술적인 주장을 무시하는 방식이다. 지형이 결과를 결정한다는 개념이 몇천 년 동안 인종차별을 정당화하는 데 쓰였다는 점에서 당연하다. 고대 중국에서는 '관중'이라는 이름의 법관이 빠르게 흐르는 구불구불한 강 근처에 사는 이들이 필연적으로 "탐욕스럽고, 무례하며, 호전적이다"라고 주장했다.[17] 고대 그리스에서 의학의 아버지 히포크라테스는 스키타이인들이 거친 땅에서 살아가고 있다고 하면서, 스키타이 남성들은 분명 발기부전일 것이라고 추론하기도 했다. 14세기 아랍 학자이자 사회과학의 아버지인 이븐 할둔은 더 어두운 피부색이 더 더운 날씨 때문에 생겼고, 한 민족이 유목민인지 정착민인지는 환경이 결정한다고 주장했다.[18] 몇 세기가 흐른 후 이 이론들은 프랑스 사학자이자 정치철학자인 몽테스키외에게 영향을 미쳤고, 그는 유럽인들을 인종의 위계질서에서 가장 꼭대기에 올려놓는 기후 기반 이론으로 되돌아갔다. 차례로 지리적 인종차별은 백인 압제자가 식민주의를 정당화하는 데 사용하는, 지적으로 파산한 개념의 신전에 소중히 간직됐다. 따라서 편협한 신념과 폭력, 심지어 노예제를 정당화하는 데 사용된 이런 비열한 인종차별주의적인 과거에 관한 일련의 생각들은 몹시 의심스러워해야 할 타당한 이유가 있다.

어쨌거나 우리의 환경은 부분적으로 인간의 역사를 결정짓는 핵심적인 요인이다. 과거의 사상가들이 지리적 설명을 인종차별의 구실로 오해했어도 마찬가지다. 물리적 환경이 특정 인종을 열등하게 만들었다는 이론(인종차별이며 터무니없는 소리다)과, 환경요인이 선택을 제한하고 특정한 지형에 속한 사회가 따라갈 역사적 경로를 만들어냈다는 이론 사이에는 결정적인 차이가 있다. 인간 행동과 환경적 요인 간의 교집합은 가끔 예상치 못한 결과를 이끌어낸다. 영국은 나무가 있었기에 배를 만들 수 있었고, 섬이었기에 배를 만들고 싶어 했다. 현생인류가 지형의 역사에서 다른 시대에 생겨났다면, 영국은 육지에 둘러싸인 습지였을 수도 있다. 그랬다면 왕립해군도 없고, 대영제국도 없었을 것이다. 지리적 요인은 사람들의 선택을 바꾼다. 그리고 역사를 바꾼다.

그러나 20세기 중반에서 후반까지, 여러 해에 걸친 지적 정론은 이미 오래전에 한물간 계산을 하고 있었다. 환경 또는 지형 결정론은 전반적으로 사회 이론에서 도태됐고, 순수한 부당행위와 불평등을 포함해 인류의 역사의 일부 측면이 오로지 선택에 의해서가 아니라 어느 정도는 지리적 확률에 의해 결정되었다고 고려하는 것조차 학문적인 죄가 됐다.[19]

1990년대 말, 지형학자이자 조류학자 재레드 다이아몬드는 다시 지형결정론을 유행시켰다. 그의 책 『총, 균, 쇠』는 세계적으로 엄청난 베스트셀러가 됐고, 오래전에 지적인 변방으로 좌천됐던 개념들을 부활시켰다. 다이아몬드는 현대의 불평등이 타고난 지적 능력이나 문화적 힘이 아닌 지리적인 자질로부터 파생됐다고 주장했다. 지리에 따라 어떤 사회는 번창하기 어렵고, 또 어떤 사회는 운이 좋아서 발전된 문명을 만들어가기에 이상적인 조건을 갖출 수 있었다. 지구는 공간 전체에 공평하게 자원과 포식자, 또는 질병을 배분하지 않았고, 이 불공평한 지리적이고 지질적인 변주는 근본적으로 불평등한 현대사회를 구현해 냈다.

『총, 균, 쇠』에서 다이아몬드는 인류 역사가 대륙의 모양과 방향에 따라 전환됐다고도 보았다. 이 개념을 대륙축 이론이라고 한다. 기후와 서식지, 식물, 흙, 야생동물은 거의 경도가 아닌 위도에 따라 결정된다. 남쪽이나 북쪽으로 움직이면 날씨가 극적으로 바뀌고, 이는 다른 생존전략이 필요하다는 의미다. 그러나 동쪽이나 서쪽으로 움직이면, 특히나 유라시아의 광활한 지평선을 건너면, 수천 킬로미터를 여행하면서도 여전히 동일한 생물군계(비슷한 기후와 식물, 야생동물, 흙을 갖춘 넓은 지역)에 머물게 된다. 그 결과 사람과 사상, 교역, 기술 교환, 그리고 제국마저도 북쪽에서 남쪽보다는 동쪽에서 서쪽으로 쉽게 퍼질 수 있었다. 그 덕에 이를테면 아프리카 내에서는 얻을 수 없는 유라시아의 이점이 생겨났다고 다이아몬드는 주장한다. (유럽에서 북아프리카를 거쳐 사하라 이남의 아프리카로 가는 남북 경로는 중간에 엄청나게 큰 사막을 끼고 있었다는 점에서 도움이 되지 않았다). 당연히 역사학자들은 오랜 역사에서 초거대제국의 확장을 시험해 볼 때, 동서 유형[20]을 따르는 경향이 있음을 발견했다.* 군인들이 같은 생물군계에 머물 때 가장 효율적이었다는 점에서 이는 타당한 이야기다. 따뜻한 날씨에 살던 군인들은 추운 날씨의 전쟁에서 잘 싸울 수 없고, 산에 사는 군인들은 사막에서 잘 싸울 수 없다. 이 메커니즘을 통해 기후의 임의적인 특성과 지리적 지형, 그리고 흙의 지질적 특성이 우리가 누구인지, 우리 역사는 어떻게 펼쳐졌는지를 결정한다. 인간의 행동이 얼마나 큰 영향력을 미치며 지구 복권은 얼마나 큰 영향력을 가졌는지에 대한 논쟁이 다소 미뤄졌을 뿐이다.

그러나 비평가들은 『총, 균, 쇠』가 과거에 국제적인 불평등을 지리적으로 설명하며 내재했던 인종차별주의를 부활시켰다고 비난했다. 다이아몬드는 단호하게 인종차별과의 관계를 부인했다. 그러나 학문적인 하이에나들이 주변을 빙빙 돌았다. 혹자는 일부 글에서 사실의 오류나 논의할 만한 증거를 지적했고, 이는 진지한 비평으로서 가치가 있었다. 그러나 혹자는 한발 더 나아가 다이아몬드의 주장이 지닌 기본 전제를 완전히 무시하고, 불공평하게 다이아몬드를 지나간 과거의 밉살스러운 사상가들과 한통속으로 묶었다. 다이아몬드가 우리가 지형과 작물, 질병, 자원 등의 지리적 사고로부터 영향을 받는 생물이라는, 분명히 진실인 입장을 발전시켰기 때문이다. 어떤 사람은 심지

● 이는 불변의 '역사의 법칙'은 아니지만, 일반적으로 적용되는 유형이다. 여기에는 나일강의 통치와 안데스산맥의 통치처럼 예외가 있는데, 안데스산맥이나 나일강의 강변을 따라 위아래로 여행해도 여전히 같은 환경에 남아 있기 때문에 이 이론은 타당하다.

어 《재수 없는 재레드 다이아몬드 F°°K Jared Diamond》[21]라는 학술지에 글을 기고하기도 했다. 참고로 내가 만들어낸 잡지는 아니다.

다이아몬드는 너무 많은 비판에 직면해서, 이제는 웹사이트를 통해 포괄적인 대답을 내놓고 있다. "나는 '지리적 결정론'이라는 단어를 들을 때마다 곧 지리적인 고려를 반사적으로 포기한다는 이야기를 듣게 되리라는 것을 안다. 이는 듣거나 읽을 가치도 없는 의견이자 지적인 게으름에 대한 핑계다."[22]

여기서 위태로운 점은 역사의 불공평함을 설명하려는 극좌파와 극우파의 분열이다. 사회과학자 클린트 밸린저가 지적했듯, 일부 교조적인 우파 사상가들은 불평등에 대해 설명하며 가끔은 인종차별의 의미를 함축한 채로 이를 가난한 자들의 탓이라고 본다.[23] 이 사상가들은 빈곤한 국가의 문화에는 어느 정도 결함이 있으며, 빈곤한 국가의 사람들은 유능한 정부를 세울 만큼 열심히 일하지 않고, 종교는 충분히 '프로테스탄트 직업윤리'를 따르지 않는다고 말한다. 이는 '그건 개네 탓' 관점이다. 이 관점은 순진하고 단순하며 뒷받침할 근거가 없다.

좌파의 일부 사상가들은 식민주의와 같은 억압에 순전히 맞서는 사회들 간에 나타나는 엄청난 불평등에 '개들은 희생자' 관점을 씌운다. 식민지는 희생자였으며, 식민주의의 상처는 사회를 갈라놓고 번영을 좀먹는다. 이러한 사회에서는 대부분의 일이 식민주의와 역사적인 잔악 행위에서 발생한다. 따라서 좌파의 입장에서 다이아몬드의 주장은 지리적인 설명이 식민주의의 흔적을 지울 여지를 남기며 식민주의가 곤란에서 벗어날 수 있게 해준다고 말하는 셈이다.

그러나 이러한 반대에는 결정적인 문제가 있다. 피해의식에서 시작하고 끝나는 설명은 문제를 뒤로 미룰 뿐이다. 식민주의는 혐오스러운 존재였으며 불평등을 심각하게 악화시켰다. 그러나 근대의 불평등이 힘없는 비유럽 국가들을 억압하는 강한 유럽 국가들로 인해서만 생겨났다고 인정하게 되면, 또다른 의문이 생긴다. 왜 강한 유럽 국가들은 애초에 상대적으로 덜 발전된 사회들을 괴롭힐 수 있었을까? 우리는 여전히 왜 아프리카가 유럽을 식민화하는 것이 아니라 유럽이 아프리카를 식민화할 수 있었는지 설명해야 한다. 식민주의 **이전의** 차이를 뭐라도 설명해야만 한다. 그러면 이제 다시 원점으로 돌아가게 된다.

비평가들이 이를 뒤집었다. 일부 불평등이 지리적이고 환경적인 요인들에서 생겨난다는 핵심 개념은 인종차별이 아닌 반反인종차별이다. 이 명확한 진실을 무시할 때, 증거라는 강한 무기를 장착한 반인종차별주의를 무장해제시키는 셈이다. 지리가 우리의 궤적에서 의미가 없다면, 어떤 인종은 다른 인종보다 태생적으로 더 우월하다는 인종본질주의자들의 터무니없는 믿음을 퍼뜨리는 일부 사상가들의 치명적인 설명에 설득당할 수 있다. 식민주의의 광범위한 악행은 실제로 현대사회의 불평등을 설명하는 주요 요인이다. 그러나 다른 비인간적인 요소들도 있다. 지리는 운명은 아니지만, 중요하다.*

세계는 분명히 인간의 번영에 직접적으로 영향을 미치는 지리적 특성을 매우 다양하게 가지고 있다. 담수는 생존뿐 아니라 관개를 위해서도 필요하다. 일부 지역에는 담수가 있지만, 다른 지역에는 없다. 생장기에는 위도와 토양의 종류, 미네랄, 강수 형태, 기후, 심지어는 태양광의 각도에까지 영향을 받는다. 일부 지역은 비옥함의 축복을 받았고 다른 지역은 척박함의 저주를 받았다. 일부 지역에는 게걸스러운 포식자들과 장애를 초래하는 질병들이 존재하고 다른 지역은 둘 모두에서 자유롭다. 지구는 지리적인 복권을 내놓는다. 어떤 사회는 당첨, 어떤 사회는 꽝이다.

다음과 같은 사고실험을 떠올려보면 더욱 확실해진다. 인간이 없는 지구를 상상해 보자. 그러다가 어떤 마법으로 인간 세 무리가 지구의 광활할 대륙 어딘가에 떨어져서 새로운 문명을 시작한다. 그러나 어디에 떨어질지는 완전히 무작위로 결정된다. 한 무리는 프랑스의 르와르 계곡에 떨어진다. 물이 풍부하고, 땅은 비옥하며, 기후가 온화하고 멋진 곳이다. 또 다른 무리는 호주 오지에 떨어진다. 세 번째 무리는 불운하게도, 그 짧은 삶을 남극 대륙에서 보내게 된다. 분명 지형과 지질, 기후는 무리의 운명을 어느 정도 결정할 것이다. 지리가 인간의 궤적과 불평등에 영향을 미친다는 개념은 어쨌든 역사나 의사결정의 중요성과 문화, 그리고 더 전통적인 역사적 서사에서 행해진 잔학 행위를 부인하지 않는다.

• 옥스포드대학교의 역사학자인 피터 프랭코판의 최신작 『기후변화 세계사』에서는 기후가 어떻게 인류사를 형성했는지 거의 완벽하게 설명한다. 기후는 인간과 맞닿아 있는 환경적인 요인의 다양한 사례 중 하나다.

우리 세계와 인류의 오랜 역사적 궤적은 마그마와 마그마 위를 떠다니는 지층의 움직임이 만들어낸 우연성과 재난에 의해 형성됐다. 우리가 단일한 세계, 모든 장소가 모든 사람에게 똑같은 세계에서 살았다면, 교역도 없고 이주할 이유도 없었을 것이다. 문화도 수렴해서 인간 경험의 가장 풍요로운 선물 역시 사라졌을 것이다. 감사하게도 지각판이 서로 충돌하고, 갈라지고, 서로에게서 미끄러지면서 우리가 살아갈 매력적인 장소를 만들어냈다. 우리는 여기에 감사하면서도, 지구 표면의 우발적인 움직임과 인종차별주의자들의 학대로 인해 생겨난 깊은 역사적 불평등의 결합으로 생겨난 그로테스크한 불평등을 바로잡으려고 노력해야 한다.

지질과 지형 그리고 우발성은 현실에서 어떻게 나타날까

지구 복권과 인간 시공 우발성은 현실에서 어떻게 보일까? 글쎄, 우리는 가장 예상치 못한 곳에서 인과관계의 연결고리를 찾아낼 수 있다. 도널드 트럼프가 2020년 대선에서 패배한 방식은 어느 정도 고대의 지질적 특성에까지 거슬러 올라갈 수 있다.

벨로키랍토르가 지구를 방랑하던 백악기에 엄청난 크기의 내해가 땅을 덮었고, 현재 미국의 그레이트플레인스와 디프사우스를 형성했다. 이 얕은 바다와 그 해안선을 따라 식물성 플랑크톤이라고 하는 미세한 식물 같은 유기체 수조 마리가 번성했다. 이 유기체들이 죽으면서 바다 바닥으로 가라앉았고, 엄청난 세월이 흐른 뒤 영양소가 풍부한 백악층이 됐다. 결국 바다가 사라지고, 오늘날의 미시시피주와 앨라배마주, 조지아주의 땅이 물 위로 드러났다. 그러나 영양소가 풍부한 백악층은 그대로 남아서 훗날 비옥한 흙이 됐다.[24] 수백만 년 후에 고대 내해의 초승달 모양 해안선은 미래의 미국 어딘가에 있는 가장 기름진 땅을 형성했다.

몇백 년 전에 영국에서 산업혁명이 시작됐고, 새로운 면방적 도구가 발명됐다. 목화를 기르기에 가장 좋은 곳은 미국 남부 지역으로, 공룡 시대에 내해의 해안선을 따라 만들어진 흙, 그 풍요로운 어두운 흙의 이름을 따서 블랙 벨트라고 하는 곳에 농장이 생겨났다. 유럽인들은 아프리카인들을 노예로 삼아 북미로 데려온 뒤, 목화가 잘 자라는 곳에 거주하게 하면서 고된 노동을 시켰다.*[25] 미국 남북전쟁 직전의 노예 농장이 자리한 곳은 다음 지도와 같으며, 초승달 모양으로 형성된 목화 재배 지역은 한때 내륙해가 있던 해안가를 따라 초승달 모양으로 만들어진 지역과 거의 완벽하게 일치한다. 식물성 플랑크톤 수조 마리의 미세한 사체가 흙을 비옥하게 한 곳이다.

그러나 고대 내해의 비옥한 흙은 인간의 궤적을 바꿔놓지는 못했다. 2020년 미국 대선에서 도널드 트럼프의 패배는 어느 정도 조지아주에서 근소한 격차로 졌기 때문이었다.[26] 게다가 미국 상원의 장

• 인간의 잔학 행위와 자연세계가 또 한 번 기괴한 상호작용을 벌이면서, 말라리아가 유행하는 서아프리카 지역 출신 아프리카 노예는 더 높은 가격에 팔렸다.[27] 당시 미국 남부지역에 창궐한 질병에 대한 면역을 이미 갖추고 있을 가능성이 크기 때문이었다. 이는 인종차별주의, 기후로 인한 기생충 유행, 대규모 목화 생산 체제의 등장, 그리고 목화 재배에 유리한 흙의 분포 등이 우발적으로 상호작용한 또 하나의 사례다.

8장 지구 복권

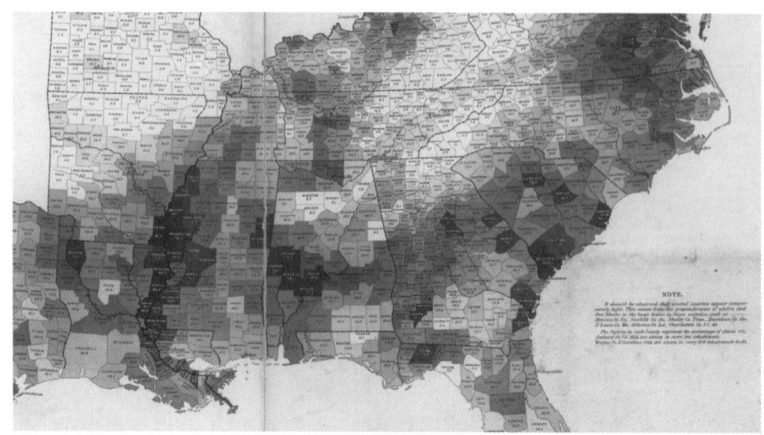

1960년 인구조사를 바탕으로 작성된 미국의 노예 인구 분포를 보여주는 지도. 색이 진한 곳일수록 노예 인구 비율이 높다. [지도 출처] 미국 의회 도서관, https://www.loc.gov/item/99447026/.

악과 2020년 존 바이든의 승리 이후 그가 내놓은 정치적 어젠다 전체는 조지아에서 민주당이 거둔 아슬아슬한 승리에 달려 있었다. 이 승리의 격차는 믿거나 말거나 백악기 해안선을 따라 달라졌다. 자치주 수준의 선거 결과에서는 바위나 흙에서가 아닌 투표 행태에서 그 해안선을 여전히 엿볼 수 있다. 노예로 잡혀 온 조상을 둔 여러 아프리카계 미국인 후손들은 여전히 옛 목화농장 근처에서 살고 있었다. 대부분의 미국 선거에서 아프리카계 미국인 열 명 중 아홉 명은 보통 민주당 후보를 지지한다. 도널드 트럼프의 패배와 민주당의 상원 장악은 부분적으로 고대 바다의 식물성 플랑크톤이 미치는 우연한 역사와 인구학적인 효과가 내놓은 결과다.

여기까지가 모두 우발성이다. 우리의 삶은 산 사람과 죽은 사람의 결정들이 쌓여 이루어질 뿐 아니라, 지구 복권에 의해서도 형성된다.

백악기 시기 서부내륙해를 재구성한 모습. 앞서 본 노예 인구 분포가 높은 지역과 1억 년 전 내륙해가 있던 곳이 거의 완벽하게 일치한다.

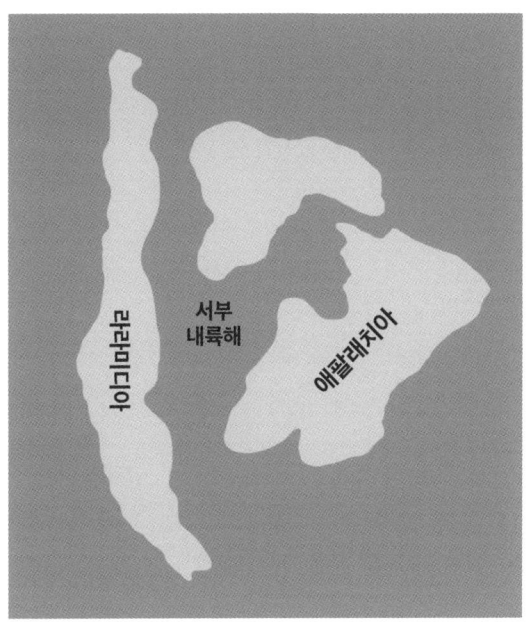

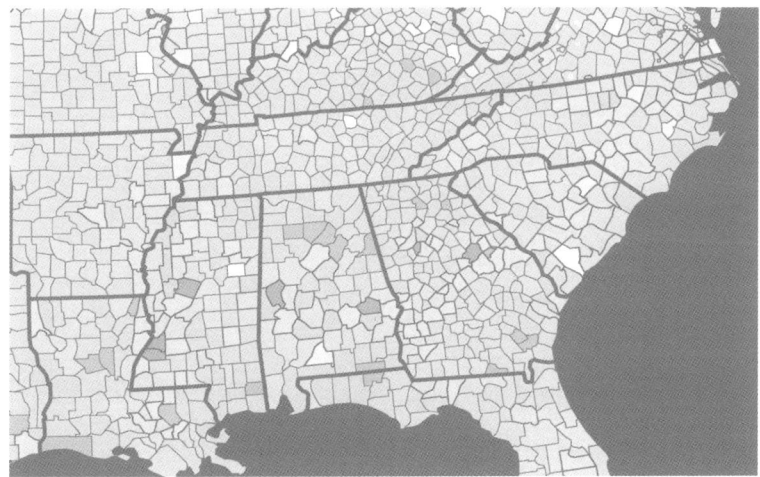

색이 진할수록 민주당을 지지하는 곳이다. 앞서 살펴본 노예 인구 분포, 백악기 서부내륙해와 아주 비슷한 모습을 보인다.

이제 곧 살펴보겠지만, 이는 여러분을 포함해 모든 개인이 문자 그대로 세상을 바꾼다는 의미가 된다.

9장

모두의 나비효과

어떻게 모든 사람이 꾸준히 세상을 바꾸는가

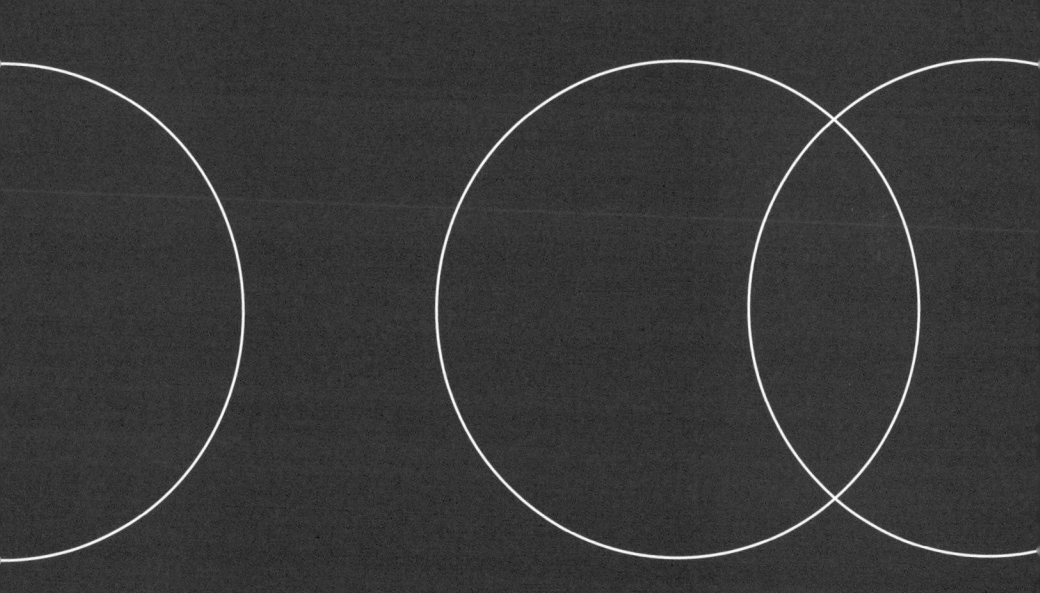

동기부여 포스터들은 우리가 하고자 마음을 먹으면 세상을 바꿀 수 있다고 말한다. 여기서 좋은 소식을 들려주려 한다. 이미 여러분은 세상을 바꿨다. 축하를 보낸다! 여러분은 내가 여러분을 위해 쓴 글을 읽기만 해도 뇌가 슬며시 보정될 테니, 지금 당장 세상을 바꾸고 있는 것이나 마찬가지다. 이 문장을 읽지 않았다면 세상은 달랐을 것이다. 말 그대로다. 여러분의 신경망은 이제 바뀌었고, 감지하기 어려운 미세한 방식으로 여생 동안 여러분의 행동을 살며시 조정할 것이다. 어떤 잔물결 효과가 일지 그 누가 알겠는가? 그러나 밀접하게 얽힌 체계에서는 그 무엇도 의미가 없지 않다. 모든 것이 중요하다.

이 모든 이야기가 하찮거나 추상적으로 들릴지 모른다. 하지만 생각해 보자. 여러분은 새로운 인간들을 세상에 데려오기로 결심하거나 이미 결심해 본 적 있을 것이다. 인구학적으로 세세한 정보를 따질 필요도 없이, 한 아기를 임신하는 바로 그 순간이 우리 존재에게는 가장 우발적인 부분 가운데 하나다. 이 일이 벌어지는 날에 아무리 무의미해 보이는 디테일이라도 바꾸면 결국에는 다른 아이를 만나게 된다.* 갑자기 여러분에게는 아들 대신 딸이 생길 수도, 그 반대가 될 수도 있다. 아니면 그냥 다른 딸이나 아들이 될 수도 있다. 형제들은 가끔 예상치 못한 방식으로 달라진다. 따라서 **누가** 태어나느냐에 어떤 변화가 생기든 그것은 여러분의 인생과 아주 많은 사람의 인생을 급격히 바꿔놓을 것이다. 그러나 한 아이를 임신하는 날만이 중요한 것은 아니다. 인생의 **모든** 순간에 나타나는 그 우발성을 상세히 살펴보자. 여러분의 인생이라는 사슬처럼 연결된 구조에서 각 디테일은 태어나야 할 바로 그 아이가 태어나는 것과 같아야 한다. 이 진실은 여러분에게도, 내게도, 모두에게도 마찬가지다.

그러나 또다시, 동기부여 포스터가 여러분을 후려친다. "여러분은 100만 분의 1의 경쟁을 뚫은 아주 특별한 사람이에요!" 이들은 기운을 북돋아 주려 고래고래 노래를 부른다. 1억분의 일이라고 해보자. 평균적으로는 이렇게 많은 경쟁자 사이에서 여러분의 단세포 전임자가 빠르게 헤엄쳐서 성공적으로 여러분의 반쪽이 됐다.

여러분은 중요하다. 이는 자기계발을 위한 조언이 아니며, 과학적 진실이다. 다른 누군가, 즉 존재의 내기에서 여러분을 이기지 못한 태어나지 않은 유령이 여러분 대신 태어났더라면, 아주 많은 사람의

• 철학자 데릭 파핏은 이 놀라운 진실을 '비동일성 문제'라는 사고의 영역으로 발전시켰다. 그는 인간 행동의 가장 사소한 비틀기를 바탕으로 **누가** 태어나는가의 우발성이 보여주는 도덕적이고 윤리적인 함의를 탐색한다. 굉장히 어려운 철학적 함의다.

삶이 근본적으로 달라졌을 것이며, 우리 세계도 달라졌을 것이다. 모든 삶의 잔물결은 예상치 못한 방향으로 영원히 널리 퍼져나간다.

이 진실은 경외감을 자아낸다. 그러나 현대의 삶을 살아가는 우리는 거대하고 냉혹한 기계 안에서 돌아가는 톱니바퀴가 된 것처럼 느끼기 쉽다. 글로벌 기업이 몸집을 키우고 우리는 동네 구멍가게보다는 콜센터에 도움을 청한다. 그리고 많은 근대식 체계에서 교체당할 수 있다고 느낀다. 노동자들은 우리에게서 개성을 빼앗는 프로토콜과 체크리스트, 대본, 효율성의 엔진을 로봇처럼 따른다. 인간들은 스스로를 먹을 수 있는 로봇처럼 느끼기 시작한다. 그리고 비인간적이 된다. 엔진이 돌아가는 한 누가 크랭크를 돌리는지는 중요하지 않다.

그러나 디스토피아적인 관점이 완전히 잘못됐다면?

우리 각자는 조금씩 다르게 날갯짓을 한다

역사가 어떻게 작동하는지에 대한 두 개의 반대되는 구상을 따져보자. 역사적 변화에 대한 한 비전에는 동화 같은 현실이 있다. 변화는 질서정연하고 구조적이다. 사건들의 수렴적인 궤적은 개인들이 오고 가더라도 대세가 지배한다. 대세는 어디서 나오는가? 우리는 결코 대놓고 그 이야기를 들어본 적이 없다. 다만 인간 집단이 피할 수 없는 성과로 통하는 길을 만들어냈으며, 우리는 그에 대한 각오를 하는 것이 낫다는 이야기만 들었을 뿐이다. 대세는 운명이다. 역사는 보이지 않는 사회적 힘에 의해 쓰이고, 주인공은 플롯을 바꿀 힘이 없다.

정반대 편에서 개인은 대세를 장악한다. 한 사람의 특이한 행동은 우리 모두가 다양한 길로 흩어지게 새로이 바꿀 수 있다. 카오스 이론을 기반으로 한 이 관점의 논리적인 확장은 모든 개인이 단순히 역사를 바꾸는 데서 끝나지 않는다. 우리 각자는 모든 행동과 모든 생각으로 역사를 꾸준히 바꾸고 **있다**. 누가 무엇을 하느냐는 그 누가 무엇을 하느냐만큼 중요할 수 있다. 이것이 사실이라면, 여러분에게 힘을 북돋아 줄 것이다. 그저 여러분이 하는 모든 것이 중요할 뿐 아니라, 그 일을 하는 행위자가 다른 누구도 아닌 **여러분**이기 때문에 중요하다. 아마도 우리는 각자의 나비효과를 불러일으킬 것이다. 우리 각자는 조금씩 다르게 날갯짓을 하기 때문이다.

이 두 가지 변화의 구상은 근본적으로 다르다. 우리는 한 패가 될 것인가, 아니면 각자가 목적지를 결정할 것인가?

2015년 말 《뉴욕타임스 매거진》은 독자들에게 다음과 같은 가상의 질문을 띄웠다. '과거로 돌아가 히틀러가 아직 아기일 때 그를 암살할 수 있다면, 그 일을 하겠는가?'[2] 시간 여행의 논리 같은 모든 현란한 문제는 젖혀두고 이 질문의 전제를 인정한다면, 언뜻 보기에는 직접적인 도덕적 딜레마가 된다. 실용주의자들에게는 쉬운 계산이다. 그래, 아기 한 명을 죽여서 훗날 무고한 희생자 수백만 명의 목숨을 구하자. 도덕에 대해 좀 더 청교도적이고 칸트적인 접근법을 택한 사람은 이 문제를 다르게 볼 것이다. 아기 히틀러는 어른 히틀러로 자라겠지만, 그 누구도 순수한 아기를 죽이는 것을 정당화할 수는 없다. 독자의 42퍼센트는 아기 히틀러를 죽이겠다고 대답했지만, 30퍼센트는 아니라고 답했고 28퍼센트는 잘 모르겠다고 했다.[3]

그러나 아기 히틀러 질문은 곤란한 도덕적 딜레마보다 더 심오하다. 올바른 답은 역사가 어떻게 작동하고 왜 변화가 일어나는지에 대한 우리의 관점을 회전시킨다. 카오스 이론은 작은 변화가 엄청난 결과를 만들어낼 수 있다고 증명한다. 따라서 과거의 조작은 극단적인 변화를 일으킬 위험이 있어서, 사고실험을 더욱더 불확실하게 만든다.

아기 히틀러 사고실험에서 암시하는 내용은 히틀러가 없었다면 나치가 독일에서 권력을 차지하지 못했을 것이며, 제2차 세계대전이 발발하지 않았을 테고 홀로코스트를 피할 수 있었으리라는 생각이다. 따라서 이 실험은 히틀러가 이 사건들의 유일한, 혹은 적어도 결정적인 원인이라 가정한다. 여러 역사학자는 이 관점에 문제를 제기하며, 이 대재앙은 그저 필연적이었다고 주장한다. 히틀러가 일부 결과에 영향을 미치긴 했겠지만 사건의 전체적인 궤적에는 그다지 큰 영향을 미치지 못했으리라는 말이다. 나치와 전쟁, 집단 학살은 단순하게 한 남자에서 시작되었다기보다 더 큰 요인들에서 기인했다.

여러분이 기꺼이 히틀러를 죽이면 역사가 달라지리라고 인정하더라도, 아기 히틀러의 가상 문제는 (당연하게도) 히틀러 없는 세상이 훨씬 더 좋으리라고 가정한다. 상상하기 어렵지만 히틀러 없는 세상은 훨씬 더 끔찍했을 수 있다고 주장하는 자들도 있다. 영국 작가이자 배우인 스티븐 프라이는 한 소설에서 어느 대학원생이 과거로 시간여행을 떠나 히틀러의 아버지를 불임으로 만들었다고 썼다.[4] 나치주의는 여전히 등장하지만, 권력을 쥔 지도자는 히틀러보다 더 이성적인 데다 덜 충동적이어서 그 덕에 독일이 핵무기를 손에 넣고, 전쟁에서 승리하며, 훨씬 더 많은 유대인을 살해한다. 이런 일이 벌어질 수 있을까? 알 수 없다. 그러나 분명한 것은 복잡한 과거를 바꾸는 일이 예측할 수 없는 미래가 오게 할 수 있다는 것이다. 이런 식으로 아기 히틀러 문제는 단순히 도덕성이 아니라 역사의 인과관계에 대한 관점에 따라 달라진다. 그리고 과거에서 한 사람을 없애는 것이 우리 인류의 이야기를 바꿀지, 그리고 어떻게 바꿀지도 문제가 된다. 우리는 결코 알 수 없다.

역사는 벌어진 사건이 아닌 우리가 벌어졌다고 동의한 사건이다

영국의 유명한 E. H. 카처럼 일부 역사학자들은 그런 반사실적 역사에 집착하는 것이 말도 안 되는 시간 낭비이며, 실제 세계에서 아무런 영향도 미치지 않는 공상의 실내 게임일 뿐이라고 주장한다.[5] 또 한 명의 영국 역사학자 E. P. 톰슨은 반사실을 Geschichtenscheissenschlopff라고 칭했는데, 이 단어는 '역사와 상관없는 개소리'[6]라는 매력적인 어구로 번역할 수 있다. 이 역사학자가 취하기에 흥미로운 관점으로, 과거가 변할 수 없더라도 대안적인 경로를 검토하는 것은 왜 특정 사건이 일어났는지 이유를 이해할 수 있는 유용한 도구가 되기 때문이다. 벌어졌을 수도 있는 일을 짐작하는 일은 정말로 일어난 일을 해석하는 데 통찰력을 부여할 수 있다. 이 문제는 제대로 이해하는 것이 중요하다. 앞서 살펴보았듯 우리가 믿는 서사가 우리의 행동을 형성하며, 역사에서는 서사가 중요하기 때문이다. "역사는 벌어진 사건이 아닌, 우리가 벌어졌다고 동의한 사건

이다." 데이비드 번은 이렇게 말했다.[7]

 몇 세기 동안 핵심적인 인물이 역사를 결정한다고 널리 받아들여졌다. 오래전에 세상을 떠난 역사학자들은 황제와 왕들을 극찬하는 자서전을 썼다. 중국에서 '천명'[8]은 통치자들에게 정당성을 부여했다. 이들이 신성한 의지를 지구에 전파하면서 역사를 이끌어나간다고 보았기 때문이다. 이 개념은 중세 유럽의 왕이 지닌 신성한 권리에 해당한다.[9] 19세기 스코틀랜드 철학자 토머스 칼라일은 이 사고방식을 '영웅사관'이라고 하는 노골적인 역사철학으로 바꾸었다.[10] 칼라일은 신이 바라는 대로 세상을 바꾸기 위해 국가의 지도자들과 산업계 거물들을 내려보냈다고 주장했다. "세계의 역사는 그저 영웅의 자서전이다." 칼라일은 이렇게 썼다. 그러나 역설적이게도, 칼라일의 역사관에서 **누가** 영웅인지는 중요하지 않다. 영웅은 단순히 미리 결정된 신성한 계획을 수행할 뿐이기 때문이다. 따라서 아무런 성과를 이루지 못한 사람은 없앨 수 있다. 나폴레옹이 아니더라도 누구든 신의 명령을 행하기 위해 나타났을 것이다. 기독교 영웅 이론가들에게 중요한 것은 신성한 예언이지 개성이 아니다.

 시간이 흐르면서 영웅사관은 더 광범위한 형태로 바뀌었고, 왜 변화가 일어나는지 이해하기 위해 유력 인사들을 살피는 역사적인 접근법이 됐다. 테러와의 전쟁을 이해하기 위해 근원적인 추세 또는 사회적인 역학이 아닌 조지 W. 부시와 오사마 빈 라덴을 연구하는 것이다. 영웅의 역사를 새롭게 읽어내는 것은 신성한 의지가 아닌 특정한 죽음으로 인해 방향을 바꾸는 반사실적인 우발성이라는 사실을 믿는다는 의미다. 지도자들은 성과를 만들어내고, 이들의 성격과 변덕, 심지어 기분이 사건을 흔들 수도 있다. 스티브 잡스는 단순히 기술의 배턴을 앞으로 넘겼을 뿐 아니라, 새로운 배턴도 같이 만들어냈다. 누군가가 잡스를 대체한다면, 혹은 잡스의 아버지가 시리아를 떠나 미국으로 이민 오지 않았다면 우리 세계는 달라졌을 수 있다.* 이런 역사관에서 개인들은 교체가 불가능하다. 핵심적인 순간에는 핵심적인 인물이 중요하기 때문이다.

그러다가, 19세기 후반과 20세기 초반에 역사학자들과 철학자들, 그리고 경제학자들이 영웅사관을 원위치로 돌려놨다. 『전쟁과 평화』에서 레오 톨스토이는 나폴레옹을 그저 당대의 영웅으로 그려냈다. 제국의 정복이라는 분위기가 형성되어 있었으니, 어느 프랑스 지도자라 해도 동일한 역사 속 정치적인 상황에 처한다면 러시아를 침공했을 것이다. 역사가 지도자를 만들지, 지도자가 역사를 만들지는 않는다. 이와 유사하게, 헤겔과 그 이후의 마르크스는 역사가 최종적인 목표를 향해가는 예측 가능한 행진이라고 보았다. 마르크스는 모든 사건이 일련의 단계를 거친 가차 없는 탐구의 일부고, 마침내 프롤레타리아가 지배하는 세상으로 막을 내리게 된다고 보았다. 혹자는 이 과정의 속도를 높일 수는 있지만, 아무리 강한 사람이라 하더라도 필연적인 결과를 멈출 수 없었다고 했다. 경제적 이데올로기의 반대편

---

* 오늘날의 역사가들은 다행히 영웅사관great man이 영향력 있는 여성의 역할을 간과하고 있다는 사실을 인식하고 있으며, 거물사관big beasts이라 바꿔 부르기도 한다.

에서는 경제학자 애덤 스미스가 인간의 행동을 인도하는 보이지 않는 손을 주창했다. 스미스와 마르크스는 거의 모든 점에서 의견이 불일치했으나, 개별적인 인물이 오가는 와중에서도 역사의 최종 목표가 결정되어 있다는 관점을 공유하고 있었다.

버려진 담배 세 개비, 그리고 이를 발견한 적절한 인물

1920년과 1930년대에 역사학 분야에서는 프랑스에서 **아날학파**가 등장했다. 이 학파는 사회적 변화를 특정한 개인이나 핵심 사건 대신 장기적이고 사회 전반적인 추세를 분석해 이해하려고 하는 학자들이 세웠고, 점차 영향력을 크게 넓혀갔다. 이 학파의 주창자 가운데 한 명이었던 마르크 블로흐[11]는 유대계 역사학자로, 나중에 제2차 세계대전 동안 프랑스 레지스탕스의 일원으로 활동했다. 1944년 중반에 블로흐는 체포와 고문을 당했고, 게슈타포에 의해 처형됐다. 블로흐가 자신의 죽음을 설명했다면, 그의 역사철학은 아기 히틀러로 사건을 거슬러 올라가는 대신 장기적인 사회적 역학을 강조했을 것이다.

아날학파는 '역사를 해석'[12]한다는 의미를 바꾸었다. 훗날 이를 따르는 여러 역사학자는 핵심적인 움직임과 동요를 만들어낸 사람에 집착하기보다는 이른바 "아래로부터 역사"를 채택하고, 평범한 사람들의 삶에서 일어나는 장기적인 변동이 어떻게 사회적인 변화를 이끌어내는지를 살폈다. 현대 역사학자들은 영웅 또는 거물의 사고방식에 집착하는 이들이 마치 섹시한 헐리우드의 전기 영화식으로 '진짜' 역사를 무시하기라도 하듯 그들을 경멸하고 멸시한다.

정치학자들과 경제학자들 역시 개인을 교체할 수 있다고 취급하면서, 특정한 사람들에 대한 설명을 일축한다. 게임이론과 경제공식, 그리고 합리적 선택모델은 보통 다양한 개성을 이해하려 하지 않고 **누구든** 마주할 수 있는 장려책을 모형화하는 데 의존한다. 그리하여 개인의 차이는 상상 속 '포괄적'이거나 '표준적'인 인간으로 수렴해 버린다.

벨기에의 수학물리학자인 다비드 뤼엘은 이런 식의 사고가 지닌 한계를 보여주기 위해 유용한 사고실험을 제시했다.[13] 체스판 한가운데에 벼룩 한 마리를 둔다고 상상해 보자. 확률이론은 이 벼룩이 몇 번이나 체스판 위의 다른 칸으로 뛰어 넘어갈 것인지 그 평균을 효율적으로 계산할 수 있다. 거기까지는 좋다.

이제 63마리의 벼룩을 64칸짜리 체스판에 올려두고, 벼룩마다 릭, 엘리, 조, 앤, 캐스피언, 앤서니처럼 이름표를 붙여준다고 상상해 보자. 릭이나 엘리가 어느 시점에 어디에 있을지 정확하게 예측하는 것은 불가능하다. 64칸과 63마리 벼룩의 잠재적인 결합이 너무 많기 때문이다. 그러나 사회과학모델은 특별히 예측에 강하다. 시간의 흐름에 따라 행동을 바탕으로 벼룩들이 일반적으로 어떻게 체스판 위에 자리 잡고 있는지, 벼룩들 사이의 공간과 움직이는 속도, 뛰는 평균 높이 등을 고려할 수 있다. 교통체증을 예측할 때 어느 특정 운전사가 도로에 있는지 여부는 중요치 않듯, 이런 식의 문제는 우리의 조사 도구에 완벽하게 맞아떨어진다.

이제 나이젤이라고 하는 벼룩 한 마리가 육식이라고 하면 어떨까?

갑자기 평균이나 평형을 바탕으로 이 체스판 위의 역학을 예측하거나 이해하려는 시도가 더 이상 소용이 없게 된다. 개인은 더 이상 교체가 불가능하기 때문이다. 벼룩들은 나이젤로부터 달아날 것이다. 다음으로 **모든** 벼룩이 약간 특이체질이라고 상상해 보자. 바버라라고 하는 벼룩은 나이젤과의 거리가 두 칸 이내가 되면 체스판에서 완전히 뛰어내릴 것이다. 다른 두 마리인 폴과 제임스는 무슨 일이 있어도 움직이기를 거부한다. 켈시라는 벼룩은 체스판 구석을 선호해서, 귀퉁이 칸에 들어가게 되면 계속 머무를 것이다. 문제를 더 복잡하게 만드는 것은 이 행동들이 시간의 흐름에 따라 달라진다는 점이다. 벼룩들은 경험에 기반해 배우고, 순응하고, 새로운 선호를 개발할 수 있다. 갑자기 벼룩의 위치에 관한 초기조건이 가장 중요해진다. 실험을 다시 돌릴 때마다 완전히 다른 사건이 생긴다.

그러나 인간은 벼룩보다 연구하기가 훨씬 더 어려우며, 가끔은 특정한 인물이 그다지 중요하지 않은 척하기도 한다. 예를 들어, 미국 정치를 연구하는 여러 정치학자는 오랫동안 미국의 대통령직보다는 미국 대통령의 특성을 분석하는 이들을 비웃었다. 에이브러햄 링컨의 자서전은 진지한 학자가 아닌 케이블 TV 진행자가 쓰도록 남겨졌다. 사회과학에서 수학화되고 과학화된 순서는, 개인을 이해하려고 노력하는 이들이 세련되지 못하거나 그다지 철저하지 못하다고 비춰지게 했다. 궁정의 음모와 성격적 특성은 E. P. 톰슨이 반사실을 보듯 비과학적인 헛소리로 취급당했다. 서양의 지식 생산은 아무리 잘못되거나 오해를 불러일으키더라도 원칙을 특정하고, 특이한 개인의 이해보다는 체계를 우선시한다. 탁상공론을 일삼는 심리학자 혹은 아마추어 역사학자에게 이런 하찮은 질문들을 떠맡기자. 사회적 변화의 피스톤은 개인이 아닌 제도 안에서 움직인다.

나는 권력과 권력을 쥔 이들을 10년 이상 연구해 왔고, 언제나 이런 역사관이 기이하다 생각했다. 대통령직도 중요하지만 대통령도 중요하다. 쿠바 미사일 위기는 존 F. 케네디나 흐루쇼프가 아닌 다른 지도자였거나, 둘 중 한 명이 결정적인 순간에 마음을 바꿨다면 다르게 진행됐을 것이다. 이런 관점은 미국 대통령직을 연구하는 이들, 즉 세련된 '제도주의자'들 사이에서는 드물게 나타난다. 그 후 도널드 트럼프가 권력을 쥐었다. 미국 정치사가 한 사람에 의해 급진적으로 변화했다는 사실을 무시하기란 불가능하다. 2016년 대선에서 젭 부시나 힐러리 클린턴이 승리했어도 미국이 지금과 똑같았으리라 믿는 사람이 있을까?

권력의 주변인들조차 엄청나게 중요할 수 있다. 왜 미국 남북전쟁에서 북부가 이겼는지 역사학자에게 물어보자. 그러면 다양한 대답을 얻게 될 것이다. 이 모든 것이 분명한 논리를 지녔다.[14] 북부에는 우월한 물자공급선과 제조업이 있었다. 북부는 봉쇄가 가능한 대규모 해군을 보유했다. 북부에는 남자가 더 많았다. 이 모든 것이 진실이다. 그러나 전쟁은 몇 가지 작은 변화로도 다르게 진행됐을 수 있다. 특히나 남부동맹군이 지나치게 소심하고 제대로 관리받지 못한 북군을 상대로 여러 차례 결정적인 승리를 거뒀던 초기에는 더욱 그렇다. 1862년 가을이 되자 북군에 대한 추가적인 일격이 연쇄반응을 일으켰다. 영국은 남부연합국을 공식적으로 인정할지 고려하고 있었다. 미국이 영구적으로 반으로 갈라질 수도 있었다. 왜 그런 일이 벌어지지 않았는가를 부분적으로 설명하는 데는 어느 뛰어난 장군이나 튼튼한 공급선이 등장하지 않는다. 그 이유는 버려진 담배 세 개비, 그리고 이를 발견한 적절한 인물에 있었다.

1862년 9월 13일 토요일 아침 9시경, 북군의 27 인디애나 연대의 바턴 W. 미첼 상등병이 행군에서 벗어나 휴식을 취하고 있었다. 따가운 가을 햇볕을 피하기 위해 그는 허둥지둥 인근 울타리 옆에 드리운 나무 그늘 아래로 들어갔다.[15] 휴식을 하며 기지개를 켜던 중, 나무뿌리 근처 잡초 사이에 숨겨진 뭔가가 눈에 띄었다. 담배 세 개비가 종이 한 장에 싸여 있었고, 종이 위쪽에는 이렇게 써 있었다. "(일급기밀) 본부 북군 버지니아. 1862년 9월 9일. 특수명령 191호." 바턴은 우연히 남부동맹군의 행군 명령을 발견했고, 군이 기습 공격을 가할 것이라는 사실을 알았다. 바턴은 특사의 행낭에서 떨어진 귀중한 첩보를 우연히 발견했고, 이로써 전쟁의 흐름이 바뀔 수 있었다. 그러나 이 첩보가 진짜였을까?

서류에는 'R. E. 리 장군'의 명령에 따라 'R. H. 칠턴'이 서명을 했다. 매우 그럴듯해 보였으나 허위 서류에 속았다가는 대재앙이 닥칠 수도 있었다. 편지는 북부군의 사단장인 알피오스 S. 윌리엄스 장군에게 전해졌다. 그의 텐트 바깥에서 서류는 우선 부관참모인 새뮤얼 피트먼 대령에게 전해졌다. 피트먼은 종이를 펴서 읽으며 그 중요성을 파악하다가 밑부분의 서명을 보고는 멈칫했다. 금세 그는 명령이 진짜라는 것을 알았다.

이 첩보로 무장한 북부군은 남부군 부대를 만나려고 행군했다. 미국 역사상 가장 유혈이 낭자했던 날인 앤티텀 전투가 나흘 후 뒤따랐다. 북부군은 심각한 사상자들로 고통받았으나 미리부터 공격에 대비해 왔다. 앤티텀 전투를 계기로 남부군이 후퇴했고, 전쟁의 모멘텀이 뒤바뀌기 시작했다.[16] 역사학자들은 전투가 성과를 올려 링컨 대통령이 전투를 마치고 5일 후에 노예해방선언을 발표하고 북부 지역의 노예들을 자유롭게 놓아주라고 명령할 자신감을 얻었다고 주장한다. 이런 중추적인 사건들이 부분적으로는 버려진 담배 세 개비로 거슬러 올라갈 수 있다.

새뮤얼 피트먼은 어떻게 그 명령이 진짜인지 알았을까? 서류에 서명한 자는 R. H. 칠턴이었다. 전쟁 전에 피트먼은 디트로이트주의 은행 출납계에서 근무했고, 칠턴은 미군의 경리계에 있었다. 칠턴은 지불을 위해 수표에 서명을 해야 했고, 피트먼은 칠턴의 서명을 수천 번도 더 보았다. 담배를 감고 있던 종이 위 서명을 보았을 때 피트먼은 곧장 그 서명이 진짜라는 것을 알았다. 잃어버린 담배 세 개비와 딱 적절한 그늘에서 쉬고 있던 군인 한 명, 우연히 그 서류가 진짜라고 확신할 수 있는 유일한 북군 손에 들어간 적의 명령 때문에 근대사가 방향을 바꿀 가능성은 이상하지만 있을 법하다. 우리는 가끔 역사에서 이런 사건들을 기록하면서, 왜 상황이 벌어졌는지에 대한 더 명확하고 이성적인 '원인'을 찾는다. 그렇지만 우리의 임의적이고 우발적인 세계에서는, 상등병 미첼이 발견했듯이 들여다봐야 할 적절한 장소가 잡초 안쪽일 때도 있다.

때로는 편견이 우리의 눈을 가리고 귀를 닫게 한다

우리는 **누구**보다 **무엇**이 중요하다는 생각, 더 나아가 메시지를 전하는 사람보다 메시지가 중요하다고 보는 생각에 집착한다. 그러나 역사를 통틀어 이는 진실이 아니라는 것이 확실해졌다.

그리스신화에서 트로이의 카산드라는 아름다움과 지성으로 아폴로 신의 눈을 사로잡았다. 아폴로는 그녀에게 신성한 선물로 미래를 정확히 바라보는 능력을 주었지만, 이후 카산드라는 아폴로를 비웃었다. 카산드라에게 준 예언의 선물을 되돌릴 수 없던 아폴로는 어쩔 수 없이 그녀에게 불신의 형벌을 내려 저주했다. 아무리 카산드라의 예언이 정확하다 해도 아무도 그녀를 믿지 않았다. 카산드라는 사람들에게 죽음이 임박했다거나 왕에게 참혹한 전쟁이 벌어질 것이라 경고할 수 있었지만, 언제나 바람 속에서 울부짖을 뿐 그녀의 현명함은 무시당했다.

카산드라의 신화는 불변의 진리가 존재하더라도 이에 대한 해석은 가끔 그 진실을 홍보하는 자에 따라 주관적으로 달라질 수 있다는 점을 인간이 오랫동안 이해해 왔다고 가장 먼저 보여주는 사례다. 우리는 가끔은 조짐이라고 하는 개념을 통해, 또 가끔은 스키마를 통해 지적인 단축을 택하는 생물종이다.

조짐에는 사회적으로 용인되는 단서를 사용해 정보를 전달하려는 정교한 시도들이 포함된다. 전문가들은 정당한 이유로 TV에 하와이

안 셔츠에 플립플롭을 신고 등장하는 경우가 거의 없다. 우리 인간은 이 단서들을 수집해서, 우리가 만나는 사람들에게 교육과 직업, 또는 집이라 부르는 동네에 관해 질문 공세를 퍼붓고, 재빨리 사람들을 평가해서 이들이 말하는 내용에 얼마나 무게를 둘 것인지 판단한다. 대부분의 사람이 새로운 사람과의 첫 만남에서 가장 먼저 던지는 질문은 "무슨 일 하세요?"다. 그 답은 즉각적으로 그 사람에 대한 해석을 재조정한다. 여기서 편견이 생긴다. 편견은 잘못된 신호를 주는 올바른 정보를 무시하게 하고, 변화의 구조적이고 체계적인 관점에 또 다른 어려움을 안긴다.

스키마는 우리가 광대한 양의 정보를 쉽게 관리할 수 있는 카테고리로 정제하는 데 사용하는 심리 도구다.[17] 신경정신학과 심리학 연구는 반복적으로 이 정신적인 꼬리표가 이 세상과 우리가 만나는 사람들에 대한 신선한 계시를 처리할 수 있도록 필터를 제공한다. 여러분은 상대가 어떤 사람인지 알지 못하지만, 상대에게 민주당이라거나 공화당, 아니면 토리당이나 노동당 지지자라는 꼬리표가 붙는 순간 머릿속에서 이 카테고리에 관해 지닌 생각들과 이 사람을 연결시킨다. 우리는 다시 한번 언어의 우발성에 사로잡힌다. 누군가를 만났을 때 똑같은 사람이더라도 '인플루언서'라든가 반대로 '사업가'로 소개된다면 그 사람에 대한 평가가 급격히 바뀔 수 있다. 그러나 이 의미, 또 그 의미에 부여하는 신뢰성은 시간이 흐름에 따라 바뀐다. 1990년대 사람들은 '인플루언서'라고 불리는 사람을 어떻게 판단했을까? 그 누가 알랴? 그러나 분명 오늘날 이 단어에 붙은 의미와는 달랐을 것이다. 우리의 심상 지도와 스키마는 고정되어 있지 않으며 끊임없이 변한다. 이는 우리가 사람을 묘사하거나 우리 마음속에 카테고리화하기 위해 사용하는 단어 자체가, 그들로부터 받는 정보를 신뢰할 것인지 폐기할 것인지에 영향을 미칠 수 있으며, 더욱 예측할 수 없는 결과를 만들어낼 것이라는 의미다.

따라서 뇌는 우리가 재빨리 사람을 카테고리로 나누고 잠재의식으로라도 그 사람의 말에 귀를 기울여야 하는지 여부를 판단하도록 설계됐다. 매끈한 정장을 갖춰 입고 탁월한 학위와 매력적인 자신감을 뽐내는 진지해 보이는 사람들이 반복해서 경제를 박살내고, 전쟁으로 몰아가며, 국제적으로 엄청난 괴로움을 가한다. 그러니 이는 누가 뭔가를 말했는지의 문제가 아닌, 우리가 그 말을 하는 사람들을 어떻게 인식하는지의 문제가 된다. 우발성 위에 우발성 위에 우발성이다. 우리는 메시지만큼 메시지를 전하는 사람이 중요하다는 사례로 카산드라의 문제를 언급하지만, 이는 역사를 비합리적이고 임의적으로 바꿔놓을 수 있는 또 다른 인지 편향이기도 하다.

우리가 이 편향에 쉽게 빠진다면, 역사를 통틀어 다른 사람들도 마찬가지다. 예를 들어, 1865년 4월 찰스 콜체스터는 에이브러햄 링컨이 포드 극장에서 살해당하기 고작 며칠 전, 그에게 위험에 빠졌다고 경고했다. "풍성한 턱수염을 한, 빨간 얼굴과 푸른 눈의 영국인"[18]이라는 말에 콜체스터는 링컨의 아내 메리 토드의 신임을 얻었다. 그러나 링컨은 콜체스터의 경고를 무시했다. 왜일까? 콜체스터는 백악관에 정치자문관이 아니라, 메리 토드에게 1862년 세상을 떠난 아들

윌리와 다시 만날 수 있게 해주겠다고 주장한 점쟁이이자 예언자로 들어온 것이기 때문이었다. 링컨은 절대로 콜체스터의 심령술을 믿지 않았다. 다만 아내를 위로해 주기 위해 교령회에 의무적으로 참석할 뿐이었다. 콜체스터가 링컨에게 생명이 위태롭다고 경고했을 때, 링컨은 이를 또 하나의 가짜 예언이자 쉽사리 무시할 사기꾼의 헛소리라고 일축했다.

링컨이 콜체스터를 믿었다면 더 좋았으리라. 콜체스터가 진짜 예언가였기 때문이 아니다. 그는 분명 사기꾼이었다. 그러나 콜체스터는 내부 정보에 접근할 수 있었고, 콜체스터의 가까운 협조자 중 한 명은 역시나 교령회에 참석하면서 심령술을 믿는 사람이었다. 바로 존 윌크스 부스였다. 링컨에 대한 콜체스터의 경고는 단순한 추측이 아닌, 무슨 일이 벌어질지 아는 한 남자의 카산드라적 경고였다. 링컨은 콜체스터의 충고를 무시하고 포드 극장으로 갔으며, 부스의 손에 암살당했다.

이제 누구든 역사상의 호기심을 암시할 수 있지만 지식의 일부 영역은 이 개별적인 변주의 영향을 받지 않는다고 반론을 제기할 수도 있다. 어쨌든 실현 가능한 좋은 아이디어는 떠돌고, 그렇지 않은 나쁜 아이디어는 가라앉는다. 인간은 가끔 시간과 공간을 초월해 비슷한 아이디어를 내놓는데, 이 현상을 다중발견[19]이라 한다. 예를 들어, 석궁은 중국과 그리스, 아프리카, 캐나다, 그리고 발트해에서 독립적으로 발명됐다. 산소는 비슷한 시기에 적어도 세 명이 세 번의 개별적인 상황에서 발견했다. 또 두 사람이 같은 날 전화기에 대한 특허를 냈다.

어쩌면 천재는 천재의 한 방을 만들어내는 아이디어보다 중요하지 않을 수 있다. 아마도 우리 세계는 아인슈타인이 무시당하고, 또 그의 아이디어가 망상에 빠진 특허사무원의 공상이라고 무시당했더라도 그리 다르지 않았을 것이다. 다른 누군가가 아인슈타인 대신 그 발견을 했을 것이며, 중요한 것은 그 공식이지 공식을 만든 사람이 아니므로 그대로 손해도 이득도 아니었을 것이다. 그러나 그게 정말일까? 중요한 질문이다. 과학적인 아이디어조차 적어도 얼마간은 그 아이디어를 제시한 사람에게 우발적으로 발생했다면, **몽땅 다** 우발적이며 개인이 만들어낸 우연성의 영향을 받는다는 이야기에 반박하기가 어렵기 때문이다.

20세기에 과학철학의 두 거장 칼 포퍼와 토머스 쿤은 현대 과학이 어떻게 작동하는지를 두고 설전을 벌였다. 포퍼는 나쁜 아이디어를 부정하는 것이 어떻게 더 객관적인 과정에서 변화를 이끌어가는지 강조했다. 반면에 쿤은 개인의 주관적인 역할을 강조했다. 포퍼의 입장에서 과학자들은 진실을 드러내기 위해 나쁜 아이디어를 분해하려고 하며, 위조를 통해 잘못된 이론을 내던졌다.[20] 이 과학자들은 계속 모든 제안된 가설이 틀렸음을 증명하려 하고, 증명 후에 그 아이디어는 과학사의 쓰레기통으로 들어간다. 과학적 발견은 적절히 수행했을 때 끊임없는 실험을 통해 발전하고, 냉철함을 고수하며 개인이나 정치에 의해 흔들리지 않는다. 아이디어는 과학 분야에서 글래디에이터 식의 전투를 거치고, 상처 없이 살아남은 아이디어만이 다시 실험 대상이 된다.

반면에 1962년 『과학혁명의 구조』[21]를 쓴 토머스 쿤은 우리 모두와 같이 과학자들도 편견과 편향을 지닌다고 주장했다. 개별적인 과학자들은 기존의 신념들을 품고, 특정한 이론을 믿으며, 이런 관점들이 옳음을 증명하는 데 직업적인 삶을 바친다. 그러나 과학 이론이 틀렸을 때 과학자들이 아무리 자신의 반려 가설을 보호하려 애쓴다 해도 균열이 드러난다. 균열이 커지면 과학의 전체 체계가 무너지고, 수십 년 동안 받아들여졌던 진실 또한 당혹스러운 충격에 무너질 수 있다. 쿤은 이 순간을 과학혁명이라고 칭했다. 예전에는 지배적이었던 패러다임이 새로운 것으로 교체되고, 그 과정은 반복된다('패러다임 변화'라는 말을 들어봤다면, 쿤이 만들어낸 용어를 사용하고 있는 셈이다).

쿤의 입장에서는 과학자들 자체가 중요하며, 그것도 아주 많이 중요하다. 개인 연구자들은 과학에서 어떤 질문이 나올 것인지, 어느 가설이 진지하게 받아들여질지, 그리고 누가 돈을 댈지에 영향을 받을 수 있다. 이는 과학적 진실이 주관적이라는 의미가 아니라, 과학을 만드는 것은 인간의 노력이며 그렇기 때문에 인간이 착수한 행동에 수반되는 우발성과 임의성에 취약하다는 의미다.

1906년 독일의 한 기상학자인 알프레드 베게너가 풍선을 가장 오랫동안 띄워 기록을 세웠다. 52시간 동안이나 땅 위에 떠 있었던 것이다. 6년 후 그는 풍선처럼 대륙도 뜰 수 있으며, 오랜 시간 동안 멀어질 수 있다고 주장했다.* 베게너가 1912년 이 이론을 제안했을 때 신속하고 격렬하게 반대가 일었다. 지구의 표면이 움직인다고 지질학자들에게 이야기하는 이 기상학자이자 풍선 띄우기 챔피언은 누구인가?

베게너의 이론이 발표됐을 때 독일과 전쟁을 벌이기 직전이었던 영국에서는 1920년대 초까지도 이 이론에 주의를 기울이는 과학자가 거의 없었다.[22] 1943년 미국 고생물학자 조지 게이로드 심슨이 지구의 땅이 움직인다는 개념[23]을 강하게 비난했다. 당시 미국은 독일과 전쟁을 치르고 있었고, 미국의 과학자들은 심슨의 편을 들었다. 강력한 증거에도 불구하고, 1967년이 되어서야 판구조론과 대륙이동설은 받아들여졌고, 지구과학에 혁명을 일으켰다. 50년이 지나도록 사람들은 어떤 주장이 제기됐는지보다는 그 주장을 제기한 **사람**의 국적과 전문적인 경력에 더 관심을 가졌고, 그로 인해 이 세상을 잘못 이해했다. 풍선 날리는 솜씨로 가장 유명했던 독일의 기상학자는 당시에 메시지를 전하기에 적절한 사람이 아니었다.

나는 분명 개인이 과학사를 극단적으로 바꿔놓는다는 개념을 제기한 최초의 사람이 아니다. 그러나 이 주장에 대한 표준적인 반론은 거의 언제나 똑같은 사람을 가리킨다. 바로 찰스 다윈이다. 진화론을 구체적으로 제안한 사람이 찰스 다윈이라는 점이 중요한가? 그가 아니었다면 다른 누군가가 동일한 이론을 제시하지 않았을까? 아이작

● 베게너가 이 지적인 반론을 제시한 최초의 사람은 아니다. 1500년대 후반에 한 지도제도사인 아브라함 오르텔리우스[24]는 대륙이 한때 붙어 있다가 현재의 위치로 떨어져 나갔다고 주장했다. 다른 여러 사람들도 비슷한 개념을 제안했다. 남아메리카와 서아프리카가 마치 직소퍼즐 두 조각처럼 거의 완벽하게 맞아 들어가는데도, 매번 이런 주장은 터무니없다고 여겨졌다.

뉴턴과 거의 비슷한 시기에 계산법을 고안한 고트프리트 빌헬름 라이프니츠처럼 말이다.

이 주장에는 반대하는 것이 적절하다. 다른 누군가가 찰스 다윈과 대략적으로 같은 시기에 진화론을 확실히 제시**했기** 때문이다. 알프레드 러셀 월리스라는 영국의 박물학자였다. 이 두 남성의 이야기는 반反 쿤주의의 냉정하고 수렴적인 과학관을 지지하는 데 사용된다. 위대한 발견은 처음 제기될 때 과학적인 추세의 일부로서 '그 기운이 감돈다'. 진화이론을 개척한 자가 다윈이든 월리스이든 발전의 궤적에는 특별히 영향을 미치지 않는다. 그렇다면 개념의 역사가 어떻게 작동하는지 알기 위해 이를 좀 더 자세히 살펴보자.

그 일을 하는 사람이 다른 누구도 아닌 당신이라는 점이 중요하다

19세기에 가장 중요한 책은 거의 글로 남지 않았다.

왕립해군의 군함인 HMS **비글**은 첫 항해에서 프링글 스토크스라는 이름이 인상적인 사람의 지휘를 받았다. 1828년 배가 남아메리카 남쪽 끝에 정박하는 동안 스토크스는 깊은 우울감에 빠졌다. 음울한 날씨는 너무 암울해서 그는 일기장에 "사람의 영혼이 몸속에서 죽는다"라고 쓰기도 했다.[25] 스토크스는 오두막에 틀어박혀, 스스로 총을 쏜 후 며칠 후 죽었다. 스토크스가 살았더라면 찰스 다윈은 결코 비글호를 타지 못했을 것이다.

그 대신 비글호의 선장직은 왕립해군의 귀족 장교인 로버트 피츠로이에게로 넘어갔다. 피츠로이는 비글호의 두 번째 항해를 준비하며, 지휘관이 외롭게 고립된 자리임을 인지하고 있었다. 낮은 지위의 선원들과 대화를 나누는 것은 그와 같은 귀족에게는 어울리지 않았기 때문이다. 프링글 스토크스 같은 운명을 피할 수 있길 바라면서 피츠로이는 바다에서 보낼 몇 년 동안 배 위에서 친구가 되어줄 사람을 비공식적으로 찾기 시작했다.[26] 피츠로이의 첫 번째 선택은 성직자였으나 그는 종교적 책무를 저버릴 수 없다며 제안을 거절했다. 두 번째 선택은 한 교수로, 아내를 화나게 할 수가 없다며 거절했다. 그러나 교수는 적합한 도전자가 될 수도 있다며 옛 제자를 한 명 추천했다. 바로 찰스 다윈이었다.

피츠로이는 육체적 특성이 개인의 내적인 성향을 반영한다는 개념인 관상을 믿었다. 피츠로이는 다윈을 만났을 때, 그의 코를 보고 움찔했다. "피츠로이는 신체의 윤곽을 보고 그 사람의 성격을 판단할 수 있다고 확신했다. 그리고 내 코 모양을 한 사람이 항해를 떠나기에 충분한 에너지와 결단력을 지녔을지 의심했다. 그러나 나는 결국 그가 내 코 때문에 잘못 생각했다는 데 만족했으리라 생각한다." 다윈은 훗날 이렇게 썼다.[27] 19세기에 일어난 가장 충격적인 우발성 가운데 하나로, 다윈은 코 모양 때문에 과학을 바꿔놓을 운명의 항해를 떠나지 못할 뻔했다.*

---

* 역사적인 '클레오파트라의 코'[28] 관점을 말 그대로 확인한 것으로, J. B. 버리로 인해 더욱 도드라졌다. 버리는 클레오파트라의 아름다운 코 모양이 역사를 영원히 바꿔놓은 연쇄반응을 일으켰다고 주장했다.

다윈은 1836년 비글호의 두 번째 항해에서 돌아왔고, 그의 머릿속은 생물학을 혁명적으로 뒤흔들 신선한 통찰로 가득했다. 다윈은 친구와 동료 과학자들에게 아이디어의 초안을 보냈다. 그러나 그는 개인적인 병환부터 지배적인 종교적 교리와 갈등을 겪을 개념을 출판하면 사회적 낙인이 찍힐 수도 있다는 가능성까지, 여러 가지 이유로 핵심적인 식견을 발표하는 일을 미뤘다. 그는 서랍 속에 넣어둔 초안들에 매달렸고, 이를 책으로 출판해야 한다는 다급함 없이 지냈다.

그러다가 1858년 다윈은 인생을, 그리고 과학을 영원히 바꿔버릴 소포를 받았다. 영국 박물학자 알프레드 러셀 월리스가 보낸 편지였다. 다윈은 월리스가 쓴 편지를 읽으면서, 자신의 자연선택 개념과 놀라울 정도로 비슷한 아이디어로 충격을 받았다. "내가 본 중 가장 충격적인 우연이었다." 다윈은 훗날 이렇게 회상했다. 다윈은 자신이 몇십 년 먼저 떠올린 아이디어를 가지고 월리스가 먼저 인정받을 수도 있다는 두려움에, 서둘러『종의 기원』원고를 써서 출판업자 존 머레이에게 검토를 부탁했다. 성직자 위트웰 어윈이 검토를 마무리했고, 어윈은 출판사에 보낸 편지에서 원고가 쓰인 그대로 출판되어서는 안 된다고 설득하면서, 다윈의 비둘기에 대한 생각이 "흥미롭고, 기발하며, 수준이 높고 가치 있다"고 확신한다고 언급하며 그가 비둘기에 관한 책을 쓰는 것이 낫겠다고 주장했다. 다행히 다윈은 그 조언을 무시했다. 『종의 기원』은 몇 달 후 출간됐으며, 그 이후로 쇄를 거듭하고 있다.*

"기운이 감도는" 주제가 존재한다고 주장하는 냉정하고 수렴적인 과학의 옹호자들은 다윈의 이야기를 종종 내세운다. 이 개념은 과학적 진보는 일단 적절한 지적인 공기가 주위를 떠돌 때 피할 수 없이 근본적인 발견을 하게 된다는 의미다. 다윈의 코 모양이 피츠로이 선장의 심기를 조금만 더 거슬렀다면 과학이 철저히 달라졌으리라는 흥미로운 이야기가 있지만, 다윈이 없었다면 월리스가 대신 진화론을 발표했으리라 주장하는 사람도 많다. 월리스가 동일한 이론을 글로 써서 지지를 받고, 다윈이 아닌 그가 유명해졌을 수 있다. 개별적인 과학자들과 엮인 우연성은 과학사를 바꾸지 않으며, 그저 **어느** 과학자가 지지와 명성과 영광을 얻는지를 결정할 뿐이다.

이게 정말일까?

월리스는 아웃사이더였다.[29] 기존의 과학자들은 그와 같은 배경을 지닌 누군가가 자연선택에 의한 진화처럼 모든 과학 지식을 뒤집어놓는 충격적인 이론을 만들어냈다는 데 의심을 품었을 것이다. 그러나 단순히 월리스의 아웃사이더적인 위치만이 문제는 아니었다. 그러한 점이 월리스가 메시지를 전하는 사람이었다면 진화론이 어떻게 받아들여졌을지 바꿔놓는 데 결정적인 역할을 한 것은 아니라는 말이다. 젊은 남성이었던 월리스는 골상학자에게 자문을 구하면서, 두개골 판독이 어떻게 한 사람의 특성에 관한 심오한 진실을 밝힐

• 존 머레이는 이 책을 출판한 영국의 출판사다. 이들은 다윈의 걸작을 공개한 지 160년이 흐른 후 마침내 2019년에 비둘기에 관한 책을 출간했다. 그러나 아직 『종의 기원』만큼의 성공을 맛보지는 못했다.

수 있는지 알고는 충격을 받았다. 그는 평생 골상학을 맹신했다.[30] 한 번은 자신이 참석했던 교령회에 관한 글을 발표하기도 했는데, 그곳에서 월리스는 영매가 허공에서 꽃을 만들어냈으며, 서른일곱 개의 줄기는 "마치 밤공기에서 그 순간을 끌어내듯 모두가 신선하고 차가웠으며 이슬이 촉촉하게 맺혔다"[31]고 썼다. 월리스는 또한 최면술에도 빠졌는데, 한 저서에서 그는 "텔레파시와 무의식에서 쓴 글, 신들린 말, 신통력과 유령"[32] 등이 모두 진짜 현상이며, 중력만큼이나 증명할 수 있다고 주장했다. 월리스는 이로 인해 조롱의 대상이 됐다.

오늘날 다윈의 핵심 개념은 과학자들에 의해 거의 보편적으로 인정된다. 그러나 당시 다윈의 이론은 좋게 말하자면 논란이 많았다. 오늘날에조차, 진화론을 뒷받침하는 증거가 수도 없이 많지만 미국인의 54퍼센트[33]만이 "현재 우리가 알고 있듯, 인간은 초기 동물로부터 발전했다"라고 동의한다. 이런 회의주의가 지금도 강건한데, 어떻게 주창자마저도 유령이 진짜 존재하며 노련한 영매가 밤공기로부터 꽃을 만들어낼 수 있다고 하는 19세기에 진화론이 득세할 수 있었겠는가?

진화론은 옳았기 때문에 결국 성공했다. 옳은 아이디어는 과학 연구에서 승리하게 되어 있다. 그러나 그리 빠른 시일 내에 대대적으로 인정받지는 못했기 때문에 몇십 년 동안 과학의 핵심 분야가 지연됐다. 모든 것은 서로 얽혀 있어서, 예상치 못했던 잔물결 효과가 나타나기도 했다. 다윈의 사촌인 프랜시스 골턴은 다윈의 아이디어를 왜곡해서 우생학의 독자적인 분야를 개척했다.[34] 그리고 이후에 나치에게 영향을 준 대량 인종청소와 증오 이데올로기를 이끌어냈다. 골턴은 자신의 사촌이 아닌 교령회에 집착하는 누군가가 기이해 보이는 이 이론을 주장했다면 우생학을 확립할 수 있었을까? 다른 누군가가 골턴 대신 우생학을 발전시켰을까?

아무도 알 수 없다. 그러나 우리의 뒤섞인 세계에서 다른 누군가가 제기한 동일한 아이디어는 극단적으로 다른 결과를 낳을 수 있다. 그러나 다윈의 경우와 같이, 누가 뭔가를 발견했는지는 가끔 사람의 코 모양처럼 임의적인 요소에 의해 결정될 수도 있다. 세계 어느 구석도, 얼마나 합리적으로 보이는지와는 상관없이 우발성의 손아귀에서 벗어날 수 없다. 당신이 하는 일은 중요하다. 그러나 그 일을 하는 사람이 다른 누구도 아닌 당신이라는 점도 중요하다.

이 모험담에 맞는 결론을 내기 위해, 다시 로버트 피츠로이에게로 돌아가 보자. 이 선장은 우울증과 괴로움을 피하기 위해 우연히 코가 꼴사납게 생긴 박물학자를 데려갔다. 그는 기상학 분야를 계속 발전시키고, 영국의 근대식 기상 서비스인 기상청의 조상이 됐으며,[35] 한 세기가 흐른 후 카오스 이론을 발견한 기상학자인 로렌즈에게 영향을 준 기본 연구를 수행했다. 피츠로이는 자신의 논문에서 예측의 중심이 되는 **예보**forecast라는 용어를 만들어냈다.[36]

휴, 피츠로이의 이야기는 해피엔드가 아니다. 우울증을 무찌르고 전임자인 프링글 스토크스의 운명을 피하려던 노력에도 피츠로이는 절망에 빠졌다. 그의 불안감은 한편으론 날씨 예보가 우스꽝스럽게 부정확하다고 조롱당했기 때문에, 또 한편으론 자기로 인해 다윈이 이단적인 주장을 할 수 있었다는 죄책감 때문에 생겨났다. 피츠로이는 1865년 4월 30일 스스로 목숨을 끊었다. 에이브러햄 링컨이 유난히 정보에 빠삭했던 점쟁이의 경고를 귀담아듣지 않고 총에 맞은 지 2주 후였다.

그리고 이제 우리는 또 다른 우연성의 근원을 살피려 한다. 바로 '언제'의 힘이다.

10장
시계와 달력

아주 짧은 순간은 어떻게 세계를 바꿔놓을까?

조지프 로트는 마땅한 바로 그날 초록 셔츠를 입으려고 한 덕에 살아 있다.[1] 로트의 생명을 구한 여성인 일레인 그린버그는 목숨을 잃었다. 휴가를 일주일 앞당겼기 때문이다. 필요가 발명의 어머니라면, 타이밍은 우발성의 어머니다. 파리는 끊임없이 길 주변을 왱왱거리며 날아다니고, 보통은 아무런 해도 끼치지 않는다. 그러나 파리가 오토바이 운전자의 눈에 부딪혀 충돌하는 경우가 종종 있다. 두 가지 상관없는 궤적이 시간의 흔들리지 않는 수수께끼에 의해 언뜻 보기에 임의적이고 무작위적인 방식으로 결합한다. 두 가지 상관없는 경로가 어느 특정한 시간에 어느 특정한 장소에서 수렴되는 이 '쿠르노의 우발성'은 밀리초 차이로 죽음을 이끌어낼 수 있다. 우리는 시간의 처분에 따라 산다.

2001년 가을에, 일레인 그린버그는 매사추세츠주 탱글우드로 휴가를 떠났다. 그곳에 머물면서 일레인은 자기 동료가 좋아할 만한 넥타이를 발견했다. 모네의 〈라바쿠르의 일몰〉이 그려진 넥타이였다.

동료인 조 로트는 명화가 그려진 넥타이를 매는 것으로 유명했고, 그린버그는 그가 인상주의 그림을 가장 좋아한다는 것을 알고 있었다. 그녀는 넥타이를 샀고, 로트에게 멋진 선물이 될 거라고 생각했다. 로트는 다음 주에 뉴욕시에서 열리는 학회에 참석하기 위해 출장을 떠나기로 되어 있었다.

로트는 학회가 시작되기 전 월요일에 떠나는 비행기를 예약했으나, 그날 저녁 전국에 폭풍우가 몰려오는 바람에 평소 같으면 몇 시간 걸릴 거리를 열네 시간이 지나서야 도착했다. 로트는 자정을 넘긴 시간에 로어 맨해튼에 내렸고, 긴 여정으로 인해 추레한 모습을 하고 있었다. 그는 그린버그와 저녁 식사를 함께하면서 학회 전에 발표 자료를 살펴보기로 했었지만, 스케줄을 다시 잡을 수밖에 없었다. 둘은 일찍 만나 아침 식사를 하기로 했다. 로트는 지칠 대로 지쳐서 호텔 침대에 엎어지기 전에, 다음 날 입을 옷을 챙겼다. 그러다가 학회 때 입으려고 계획했던 빳빳한 흰 셔츠가 다 구겨지고 주름이 갔음을 깨달았다.

다음 날 아침 로트는 잠에서 깨서 구겨진 흰 셔츠를 들여다보다가, 여벌로 준비해 온 연두색 셔츠로 충분하겠다는 사실에 기분이 좋아졌다. 아침 7시 20분에 그는 호텔 조식당에 도착했고, 그린버그가 발표 자료를 훑는 데 도움을 줬다. 아침 식사가 끝날 무렵인 8시 15분, 그는 로트에게 선물인 모네 넥타이를 건넸다. 불타오르는 듯 붉은 노을을 배경으로 푸르른 센 강이 어른거리는 넥타이였다. 감동받은 로트가 그녀에게 감사 인사를 건넸다. 그리고 진심으로 감사하고 있음을 내보이기 위해 "일레인, 오늘 행운을 빌기 위해 이 넥타이를 매야 겠어요"라고 말했다. 그녀가 반박했다. "그 셔츠에는 안 돼요. 진짜 안 돼요." 로트는 웃음을 터뜨렸으나 동의했다. 그도 넥타이가 연두색 셔츠와는 끔찍할 정도로 안 어울리리라는 것을 알았다. 그는 호텔 방으로 돌아가 몇 분 늦더라도 셔츠를 갈아입기로 결심했다. "좀 이따 봐요." 로트가 말했다. 그린버그는 잘 가라고 손을 흔들었고, 회의장으로 올라갔다. 세계무역센터 1관 106층이었다.

로트는 호텔방으로 돌아가 구겨진 흰색 셔츠를 다리기 시작했다. 다림질에 약 15분이 걸렸는데, 그러는 바람에 첫 번째 비행기가 오전 8시 46분 건물에 와서 부딪혔을 때 로트는 여전히 준비를 하는 중이었다.[2]

로트는 살아남았다. 그린버그는 죽었다. 이제 로트는 명화 넥타이만 맨다. 세상을 떠난 친구와 그 친구가 완벽한 타이밍에 준 사려 깊은 선물에 대한 조용한 추모의 뜻이다. 이 작은 천 조각이 그의 목숨을 살렸다.

타이밍의 우발성은 우리 삶을 끝없이 결정하고 전환한다

우리는 모두 누군가의 놀라운 행운이나 끔찍한 불운에 경탄하게 하는 이야기들을 들어봤다. 이 이야기들은 너무나 희한하고 놀라워서 두드러진다. 그러나 여기에는 비밀이 있다. 이 이야기들은 어떻게 변화가 일어나는지에 대한 이상치가 **아니라는 것**이다. 타이밍의 우발성은 우리 삶을 끝없이 결정하고 전환한다. 그러나 일부 전환은 다른 사람들보다 더 즉각적인 결과를 내놓는다. 로트의 행운과 그린버그의 불운을 가져온 즉각적인 원인은 폭풍우와 항공편 지연, 그리고 적절한 시점에 주어진 선물일 수 있다. 이 모든 것이 타이밍에 의해 만들어졌다. 그러나 우리는 서로 맞물린 원인들로 짜인 무한한 그물에서 살아가며, 이 그물은 머나먼 과거까지 뻗어나가고 연결고리 하나하나는 시간의 변덕으로 단단히 벼려진다.

로트는 해병대에서 은퇴한 후 더 일을 하기 위해 세계를 돌아다니기 시작했는데, 한번은 미술관을 지나치게 됐다. 마침 시간이 남았던 터라 과감히 안으로 들어갔다. 로트가 그날 서둘러야 했다면 미술관에 들르지 않았을 것이며, 인상주의 그림을 좋아한다는 사실을 발견하지 못했을 것이고, 절대로 명화 넥타이를 매지 않았을 것이다. 또한 그린버그는 절대로 〈라바쿠르의 일몰〉 넥타이를 사지 않았을 것이다. 그날 아침 식사에서 있던 일이 그대로 펼쳐지기 위해 무슨 일이 벌어졌어야 했는지 생각해 보면, 거의 무한에 가까운 우발성이 존재한다. 아무리 먼 옛날, 아주 사소한 순간이라도 몇 초만 빨라지거나 늦춰졌으면 그날 아침 식사는 있었던 일 그대로 진행되지 않았을 것이다. 그 순간까지 **모든 것이** 조 로트가 9월 11일에 했던 때, 했던 방식 그대로 그 넥타이를 받기 위해 정확해야 했다. 로트의 생존처럼 놀라운 이야기들이 펼쳐지면서 우리 삶의 궤적이 놀라울 정도로 취약하다는 사실을 깨닫게 되지만, 이런 타이밍의 우발성이 우리의 모습을 꾸준히 빚어간다. 우리는 로트처럼 그 사실을 깨닫지 못하며 살아가다가, 이게 아니라면 무슨 일이 벌어질 수 있었는지 생각하는 그 중대한 순간에 무시할 수 없게 되어버린다. 우리가 다른 길을 택할 수도 있었을까?

첫 번째 장에서 나는 간단하게 아르헨티나 작가 호르헤 루이스 보르헤스가 "갈림길의 정원"이라고 부른 짧은 이야기를 언급했다. 이는 시간의 경험에 대한 깨달음의 은유다. 우리 삶의 매 순간에 거의 무한에 가까운 가능성의 길이 갈라진다. 우리가 매 순간에 하는 행위는 우리가 걷는 길, 그리고 다음에 마주할 갈림길에 영향을 미친다. "갈림길"은 인생의 중대한 결정에 대한 은유라기보다는, 갈림길의 정원이라는 우리 삶의 온전한 여정에 대한 은유다. 갈림길은 지속적이고, 거침없고, 무한하게 가지를 뻗어나간다. 바로 지금, 다른 뭔가도 아닌 이 문장을 읽으면서 여러분의 길은 갈라진다. 책을 덮으면 그 길이 또 갈라진다. 그러나 놀라운 점은 여기에 있다. 지금 눈앞에 열린 몇몇 길이 이제 여러분의 행동이 아닌 다른 사람들의 행동으로 인해 막혀버릴 수 있다는 것이다. 저마다 자기 정원을 헤매느라 여러분과 만날 일이 없을 그런 사람들의 행동 때문에 말이다. 여러분은 여러분의 길로 나아가면서 다른 사람의 길도 끝없이 바꿔나간다.

타이밍에 맞춰 여러분의 길을 다른 방향으로 돌리는 것은 비단 인간뿐만이 아니다. 로트의 항공편을 늦췄던 폭풍우는 9월 11일에 깨끗하게 물러가서, 눈이 시리도록 푸른 하늘만 남았다. 납치된 비행기 모두 먹구름 때문에 늦게 출발하거나 목표물을 찾는 데 어려움을 겪지 않았다. 맨해튼이나 워싱턴은 고쿠라의 행운을 누리지 못했다. 갈림길의 정원은 모든 것과 모든 곳으로부터 끊임없이 영향을 받는다.

갈림길의 정원은 또한 자연 세계에서의 변화를 설명하기에 유용한 은유다. 유기체에서 돌연변이가 일어날 때 예전에는 존재하지 않았던 길을 택할 수 있고, 또 다른 길은 닫혀버린다. 다시 한번, 타이밍이 중요하다. 지난 몇십 년 동안 '돌연변이의 순서'는 어마어마하게 중요하며, 심지어 암이 왜, 그리고 어떻게 발전하는지에서 중요한 역할을 한다는 것이 확실해졌다.[3] 임의적인 돌연변이가 무엇인지뿐 아니라, **언제** 일어나고 서로 어떤 순서로 일어나는지도 중요하다. 순간순간 우리가 택하는 길은 일부 세계를 가능하게 하지만 다른 세계는 불가능하게 한다.

시간은 삶의 보이지 않는 변수다. 시간에서 자유로운 세상을 상상하기란 불가능하다. 우리는 오직 현재만 경험할 수 있기 때문이다. 그러나 시간의 특성을 더 자세히 살펴보면, 시계와 시간표, 달력에 숨겨진 명백한 인간의 통제는 무너져 버리고, 겉보기에 철옹성 같던 안전성이 우발성의 낭떠러지에서 흔들린다. 시간은 놀라울 정도로 이상한 존재임이 드러난다.

우리는 역사적 사건들로 만들어진 리듬에 따라 우리 삶을 동기화한다

"단순한 사실에서 시작해보자." 이론물리학자 카를로 로벨리는 이렇게 썼다. "시간은 바다보다 산에서 더 빠르게 흐른다."[4] 이는 우리가 자연의 순수한 배경 안에서 어떻게 스스로를 인식할 것인지에 대한 시적인 설명이 아니라, 객관적이고도 입증된 진실이다. 지구와 같은 덩어리의 중력은 시간을 휘게 하며, 그 덩어리에 가까워질수록 시간은 느리게 흐른다. 이것이 **시간지연**[5]이라는 현상의 실례다. 정확한 원자시계를 사용해 과학자들은 본래 알버트 아인슈타인이 주장했던 이 효과를 이제 실험으로 증명할 수 있다. 아주 작은 변이조차도 중요하다.

2010년 극도로 정확한 시계들이 서로 1피트(약 30.48센티미터) 간격을 두고 다양한 높이에 설치됐다.[6] 놀랍게도 시간은 더 높은 곳에 놓인 시계일수록 조금 더 빠르게 흘렀다. 엄밀히 말하면, 여러분의 머리는 발보다 늙었다.[7] 그 차이는 극미하다. 인간의 수명에서 두 사람이 같은 시간에 태어났지만 한 사람은 에베레스트산 꼭대기에 살고 한 사람은 바닷가에 살면, 산에 사는 사람이 100년 후에 몇천 분의 1초 정도 더 늙을 것이다. 우리 인생에서 실용적인 목적으로 보자면, 흥미롭지만 변화의 동기가 되지는 못한다. 그러나 시간지연에서 온 차이가 작고, 보이지 않으며, 일상과는 상관없다 해도 그 함의는 심오하다. **객관적인 시간 따위는 없다.** 시간은 상대적으로 존재하며, 분리된 것이 아닌 서로 뒤얽힌 현실의 또 다른 사례가 된다. 시간 자체는 수수께끼로 남는다.

우리의 시간 경험은 또한 인간의 결정에 따라 뒤틀리고 바뀐다. 우리의 삶은 우주의 법칙뿐 아니라 우리가 만들어낸 양식과 리듬에 따라 펼쳐진다. 우리 선조들은 시간을 별개의 덩어리로 나누기로 결심했다. 오늘날에도 여전히 우리의 생활을 정리하는 데 사용하는, 또 다른 과거의 우발적인 우연성이다. 따라서 단순히 모든 타이밍이 중요하다는 것이 아니라, 시간의 분할 자체도 임의적이다. 우리의 삶이 시간과 상호작용하는 방식을 떠올려본다면, 여러분 매일의 스케줄 가운데 얼마나 많은 부분을 이미 오래전에 세상을 떠난 사람들이 결정했는지 깨닫고 깜짝 놀랄 것이다.

우리는 달력을 보면서 우리의 미래를 들여다보고 다음 차례에는 무엇이 올지 본다. 그러나 더 기본적인 수준에서 우리 달력은 수천 년 전 작은 무리의 사람들이 내린 몇 가지 핵심적인 판단의 결과이며, 우리 삶의 리듬과 현대사회의 양식을 형성한다. 달을 의미하는 월月은 본래 태음주기와 연관이 있었다. 로마 초창기에 사람들은 총 304일에 달하는 10개월 달력을 따랐고,[8] 남은 나날들은 다양한 길이의 겨울주기로 취급됐다.* 훗날 1월과 2월의 두 달이 더해졌으나, 원래의 숫자 체계가 그대로 남았다. 따라서 영어로 9월과 10월, 11월과 12월인 September, October, November, December는 비록 지금은 1월과 2월이 합해진 후 아홉 번째와 열 번째, 열한 번째, 열두 번째 달이 되었음에도 언어학적으로 숫자 7, 8, 9, 10을 가리킨다. 우리의 명명 체계도 과거의 결정이 이어진 살아 있는 유령이다. 그러나 우리의 가계 예산은 원래 달의 단계에 따라, 결정됐던 간격에 따라, 돈을 지불함에 따라 늘었다 줄었다 한다.[9]

• 누군가와의 내기에서 이기고 싶다면, 세계 어디에서든 1582년 10월 5일에서 10월 14일 사이에 일어난 역사적 사건을 찾아보라고 문제를 내보자. 당시 옛 달력 체계가 태양 및 달과 맞지 않았고, 따라서 교황 그레고리오 8세는 더 정확한 달력을 도입했다. 그러나 달력이 제대로 작동하려면 열흘을 지워야만 했다. 따라서 간단하게도 그 열흘은 역사에서 존재하지 않는다.

그다음으로, 한 주의 나날들을 생각해 보자. 영어에서, 대부분의 로만어와는 달리 요일의 이름은 라틴어가 아니라 노르웨이/앵글로색슨의 신들에게서 파생했다. 노르웨이 전쟁의 신인 티우Tiw는 화요일Tuesday로 살아남았고, 발할라를 지키는 신인 오딘Woden의 날이 그 뒤를 따르며,[10] 토르Thor의 날이 그다음이고, 사랑의 여신으로 오딘과 결혼한 프레이야Frige가 뒤따른다. 우리는 잊혀버린 역사의 낯선 단면 같은 그 어원을 되돌아보는 일 없이 꾸준히 그 이름을 말한다. 그러나 애초에 왜 생활 리듬을 주 단위로 맞춰야 하는가? 그 누가 우리 삶의 모든 것이 7일 주기를 따라야 한다고 결정했는가?

다른 시간의 단위와는 달리, 주週는 자연 세계의 주기와는 상관이 없다. 대신, 7일로 쪼갠 시간을 기록한 첫 번째 사례는 기원전 2300년경 아카드 왕조의 사르곤 1세가 만든 한 조례에서 등장한다.[11] 사르곤 1세는 숫자 7을 신성하다고 보았다. 훗날 7일로 구성된 주는 구약성서에 등장한다. 그러나 구약성서는 한 주를 시간을 기록하기 위해 사용하지 않았고, 자체적인 날짜 기준으로는 요일을 완전히 무시한 채 월에 속한 숫자 체계를 사용했다.

기원전 1세기에 역시나 7일로 구성된 행성주가 처음 로마에 등장했다.[12] 이 시간 단위는 휴식이나 일과는 전혀 상관이 없었으나, 특정 행성이 특정 시간에 인간의 운명을 지배한다는 믿음을 의미하는, 초기 형태의 점성학이었다. 왜 행성 달력에는 7일이 있었을까? 맨눈으로 볼 수 있는 행성이 다섯 개(토성, 화성, 수성, 목성, 금성)였고 여기에 해와 달이 더해져서 7이 됐기 때문이다. 로마어는 여전히 요일을 부를 때 이 눈에 보이는 천체를 소중히 간직하고 있다. 예를 들어, 프랑스어로 화성을 의미하는 Mardi는 화요일이고, 수성을 가리키는 Mercredi는 수요일이며, 목성의 Jeudi는 목요일, 금성의 Vendredi는 금요일이다. 프랑스어로 달은 La Lune이고, 따라서 월요일은 Lundi다. 로마인들에게 망원경이 있어서 다른 천체들(예를 들어 천왕성이나 해왕성)을 볼 수 있었더라면 아마도 인류는 지금쯤 삶을 7일 대신 9일로 세분화했을 것이다(초기 웨일스 문헌에서는 일주일이 9일이었다). 또는, 로마인들이 해와 달을 더하는 대신 행성들에만 집착했다면 아마도 우리의 일주일은 5일이었을 것이다. 언제나 다른 선택지들이 존재했다. 고대 중국인들과 고대 이집트인들은 열흘로 구성된 일주일을 바탕으로 삶을 구성했다. 그랬다면 우리 삶은 얼마나 달랐을까. 그리고 이 모든 것이 아주아주 오래전에 짧은 시간 동안 존재했던 작은 인간 무리 내에서의 역사와 시야, 기술, 천문학 등이 우발적으로 혼합된 데서 파생됐다. 우리는 역사의 사건들로 만들어진 리듬에 따라 우리 삶을 동기화한다. 시간은 임의로 갈라져서 현대 인간사의 주요한 사건들과 우리 삶의 배후에 숨겨져 있다. 우리는 대개 그 사실을 무시한다.

또한 우리는 생체시계가 어떻게 이 시간의 임의적인 구분과 상호작용하는지에 따라 만들어진다. 연구자들은 기분에서 꾸준한 주행성 양식을 발견했다.[13] 이를테면, 사람들은 아침에 낙천적인 기분이나 긍정적인 생각을 더 많이 표현하며, 오후에는 푹 쓰러졌다가, 저녁이 되면 다시 기분이 올라온다. 이는 또한 음악 스트리밍 선호에도 반영되는데, 사람들은 종합적으로 밤에 더 긴장을 풀어주는 편안한 음악을 듣고, 일하는 동안에는 더 활기찬 음악을 듣는다.[14] 대부분의 사람은 예상대로 주말에 더 행복해지지만, 그 기분이 최고조에 도달하는 타이밍은 주중보다 주말에 두 시간 더 늦다(많은 사람이 왜 토요일과 일요일에 늦잠을 자는지 생각해 보면 이해가 간다). 이 모든 것은 어쩌면 당연해 보이지만, 인구 전체적으로 커다란 영향력을 미친다. 기분에 따라 사람들이 얼마나 많이 변하는지 생각해 보면, 심각한 결과가 타이밍 때문에 반향을 일으킬 수 있다.

예를 들어, 상장기업들은 분기별 이익을 발표할 때 법적으로 숫자에 기반해 경제적 측면을 정확히 발표하도록 되어 있다. 기업은 상상력이 결여된 숫자로 보고하기 때문에, 기분은 의미가 없다. 그러나 연구자 징 첸과 엘리자베스 디머스는 비슷한 데이터를 두고 아침 발표가 오후 발표보다 체계적이며 더 낙관적이고 긍정적이라는 사실을 발견했다.[15] 이 차이는 매우 극명해서, 주식은 실제 숫자와 비교했을 때 발표의 어조에 따라 일시적으로 잘못된 가격을 보여준다. 중립적인 타이밍 따위는 존재하지 않는다.

같은 효과라도 타이밍에 따라 엄청나게 달라질 수 있다

우리가 이 세상을 이해하는 방식은 놀랍게도 이 세상이 작동하는 방식을 알리려고 연구하는 사람들에 의해 형성된다. 그러나 사회과학은 대개 특정한 타이밍을 무시한다. 여러분에게는 새롭게 들릴 수도 있겠다. 그러나 대부분의 경제학자와 정치학자, 사회학자는 정확한 타이밍을 효율적으로 모형화할 수 없는 정량적인 도구를 사용한다. 사건의 정확한 순서를 설명할 수 있는 데이터 세트는 거의 없다. 경제학자와 정치학자처럼 사회과학 연구자들이 사용하는 대부분의 양적 방법론에서는 눈 깜짝할 사이에 바뀌는 쿠데타 같은 개념, 또는 가끔은 그 결과가 무작위로 보이는 사건들의 정확한 순서에 의존하는 개념을 모형화하는 게 대단히 어렵다. 그 대신 대충 만든 방법이 사용되는데, 예를 들어 상호작용효과처럼 두 개의 변수가 존재하지만, 구체적인 타이밍에 대한 고려는 하지 않는 것이다. 변수들은 가끔 뭉그러뜨려지기도 하는데, 마치 재료가 더해지는 순서가 중요치 않은 요리법과 같다. 그러나 대부분의 요리법은 그렇지 않으며, 케이크를 구운 후에 밀가루를 첨가하면 끔찍한 결과를 얻게 되는 것처럼, 사회연구에서 타이밍과 순서에 주의를 제대로 기울이지 않으면 잘못된 응답을 얻게 된다.

  게다가 우리는 스스로를 연구할 때 우리가 케이크와는 다르다는 사실을 잊는다. 요리법은 다양한 시간과 장소에서 사용된다. 그러나 우리는 인간 사회에서도 마찬가지라는 몹시도 잘못된 가정에 의존하는 경우가 잦다. 이 동일한 요인들이 일단 함께 섞이면, B라는 시간에서와 마찬가지로 A라는 시간에도 동일한 결과를 낳을 것이라는 가정이다. 이는 분명히 틀렸다. 이 잘못된 가정을 가리키는 용어는 세테리스 파리부스$_{ceteris\ paribus}$로 '다른 모든 조건이 동일함'이라는 의미다. 이 잘못된 가정은 어디에나 존재하기 때문에 노골적인 대신 함축적으로 쓰이는 경우가 많다. 꾸준히 변화하는 세상에서 다른 모든 조건은 결코 동일하지 않으며, 주어진 원인과 결과가 동전 뒤집기처럼 정적이고 안정되지 않는 이상 가정이 안전할 수는 없다. 엉망진창인 현실에서는, 한 장소에서의 유형이 반드시 다른 장소에서 진실일 수는 없다. 우리가 지구 복권에서 본 그대로다. 성과는 공간에 따라서일 뿐 아니라 시간에 따라서도 다양하다. 어쨌든 모네 넥타이를 조 로트에게 주는 것이 언제나 삶과 죽음의 순간을 만드는 것은 아니다. 여러 사회과학자가 이미 이 잘못된 가정을 인지하고 있지만, 그래도 현실을 단순하게 만드는 것이 대충이더라도 가끔은 유용하기 때문에, 이 '순간 포착'[16]한 시간을 사용하려 한다.

직접적으로 보이는 다음의 질문을 생각해 보자. "팬데믹이 생산성을 떨어뜨렸는가?" 여기에 답하려면 팬데믹이 시간과 공간을 막론하고 일반적으로 동일하며 거기서 얻은 교훈을 다른 데도 적용할 수 있다는 암묵적인 가정에 의존해야 한다. 코로나19 팬데믹 동안 잠옷 바람으로 줌을 켜둔 노트북 앞에 앉았던 사무직들은 어마어마한 수준의 생산성을 달성할 수 있었다. 그렇다면 코로나 바이러스 팬데믹을 바탕으로, 어떻게 일반적으로 팬데믹들이 생산성에 영향을 미친다고 추측할 수 있을까?

그 답은 2020년 대신 1990년에 신종 코로나바이러스가 퍼졌다면 무슨 일이 벌어졌을지 생각해 보면 뻔하다. 개인용 컴퓨터와 비디오 컨퍼런스, 혹은 가정용 인터넷 보급이 없었더라면 대대적인 재택근무가 불가능했을 것이다. 동일한 바이러스가 1950년 우한에서 생겨났다면 중국에서 세계 다른 국가로 퍼져나갈 때까지 시간이 꽤 걸렸을 수 있다. 정확히 똑같은 바이러스의 효과는 오직 타이밍에 따라 엄청나게 갈라져 나올 것이다. 우리는 너무나 자주 이런 진실을 마법의 단어 두 개로 덮어버린다. **세테리스 파리부스**. 이런 가정은 대재앙적인 계산 실수로 이어질 수 있다.

우리가 외견상 안정적인 유형과 규칙성을 알아냈을 때조차, 정확히 똑같은 원인으로 인해 하루는 정부가 전복되거나 경제가 박살나지만, 또 다음 날에는 아무런 결과가 없거나 다른 결과가 나올 수 있다. 유나이티드 항공 93편에 탄 승객들은 9월 11일 노렸던 표적에 도달하기 전에 납치된 비행기를 추락시켰다. 그러나 9월 10일 또는 9월 12일에 탄 완전히 다른 승객들이었다면 다르게 행동했으리라는 이야기도 정말 그럴듯하게 들린다. 그랬다면 백악관이나 국회의사당이 파괴되었을 수도 있다. 우발성 다음 우발성 다음 우발성은 모두 시계와 달력의 위태위태한 특성 위에 쌓였다.

그러나 시간은 모두에게 허용되지 않는다. 제도들이 오랜 시간 동안 안정적으로 유지되다가 무너지거나 급진적으로 변화하는 것처럼, 일부 변화는 덧없지만 또 다른 변화는 단단히 잠겨서 유지된다. 7일로 구성된 일주일이 그렇다. 여기에 타이밍의 불확실한 효과가 더해지는데, 그 이유는 단단히 잠기고 고정되는 그 자체가 임의적어서다. 예를 들어, 지금 여러분이 읽고 있는 단어들은 명확한 철자로 구성되어 있으며, 이 철자는 새로운 기술이 초래한 잠금효과 사건과 합쳐진, 우발적인 역사적 발전을 통해 탄생했다.

"영어 철자는 우스꽝스럽다."[17] 언어가 시간의 흐름에 따라 어떻게 변하는지 연구하는 언어학자이자 신경과학자 아리카 오렌트는 이렇게 썼다. "Sew([souˌ])와 New([nuːˌ])는 운이 맞지 않는다. Kernel([kəˈːrnl])과 Colonel([kəˈːrnl])은 운이 맞는다." 왜 그럴까? 영어는 언어가 변화하는 특별한 순간에 벌어졌던 우발적인 역사적 사건에 영향을 받아왔다. 영국의 앵글로색슨족은 고대영어를 사용했고, 바이킹 침략이 고대 노르웨이어를 주입했다. 11세기에 노르만인들이 효율적으로 문어체 영어를 지웠고, 이를 프랑스어로 대체했다. 그러나 문어체 영어가 1300년대에 되살아났을 때, 언어가 흘러 들어오면서 단어 철자는 개별적인 승려와 율법학자들의 선호에 따라 달라졌다. "프랑스어 Peuple에서 비롯된 People(사람)은 Peple, Pepill, Poeple 또는 Poepul이라는 철자로 쓰일 수도 있었다."[18] 오렌트는 이렇게 언급했다.

그러다가 인쇄기가 발명됐다. 표준화가 필수가 됐고, 단어들은 효율성을 위해 줄여졌다. Hadd는 Had가, Thankefull은 Thankful이 됐다. 철자가 인식 가능해지자 시험 삼아 쓰기가 어려워졌다. 그러나 언어는 빠르게 진화하기 때문에, 인쇄기가 몇십 년 더 먼저, 혹은 더 지나서 도입됐다면 이 책을 비롯해 여러분이 읽는 모든 것은 다르게 쓰였을 수 있다. 잠금효과에서 일부 타이밍이 다른 타이밍보다 중요하다는 의미다. 일부 우연성은 오래 지속되는 힘을 지녔다.

경제학자 W. 브라이언 아서는 복잡계 이론의 창시자 중 한 명으로, 이 효과를 기술로 증명하며 **수확체증**[19]이라는 새로운 용어를 만들어냈다. 1970년대에 비디오 영상 재생기술인 VHS와 베타맥스 간의 경쟁에서 어느 기술이 승리할지는 확실치 않았다. 그러나 VHS가 시장점유율을 더 크게 차지하기 시작하고 더 많은 사람이 VHS 플레이어를 구입하면서, 몇 년 동안 묶여버린 기술이 됐다. 기기를 쉽게 바꾸기에는 가격이 너무 높았기 때문이다. 곧 베타맥스는 밀려났다. 이 임의적인 잠금효과는 보통 타이밍에 달렸다. 악기는 또 다른 수확체증과 잠금효과로, 음이 만들어질 수 있는 방법은 끝이 없으나 대부분의 사람은 모든 가능한 악기 가운데 작고 임의적인 부분집합을 어떻게 연주하는지 배운다. 규, 리튜우스, 삼부카, 페리 얄같이 희귀한 악기에 대해 들어본 적이 있는가? 우발적인 이유들로, 때로는 타이밍으로 인해 일부 악기는 다른 악기들이 자취를 감추는 동안 규모를 키웠다. 이러한 악기들은 일단 특징들의 총합이 '기타'로 분류되는 악기를 의미하는 것으로 정해지자, 디자인 실험이 급격하게 줄어들었고, 표준화가 대세가 됐다.

  현대의 개도 똑같다. 이 역시 타이밍의 우발적인 사건에 속한다. 강아지들은 머나먼 선사시대 이전부터 사람과 함께 살았지만, 우리가 알고 있는 현대의 개는 빅토리아 시대 영국에서 아주 짧은 시간 동안 품종개량이 됐다.[20] 1800년대 후반까지 개의 품종은 차이가 제한적이었고, 모두가 그 기능에 따라 분류됐다. 그러다가 영국 상류층의 돈도 많고 시간도 많은 소수의 사람이 도그쇼를 열기로 결정했다. 이 쇼에 관련된 귀족들은 자신들을 애견인이라 칭하며 새로운 개의 품종을 개량하고 분류해 명성을 얻었다. 이들은 품종의 특성들을 이상적으로 만들어가면서, 전문화와 표준화를 모두 이끌었다. 1840년에는 테리어의 종류가 두 가지였다. 이제는 빅토리아 시대의 실험 덕에 스물일곱 종의 테리어가 있다. 잭 러셀 테리어는 빅토리아 시대에 여우 사냥에 데려가기 위해 이 개들을 만들어냈다.●21 나처럼 보더 콜리를 최고로 여기는 사람이 있다면, 이 표준화된 특성은 '그레이트 콜리 귀 재판'22이라 하는 스코틀랜드 판례 이후에 정해진 것으로, 이 재판은 콜리의 귀가 뾰족해야 하는지, 젖혀져야 하는지, 아니면 너풀거려야 하는지를 결정했다. 오늘날 우리가 보는 개들은 1930년대 미국에서, 혹은 1770년대 프랑스에서 새로운 품종이 소개되고 표준화되었다면 완전히 달라질 수 있었다. 우리의 반려견들은 타이밍과 잠금효과가 만들어낸 또 다른 즐거운 사건이다.

원인과 결과를 단순화하려는 본능은 실패한다. 정확히 똑같은 원인이 다른 시간대에 다른 결과를 낳을 수 있기 때문이다. 문제를 더욱 복잡하게 만드는 것은 정확한 순서도 중요하다는 점이다. 암을 발생시키는 돌연변이의 순서도, 우리가 내리는 선택의 순서도 그렇다. 갈림길의 정원에서는 우리가 어느 길을 선택하는지만 문제가 되는 게 아니라 언제 택하는지도 중요하다.

우리는 너무 자주 '잡음'과 우연성, 우리의 신념이 만들어내는 우발적인 불확실성, 일이 발생하는 장소, 개입하는 사람, 또는 일이 벌

● 잭 러셀 테리어를 키우고 있다면, 이 품종의 모든 개가 옥스퍼드 인근 엘스필드에서 한 우유 배달원이 기르던 테리어의 직접적인 후손이라는 사실을 알고 기뻐하거나 경악할 수 있다. 잭 러셀은 이 개를 사들여서 번식시켰다. 그 개의 이름이 뭐였냐고? 트럼프다.

어진 때를 무시해도 된다고 생각한다. 그러나 그럴 수는 없다. 최고의 전문가들조차 빈번히 잘못 이해하곤 한다. 그리고 여기에서 당황스러운 문제가 등장한다. 우리는 우리 자신을 이해하지 못한다. 그렇다면 이제 문제는 "우리가 우리를 이해할 수 있을까?"다.

11장

황제의
새로운 방정식

왜 로켓과학이 인간 사회보다 이해하기 쉬울까?

여러분이 왕 또는 왕비라고 상상해 보자. 궁정에서 여러분에게 지혜를 나눠줄 점쟁이를 불러들인다. 두 명의 예언가가 등장했고, 둘 모두 자신들에게 미래에 대한 전문적인 지식이 있다고 주장한다. 첫 번째 예언가는 자신이 정확하게 6개월 안에 벌어질 일의 흐름을 예언할 수 있다고 주장한다. 그러고 나서 두 번째 예언가가 무릎을 꿇더니 3000년 4월 26일 토요일에 무슨 일이 벌어질지 확실하게 예언할 수 있다면서 최고의 자신감을 내보인다. 누구를 더 믿을 것인가?

더 짧은 시간척도를 택하고 싶은 충동이 들 것이다. 975년 사이에는 많은 것이 변할 수 있다. 그러나 이는 무엇을 예측하느냐, 그리고 각 예언가가 어느 불확실성의 원천을 제어하려 하느냐에 따라 달라진다. 무엇보다 첫 번째 예언이 미국 경제가 6개월 안에 3퍼센트 이상 성장할 것이라고 주장하는 반면에 두 번째 예언은 개기일식이 3000년 4월 26일 토요일에 벌어질 것이라 주장할 때 이것이 확실해진다. 나는 당연히 경제성장률이 아닌 일식의 손을 들어줄 것이다.

우리는 가끔 그리 어렵지 않은 문제를 가리켜 "로켓과학도 아닌데, 뭘"이란 표현을 쓴다. 그러나 내가 곧 열심히 설득하겠지만, 처음엔 완전히 헛소리로 들리더라도 "로켓과학도 아닌데, 뭘"이란 표현은 극도로 어려운 문제를 가리킬 때 사용하는 게 더 맞다. 천재들은 어렵든 어렵지 않든 두 가지 문제를 모두 연구한다. 그러나 로켓 과학자들은 행성과 달의 안정적인 행동을 예측하는 일이 이리저리 꼬인 80억 인간의 복잡계 내에서 장기적으로 정확한 예측을 하는 것에 비해 식은 죽 먹기라는 사실을 인정할 것이다.*

그렇기는 하지만 우리 세계는 인류가 어떻게 움직이느냐에 대한 엉터리 이해를 바탕으로 구성된다. 우리는 짧은 기간을 넘어가면 거의 정확하지 않은 경제적 예측을 바탕으로 예산을 편성하고 세율을 정한다. 우리는 주관적인 위험도 평가를 바탕으로 전쟁을 할지 말지를 결정하고, 나중에 그것이 잘못된 비극이었음을 증명한다. 기업은 가끔 추측으로 흐름을 예측하며 수십억 달러를 투자한다.

지금까지 우리는 이 세상이 우리가 상상했던 방식과는 다르게 작동하는 모습을 살펴보았다. 현실의 잘못된 이미지는 잘못된 사회 연구를 통해 우리에게 되비쳐지며 끈질기게 살아남는다. 우리 시대의 경제학과 정치학, 사회학의 예언자들은 동화책 같은 현실, 즉 인생의

• 토성의 달인 히페리온¹은 자전주기가 혼돈 그 자체다. 달이 미래에 어떻게 돌고 있을지를 예측하기란 불가능하다. 엄밀히 따지면 행성들도 혼돈 상태로 궤도를 돌지만, 장기적으로(어쩌면 수백만 년 이상으로) 볼 때만 문제가 된다.

중요한 우연성을 단순히 '잡음'으로 치부하는 깔끔한 신화를 확고히 굳혀준다. 우리 자신에 대한 이해는 대부분 원인과 결과의 규칙적이고 직접적인 유형이 시간과 공간을 넘어서서 안정적이라는 잘못된 가정에서 시작한다. 우리는 'X가 Y를 일으키는가?'를 이해하려 하며, 이는 체계적으로 가능성과 복잡성의 역할을 폄훼한다. 그러나 여러 연구에서 사용되는 동화책 같은 현실이 혼돈을 준다면, 우리는 어떻게 우발적인 사건을 파악하고 이를 변화의 동인으로 진지하게 받아들이는 방식으로 현실을 제시할 수 있을까?

"모든 모델이 잘못됐으나 일부 모델은 유용하다"라고 통계학자 조지 박스는 말했다. 우리는 이 교훈을 너무 자주 잊어서, 지도와 지역을 합쳐버리고, 단순하게 표현된 세계의 모습이 정확하게 세계를 묘사한다고 잘못 상상한다. 여러분은 얼마나 자주 "새로운 예측에 따르면" 또는 "최근 연구에서 발견됐다"라는 식의 이야기를 접했을 때, 그 이면의 가정이나 방법론을 따져보지 않고 있는 그대로 받아들여 왔는가? 사회 연구는 불확실한 세계를 항해할 수 있는 최고의 도구이며, 가끔은 굉장히 도움이 된다. 그러나 종종 발생하는 참혹한 실수들을 애써 피하고 싶다면, 우리는 임의성과 무작위성, 사고에 의해 흔들리는 이 복잡한 세상을 헤쳐나가는 동안 스스로에 대해 무엇을 이해할 수 있고 이해할 수 없는지 더 정확히 인식할 필요가 있다. 이제는 우리가 확실히 아는 것이 거의 없다는 데 솔직해져야 할 때다. 사회 연구의 세상을 잠시 들여다보고 그 추악한 진실을 직접 볼 필요가 있다.

우리는 이 문제를 두 가지로 나눠볼 수 있다. 하나는 사회 연구의 쉬운 문제고 하나는 사회 연구의 어려운 문제다. 쉬운 문제는 잘못된 방법에서 나오며, 해결할 수 있고 해결해야 할 문제다. 반면에 어려운 문제는 아마도 해결이 불가능할 것이다. 인간의 실수나 잘못된 방법론에서 나오지 않았으며, 인간 행동과 관련한 일부 형태의 불확실성은 절대적이며 해결할 수 없기 때문이다.

무엇이 쉬운지, 그리고 무엇이 어려운지 한번 알아보자.

나쁜 연구 방법과 의도적인 편법의 함정

약 10년 전에 유명한 사회심리학자 대릴 뱀은 예지 또는 초능력(ESP)이 진짜인지 시험해 보기로 했다.[2] 뱀은 괴짜는 아니었다. MIT에서 물리학을 전공하고 미시간대학교에서 박사 학위를 받았으며, 하버드대학교와 스탠포드대학교, 코넬대학교에서 강의했다. 뱀은 표준 연구방법론을 사용해 일련의 연구를 수행했다. 한 실험에서는 참가자들에게 화면으로 두 개의 커튼을 보여주고, 에로틱한 사진이 숨겨진 커튼이 어느 쪽인지 추측해 보도록 했다. 놀랍게도 참가자들은 무작위 확률로 맞췄을 때보다 더 정확히 추측했다. 더 놀라운 것은, 이들의 예언 능력이 커튼 뒤 사진이 에로틱하지 않았을 때 사라졌다는 것이다. 이 결과는 통계적으로 유의미한 표준 측정을 통해 입증됐다.

뱀은 이 확연한 초자연적인 능력에 대해 그다지 설득력 있는 설명을 내놓지 못했다(또는 왜 참가자들이 야하지 않은 사진보다 야한 사진을 기대할 때 기적처럼 더 맞추게 되는지에 대한 그럴듯한 이론도 제시하지 못했다).

그러나 벰은 숫자를 계산해 보고 자신의 의혹을 확신했다. 어떤 사람들은 논문의 제목이 제시하듯 "미래를 느낄" 수 있다는 것이었다. 벰의 2011년도 연구는 표준적인 동료심사를 거쳤고 학계 최고의 학술지인《성격 및 사회 심리학지》에 발표됐다. 이 논문은 엄청난 반향을 일으켰고, 언론이 덥석 물었다. 벰은 유명 TV쇼에 출연하는 등 인기를 누렸다.

그러나 모두가 확신하지는 않았다. 스튜어트 리치, 리처드 와이즈먼, 그리고 크리스토퍼 프렌치 등의 연구자는 이 실험을 독립적으로 재현했다. 동일한 실험을 수행했을 때 이들의 실험 참가자들은 아무도 "미래를 느끼지" 못했다.[3] 여기에서 벰의 발견이 그가 주장하는 만큼 진실하지 못하다는 설득력 있는 증거가 나왔다. 그러나 이 연구자가 벰에게 이의를 제기하려 하자 아무도 선뜻 받아주지 않았다. 이들은 이미 지나간 연구를 다시 수행했다는 비판을 들었다. 왜 이미 연구된 것을 또 반복하지? 이들은 마침내 동료학자들이 익명으로 평가하는 과정인 동료심사를 받도록 논문을 제출할 수 있었다. 첫 번째 검토자는 열정적으로 이 연구를 극찬했지만 두 번째 검토자는 논문을 불합격시키고 출판할 기회를 없애버렸다. 두 번째 검토자의 이름이 뭐였을까?[4] 바로 대릴 벰이었다.

마침내 벰의 '발견'에 도전장을 내민 새로운 연구가 발표됐다. 이 연구는 사회 연구, 특히나 사회심리학에서 이미 오래전에 유통기한을 넘긴 가설인 이른바 '재현성 위기'에 기여했다. 연구자들은 통상적인 지혜로 널리 인정받는 결과들을 포함해 이전의 연구와 실험을 반복하려 할 때 다른 결과를 얻는다. 2015년 한 연구에서 연구자들은 유명 심리학 학술지에서 발표된 100건의 실험 결과를 재현해 보려 했다. 오직 서른여섯 건만이 실험을 통과했고, 대담한 주장들은 무효가 됐다.[5] 우리가 안다고 생각했던 여러 가지가 틀렸다고 증명됐다. 이 방법론적인 충격은 일반적으로 인정되는 진실에 대한 우리의 믿음을 뒤흔들어 놨다. 또한 불안한 의문을 제기하기도 했다. 우리가 또 어디에서 틀렸을까?

우리 자신을 이해하는 체제가 얼마나 잘못됐는지 그 정당성을 입증하기 위해 일부 연구자들은 분명하게 진실이 아닌 주장을 발표하기도 했다. 한 사례에서, 연구자들은 비틀즈의 노래 〈웬 아임 식스티포When I'm Sixty-Four〉를 들은 사람들이 어려졌다고 입증하는, 통계적으로 타당해 보이는 결과를 성공적으로 만들어냈다.[6] 어려졌다고 느끼는 것이 아니라 **어려졌다**고 한다. 또 다른 연구에서는 여성들이 2008년 선거에서 배란기에 투표를 하면 버락 오바마에게 표를 던질 가능성이 더 높다고 나타났다.[7] 이 '발견들'은 타당한 방법론을 따랐고 논문 발표를 위해 표준적인 통계 기준치를 통과했다. 무슨 일이 벌어졌던 것일까?

사회 연구자들은 불행하게도 가끔은 나쁜 연구 방법을 사용하거나 의도적으로 편법을 이용하는 죄를 저지른다. 이는 마치 내부 정보와 같아서, 나처럼 전문적으로 고용된 사회과학자같이 소수의 사람들만이 걱정을 하곤 한다. 그러나 나쁜 점까지 모두 포함해서 사회 연구가 어떻게 진행되는지 이해하는 것은 우리 모두에게 관련된 문제가 된다. 우리 사회와 지도자들이 결정을 내릴 때 종종 사용하는 정보이기 때문이다. 이 부끄러운 사실을 공개하는 것은 우리의 부정확한 동화 같은 현실, 그러니까 X가 언제나 Y를 촉발하고 우연성이 중요치 않은 그런 상상 속 세계를 교정하는 데 도움이 되기 때문이다. 이 오류들을 이해한다면 건전한 수준의 의심을 품고 새로운 '발견'을 평가하는 유용한 도구를 갖출 수 있을 것이다.

이제 미안하지만 잠깐 복잡한 이야기를 해야겠다. 왜 우리가 가끔은 잘못 이해하게 되는지 아는 게 중요한 만큼 용서해 주시길. 정치학과 경제학, 사회학, 심리학 등에서 실시되는 대부분의 연구는 P값이라 하는 양적 측정법을 내놓는다.[8] 여기서 엄청나게 많은 수학적 정보를 대충 뭉개서 이야기하자면, P값은 사회 연구자들이 내놓은 결과가 '진짜'인지, 아니면 아무것도 발견하지 못한 **무위 결과**인지 판단하는 데 사용하는 지름길과 같다. P값이 충분히 낮으면 연구자들은 이 결과가 진짜일 가능성이 높고 공식적으로는 '통계적으로 유의미하다'는 증거라고 해석한다. 연구계에서는 대개 발표의 기준을 P값이 0.05보다 낮아야 한다고 잡고 있다. 실질적으로는 P값이 기준을 갓 넘긴 0.051인 연구는 발표할 수 없으나, 기준값보다 약간 낮은 0.049라면 발표할 가능성이 크다. 따라서, 이 P값이 0.051로 튀어나오는 두려운 일이 발생하면, 연구자들은 P값이 0.05나 0.049까지 떨어진 결과를 독창적인 방식으로 도출해 내 발표할 기회를 되살릴 수도 있다.[*] 어쨌거나 데이터를 정당화하기 위해 여러 방법으로 가르고 다진다는 것이다. 연구자들은 당연히 더 낮은 P값이 나온 선택지를 고를 것이다. 노벨 경제학상 수상자인 로널드 코스는 이렇게 말했다. "데이터를 오래 고문하면 답을 뱉어낼 것이다."[9]

이 기준치 체계는 연구를 어떻게 해서든 발표하게 하는 끔찍한 동기를 불어넣는다. 논문 발표가 승진과 미래의 장학금, 그리고 경력개발과 연관이 있기 때문이다. 연구자들이 데이터 분석을 왜곡해서 논문을 발표할 수 있을 만큼 낮은 P값을 만들어낼 때 이를 **P 해킹**이라고 한다. 그리고 이는 현대 연구의 골칫거리이자, 우리가 이 세상을 잘못 이해하게 만드는 주범이다. 이런 행위는 얼마나 만연해 있을까?

유명 학술지에서 발표된 논문들을 분석한 한 연구에서, 연구자들은 P값이 발표 기준의 **바로 아래인** 논문 수가 엄청나게 급증했음을 발견했다. 이는 발표된 연구들이 이 체계에 의해 왜곡됐다는 강력한 증거가 됐다. 어느 정도는 벰의 불명예스러운 ESP 연구에서 촉발된 이 재현성 위기로 인해 P 해킹 사태가 폭로됐다. 안타깝게도 이 사태를 막는 것이 그리 힘들지는 않았다. 경제학자들은 재현성 위기가 벌어지고 몇 년이 흐르고 난 **후** 스물다섯 개 유명 경제학 저널에 실린 데이터를 검토했고, 특정 조사 방법을 사용한 결과 가운데 최대 4분의 1이 잘못된 해석을 통해 잠재적인 P값을 해킹했다는 증거를 보여

• 제니퍼 타깃과 앤드루 겔만 같은 일부 사회과학자와 통계학자들은 연구를 완전히 폐기하기 위한[10] 통계적 유의미성을 따지기 위해 P값 기준치가 엄격해야 한다고 주장한다. 나도 여기에 동의한다. 또한 겔만은 개입이 아무런 영향이 없다는 '영가설'이 터무니없다고 날카롭게 비판했다. 개입은 무조건 **무슨** 결과든 가져오기 때문이다.

주고 있다는 사실을 발견했다.[11] 우리가 이 세상, 그리고 우리가 살아가는 장소를 바라보는 방식에 영향을 주는 연구가 대부분 이렇다. 가끔 직접적인 원인과 결과를 추적하려는 이 가짜 연구들은 P 해킹을 이용해 왜곡된 현실이 깔끔하고 체계적이라 사회의 우연성을 설명할 수 있다면서 잘못된 개념을 강화한다. X는 직접적으로 Y를 야기한다. 그리고 그 증거로 우리에겐 낮은 P값이 있다!

나쁜 연구는 가끔 서류함 문제를 제기하기도 한다.[12] 이렇게 생각해 보자. 내가 여러분에게 동전을 열 번 던지라고 했을 때, 적어도 앞면이 여덟 번 나올 확률이 약 5퍼센트라고 치자. 만약 스무 차례에 걸쳐 동전을 연속으로 열 번씩 던지면, 이 스무 번 가운데 한 번은 앞면이 여덟 번 나올 수 있다. 이제 여덟 번의 앞면이 나올 **때까지** 동전 던지기를 열 세트를 반복하기로 했다고 가정해 보자. 마침내 앞면 여덟 번을 달성했을 때 아마도 (쉽게 감명받는) 친구에게 달려가 이 놀라운 결과를 자랑할 수도 있다. "내가 동전을 열 번 뒤집었는데, 앞면이 여덟 번 나왔어! 진짜 드물고 재미있는 결과지!" 친구에게 더욱 감동을 주기 위해, 여러분은 그 결과를 얻기 전까지 몇 번이나 동전 던지기를 시도했고 실패했는지 입 밖에 내지 못할 것이다.

이제 동일한 논리로 연구자들이 ESP나 예지의 정당성을 입증한다고 상상해 보자. 열아홉 명의 연구자들이 실험을 실시했고 아무런 발견도 하지 못했다. 발견한 것이 없으니 발표할 것도 없다. 이들은 조용히 결과를 정리해서 서류함에 넣어버린 후 다시는 꺼내 보지 않는다. 그 후 아주 우연히도 스무 번째 연구자가 그 분야에서 통상적으로 쓰이는 통계적 기준을 통과하는 놀라운 결과를 '발견'했다. 신이 난 연구자가 서둘러 발표를 해버렸고, 통계검정을 통과했기 때문에 동료심사를 거쳐 발표됐으며, 엄청난 반향을 일으켰다. 열아홉 번의 실패한 실험은 서류함 바깥으로 절대로 꺼내지 않을 것이므로 눈에 보이지 않는다. 단 한 번의 '성공적인' 실험이 겉으로 드러나고, 사람들에게 이 효과가 진짜라는 확신을 준다. 이것이 서류함의 문제다.

스무 명의 연구자 가운데 열아홉 명이 아무런 결과도 발견하지 못했다는 것을 아는 사람은 그 '발견'에 의구심을 품겠지만, 열아홉 번의 연구는 발표되지 않고 그저 서류함에서 썩어가고 있으니, 지금 그 존재를 알 수 없다. 서류함 문제는 **출판 편향**이라는 치명적인 형태를 만들어낼 뿐 아니라, 현실을 실제보다 정돈된 듯 보이게 만들어서 오해를 자아낸다. 또한 연구자들이 원인과 결과 사이에 아무런 관계가 보이지 않거나 나쁜 연구를 밝혀내는, 똑같이 중요하지만 보상이 적은 연구보다는 새롭고 흥미로운 발견이라는 '긍정적인' 결과를 만들어내는 연구에 집중하는 강력한 유인을 가지게 한다. 대담한 주장을 했으나 후에 틀렸다고 밝혀진 일부 연구자들은 여전히 유명하며, 이들이 잘못된 연구를 했다는 사실은 거의 알려지지 않는다.

불행히도 나쁜 연구는 훌륭한 연구만큼이나 영향력을 발휘한다. 2020년 한 연구는 재현에 실패했던(따라서 가짜일 가능성이 높은) 연구가 반복적인 실험을 통해 독립적으로 입증된 연구와 똑같은 비율로 인용된다는 사실을 발견했다.[13] 이런 연구적 결함은 가끔 확연히 드러난다. 한 연구에서는 전문가들에게 논문을 읽어본 후 재현성 실험을 통해 확증된 연구를 찾아내라며 내기를 걸었다. 이들의 내기는 전적으로 성공했고, 어떤 실험이 의심스러운지 짚어낼 수 있었다. 미국의 비밀방어연구기관인 DARPA는 심지어 사회 연구를 할 때 이른바 '헛소리 탐지기'[14]에 자금을 투입했고 성공을 거두었다. 그러나 쉽게 발각되는데도 나쁜 연구들은 아직도 계속 이루어지고 있다. 또 발표할 만한 가치가 있는지 결정하기 위해 학자들이 다른 학자의 연구를 검토하는 메커니즘인 동료심사 자체도 결점이 있는 체계다.[15] 한 연구에서, 연구자들은 일부러 논문에 심각한 결함들을 심어놓았고,[16] 동료 검토자들이 얼마나 많이 찾아내는지 살펴보았다.[17] 얼마나 찾아냈을까? 네 개 중 하나였다.

이 의제들은 우리의 동화책 같은 현실과 직접적으로 연결된 다른 의제들 위로 켜켜이 쌓여 있다. 예를 들어, 어느 훌륭한 연구에서 우리가 선형 세계에서 살고 있다고 계속 가정한다 치자. 이 세계는 원인의 크기가 결과의 크기에 비례하며, 모든 것이 직선 위에 놓인 것처럼 지도 위에 그려지는 곳이다. 우리가 여러 차례 살펴보았듯, 이 방법은 분명 우리 세계를 이해하기에 잘못됐다. 그러나 보편적으로 쓰이는 여러 양적 모델에서는 여전히 이런 세계가 존재한다고 가정한다. 왜 그럴까? 정량적인 사회과학이 대부분 1980년대와 1990년대에 생겨났고, 당시 컴퓨터는 비싸고 덜 정교했기 때문이다. 그러나 임의적인 고정 효과로 인해 이런 식의 세계관이 고착화됐고, 대부분의 사회 연구 분야를 계속 장악하고 있다. 이제는 우리가 더 정교한 모델링을 할 수 있음에도 그렇다.

복잡성 과학, 그리고 우리 세계를 이해하기 위해 복잡적응계의 정교한 논리를 활용하는 이들은 슬프게도 현대의 연구 생산 분야에서 아주 작은 부분만 차지하고 있다. 우리는 이 세상이 다른 모습인 것을 알 때도 한 방향인 척 가정한다. 그리고 그로 인해 우리가 사회를 운영하는 방식에 심각하지만 피할 수 있는 오류가 발생한다.

이제 몇몇 부주의한 독자라면 이 비판을 '빈대 잡으려고 초가삼간을 태우라는' 명령으로 받아들일 수도 있겠다. 그리고 사회 연구가 무의미하고, 중요하지 않으며, 절망적인 수준으로 결점이 있다고 잘못된 결론을 내릴 수도 있다. 아니, 그렇지 않다. 우리는 세계를 과거보다 더 나은 방식으로 탐색하고 있다. 우리 자신을 연구하는 연구 분야에서 중대한 발전을 이뤘기 때문이다. 사회과학 대학원생들은 P 해킹의 위험성을 경고받고, 일부 학술지는 서류함 문제를 걸러내려고 슬기로운 노력을 기울인다. 투명성은 상당히 높아졌다. 경제학자 또는 정치학자들이 가끔 잘못을 저지른다고 해서 우리가 경제학과 정치학을 무시해야 한다는 의미는 아니다. 그보다 우리는 사회 연구의 쉬운 문제를 해결하려고 열심히 노력해야 한다. 그리고 이 문제들은 해결될 수 있다.

그러나 어려운 문제는 해결될 수 없다는 것이 나는 두렵다.

원래의 이론이 틀렸을까, 세계가 바뀌었을까?

여기에서 모든 것이 상당히 당혹스러워진다. 그리고 여기가 바로 임의적으로 보이는 '잡음'이 우리가 가정하는 바보다 훨씬 더 중요하다는 사실이 명확해지는 지점이기도 하다. 몇 년 전 독일과 영국에서 온 사회과학자들이 새로운 시도를 해보기로 했다. 이들은 학자들과 대중들을 똑같이 갈라놓는 오랜 질문에 답을 찾기 위해 연구를 크라우드소싱했다.[18] 이민자가 더 많이 몰려올수록 유권자들이 사회안전망을 덜 지지하게 되는가의 문제였다. 이민자들이 많아지면 이들을 불법 '유인물'로 보는 유권자들이 실업수당 같은 사회복지프로그램에 더욱 크게 반발할까? 분명 중요한 질문이었으나, 근거는 매우 뒤죽박죽이었다. 사람들은 일부 연구에서는 '그렇다'라고 답하고 다른 연구에서는 '아니다'라고 답했다. 여러 연구자들에게 정확히 똑같은 데이터를 주고 똑같은 질문을 하면 무슨 일이 일어날까 궁금증이 제기됐다. 이들은 동일한 답을 얻게 될까?

여기에는 76개 연구팀이 참여했다. 팀들은 서로 소통하지 않았고, 따라서 이들은 내용을 비교하거나 집단사고에 양보할 수 없었다. 그 대신, 숫자 속 숨겨진 유형을 해독하기 위해 저마다 고유의 접근법을 택했다. 연구가 끝나자 76개 팀에서 이민자들이 사회복지프로그램 지지율에 미치는 영향을 추정하는 1253개 수학모델을 제시했다. 연구팀은 각기 조금 다른 접근법을 택했다.

이들은 이례적인, 즉 완전히 혼합된 결과를 발견했다. 연구자의 반 이상이 이민율과 대중들의 사회안전망 지지율 사이에서 확실한 연관성을 발견하지 못했다. 그러나 남은 연구팀들은 거의 반반이었는데, 일부가 이민자가 사회안전망에 대한 지지를 갉아먹는다고 보았다면 일부는 정확히 정반대의 결론을 내렸다. 모델의 약 4분의 1이

'그렇다'라고 답했다면, 약 4분의 1은 '아니다'라고 답했고, 나머지 반은 '아무것도 볼 게 없다'고 답했다.

무슨 일이 벌어졌는지 알아내려 애쓰면서 연구자들은 조심스레 각 팀의 방법론적 선택을 살폈다. 그러나 방법론적 선택은 결과로부터 겨우 5퍼센트의 변화만을 설명할 수 있었고, 나머지 95퍼센트는 설명할 수 없는 암흑물질이나 마찬가지였다. 그 누구도 설명할 수 없었다. 연구자들은 이 책의 기풍에 걸맞은 결론을 끌어냈다. "가장 사소한 (방법론적) 결정도 그 결과를 전혀 다른 방향으로 몰아갈 수 있다. 그리고 이 특이점을 인식하고 있을 때만 이어서 그 적법성에 대해 생산적인 이론적 토의를 하거나 경험적 연구를 할 수 있다." 가장 사소한 결정에서 어마어마한 차이가 나타났다. 이는 더 뛰어난 계산으로 없애거나 해결할 수 없는, 피할 수 없는 도전 과제를 만들어냈다. 그 논문의 제목이 보여주듯, 어려운 문제의 일부는 우리가 '불확실성의 우주'에서 살아가고 있다는 점이다.

대부분의 경우 76개 연구팀은 특정한 질문에 답하도록 과제를 부여받지 않는다. 거의 항상 단 한 명의 연구자나 단 하나의 연구팀만이 우리 세계에 관한 어느 질문과 씨름하느라 노력한다. 단 한 명의 연구자 또는 단 하나의 연구팀에게만 이 질문을 하고 그 답을 듣는다면 무슨 일이 벌어질지 상상해 보자. 권위 있는 연구에서는 이민이 사회복지에 대한 지지율을 낮춘다고 발표하거나, 또는 이민이 사회적 비용에 대한 지지율을 높인다고 발표할 것이다(이 실험은 각 결론이 동일하게 나올 가능성을 지녔음을 보여준다). 그리고 이 연구 하나만 언론에 보도될 것이며 이는 이민에 대한 대중의 관점을 바꿀 수도 있다. 그러나 연구에서 이민이 사회적 비용에 대한 대중의 지지에 도움이 된다고 할지, 해롭다고 할지는 반반이다.

이제 연구에는 제한이 없고 각 팀이 질문에 답하기 위해 동일한 데이터를 사용하는 것이 아니라 원하는 데이터는 무엇이든 고르고 선택할 수 있다고 상상해 보자. 앞으로 어떻게 될지 모른다. 그러나 연구는 보통 이렇게 돌아간다. 이것이 또 다른 어려운 문제의 일부다. 우리는 정확히 똑같은 데이터로 정확히 똑같은 질문에 대한 연구를 할 때조차도 무슨 일이 일어나는지 합의할 수 없다.

안타깝게도 여기서 어려운 문제가 끝나지 않는다. 우리가 이해하려고 애쓰는 세상이 헤라클레이토스의 말마따나 끊임없이 변하고 있다면 어떨까? 예를 들어, 독재 정권 연구를 들어보자. 1990년대와 2000년대에 정치학자들은 '권위주의 체제 내구성'[19]이라는 개념을 개발해 독재 정권을 설명했다. 이 개념은 간단했다. 일부 독재 정권은 무슨 일이 있어도 오랫동안 살아남으리라는 것이었다. 타당한 이론이었고, 데이터가 이를 뒷받침했다. 심지어 이 이론이 적용될 수 있는 전형적인 왕족도 존재했는데, 리비아의 무아마르 알 가다피, 튀니지의 벤 알리, 이집트의 호스니 무바라크 같은 끔찍한 폭군들이었다. 왜 이들의 정권은 회복력 있고 확고한지에 대한 책이 쓰였고, 이 책으로부터 커리어가 발전해 나갔다. 이 개념은 널리 인정받는 지혜가 됐다. 독재자들은 무자비했으나 세상에, 안정성을 만들어냈다.

그러다가 2010년 후반, 튀니지의 한 채소 행상이 분신자살을 했다.[20] 곧 이 이론은 사라지는 듯했다. 대표적인 독재자들이 실각했고, 혁명의 선두에 선 성난 군중들은 궁전을 약탈했다. 몇 달 안에 벤 알리는 망명했고, 무바라크는 체포됐으며, 가다피는 살해당했다. 권위주의 체제의 내구성은 완전히 틀린 것으로 보였다. 이론의 주요 지지자들은 거물들이 쓰러져가는 모습을 보았고, 세계정세를 진단하는 데 크게 잘못이 있었음이 드러났다. 그러나 놀랍게도 상아탑에 사는 학자들뿐 아니라 모든 사람이 놀라움에 휩싸였다. 나는 튀니지로 현지 조사를 수행하러 가기 직전 박사 학위 논문을 준비하고 있었는데, 어느 날 한 교수의 연구실에 앉아 이 교수가 이 주장을 증명하려 걸어놓은 포스터 한 장을 올려다보던 기억이 난다. 그 포스터는 중동의 '정치적 위험성 지도'로, 전문적으로 위험성과 불확실성을 다루는 연구자들이 만든 것이었다. 안전하고 안정적인 국가는 초록색으로 칠해졌다. 2011년 초에 그 지도를 다시 찾아보자, 지도의 모든 초록 국가가 이제는 혁명이나 전쟁 등으로 불타고 있었다.

여기에 결정적이면서 답할 수 없는 질문이 있다. 원래의 이론이 틀렸을까, 아니면 **세계가 바뀌었을까?**

가다피와 무바라크가 늘 취약했지만 우리가 그냥 잘못 이해하고 과대평가했다는 이야기가 그나마 그럴듯하게 들린다. 그러나 여기에는 대안적인 설명이 있다. 아마도 아랍의 봄이 중동 독재 정권의 기능을 바꿨을지도 모른다는 것이다. 한때 회복력 있던 정권들이 불안정해졌다는 뜻이다. 우리는 물리적인 세계에서 이 변화를 받아들인다. 망치로 물을 내려치면 그 충격을 흡수하고 대개는 다시 이전의 상태로 돌아오지만, 물을 얼려서 망치로 내려치면 그 손상은 눈에 보이고, 지속적이며, 얼음 위에 새겨지는 것과 똑같다. 물은 변했다. 그러니 그 특성 역시 변해야 한다. 아마도 중동 독재 정권에 대한 이론은 적어도 냉전시대부터 2010년 정도까지는 옳았을 것이다. 그러고 나서 세계는 근본적으로 다른 곳이 됐다.• 그 누가 알랴? 확신을 품고 이야기하기는 불가능하다. 이론에는 유통기한이 쓰여 있지 않으니까.

그러나 사회 이론에서 뭔가가 틀렸다고 결론 내릴 때, 혹자는 이론이 전부 잘못됐다고 추정하기도 한다. 그것은 실수다. 사회 이론은 화학 이론과 다르다. 동굴인이 베이킹소다와 식초를 함께 합쳐보면 우리와 똑같은 거품을 얻었을 것이다. 이런 시간과 공간, 문화를 넘나드는 지속적인 안정성이 사회 동역학에는 존재하지 않는다. 그 대신 원인과 결과의 양식이 한 번에 한 상황씩 존재하다가 사회적 세계가 바뀌어 버리고 그 양식은 더 이상 존재하지 않게 된다. 인간 사회에서 일부 인과성의 형태는 모양을 바꾼다. 그러나 우리는 우리에 대한 불변의 진리가 존재한다고 가정한다. 그 불변의 진리란 우리가 발견의 정점에 다다랐으나, 사회제도의 실제 진리는 꾸준히 바뀌고 움직이며 우리가 이해할 수 없다는 사실을 줄곧 알아차리지 못한다는 것이다.

우리가 오직 단 하나의 **가능한 세계**에서만 살고 있다고 생각하면

• 기계 학습의 새로운 연구 분야에서도 비슷한 문제가 모델 드리프트_{model drift}[21]라는 이름으로 포착된다. 그러나 대부분의 사회 연구에서는 이것이 충분히 설명되고 있지 않다.

모든 것이 더욱 당황스럽다. 갈림길의 정원이라는 비유를 진지하게 받아들이면(그리고 그래야만 한다) 분명히 이 세계는 조금만 뒤틀렸어도 우리가 따라갈 수 있었던 무수한 잠재적인 길들의 파생물이다. 그러나 우리가 지켜볼 수 있는 것은 오직 단 하나의 지구다. 그렇기 때문에 무엇이 있음직하고 무엇이 아닌지 아는 것이 불가능해진다. 특히나 드물지만 중요한 사건들에서는 더욱 그렇다.

예를 들어 2001년 9월 10일에는, 다음 날 계획된 공격이 순조롭게 엄청난 수의 사람을 살해하는 데 성공할 거라는 미지의 가능성이 있었다. 아마도 테러범들이 생각하기에 이 공격을 성사시킬 가능성은 5퍼센트였을 것이다. 또는 확실한 95퍼센트였을 수도 있다. 그러나 일단 9.11이 일어나자 우리는 역사를 되돌려보고 무슨 일이 일어났는지 알아낼 수 없었다. 우리에게는 그저 하나의 측정점, 즉 '일이 벌어진 시점'만 있었기 때문이다.

가끔은 낮은 가능성을 지닌 사건들도 벌어지고 높은 가능성을 지닌 사건들도 벌어지지만, 한 사건이 오직 한 번만 일어났을 때 그 사건이 필연적이었는지 기형적으로 발생했는지는 알 수 없다. 우리는 특성을 이해하기 위해 동전 던지기를 계속할 수 있지만 역사를 되돌릴 수는 없다. 우리는 그저 우리 세계가 모든 가능한 세계의 대표 표본인지 아니면 10억분의 1 가능성의 기이한 현실이자 말도 안 되는 이상치인지 알 수 없다. 눈으로 볼 수 있는 단 하나의 지구에서는 우리가 절대 알 수 없을 일들이 존재한다.

네이트 실버의 2016년 대선 예측으로 돌아가 보자. 그는 힐러리 클린턴이 승리할 가능성이 71.4퍼센트라고 보았다. 그의 웹사이트에서 사용된 모델들은 여론조사의 총합으로, 실버는 과거의 유형을 기반으로 선거가 어떻게 펼쳐질 것인지 따져보고 신뢰를 바탕으로 '기초' 데이터를 결합했다. 실버는 여론조사가 정확하게 대중들의 태도를 파악했는지 판단하고 이 데이터에 정확한 추정을 결합해 모델을 만드는 분야에서 세계적으로 손꼽히는 전문가다. 그러나 그는 이른바 **인식적 불확실성**[22]을 예상할 때는 우리와 별다를 바 없었다. 미래를 꿰뚫어 보면서 매우 우발적인 사건들(해외 정부가 정보데이터 서버를 해킹할 것인지, 혹은 성범죄자 정치와 관련 없는 컴퓨터 파일이 FBI 국장 제임스 코미에게 선거 며칠 전 연방 조사를 재점화하는 데 도움을 준다든지)[23]을 예측한다. 그러나 실버의 분석은 모두 자연과학이라는 허세를 부릴 뿐이었다. 자기주장을 증명하기 위해 수천 개의 시뮬레이션을 사용하면서, 놀라울 정도로 통계적으로 정교화했기 때문이다. 그러나 선거는 수천 번이 아닌 단 한 번 존재하며, 불확실성을 타고났다. 우리는 우리가 경험하는 결과, 즉 트럼프의 승리가 평균적인 결과인지 극단의 이상치인지, 아니면 그 중간의 무언가인지 알지 못한다. 역사는 다시 돌릴 수 없기 때문이다. 우리는 동전 던지기에서 앞면이 나올 가능성이, 동전을 계속 던지면서 결과를 관찰하기만 했을 때도 약 50퍼센트라는 점을 알 수 있다. 그러나 동전 던지기를 할 때 항상 뒷면이 나온다고 해서 그 동전이 공정한지 편향적인지 알 수 있을까? 분명 그렇지 않다. 그러나 아주 특별한 상황에서 일회성으로 사건이 발생했을 때는 그러한 판단을 내리려고 애를 써봐도 실패한다.

클린턴이 패하자 실버는 자기 모델을 들어 변명했다.[24] 71.4퍼센트는 100퍼센트가 아니지 않는가! 모델에 따르면 클린턴이 질 가능성은 30퍼센트에 가까웠고, 그러니 모델이 틀린 것은 아니다. 그저 약 3분의 1 정도 일어날 수 있던 일이었을 뿐! 우리가 틀렸다고 말한다면 수학을 이해 못한 것에 불과하다! 이는 분명한 의문을 자아낸다. 네이트 실버의 모델이 이 선거에서 '틀릴' 수가 있었는가? 모델이 낮은 가능성의 사건을 예측했는데 그 사건이 벌어졌다면, 세상이 이상한 것이지 모델이 부정확한 게 아니다. 속일 수도, 허위라고 입증할 수도, 반증할 수도 없다. 또 틀렸다는 사실을 증명하지 못할 때 우리는 기존의 틀에 사로잡히게 되며, 세계에 대한 오해는 점차 악화된다.

강한 연결고리의 문제 vs. 약한 연결고리의 문제

이제, 아직도 해결해야 할 질문이 남아 있다. 가지런한 개인주의와 선형 관계, 그리고 중요한 원인의 중요한 결과 등 동화책 같은 낡은 세계관이 잘못됐다면, 왜 여전히 남아 있는 걸까? 당연히 **그 정도로** 틀렸다면 더 낫고 더 정확한 세계관으로 교체되었어야 한다. 그렇지 않을까?

어떻게 과학이 작동해야 하는지 이해하기 위해, 농구와 조정의 차이를 생각해 보자. 농구팀은 특출난 스타 플레이어, 한 경기당 50점을 넣을 수 있는 선수만 있으면 다른 선수가 별 쓸모 없을 때도 이길 수 있다. 크리스 앤더슨과 데이비드 샐리의 표현을 빌리자면, 그렇기 때문에 농구팀은 **강한 연결고리의 문제**Strong-link Problem[25]가 된다. 가장 강한 연결고리가 정말로 강하다면 약한 연결고리가 있어도 견딜 수 있다. 스포티파이는 또 다른 강한 연결고리의 문제다. 우리는 스포티파이에 진짜 별로인 음악이 아무리 많아도 가장 좋아하는 노래들만 있으면 행복하다. 약한 연결고리, 즉 단 한 번도 듣지 않을 그 별로인 음악들은 음악 플랫폼으로서 스포티파이의 효율성을 탈선시키지 않는다. 나쁜 것들은 무시하고 좋은 것을 더 좋게 만드는 데만 집중하면 된다.

조정은 정반대에 있다. 속도는 동기화와 균형, 타이밍의 작용이다. 노 젓는 사람 여덟 명과 키잡이 한 명 가운데, 노 젓는 사람 한 명만 잘못해도 배는 한쪽으로 휘청이고, 노가 물 위로 철석이면서 질질 끌리기 시작한다. 이 팀은 지고 말 것이다. 조정은 **가장 실력이 떨어지는 선수**만큼만 잘할 수 있다. 이것이 **약한 연결고리의 문제**다. 약한 연결고리의 문제는 모든 곳에 숨어 있다. 정신과 전문의 애덤 마스트로이안니의 말에 따르면, "예를 들어, 식품안전은 약한 연결고리의 문제다. 건강에 해가 되는 것은 아무것도 먹고 싶지 않다. …… 자동차 엔진도 약한 연결고리의 문제다. 트랜스미션이 망가진 이상 스파크 플러그가 얼마나 훌륭한지는 상관이 없다."[26] 약한 연결고리의 문제를 고치기 위해서는 가장 나은 부분에 집중하는 것은 아무 소용이 없고 반드시 가장 약한 연결고리를 제거해야 한다.

마스트로이안니가 지적했듯, 과학은 강한 연결고리의 문제다. 가장 뛰어난 발견이 사회를 바꾸고, 수준 낮은 학술지에서 가짜 실험들이 아무리 판을 쳐도 그다지 상관이 없다. 원자를 쪼개는 방법에 대해 바보 같은 소리를 하는 사람은 아주 많다. 그래도 괜찮다. 필요한 것은 제대로 작동하는 아이디어 하나로 그게 전부다.

강한 연결고리의 문제에 더해, 과학은 적자생존의 영역이다. 과학은 이론에 산성 시험을 실시한다. 어느 시점에서는 반응이 일어나지 않을 테고, 그러면 우리는 그 이론이 그릇되었음을 증명했다고 결론 내릴 수 있다. 수많은 바보가 여전히 지구는 평평하다고 믿지만, 이는 우리가 우주를 탐험하는 능력에 아무런 영향도 미치지 않는다. 중요한 것은 약한 연결고리가 아닌 강한 연결고리이기 때문이다. 과학은 따라서 발전의 엔진이 된다. 강한 연결고리의 문제가 진화 압력과 결합하면서, 강한 연결고리는 시간이 흐를수록 더욱 강해진다. 약한 아이디어는 마침내 사라져서, 과학사의 잿더미로 좌천된다. 강한 아이디어는 살아남아, 인간의 발전을 이끌어낸다.

원칙적으로 동일한 역학이 사회 이론에도 적용되어야 하지만, 실질적으로는 그렇지 않다. 안타깝게도, 그렇기 때문에 나쁜 아이디어들이 지속력을 가진다. 물리학에서는 가장 사소한 오류만 있어도 한 아이디어를 불합격시키고 더 나은 아이디어로 교체해 버릴 수 있다. 사회 이론에서는 전혀 다르다. IMF가 정확하게 불황을 예측할 수는 없었으나 그 똑같은 경제모델이 여전히 지배적이라는 사실을 되새겨 보자. 충격적으로 실적이 낮은 이론들조차 몇십 년이나 살아남는 무시무시한 능력이 있다. 이를테면, 한 사회에서 가장 부유한 사람들의 세금을 감면해 주면 경제가 크게 성장할 수 있다는 개념이 그렇다. 사회 이론이 틀렸다고 증명하기는 쉽지 않다. 한순간 제대로 작동한 것만으로도 보통은 사람들이 계속 그 이론을 신뢰하게 하는 데 충분하다. 그렇기 때문에 쓰레기에서 금덩이를 구분해 내는 일은 더욱 어려워진다.

한 이론이 실패한 듯 보일 때조차, 틀린 것으로 증명됐다고 결론 내리기가 불가능하다. 아마도 그 나라는 그저 평균치에서 크게 벗어난 것이었을 뿐일 터다. 아마도 경제는 또 다른 원인 때문에 침체됐을 것이다. 사회적 복잡성과 이데올로기는 사회 연구를 자연과학에서처럼 더 강한 연결고리를 찾아 가지치기 당하지 않도록 감싸준다. 부정확한 사회 이론이 끈질기게 살아남는 것은 상황을 더욱 악화시킨다. 모든 사람이 자신이 사회를 이해하는 전문가처럼 느끼기 때문이다. 양자역학이나 나노기술과는 다르다. 강한 연결고리의 문제가 되어야 하는 것이 결국에는 왜곡되고, 약한 연결고리가 행세하다가 심지어는 지배적인 패러다임이 되기까지 한다. 영향력 있는 사회 이론이, 예를 들어 태양이 지구 주변을 돈다는 잘못된 신념과 똑같은 방법으로 틀렸다고 단호하게 입증되는 경우는 거의 없다. 그 결과, 우리는 우리 사회가 어떻게 작동해야 하는지에 관한 글을 읽을 때마다 되비치는 왜곡된 현실관을 받아들이게 된다. 이 놀이공원 요술 거울은 마술 묘기를 부린다. 우연성과 사고, 그리고 작고 임의적인 변화를 보이지 않게 가려버리는 것이다.

진실스러움과 수학스러움

우리 시대의 현인들이 사소하고 우발적인 동요의 중요성을 변화의 동인으로 보지 않고 깎아내리는 이유가 또 하나 있다. 지난 몇십 년 동안 사회 연구는 양적인 혁명을 거치고 있다. 세계에 대한 지식은 점차 수학이 되어간다. 컴퓨터의 유사한 혁명이 이를 가능하게 해주었고, 그 안에서 더 쉽고 저렴하게 데이터 세트를 분석하고 유형을 알아낼 수 있게 됐다. 우리 자신을 이해하기 위해 회귀하게 된 것이다.

수량화는 그 자체로 나쁘지 않다.* 수량화에 반대하는 여러 지성인은 모든 것을 수학으로 계산한다는 것에 반사적으로 의구심을 품는다. 나는 그렇지 않다. 수학이 모든 것을 지배한다. 우리 세계는 천체의 궤도부터 세포 내 RNA의 표기 오류에 이르기까지 수학적으로 맺어진 관계의 일부다. 모든 것의 핵심에는 수학이 있다. 여러분, 그리고 이 문장을 이해하게 도와주는 여러분의 뇌 내부의 뉴런망은 끊임없이 바뀌고 업데이트되는 수학적 영향력에 의해 결정된다. 그러나 가끔 체계를 지배하는 방정식은 너무나 복잡하고 정신을 쏙 빼놓도록 복잡해서, 수학적인 정확도를 지닌 근본적인 역학을 나타내려고 노력하는 것은 재능 낭비일 뿐이다. 이론적으로는 가능하지만 완전히 비실용적이다.

복잡성을 생각해 보는 한 가지 방법은 공식이 얼마나 오랫동안 현

---

* 그러나 "쉽게 측정될 수 있는 것들만이 중요하다"라고 믿을 때 문제가 생길 수 있다. 이는 '맥나마라의 오류'[27]라고 하는데, 베트남전 당시 미국의 국방장관이었던 로버트 맥나마라의 이름을 딴 오류다. 그는 가능한 모든 것을 계량하라고 주장했고, 종이에 쓰인 숫자상으로는 미국이 전쟁에서 이길 수 있었다. 심지어 미국이 휘청이며 끔찍한 패배를 향해 가고 있을 때조차 그랬다.

상태를 정확히 반영할 수 있는지 묻는 것이다. 진화생물학자 데이비드 크라카우어는 이렇게 설명했다. "아인슈타인은 에너지와 질량 사이의 등가를 보여주는 $E=mc^2$ 같은 아름다운 공식을 한 줄도 안 되게 만들어냈다. 하지만 쥐를 위한 공식을 어떻게 쓸 수 있겠는가?"[28]

크라카우어의 요점은 쥐를 설명하는 공식이 존재하지 않는다는 게 아니라 상상할 수도 없을 정도로 길어지리라는 것이다. 그냥 너무 복잡하다. 인간 사회도 마찬가지다. 하지만 그렇다고 해서 이 복잡계를 짧고 간단한 공식으로 표현하려고 애쓰고 실패하는 일을 그만둘 수는 없다. 우리가 그토록 자주 틀리는 이유가 어느 정도는 여기에 있다. 우리는 가끔 짧게 줄인 선형 공식으로 이 미칠 듯이 복잡한 비선형 복잡계를 설명하려 한다. 이 세계는 아주 작디작은 디테일로도 급작스레 바뀌는 곳이다. 우리는 단 몇 줄로 쥐를 묘사하려 애쓰는 중이지만, 이는 불가능한 일이다.

2005년 코미디언 스티븐 콜베어가 미국 정치에서 널리 사용하게 된 용어인 **진실스러움**truthiness을 창안해 냈다. 한 주장이 진실처럼 느껴지면, 사실과는 상관없이 진실이었다. 몇 년 후 경제학자 폴 로머는 경제학 연구에서 자신이 중대한 결함이라고 본 것들을 묘사하기 위해 콜베어의 표현을 빌려와서 **수학스러움**mathiness[29]이라고 이름 붙였다. 로머는 현대 경제학이 밝히기보다는 모호하게 하기 위해, 잘못된 가정과 조잡한 결과들을 이해할 수 없는 상징의 벽과 치밀해 보이는 숫자들 뒤로 숨기기 위해 수학을 사용한다고 주장했다.

우리 자신을 이해하려는 현대의 시도는 결국 논리적이지 않는 공식들을 너무 자주 만들어냈고, 이게 바로 로머가 경고했던 수학스러움이다. 나는 오늘날 사회과학 학술지에서 놀라울 정도로 정교한 정량적 연구를 보며 고개를 젓게 되는 이유가 어느 정도는 여기에 있다고 본다. 여러분의 나라에서 내전이 벌어졌다고 상상해 보자. 여러분은 문득 '내 친구 피터는 총을 들고 저항 세력에 합류할까?' 궁금해진다. 누군가가 무기를 들고 맞서 싸울 것인지 쉽게 알아낼 수 있는 방법이 있다면 얼마나 좋을까? 글쎄, 멀리서 찾을 것도 없다. 최근에 어느 학문에서는 누군가가 저항군에 합류할지 여부를 계산하는 공식을 제공했다.

$$E\left[\frac{\mathbf{1}_{\{\theta<\theta_2^m\}}}{1-a+a\Pr(x_j<x_2^m)}\bigg| x_i=x_2^m, \theta \geq \theta_1^m\right]$$

$$=\int_{\theta_1^m}^{\theta_2^m} \frac{1}{1-a+a\Pr(x_j<x_2^m|\theta)} \frac{\text{pdf}(\theta|x_2^m)}{\Pr(\theta>\theta_1^m|x_2^m)} d\theta$$

$$=\int_{\theta_1^m}^{\theta_2^m} \frac{1}{1-a+aF\left(\frac{x_2^m-\theta}{\sigma}\right)} \frac{f\left(\frac{x_2^m-\theta}{\sigma}\right)g(\theta)}{\int_{\theta_1^m}^{\infty} f\left(\frac{x_2^m-\theta}{\sigma}\right)g(\theta)d\theta} d\theta \quad (\text{let } g(\theta) \text{ be the prior pdf of } \theta)$$

$$=\frac{\int_{\theta_1^m}^{\theta_2^m} \frac{f\left(\frac{x_2^m-\theta}{\sigma}\right)}{1-a+aF\left(\frac{x_2^m-\theta}{\sigma}\right)} d\theta}{\int_{\theta_1^m}^{\infty} f\left(\frac{x_2^m-\theta}{\sigma}\right) d\theta} \quad (g(\theta)=1 \text{ for uniform}).$$

깔끔하게 답이 나오다니 다행이다.

임금님의 새 옷이 아닌 임금님의 새 공식이다. 분명 어처구니가 없지만 그 누구도 감히 아니라고 말하지 못한다. 이 공식에서 삶의 우연성은 '오차항'이라고 기각되며, 지워지고 무시된다. 단순히 잘못된 오만한 논리일 뿐 아니라, 근본적으로 수렴적인 세계관을 만들어낸다. 이 세계관에서 디테일 내의 '잡음'은 무의미하다. 중요한 것은 인식할 수 있고 측정할 수 있으며 셀 수 있는 확실한 변수들의 대대적인 변화, 즉 '신호'이기 때문이다. 더욱 심각한 것은, 연구자들이 몇 가지 드문 측정에 주목할 때 번거로운 이상치들은 지워버려서 데이터를 '정화'한다는 점이다. 논리는 간단하다. 깔끔한 유형을 보여주고 싶다면, 한 번 일어난 특이한 사건 때문에 공식이 흔들리도록 내버려둘 수 없다. 불규칙한 세상에서 규칙적인 결과를 좇으려면 적합하지 않은 것은 무엇이든 제거하자. 신호는 추적하고, 잡음은 지우자.

하지만 이는 미친 짓이다. 자기조직화 임계성과 사회적 연쇄반응의 특성으로 인해 이 이상치들은 가끔 데이터에서 가장 중요한 조각일 수 있다. 타이타닉호의 첫 항해에서 여정의 99.8퍼센트가 고장 없이 잘 흘러갔다고 해서 성공적이었다고 주장한다거나 에이브러햄 링컨이 연극의 대부분을 즐겁게 관람했다고 말하는 것이나 모두 마찬가지다. 그러나 데이터상의 이상치는 가끔 더 깔끔하고 매끄러운 공식을 만들고 싶은 마음에 지워지면서, 우리가 애초에 보고 있다고 생각하는 그 수렴적이고 질서 있는 세계를 되비쳐 준다.

복잡한 문제다. 사회 연구의 정량화가 동시대 사회 연구자들이 이해하려 애쓰는 인간의 역학을 직접 들여다보는 경우가 거의 사라졌다는 의미이기 때문이다.* 실제 사람과 왜 사람들이 그 행동을 하는지 연구한다면, 서로 얽히고설킨 복잡성의 특성을 여러 차례 마주하게 된다. 무균 상태의 잘 다듬어진 데이터에서는 그렇지 못하다. 코끼리를 한 번도 본 적 없는 코끼리 행동 전문가와 대담을 하러 간다고 상상해 보자. 우스꽝스러울 것이다. 하지만 인간을 연구하는 연구자들에게 한발 물러선 초연함은 예외가 아닌 표준이 되었다.

데이터 예측의 함정

"이제, 잠시만요." 여러분은 이렇게 이의를 제기할지도 모른다. "데이터가 왕이에요. 코끼리 한 마리를 구경하는 것도 좋은 일이죠. 하지만 정말로 이해해야 할 부분은 **그 무리**라고요." 가끔은 맞는 말이다. 그러나 문제는 다음과 같다. 대부분 우리는 인간 무리도 이해하지 못한다. 우리 자신을 이해하는 것은, 문제를 해결하고 이 세상을 더 좋은 곳으로 만들기 위해 얻어낸 통찰들을 활용할 수 있을 때 가장 도움이 된다. 그래서 우리는 사회 연구를 한다. 우리 세상을 더 좋은 곳으로 만들기 위해서다. 이 숭고한 목표를 달성하려면 세율을 낮추거나 다른 나라를 침범하거나 아니면 범죄자를 처벌하는 대신 갱생시키려 할 때 무슨 일이 벌어질지 예측할 수 있어야 한다. 그러나 놀랍게도 사회과학은 기본적으로 그런 예측을 해보려 하지도

• 정치학자 캐서린 크레이머는 2016년 도널드 트럼프의 두각을 예상한 몇 안 되는 학자 중 한 명이다. 크레이머는 여론조사 데이터를 분석하기보다는 위스콘신주로 가서 곳곳의 유권자들과 대화를 나눴다.[30] 그 과정에서 데이터 내에서 포착되지 않는 '더 확실한' 지역 유권자들의 분노를 파악했다.

않는다. 옥스퍼드대학교의 마크 베르하겐은 다양한 분야에서 상위 학술지들을 검토해 보았다. 《아메리칸 이코노믹 리뷰》는 10년 동안 2,414편의 논문 중 12편만 예측을 하려 시도했다. 《아메리칸 폴리티컬 사이언스 리뷰》는 743편 가운데 4편, 그리고 《아메리칸 저널 오브 소셜로지》는 0편이었다. 자, 세어보자. 394편 가운데서 예측을 하려 한 논문은 0편이었다.[31]

그 대신 사회 연구자들은 내가 '인과관계의 성배'라고 표현하고 싶은 대상을 좇는다. 우리는 모두 이 상관관계가 인과관계가 아님을 알기 때문에 이는 감탄을 자아내는 목표가 된다. 그리고 재앙은 이 둘이 합체했을 때 잠복해 있다. 그러나 그 신화 속 성배, 인과관계의 성배는 찾기 어렵다고 증명됐다. 우리는 X 하나가 Y 하나를 초래한다는 확실한 증거를 너무 간절히 바라며, 우리가 동화책 같은 현실 속에서 인과관계의 성배를 찾는 모험을 계속 떠나는 한 언젠가 찾으리라고 짐작한다. 그러나 티핑 포인트와 피드백 루프, 수확 체증, 잠금효과, 창발성, 그리고 자기조직화 임계성 등으로 정의되는 복잡한 세계에서 성배를 수색하는 일은 길고 헛되게 이어질 것이다. 어느 원인이 가장 중요한지 알아내려 시도하는 것은 중요하다. 그 원인이 한 결과의 유일한 원인이 아니더라도 그렇다. 그러나 이는 순수한 인과관계가 아닌 유용성에 관한 의문이 된다. 일단 인과관계의 성배 대신 유용성을 좇기 시작하면, 과학이 최선을 다하는 일을 더욱 잘할 수 있다. 즉, 경쟁적인 이론들을 대상으로 '예측'이라는 이름의 산성 시험을 실시해서 어느 이론이 살아남는지 보는 것이다. 예측은 그 자체로 유용하지는 않으나, 결과를 개선하고 재앙을 피하는 데 조금이라도 더 도움이 된다면 우리 삶과 사회를 변화하게 해줄 수 있다.

우리는 사회적 결과를 얼마나 잘 예측하는가? 그 답은 취약한 가족 챌린지Fragile Families Challenge에서 찾아볼 수 있다.[32] 미혼 부모와 한 명의 자녀로 구성된 대략 5,000가족이 연구 대상이 됐다. 목표는 우리의 인생 궤적이 얼마나 예측 가능한지 알아보는 것이었다. 동일한 어린이들의 데이터를 한 살, 세 살, 다섯 살, 아홉 살, 열다섯 살, 스물두 살 등 일생의 다양한 시점에서 수집했다. 수집된 데이터는 특별히 상세했는데, 정량적인 측정 기법뿐 아니라 어린이들과의 반복적인 면접도 사용됐다. 그러나 여기에 멋진 점이 있었다. 열다섯 살이 된 어린이들로부터 데이터를 수집한 후부터는 그 내용을 공개하지 않았던 것이다. 그 대신, 연구자들은 대회를 개최해서 경쟁에 참여한 과학자 팀들에게 어린이들의 한 살, 세 살, 다섯 살, 아홉 살 데이터에 대한 접근권을 주었다. 도전 과제는 누가 열다섯 살이 된 어린이들의 인생 결과를 가장 잘 예측했는지였다. 연구자들에게는 이미 실제 결과가 있었기 때문에 참가 팀들이 현실과 비교해 얼마나 잘 예측해 냈는지 볼 수 있었다. 팀들은 인류 역사상 가장 강력한 데이터 분석툴인 머신러닝을 사용했고, 최선을 다했다.

결과는 연구자들을 완전히 놀라게 했다. 이들은 일부 팀은 실소가 나올 정도로 틀리겠지만 적어도 몇몇 팀은 정확히 맞출 것이라 추측했다. 그러나 모든 팀이 다 엉터리였다. 거의 모든 측정 기법에서, 심지어는 최고의 팀들조차 그냥 단순한 평균을 기반으로 임의적인 측정법을 사용했던 팀과 다를 바 없었다. 여기에서 두 가지 교훈을 얻을 수 있다. 첫 번째로, 우리가 우리 자신을 더욱 잘 이해하고 싶다면 (엉터리로) 예측을 해야 그 실패로부터 배우고 다음번에 더 나은 예측을 할 수 있는 도구를 개발할 수 있다. 이 놀라운 결과로 인해 취약한 가족 챌린지는 사회 연구의 혁신을 가져온 중요한 기폭제가 됐다. 우리는 그보다 나아질 것이며, 새로운 툴이 쉬운 문제로부터 파생된 여러 난제들을 극복할 것이다.

그러나 두 번째 교훈은 다음과 같다. 우리의 삶과 사회의 미래가 **정말로** 예측하기 어렵다는 것이다. 비교하자면 로켓 과학이 쉬울 지경이다. 그렇기 때문에 어려운 문제가 계속 살아남아서 인간들이 온전히 자기 자신을 이해하지 못하게 가로막는다. 우리의 복잡한 세계에서 어떤 불확실성은 결코 무찌를 수 없다. 얼마나 열심히 노력하는지와는 상관없이 인생의 우연성은 계속 우리를 어리둥절하게 할 것이다.

12장

이 세계는 결정론적인가 비결정론적인가?

인생은 처음부터 대본이 짜여 있을까, 아니면 미래를 선택할 자유가 있을까?

"방안의 코끼리(Elephant in the room)"는 누구나 알고 있으나 언급하기 꺼려지는 문제를 의미하는 관용어구다. 지금까지 기다란 코를 비롯해 모든 것을 애써 감춰왔던 그 코끼리다. 나는 지금까지 작고 우발적인 우연성이 우리의 삶을 형성해 왔으며, 모든 것은 우리 세계에 작은 변화만 주어져도 극단적으로 다르게 변할 수 있다고 주장했다. 그러나 나는 다음과 같은 결정적인 질문은 무시했었다. 작은 변화를 만드는 것이 가능한가? 아니면 삶과 세상이 고정된 궤적을 따르고 있어서 우리에겐 바꿀 힘이 없는가? 더 직설적으로 말하자면, 우리에겐 자유의지가 있을까, 아니면 인생의 대본이 짜여 있을까?

대부분의 사람에게 이 질문은 이상하고 심지어 우스꽝스럽게 들린다. 물론 상황은 달라질 수 있다! 지금 당장 이 책을 그만 읽을 수도 있고, 아니면 벌떡 일어나 **우연**에서 영감을 얻은 지그$_{jig}$ 춤을 추거나, 자발적으로 집에 불을 지를 수도 있다. 각 행위는 알 수 없는 방식으로 여러분의 궤적을 바꿔놓을 수 있다. 그러나 이런 일 가운데 무엇이라도 했다면, 무엇이 그 행동의 원인이었는가? 가끔 우리는 정확히 무엇을 의미하는지 생각해 보지도 않고 생각을 입 밖으로 내기도 한다. 우리가 소유한 이 신령스러운 능력을 어떻게 설명할 수 있을까? 이 능력은 이 세계에서 벌어지는 변화의 모든 면을 추진하는 원인의 그물망과 관계없을 수도 있을까? 이제는 좀 더 자세히 들여다봐야 할 때다.

인생을 맨 처음으로 되돌려도 모든 것이 지금과 똑같이 흘러갈까?

우리의 여정을 시작하게 만든 질문으로 돌아가 보자. "우리네 인생을 맨 처음으로 되감기 한 뒤에 다시 플레이 버튼을 눌러보자. 모든 것이 지금과 똑같이 흘러갈까?"[1] 이 질문은 우리 세계에서 잠재적인 변주의 근원이 무엇인지에 달려 있다. 우리가 집이라 부르는 정원에서는 무엇 때문에 우리의 길이 갈라지는가? "모든 것이 똑같이 흘러갈까?"라는 질문에 대부분의 사람이 답할 수 있는 주요한 방법에는 여섯 가지가 있다.

1. 아니, 모든 것은 달라져. 왜냐하면 인간의 선택이란 특이하니까. 나는 뭔가를 다르게 해야겠다고 생각했던 때가 수없이 많아. 그리고 내 인생이 반복된다면, 다른 선택을 할 거야(이 대답을 "다르게 했었을 수도 있어"라고 부르자).

2. 아니, 모든 것은 달라져. 하나님(또는 신들)이 가끔은 끼어들어 상황을 바꿔놓으시니까("신성한 개입" 대답).

3. 아니, 세상은 조금이라도 달라질 거야. 양자역학에서는 어떤 것들, 적어도

가장 작은 수준에서의 원자와 아원자 입자는 정말로 임의적이라고 했거든. 임의적인 과정이 반복됐을 때 다른 결과를 만들어내지(이 대답은 비과학자들 사이에서는 그다지 유명하지 않지만, "양자 우연성"이라고 부르자).

4. 그래, 모든 것은 똑같아. 초자연적인 존재(하나님이나 신들)가 모든 것을 지시하니까. 그리고 우주는 정해진 신성한 대본을 통해 펼쳐져("신이 모든 것을 결정하셔" 대답).

5. 그래, 모든 것은 기본적으로 똑같아. 인생이 반복되면 작은 변화가 있을 수 있어도, 그 작은 것들은 씻겨나가고 그리 중요치 않아("모든 일에는 다 이유가 있어" 대답).

6. 그래, 모든 게 똑같을 거야. 세상은 물리학의 자연법칙을 따르고, 단단한 인과관계의 사슬을 따라 지금 일어나는 모든 일은 과거에 벌어졌던 일에서 기인하거든("결정론적 우주" 대답).

이 책은 이미 수렴의 동화책과 같은 "모든 일에는 다 이유가 있어"에 대한 자세한 반박을 제공하고 있다. 그러니 이 부분을 한 번 더 강조하지는 않으련다. 또한 "신성한 개입"이나 "신이 모든 것을 결정하셔" 역시 논하지 않을 것이다. 나는 둘 모두 진실이 아니라 믿지만, 초자연적인 존재가 분명 존재한다면 우리는 논리적인 증거를 발견하지 못할 것이다(어떤 형태의 초자연적 존재를 믿지만 다른 대답을 고르는 것도 가능하다). 그러나 초자연적인 존재를 믿는 이들에게 그 답은 신념의 문제이며, 또한 신념은 당연히 합리적이고 과학적인 논쟁으로 이길 수 있는 것이 아니다.

원인과 직접적인 증거를 바탕으로 하는 가능성의 영역에서 우리는 세 가지 선택지를 얻는다. "다르게 했었을 수도 있어"와 "양자 우연성", 그리고 "결정론적인 우주"라는 대답이다. 달리 말하면, 우리 인생을 되감기 했을 때 일어나는 변화는 억제되지 않은 자유의지 혹은 양자의 기이함에서 비롯될 수 있다. 그렇지 않으면, 비디오테이프는 아무리 몇 번이나 되돌려 봐도 바뀔 수 없다. 어느 관점이 옳을까?

우리가 답해야 할 첫 번째 질문은 "이 세계는 결정론적인가, 비결정론적인가"다. 여기에는 세 번째 선택지가 없으며, 모 아니면 도다. 우리 인생의 비디오를 처음부터 되감기하면 똑같은 결과가 나온다고 말하는 이를 결정론자라 한다.[*] 되감기로 인해 다르게 펼쳐진다고 말하는 이를 비결정론자라 한다.

세상이 결정론적이라면,[2] 모든 것은 사실상 대본으로 짜여 있다. 결정론은 변화가 그저 초창기 조건(특정한 시점에서의 상황)의 기능과 우주의 자연법칙이라는 개념이다. 현재 벌어지는 모든 상황은 이전에 생겼던 일들에서 직접적이고 완벽하게 비롯된다. 이 끝없는 원인과 결과의 연쇄반응은 물리학에 따라 펼쳐진다.

우리는 결정론을 인생의 여러 측면에서 받아들인다. 예를 들어, 당구공을 쳐서 오른쪽 모서리에 있는 다른 공에 적절한 세기로 부딪힌다면, 물리학의 법칙이 두 공이 어디까지 굴러갈지를 오롯이 결정한

• 이는 아무것도 다르지 않다는 가정을 바탕으로 한다. 즉, 되감기한 테이프의 시작점(또는 초기조건)도 정확히 동일하다는 가정이다.

다. 첫 번째 공을 완벽하게 쳤을 때 두 번째 공이 포켓으로 들어갈 것이라는 자신감을 가질 수 있다. 여기에는 마법 같은 것도 없고, 궤적도 임의적이지 않으며, 공은 어디까지 굴러갈 것인지에 대한 선택권도 없다. 이제 공이 있는 지점은 그 공에 작용하는 물리력과 결합해서, 직전에 공이 어디에 있었는지에 따라 결정된다. 모든 순간순간에 우주의 상태는 **선행하는 원인**, 쉽게 말해서 이전에 무슨 일이 벌어졌는지에 따라 결정된다. 과거는 현재를 결정짓고, 현재는 미래를 결정지을 것이다. 모든 것이 함께 연결되어 있고, 영원히 뒤로 쭉 뻗쳐 있다.

그러나 세상이 완전히 결정론적이라면, 즉 지금 벌어지는 모든 상황이 무조건 과거에 벌어진 일 때문이라면 어디서 끝이 나는가? 이 순간 벌어진 일은 잠시 전에 벌어졌던 일에 의해 결정됐다. 오늘은 어제에 의해 결정됐다. 1642년 5월 7일에 벌어진 일은 1642년 5월 6일에 벌어진 일에 의해 결정됐고, 그날은 1642년 5월 5일에 일어난 일로 결정됐고, 또 그리고…….

결국 결정론적 우주는 벌어지는 모든 상황이 우주의 아주 처음으로 되돌아가서 초기조건과 물리학의 법칙에 의해 오롯이 결정됐다는 놀라울 만큼 논리적인 결론에 다다른다. 137억 년 전 빅뱅이 일어난 직후 입자들의 정확한 상태는 그다음 순간 우주의 상태를 결정했고, 이는 그다음 순간 일어난 상황을 결정지었으며, 그렇게 끝없이 이어져 지금 이 순간에 다다랐다. 만약 원인과 결과가 끊어지지 않고 계속되는 사건의 연속으로 오롯이 결정된다면, 이는 오늘 아침 8시

7분에 이를 닦았다거나 여러분이 키우는 강아지가 뒷마당의 다람쥐를 보고 짖었다거나 하는 일들이 137억 년 전 빅뱅이 일어나는 동안 우주의 초기조건에 의해 전적으로, 그리고 돌이킬 수 없게 결정됐다는 의미다. 모든 것이 그 당시부터 움직이기 시작했고, 우리의 존재는 헤아릴 수도 없을 만큼 많은 원자가 끝없이 충돌하는, 이 세상에서 가장 복잡한 당구에 가까워진다. 이것이 진짜라면, 우리 삶의 모든 것을 물리학의 결정론적 힘이 지배한다는 의미다. 달라졌을 리 없다. 물리학은 마법 같은 원인과 결과를 허용치 않으니까. 그래, 이상하지만 충분히 진실이다.

"잠깐!" 아마 이렇게 반론하고 싶을 것이다. "지금까지 열한 장에 걸쳐 나한테 작고 우발적인 변화들에 대해 잔뜩 이야기하고 그렇게 달라지면 모든 상황도 달라질 거라고 떠들어댔잖아요. 아무것도 달라질 **수 없는**, 대본이 정해진 우주에서 어떻게 그럴 수 있죠?"

영화 〈슬라이딩 도어즈〉로 돌아가 보자. 관객들은 귀네스 팰트로가 맡은 역할이 한 장면에서는 기차를 놓치고, 다른 장면에서는 정시에 도착해서 기차에 끼어 타는 모습을 본다.[3] 영화는 귀네스 팰트로의 인생이 겉보기에 의미 없는 변화 하나로 인해 어떻게 달라지는지 상상한다. 결정론에 따르면 행위를 한 시점에 세계의 정확한 상태를 고려할 때 오직 한 가지 결과만 나올 수 있다. 팰트로는 영화에서 언제나 기차를 타거나 놓치지만, 그래도 만약 다른 세계가 생겨났다면 무슨 일이 벌어졌을지 추측해 볼 수는 있다. 따라서 결정론자에게 무엇이 불가능한지 검토하는 일은 가치가 있다. 우리는 다른 생물종들이 그리 효율적으로 해내지 못하는 일, 다시 말해 '만약에'를 가정한 근본적인 질문을 품고 연구할 때 이 세상을 더욱 잘 이해할 수 있다.

이렇게 생각해 보자. 결정론은 공룡을 죽인 소행성이 1초만 더 늦게 지구에 떨어질 수도 있었다고 보지 않는다. 당시 지구는 중력과 다른 우주의 법칙이 지배하는 고정된 궤도 위에 있었기 때문이다. 그러나 소행성이 늦게 떨어졌**더라면** 우리 세계는 어이없을 만큼 달랐을 수 있다. 이제 인간이 이 소행성의 더 복잡한 생물 버전으로, 생각과 행위, 행동이 물리적 과정으로부터 비롯됐다고 상상해 보자. 그게 진실이라면, 우리가 대본을 바꿀 수 있든 말든 간에 아주 작은 비틀기로도 플롯이 변하며, 절대로 쓰이지 않을 장면에서조차 그렇다고 상상해 보는 것이 유용할 것이다.

결정론적인 체제에서 작은 디테일은 커다란 차이를 만든다. 예를 들어, 당구대 위의 모래 한 톨이 적당한 장소에 놓였다면 공의 궤적을 바꿀 수 있다. 모래 알갱이를 1밀리미터만 움직여도 공이 스쳐 날아가서 아슬아슬하게 포켓에 넣지 못할 수도 있다. 나머지 게임은 거의 보이지 않는 티끌에 따라서도 극적으로 바뀔 수 있다. 물리학의 법칙이 여전히 상황을 다스리지만(왜 공이 그런 식으로 굴러가는지에는 여전히 초자연적인 수수께끼가 없다), 모래 알갱이의 우연, 그리고 극도로 아주 작은 변화가 모든 것을 바꿔놓을 수 있다. 타임머신을 타고 과거로 가서 아주 작은 부분을 움직였을 때 발생할 수 있는 위험을 생각해 볼 때 우리는 이 사실을 본능적으로 깨닫지만, 왜인지 현재는 똑같은 결정론적 논리에 영향을 받지 않는 듯 보인다.

결정론은 우리가 미래를 예측할 수 있다는 의미가 아니다. 카오스 이론은 결정론적 체제의 초기조건에 무의미해 보이는 뒤틀림을 주었을 때 세월이 흐름에 따라 엄청나게 다른 결과를 만들어낼 수 있음을 보여줬다. 우리의 삶은 따라서 결정론적이면서도 완전히 예측 불가능하다. 질문은 우리가 무슨 일이 벌어질지 예측할 수 있는지가 아니다(예측할 수 없으니까). 모든 것이 예전에 일어났던 일에서 기인하느냐다. 비구름을 만드는 마법의 속성 같은 것은 없다. 그냥 그 이전에 벌어진 일이 만들어낸, 물리학의 문제다. 그러나 체제가 너무나 복잡해서, 우리는 그저 며칠 앞만 신뢰할 만큼 내다볼 수 있을 뿐이다. 2주 이상 넘어가면 세계에서 가장 뛰어난 슈퍼컴퓨터조차 모두 백지화가 된다. 카오스 이론과 결합된 결정론에 따르면, 우리는 대본을 바꿀 수 없으나 **바꿀 수 있다면** 플롯과 주인공이 아주 미세하게 바뀌어도 나머지 연극에서 따라오는 모든 것이 바뀌고 만다. 무대를 건너 훨훨 날아가던 나비의 날갯짓마저도 그렇다.

"잠깐!" 여러분은 다시 화가 나서 외칠 것이다(좀 토닥여 줄까?). "나는 이 '고정된 궤적'이라는 개념이 틀렸다고 꾸준히 증명해 왔어. 나는 과거의 실수로부터 배웠다고! 나는 몸무게를 줄이려고 결심했고, 이제는 일주일에 세 번씩 체육관에 가!" 이는 사람들이 결정론을 처음 마주했을 때 흔히 저지르는 실수다. 정적인 것들로 인해 상황이 인과적으로 결정된다는 개념과 헷갈리기 때문이다. 결정론은 원인과 결과의 맞물린 유형이 고정되어 있고 피할 수 없다고 보지만, 그렇다고 해서 여러분의 특성이나 행동이 고정됐다는 의미는 아니다. 담배를 피우던 사람이 암으로 뒤덮인 폐의 사진을 보여주는 다큐멘터리를 보고 담배를 끊기로 했다고 하자. 이는 결정론적 사고와 완벽하게 맞아떨어진다. 그 사람이 다큐멘터리를 보던 순간까지 가차 없이 이어지던 과거에서 복잡하게 이어지는 원인과 결과를 설명할 수 있기 때문이다. 왜 그 다큐멘터리를 보았는가? 친구가 보라고 추천했기 때문이다. 그 친구는 왜 추천했는가? 예전에도 폐암으로 친구를 잃은 적 있기 때문이다. 왜 그 친구는 폐암에 걸렸는가? 모든 설명이 계속 꼬리를 물고, 과거로 거슬러 올라가며, 끊기지 않고 회귀한 원인과 결과가 마침내 정점을 이룬다. 그렇게 해서 그 다큐멘터리를 필연적으로 볼 수밖에 없게 된다. 마찬가지로, 뉴런과 화학물질, 호르몬 등으로 이루어진 여러분의 뇌는 담배를 끊거나 계속 피우기로 결심하며 필연적으로 이 다큐멘터리에 반응한다. 새로운 입력이 주어졌을 때, 정신적인 결정이라는 경험을 생산해 내는 뇌의 물리적 반응인 산출물은 이미 정해졌다.

자기계발 또는 자기파괴가 가능한지(물론 가능하다)가 논의의 중점은 아니다. 그보다는 자기계발이나 자기파괴의 근원이 어디인지가 중요하다. 결정론자들은 물리적 세상에서 복잡한 상호작용이 여러분이 행동을 결정하는 방식을 지배한다고 주장한다. 여러분을 구성하는 물질과는 별개인, 육체에서 이탈한 생각 같은 것은 없다. 그 대신에 결정은 뇌와 몸 안의 물질에서 생겨나며, 그 물질은 유전자와 경험, 환경과의 상호 반응, 뇌의 뉴런망에 새겨진 기쁨과 트라우마, 심지어 장내 박테리아와 오늘 아침 먹은 음식처럼 과거에 있었던 일로 만들어진다. 이 모든 것이 완전히 결정된 결과를 만들어내는 인과 연쇄에 부합하며, 화학반응처럼 고정되어 있다. 결정론에서는 그 무엇도 **원인 없이** 벌어지지 않는다.

반면에 **비결정론**은 대본이 변할 수 있다고 주장한다. 인생을 아주 처음으로 되감기 한 후 플레이 버튼을 누르면, 정확히 동일한 초기조건으로 시작했지만 상황은 다르게 펼쳐질 수 있다. 여러 가능한 미래가 동일한 시작점에서 뻗어나갈 수 있으며, 우리는 고정된 궤적을 따르지 않는다. 그러나 여기에는 의아한 점이 생긴다. 모든 것이 그 이전에 생겼던 일들에서 비롯된다면, 무엇이 그 궤적으로부터 이탈하게 하는가?

인간은 역사를 통틀어 이 질문에 다양한 대답을 내놓았다. 헤라클레이토스처럼 소크라테스 이전의 초기 철학자들은 2,600년 전에 결정론적 우주를 제안했다.[4] 동양철학에서 '의존적으로 생겨난다'는 의미를 가진 연기 緣起, pratītyasamutpāda와 같은 불교 개념이나 인도철학의 아지비카 학파 등은 우주가 작동하는 방식을 논하는 개념에 결정론과 유사한 울림을 합쳐냈다.[5]

그러나 고대에는 결정론이 제시될 때마다 격렬한 반대가 일었다. "우리가 결정적 우주에서 살고 있다는 사실을 인정하면, 자유의지라는 개념을 포기해야 할 거야!" 이들은 이렇게 경고했다. 결국 일부는 원자 '이탈'이라는 편리한 개념을 가지고 이 장애물을 극복했다.[6] 대략 2,300년 전, 그리스 철학자 에피쿠로스는 원자가 가끔은 예상 경로에서 임의로 벗어난다고 제안하며, 이 결정론적 세계관에서 자유의지를 구해내려 했다. 이 이탈 현상에 대한 과학적인 메커니즘을 설명하지는 못했으나, 결정론적 우주에서 철학적인 입김을 무난히 줄여줄 수 있었다. 어떤 상황이 임의적으로 생겨났을 때 자유의지를 발휘할 수 있는 재량권을 조금 남겨두면, 이 세상은 편안한 불확실성을 누리게 된다.

그러나 마법처럼 보이는 이탈도 모두에게 확신을 주지 못했다. 기원전 1세기에 로마의 시인 루크레티우스는 논문「사물의 본성에 관해 De Rarum Natura」에서 이 끈질긴 문제를 다음과 같이 강조했다.[7]

> 모든 행동이 서로 연결되어 있다면
> 그리고 옛것으로부터 언제나 새로움이 생겨난다면……
> 어디서 이 땅의 생명들을 위한 자유의지가 생겨나고
> 어디서 운명으로부터 빼앗는가?

자연과학과 철학, 신학의 위대한 사상가들은 이후 2,000년 동안 결정론과 신의 역할에 대한 다양한 관점을 가지고 이 지속적인 문제를 파악해 왔다. 그리고 신성한 대본 내에서 인간의 역할이 어느 수준까지 자유롭게 이야기의 흐름을 바꿀 수 있는지도 고심해 왔다. 일부는 **신학적 결정론**의 개념을 발전시켰다. 신학적 결정론은 결정론을 인정하면서도 그 대본은 오직 하나님만이 쓰고 지시한다고 본다. 예를 들어, 칼뱅파는 예정설의 이론을 정교하게 만들어냈다. 장 칼뱅 자신의 말을 빌리면, "무엇이든 모든 사건은 하나님의 비밀스러운 조언이 지배한다. …… 오직 (하나님이) 다 알면서 의도적으로 결정하는 사건만 일어난다."[8] 다른 학자들은 자유의지가 진짜로 존재하며 의미가 있다고 계속 주장했다. 하나님이 우주를 창조했는지는 몰라도, 죄는 자유롭게 선택됐고 성스러운 법이나 물리학의 법칙으로 미리 정해진 것이 아니라고 말했다.

그러다가 1687년 아이작 뉴턴의 『프린키피아』가 출간되면서, 우리가 이 세상을 생각하는 방식을 영원히 바꿔놓은 과학혁명에 불을 붙였다. 뉴턴 물리학 또는 뉴턴역학은 여러 물체가 대부분 우주에서 어떻게 행동하는지 정확히 설명하며, 결정론적이다. 뉴턴의 주장은 몇 세기 동안이나 변화에 관한 과학적 사고를 지배했고, 라플라스의 악마와 시계 같은 사고실험이나 정확한 우주에 대한 신념으로 이어졌다. 그러나 뉴턴의 법칙은 모든 것을 설명하지 않는다. 지난 세기에 뉴턴 물리학에 대한 중대한 이의가 세 차례 제기됐다. 그의 법칙은 아주 작은 물체(그래서 양자역학이 필요하다), 아주 빠른 물체(그래서 특수상대성이 필요하다), 또는 아주 커다란 물체(그래서 일반상대성이 필요하다)에는 제대로 적용되지 않는다.

양자역학은 가장 주목을 끈다. 나는 여기서 기술적인 정보는 다루지 않으려 한다(흥미있는 분이라면 이중슬릿실험, 슈뢰딩거의 방정식, 하이젠베르크의 불확실성 원리, 또는 파동함수의 붕괴 등을 찾아보자). 그러나 과학 연구는 아주 작은 입자가 이상한 방식으로 행동하는 모습을 보여준다. 이 이해할 수 없는 행동들을 엄격한 실험을 통해 전반적으로 기록하고, 확인하고, 또 확인하는 동안, 그 결과가 무슨 의미인지를 두고 첨예한 대립이 인다. 일부 과학자들은 양자효과에 대한 더 큰 의미나 철학적 진실을 해석하는 것을 포기했다. 이 부류는 "닥치고 계산이나 해"⁹ 사상가로 알려져 있다. 그러나 양자역학의 지배적인 해석은 코펜하겐 해석으로 알려져 있다. 여기에는 여전히 이론이 제기되는데, 모든 양자역학의 해석처럼 해결하지 못한 문제가 잔뜩 있기 때문이다.

다음은 몇 가지 중요한 이야기다. 코펜하겐 해석은 사건의 가장 작디작은 수준에서 우리 세계의 일부는 완전히 무작위이며, 결정론이 아닌 확률의 지배를 받는다고 시사한다. 해석은 아원자 수준의 일부 변화가 알려진 우주에서 그 무엇과도 같지 않다고 본다. 순수하게 원인이 있어서 일어난 것이 아니며, 진정한 임의성이 지배한다는 의미다. 어느 정도까지 양자역학은 에피쿠로스가 2,000년 전에 주장했던 그 이탈을 과학적으로 엄밀하게 소생시킨 것이다. 이 해석은 세상이 비결정론적이라는 결론을 내린 과학 패러다임을 끄집어냈다. 우리가 바꿀 수 있어서가 아니라, 상황은 원래의 특성에 따라 임의로 바뀌기 때문이다. 우리는 이 부류를 **양자 비결정론자**라고 부른다. 이들에게 세상은 정해진 대본이나 궤적을 따르지 않는다. 그러나 우리가 이 세상에 변주를 주지는 않는다. 아원자 기묘도subatomic strangeness로 인해 사물의 가장 작은 구성 요소는 이해할 수 없는 행동을 보인다. 인생의 비디오테이프를 다시 돌려볼 때, 아원자 입자의 임의적인 행동은 절대로 똑같은 방식으로 두 번 반복되지 않으므로 서로 다른 결과로 이어진다. 이것이 진실이라면, 우리 세계는 적어도 가장 작은 수준에서는 진정한 임의성이 지배하고 있다.

양자효과에 대한 일부 해석은 여전히 결정론적이다(보미안 역학[10] 같은 다세계 해석[11] 또는 초결정론[12] 을 의미한다). 논의는 여전히 해결되지 못했다. 그 누구도 무슨 일이 벌어지고 있는지 **정말로** 알지 못한다! 그러나 과학계 내외부에서 다음과 같은 두 가지 전제가 옳다는 데에는 대대적으로 의견을 같이한다.

1. 결정론은 진짜다.
2. 세계는 비결정론적이나, 이는 오직 양자의 기이함 때문이다.

아마도 이 두 가지 선택지에서 한 가지 명제가 빠져 있다는 것이 눈에 들어올 것이다. 우리가 자체적으로 자신의 대본을 바꿀 수 있는 독립적인 작가가 될 수 있다는 개념이다. 이 과학적 합의에서 자유의지는 어디에 있는가?

자유의지를 조금 남겨두면 이 세상은 편안한 불확실성을 누리게 된다

자유의지의 경험은 보편적이다. 인간은 아무리 노력해도 특정한 감각에서 벗어날 수 없다. 그러나 이 감각을 좀 더 조심스레 확인해보면 그 확실성은 사라지기 시작한다. 지리적인 의미가 아니라 은유적인 의미에서 '나'는 어디에 있나 고민할 때, 논리적으로는 분명 내 몸 안의 어딘가에 있다. 그러나 우리는 내 몸 전체를 '나'라고 하면, 머리를 자르거나 손톱을 자를 때 나에 관한 근본적인 부분이 바뀐다.

우리 자신을 보는 관점으로서는 다소 이상한 것 같다. 그러나 우리는 실제로 존재하고 세상을 탐색하는 감각으로 인해 진짜 '나'는 내 눈의 뒤쪽 어딘가에 도사리고 있다고 느낀다. 마치 팔다리부터 내장까지 내 신체가 그저 브라이언 클라스 본부의 부하이며, 진짜 '나'는 두개골 앞쪽에 있는 뇌 어딘가에서 쉬고 있는 형체 없는 CEO인 양 느끼는 것이다.

이 감각은 정말 보편적이며 자연스레 등장했다. 17세기에 널리 신봉되던 인간 생명의 기원에 관한 이론에 따르면 정자 속에 '호문쿨루스homunculus'라는 온전한 형태를 한 작은 인간이 존재하며, 이 호문쿨루스가 온전한 사람으로 자라난다고 믿었다. 이 이론 '전성설'[13]은 두 세기가 지나고 나서야 틀렸다는 것이 증명됐다. 이 이론은 우리 각자의 안에 영원한 집행자이자 판단하는 영혼이 살고 있다고 상상하고 싶은 욕망을 반영한다. 이 영혼은 모든 것을 통제하고, 자유롭게 생각하며, 자유롭게 선택하는, 환원 불가능한 본질이다.

대부분의 사람은 술잔을 기울이면서 결정론과 자유의지를 논하지 않기 때문에(만약 그런 독자분이 계신다면 경의를 표한다. 언젠가 술자리를 하고 싶다), 자유의지의 감각을 현대 과학에서 발견된 진실들과 결합할 방법을 아무도 고민하지 않는다. 분명히 우리 두개골 속에서 운전대를 잡고 있는 호문쿨루스는 존재하지 않지만, 뇌가 똑같은 기능을 수행하고 있다고 상상하고 싶어진다. 즉, 뇌는 어쩌다 보니 주름진 회분홍색 옷을 입은 미니어처 CEO라는 것이다. 그러나 육체가 없는 축소된 버전인 우리의 심적 이미지를 860억 개의 흔한 뉴런이 합쳐진 모습으로 바꿔치기하려면 격이 떨어지는 듯한 느낌을 준다. 더욱 심각한 것은, 다음과 같이 우리가 만족스럽게 답할 수 없는 불편한 질문으로 이어진다는 점이다. '나'는 그저 육체적 존재이며, 화학물질의 집합체이자 물질 덩어리일 뿐인가?

이 일련의 질문은 필연적으로 한때 데카르트를 당황스럽게 만든 똑같은 난제로 우리를 이끈다. 물리적으로 우리의 마음 혹은 우리의 영혼은 어디에 있는가? 그의 대답은 그 신비주의적인 독립체가 비육체적이라는 것이다. 즉, 우리의 뇌는 물리적 물질로 구성되어 있으나 우리의 마음은 그렇지 않으며, 이 개념을 **이원론**이라고 한다. 정신적 과정은 물리적 몸으로부터 분리되어 존재할 수 있고, 우리의 몸은 생각을 하지 못한다.

그러나 우리가 과학을 통해 세상의 비밀을 풀어가기 시작하면서 데카르트가 제안한 개념은 우주가 작동하는 모든 원리를 위반한다는 점이 확실해졌다. 모든 존재에는 물리적인 기반이 있으며, 따라서 여러분의 생각과 기억, 충동, 일시적인 기분, 의지 또한 여러분 내부에 살고 있다는 의미다. 여러분은 물질로 구성된 유형의 실체이며, 그 특성은 끝없이 복잡한 신경망이 창발적으로 상호 반응하면서 생겨난다.

일단 우리가 정신의 물리적 기반을 인정하면, 즉각적이고 걱정스러운 난제가 반갑지 않은 손님처럼 슬그머니 모습을 드러낸다. 상황을 지시하는 호문쿨루스가 존재하지 않고 우리의 생각과 욕망, 의지가 모두 물리적으로 우리 안에 존재하면, 우리는 어쩔 수 없이 변화하는 화학적 상호작용이 가차 없이 흘러가면서 만들어진 부산물에 지나지 않는가? 우리는 뇌와 몸을 형성하는 물질들로부터 기적처럼 독립해, 상황을 직접 지휘한다고 생각하고 싶다. 그러나 문제가 있다. 적어도 인간의 정신을 뇌의 물질적 구성과는 별도로 움직이는 독립 대리인이라고 보는 관점에서, 자유의지는 몇 가지 완고한 물리학의 법칙에 어긋나기 때문이다.

트로이의 헬렌이 1,000척의 배를 출항시킨 인물이라면, 자유의지에 대한 논의는 수천 개의 정의를 출발시킨다. 철학자들은 인식 이면의 개념을 일그러뜨려서, '자유'가 무슨 의미인지, 그리고 '자유'를 가진다는 것이 무슨 의미인지를 모두 비틀었다. 이 개념들을 전문적으로 논하는 이들은 아무도 그 단어가 무슨 의미인지에 합의할 수 없었다. 그러나 일반인들에게 이 개념은 비교적 단순해서, 여러분이 여러분 혼자서 무엇을 할지 선택할 수 있다는 의미였다. 결정적으로 여러분은 언제든 뭔가 다른 일을 할 수 있다고, 그리고 여러분의 선택이 미리 대본으로 짜여 있지 않다고 확고하게 느낀다. 여러분이 머릿속에서 운전대를 돌리는 호문쿨루스가 아닐지라도, 마찬가지로 자유롭다고 느끼는 것이다. 자유롭게 책을 읽거나, 책을 덮거나, 아니면 가장 가까이 있는 창문 밖으로 내던져서 그 아래 서 있던 무고한 사람이 맞게 할 수도 있다. 우리가 언제든 자유롭게 선택할 수 있다는 이 자유의지의 공통적인 개념은 우리 뇌에서 일어나는 결정적인 물리적 반응과는 완전히 분리되어 있고, 우리에게는 '다르게 하는' 능력이 있다고 주장한다. 이 마음 느긋한 개념은 **자유의지적 자유의**

지라 부른다.●14

자유의지적 자유의지를 소유했다는 느낌은 인간이라는 경험의 중심이 된다. 여기서 다음과 같이 일반적인 논쟁이 나온다. 우리는 자유의지가 있다고 느끼므로 자유의지를 가져야만 한다. 끔찍한 논리다. 인식은 현실이 되지 않는다. 우리에게 지구는 우주에서 불타오르는 거대한 가스 공 주변을 빙빙 돌아서 우리를 따뜻하게 해주는 둥근 공처럼 '느껴지지' 않지만, 실은 둥근 공이다. 이미 FBT 정리에서 보았듯, 우리의 뇌는 우리를 속이도록 반복적으로 진화했다. 우리 정신이 만들어낸 마술사는 착각을 자유자재로 이용한다. 우리가 느끼는 것은 실제로 존재하지 않으며, 물리학의 법칙은 여러분의 기분은 상관하지 않는다.

여러분이 과학을 믿는 합리적인 사상가라면, 무슨 일이 벌어졌을 때 원인이 있을 수도 있고 없을 수도 있다고 생각할 것이다. 오직 두 가지의 경우만 있다. 원인이 있다면 과거에 벌어진 일의 필연적인 결과물이다. 아직 벌어지지 않은 일이 뭔가를 초래할 수는 없기 때문이다. 창문에 대고 벽돌을 던져서 산산조각이 났을 때, 창문이 유리의 파편 때문에 깨졌을 리는 없다. 비슷한 같은 관점에서, 우리의 생각은 뉴런과 나머지 몸의 협의와 기능이 유발한 것이다. DNA 표기와 돌연변이, 화학물질, 양육에 대한 신경학적 부호화, 과거의 경험, 그

● 이는 자유의지적 정치관과는 전혀 관련이 없으며, 우리에겐 언제든 하기로 선택한 일과는 전혀 다르게 할 수 있는 자유가 있다는 개념에서 파생됐다.

리고 뇌망에 입력된 기억 등 복잡한 요인들은 전체적으로 연결되어 생각을 유발한다. 우리는 이 가운데 그 무엇도 독립적으로 통제하지 않는다(부디 여러분 생각의 세포분열을 막아보길).

그러니 우리가 자유의지적 자유의지를 물리학의 손아귀에서 구해 내려면, 과학적인 이단을 제시해야 한다. 즉, 인간의 뇌 물질은 독특한 마법적 성질을 지녔으며, 알려진 우주에서 그 어디든 복제될 수 없다는 주장이다. 그렇기 때문에 일부 철학자들은 경멸을 담아 자유의지적 자유의지를 '기계 속 유령'[15]이라고 일컫는다. 기계 속 유령은 우리 뇌에는 별세계의 초자연적인 물질이 존재하며, 이는 우주의 다른 물질과는 완전히 다르고 독립적이어서 우리가 의사결정을 할 수 있게 해준다는 개념이다. 우리는 어떻게 에테르에서 불러낸 생각, 즉 물리적 물질을 새 형태로 만들어줄 힘을 가진 비물리적 생각을 생성해 낼 수 있는가? 원하는 만큼 눈썹을 찌푸리고 골똘히 고민해 볼 수는 있겠지만, 이런 일이 어떻게 가능한지는 여전히 미지수다.

사유의지석 자유의지가 존재한다면, 이는 우리가 알고 있는 우주의 모든 작동방식에 어긋난다. 우리는 철학자 대니얼 C. 데닛의 말마따나 "유령 같은 배후 조종자"가 되어, 외부로부터 우리의 뇌를 조종할 수 있어야 한다. 물리학자 사빈 호센펠더는 자유주의적 자유의지에 대해, "물리학에 관해 뭐라도 아는" 사람이라면 "논리적으로 일관성 없는 허튼소리"[16]로 취급할 것이라 언급했다. 뇌를 가장 자세히 연구하는 사람들인 신경학자들 역시 이 자유의지의 개념을 완전히 무시하지는 않더라도 대다수가 몹시 회의적이다. 극단적으로 말하자면, 형이상학적인 마법에 대한 믿음이 필요하다.

우리가 생각과 기분, 욕망, 선호, 의지를 물리적 물질의 부산물이라고 인정하게 되면, 무슨 의미로 '자유의지'라고 말하는지에 대한 의문을 떠올려야만 한다. 우리의 행동에 내부적인 원인이 있다는 의미일 수도 있다. 여러분이 이 책을 좋아하는지 생각해 보자. 나는 그러길 바라지만 여러분은 분명 이 책을 읽고 싶어 할 수도, 아니면 시작하고 싶지도 않을 수 있다. 그러나 여러분은 이 책을 읽어가면서 반응을 한다. 여러분의 반응은 아무 행인에게나 이 책이 얼마나 좋은 책인지 말을 걸기 시작하는 사람들과, 활활 타오르는 모닥불에 책을 태워버릴 가장 적절한 시간이 언제인지 고민하는 사람들 사이의 스펙트럼 어딘가에 놓일 것이다. 이제 이런 질문을 해보자. 여러분은 다르게 반응하려고 **선택**할 수 있었는가? 책이 싫었다면, 그 책을 좋아하도록 선택할 수 있었는가? (제발 블로그에 후기를 올리기 전에 한 번만 노력해 봐주길.) 해야 할 일을 하도록 스스로를 설득하기 위해 정신적인 매듭을 지어보라고 다짐할 수는 있다. 그러나 궁극적으로 여러분의 반응은 먼저 벌어진 원인들로 결정된다. 이 원인들은 뇌와 몸의 물리적 상태에 따라 부호화되고, 물리학의 법칙에 따라 형성된다. 그러나 본능적인 반응이 정확히는 '여러분에게 달리지' 않았을 때도 여전히 자유의지가 있는 것일까?

"당연하지!" **호환론자**compatibilist들은 이렇게 말한다(호환론자라는 이름은 자유의지와 결정론이 서로 호환 가능하다는 개념에서 나왔다). 이 사상가들은 선뜻 여러분의 생각과 선호, 그리고 욕망이 예전에 존재했던

'배후 원인'으로 인해 물리적으로 야기될 수 있다고 인정한다. 그 누구도 여러분의 머리에 총을 겨누며 페퍼로니 피자 대신 치즈 피자를 시키라고 강요하지 않는다. 그러나 이 선택은 여러분의 미뢰, 그리고 치즈 피자나 페퍼로니 피자를 먹은 지 얼마나 됐는지, 뇌의 뉴런들이 과거에 각 피자를 먹으면서 그 맛에 어떻게 반응했었는지, 최근에 양돈 농가를 방문했다 화난 일이 있었는지, 어린 시절 치즈 피자나 페퍼로니 피자를 억지로 먹어야 했었는지, 특정 알레르기를 가지고 태어났는지 등으로 결정된다. 각 경험은 뇌 속의 물리적 구조로 바뀌면서 여러분이 내리는 미래의 결정에 영향을 미친다. 여러분이 페퍼로니 피자를 고르면, 그 후 선택은 언제나 그 순간의 결과가 되는 것이 당연하다. 여러분의 물리적 상태를 생각하면 피할 수 없는 결과다. 그 정확한 순간과 여러분의 그 정확한 몸 상태, 그리고 있는 그대로 정확히 정렬된 여러분의 뉴런 등에서 페퍼로니 피자 대신 치즈 피자를 선택할 수도 있었다는 시나리오는 존재하지 않는다. 우리는 갈망을 이야기할 때 여기에 선택이 관련된다고 생각하지 않는다. 그러나 페퍼로니 피자와 치즈 피자 사이에서 선택하는 것이, 똑같이 물리적 기반을 가진 갈망이 덜 치열한 형태로 나타난 게 아니라면 뭐란 말인가?

이 생각은 우리가 배고픔에서 목마름으로 바꿔보면 더욱 확실해진다. 우리는 물을 마시겠다고 결정할 수 있지만, 애초에 물을 마시고 싶다고 선택하는가? 가만히 앉아서 곰곰이 생각한 후에 "나는 목마르기로 선택했어!"라고 말하는가? 이는 우리 몸이 우리를 위해 결정해 준다. 그 후 물을 마실 때는 몸이 반응하며 그 안에서 복잡한 상호작용이 인다. 그러나 목마름에서의 진실은 다른 모든 것에도 진실로서 적용된다. 신체적인 욕구에 대한 생각을 욕망이나 욕구, 또는 선호에 대한 생각으로 바꾸는 데는 신비로움 같은 게 없다. 그러나 사람들은 계속 자신의 생각에 대해, 마치 육체가 없는 마법사 같은 호문쿨루스가 머릿속에 있어서 그것이 진짜 '그들'이고 계속 지휘를 하는 것처럼 주장한다.

내가 여덟 살일 때 우리 부모님은 1863년도의 미국 남북전쟁을 각색해서 다룬 영화 〈게티즈버그〉를 보여주었다. 네 시간짜리 영화에는 마틴 쉰과 제프 대니얼스 같은 유명한 배우가 나왔다. 우리 가족은 미네소타주부터 동부 해안까지 자동차 여행을 떠날 계획이었고, 그 사이에 게티즈버그 전적지에 들를 예정이었기에 부모님이 이 영화를 선택한 거였다. 나는 범생이 괴짜였고(물론 여러분에게는 완전히 충격적인 소리이리라), 영화에 홀딱 빠져서는 전적지를 방문한 이후 완전히 꽂혀버렸다. 내 뇌에서 어떤 일이 벌어져서 그 반응을 만들어냈지만, 뭐라 설명할 수는 없다.

집으로 돌아온 나는 닌텐도를 던져버리고 재빨리 남북전쟁에 관한 책을 수십 권 파고들었다. 이 책들이 꽂힌 책장은 여전히 본가 내 방에 놓여 있다. 2학년짜리로서는 상당히 이상한 행동이었다. 그러나 수천 장의 책을 읽어도 내 목마름은 가시지 않았다. 나는 전쟁의 도덕적 정의, 앤티텀 운하와 샤일로, 스톤월 잭슨과 조셉 후커에 관한 모든 것을 알고 싶었다.* 나는 부모님께 《아메리카스 시빌 워》와 《시빌 워 타임스》라는, 하나도 아닌 두 개의 남북전쟁 잡지를 구독해 달라고 졸랐다. 심지어는 남북전쟁 재연 행사에 참여하게 해달라고 조르고, 주말마다 북군의 어린 병사처럼 옷을 입게 해달라고 빌었다 (감사하게도 우리 부모님은 내가 사회적 자살을 하지 않게 막아주었고, 내 생일에 잡지는 사주었으나 재연 행사에는 바로 선을 그었다).

왜 나는 이토록 남북전쟁에 집착했는가? 잘 모르겠다. 내 가족 중 그 누구도 여기에 관심이 없었다. 나는 어느 날 아침에 눈을 떠서 여덟 살짜리 남북전쟁 애호가가 되기로 적극적으로 선택하고, 《시빌 워 타임스》의 최신호가 오는지 보려고 우편배달부에게 말을 걸게 된 것이 아니다. 그저 설명할 수 없는 집착을 했을 뿐이다. 유전자와 경험, 양육, 부모의 결정, 타고난 덕후력, 사회적인 영향, 그리고 뇌 속에서 서로 연결된 수십억 개의 뉴런이 만들어낸 생각과 화학적 반응까지 복잡하게 섞여서 나는 거기에 푹 빠져버렸다. 나는 새로운 열정을 자유로이 따를 수 있었고, 그렇게 했다. 그렇다면 이것은 자유의지일까?

혹자는 그렇다고 하겠지만, 약간은 움츠러든 자유의지일 수 있다. 우리는 우리가 원하는 것을 자유로이 원할 수 있다고 하지만, 하려는 것을 할 수 없다. 우리는 독립적으로 선호를 선택할 수 없더라도 그

• 조셉 후커는 내 외가쪽 친척이었다. 후커hooker라는 단어는 조셉 후커가 유명해지기 이전부터 창녀를 가리키는 말이었으므로, 그로 인해 용어가 생겨났다는 주장은 진실이 아니다. 그러나 워싱턴 DC에서 활동하던 조셉 후커의 부대가 홍등가에 자주 나타나면서, 그 지역이 후커스 디비전Hooker's Division[17]이라 알려지게 됐다. 이는 언어학적 잠금효과의 또 다른 사례다. 우리 할머니는 후커를 가문의 '검은 양'이라 불렀다.

선호를 추구할 수 있으므로 자유롭다. 호환론자들에게 독립전쟁에 대한 내 집착은 자유의지의 한 형태다. 나는 강압으로부터 자유롭게, 내가 흥미롭다고 생각하는 것을 추구하기로 결정했기 때문이다(다만 내 부모님은 다른 아이들이 나를 완전히 변태로 생각하지 않게, 나보고 조금 자제하라고 충고했다).

호환론자들은 가끔 인간의 인지가 생물들 중에서 독특하게 나타나는 특성이라고 강조한다. 철학자 해리 프랑크푸르트는 우리에게 이른바 "이차적 욕망"이 있기 때문에 일종의 자유의지를 가졌다고 주장했다.[18] 마약중독자들은 그들이 원하는 것을 추구하지만(일차적 욕망: 마약), 어쩌면 마약을 갈망하지 않길 소망할 수도 있다(이차적 욕망: 더 이상 중독되지 않는 것). 잠들기 전에 초콜릿을 보면 입속 가득 침이 고이겠지만, 아마도 그 반응이 나타나지 않길 바랄 수도 있다. 인간을 다른 생명체들과 비교해 보자. 동물들에게 이차적 욕망이 있는지는 확실치가 않다. 내가 키우는 보더콜리 조로는 프리스비에 집착한다. 조로는 한 번이라도 자기가 프리스비에 집착하지 않길 바랐을까? 겸손하게 말하자면, 조로는 천재 강아지다. 그러나 나는 그가 일차적 욕망 이외 다른 것에 이끌려 행동하리라고 생각하지 않는다. 프랑크푸르트의 관찰은 흥미롭고 설득적이나, 근본적인 문제를 해결해주지는 않는다. 이차적 욕망은 어디에서 오는가? 우리가 사회적이고 문화적인 환경 내에서 돌아다니는 동안 다른 사람들과 물체, 존재들과 상호작용하는 우리 뇌에서 나온다. 이는 우리의 생각이 여전히 물리학의 법칙을 따르고 있으며, 다른 모든 것과 마찬가지로 끊기지 않는 인과관계의 사슬을 따르고 있다는 의미다. 우리는 다시 처음으로 돌아간다.

호환론자식 의식구조가 책임회피의 구실이며 이들이 다시 정의한 자유의지는 **진짜** 자유의지가 아니라 묽어진 버전이라고 생각한다면, 여러분은 **강경한 결정론자**다. 강경한 결정론자들은 호환론이 그저 말장난을 통해 자유의지를 구하려고 노력할 뿐이라며 비판한다. **자유의지**가 정말로 무슨 의미인지 잊을 때까지 우리가 철학적 매듭에 꼬여버리길 바라는 언어적인 왜곡을 하고 있다는 것이다. 신경과학자 샘 해리스는 호환론자들의 논리가 마치 "인형들은 자기가 매달린 줄을 좋아하는 한 자유야"라고 말하는 것과 비슷하다고 주장했다. 또는 시칠리아를 가리키면서 아틀란티스를 발견했다고 주장하는 것과 마찬가지라며, 기억에 강하게 남을 만한 설명을 하기도 했다.[19] 자유의지의 개념을 다시 정의 내린다고 해서 자유의지를 살릴 수는 없다고 해리스는 주장했다. 그저 희망 섞인 생각일 뿐이란다.

나는 이 질문들이 굉장히 어렵고, 당황스러우며, 불가사의하다고 인정하면서도 자유의지를 믿지 않는다. 우리는 의식을 이해하지 못하므로, 어떤 새로운 발견이 우리가 이 질문에 어떻게 답할지를 바꿔놓으리라는 이야기도 그럴듯하게 들린다. 발견에서는 절대로 아니란 말을 하는 게 아니다. 그러나 우리에게 자유의지적 자유의지가 실제로 있다면, 우리가 과학에 대해 아는 상당수가 틀린 것이어야만 한다. 자유의지에 대한 호환론적 개념은, 자유롭다는 것이 무슨 의미인지 재정의를 내리는 한 과학과 상충하지 않는다.

이 당혹스러운 상황에서 혹자는 양자역학을 자유의지를 지탱하기 위한 미지의 비계로 사용하려 했다. 이 주장은 무의미하다. 그래, 우리 세계의 일부는 아마도 돌이킬 수 없을 정도로 임의적이다. 그러나 여러분의 선택이 예전에 임의적으로 벌어졌던 원인들이 만들어낸 대본에서 벗어난다면, 여러분은 더욱 자유로울까? 아니다. 자연의 난수 발생기가 좌우하는 여러분의 행동은 자유가 아니다. 우리가 아무리 희석시키려 해도, 자유의지는 양자의 주사위로부터 펼쳐지지 않는다.

그럼에도, 말로 표현할 수 없는 뭔가가 우리 안에 있는 듯 보인다. 인간으로서 우리는 잘 차려입은 세포 덩어리 같지 않다. 우리는 사랑하고 미워한다. 우리는 사색한다. 문학을 보고 눈물을 흘리고, 영웅주의에 감명받으며, 아름다움에 흔들린다. 우리는 언제나 고군분투하는 존재다. 사상을 추구하거나, 아니면 사랑하는 사람을 구하려 거침없이 스스로를 희생하기도 한다. 따라서 과학의 메마른 주장에 반항하고 싶은 충동이 들기도 한다. "논리 게임 따윈 엿이나 먹으라지! 나도 자유의지가 뭔지 알아. 알았다고. 내가 고기로 된 컴퓨터란 식으로 얘기하려고 하지 마!" 나는 이 정서들을 쉽게 이해할 수 있으며, 과학자들은 우리가 수수께끼 같은 우리의 존재를 얼마나 이해하지 못하는지 모를 정도로 바보가 아니다. 내가 할 수 있는 일은 내가 보는 그대로 퍼즐 조각을 제시하고, 어떻게 맞아떨어지는지 보는 것이다.

그러니 퍼즐 조각을 골라보자. 그리고 나름의 방식대로 퍼즐을 맞추자. 그러나 이 장을 읽은 이후로, 여러분의 뇌와 신체가 현재 머무는 바로 그 상태에서 여러분이 어떤 해결책을 선택할 것인지에 직면한다면 그 퍼즐 조각들을 아마도 피할 수 없으리라는 염려가 든다. 느끼는 그대로 자유로운 그 선택은 여러분 이전에, 저 멀리 희미한 순간까지 끝없이 거슬러 올라간 그 시간의 모든 것으로부터 영향을 받았으리라.

자유의지란 무엇일까?

자유의지적 자유의지가 없는 세상은 잠재적으로 불안한 함의를 가진다. 예를 들어, 도덕적 함의의 일부는 자유의지라는 개념 자체에 대한 반론으로 쓰인다. "우리에게 자유의지적 자유의지가 없다면, 도덕성에 대한 우리의 뼈대는 전혀 말이 되지 않아!" 아마도 이렇게 이의를 제기하리라. 나는 여기에 동의하지 않지만, 설사 그 주장이 진실이라 하더라도, 논거가 별로 훌륭하지는 않다. 나는 암이 존재하지 않길 바라지만, 그 소망이 암의 존재를 무효로 만들지는 않는다. 그럼에도 자유의지적 자유의지를 거부하는 도덕적 함의는 고민해 볼 가치가 있다. 이를 풀어놓기 위해 살인자를 한번 생각해 보자.

찰스 위트먼은 예의 바른 보이스카우트로, 신문 배달을 하고 아이큐가 매우 높았다.[20] 1960년대에 대학을 다니던 그는 텍사스대학교 오스틴에서 기계공학을 전공했다. 스무 살이 되자 애인과 결혼했고, 이 행복한 부부의 삶은 전도유망했다.

그러다가 1966년 7월 31일 저녁 6시 45분에 위트먼은 자리에 앉아 소름 끼치는 글을 썼다. "나는 무엇 때문에 내가 이 편지를 쓰고 있는지 잘 모르겠다. …… 나는 요즘 내 자신을 정말로 이해할 수 없다. …… 그러나 최근에 (언제부터인지는 기억이 나지 않는다) 여러 특이하고 비논리적인 생각의 희생자가 되고 있다."[21] 그는 극심한 두통에 시달리고 있다면서, 이상한 요청을 했다. 자기가 죽은 뒤에 부검을 해서, 자기 뇌에 있는 비정상적인 뭔가가 자기 행동에 영향을 미쳤는지 봐달라는 내용이었다.

몇 시간 후 그는 어머니의 집으로 차를 몰고 가서 어머니를 살해했다. 그 후 집으로 돌아와 사랑하는 아내를 다섯 차례나 칼로 찔러 죽였다. 그는 절망적인 심정을 표현하며 두 번의 살해에 대한 회한을 글로 남겼다. 다음 날 아침 그는 텍사스대학교 캠퍼스로 가서 캠퍼스 시계탑 꼭대기까지 올라간 후 공격을 시작했다. 그는 열네 명의 사람을 죽인 뒤에 경찰관에게 사살당했다. 위트먼이 죽은 뒤, 검시관이 부검을 실시했다. 이들은 뇌종양을 발견했다. 이 종양은 감정과 의사결정을 관장하는 뇌의 핵심 부위인 편도체를 압박하고 있던 것으로 드러났다.

이 이야기가 위트먼에 대한 여러분의 관점을 바꾸는가?

그렇다고 답할 사람이 여럿 있을 것이다. 그가 단독으로 사람들을 살해하기로 선택했다는, 그가 악의를 품고 살해했다는 우리의 확신을 낮춰주기 때문이다. 갑자기 뇌종양이 이 그림에 등장하면서, 위트먼의 악의에 대한 우리의 직관은 흔들리고, 우리는 그를 괴물이라기보다는 본의 아닌 암세포의 희생양으로 보기 시작한다. 우리 대부분은 위트먼이 자기 행동과 선택을 온전히 통제할 수 없었기 때문에 도덕적으로 책임이 덜하다고 느낀다.

그러나 자유의지적 자유의지가 망상이고 신경학 마술사의 속임수일 뿐이라면 우리는 누군가가 자기 행동에 대해 도덕적으로 책임이 있다고 생각할 수 있을까? 우리 생각이 뉴런에서 나온 것이라면, 그리고 우리가 정신이라고 부르는 마법의 물질로 뉴런을 적극적으로 통제할 수 없다면, 우리가 생각하는 방식과 그 생각에서 나온 행동은 종양이 영향을 준 생각과 행동과 그다지 다를 바가 없을 것이다. 한 행동은 악성 세포의 영향을 받고, 또 다른 행동은 건강한 세포의 영향을 받는다. 그렇다고 해서 이 행동들이 도덕적으로 달라질까? 우리는 뇌의 건강한 세포를 암세포보다 잘 통제할 수 없다. 내가 남북전쟁에 흥미를 갖도록 선택할 수 없었으며 내 생각과 흥미는 물리학의 법칙에 따른 신경학적이고 생물학적인 과정의 피할 수 없는 결과라는 사실을 인정한다면, 도덕적 무게를 지닌 선택이라고 해서 뭐가 달라질까?

우리는 유전자와 부모, 어린 시절의 경험, 또는 뇌의 물리적 구성을 선택하지 않지만, 이 요인들은 분명 우리가 하는 미래의 행동을 결정한다. 행동 때문에 사람들을 비난하는 게 타당한가? 혹은 그들이 거둔 성취에 대해 칭송하는 게 타당한가? 그렇지 않다면, '악한' 사람들을 한숨 돌리게 만드는 만큼 정말로 당황스러운 일이다. 뼛속까지 어려운 개념이자, 훨씬 더 해결하기 어려운 질문을 제기하기도 한다. 바로 "범죄자들에게 자유 선택이 없었다면, 어떻게 범죄자를 처벌하는 것을 정당화할 수 있었는가?"다. 대니얼 C. 데닛 같은 일부 양립가능론자들은 자기네들의 정의에 따른 자유의지는 도덕적 책임을 내포한다고 주장한다. 그러나 여기에 동의하지 않는 학자들도 있다. 여러 철학적인 문제들과 마찬가지로 이 역시 해결되지 않는 문제다.

범죄자 처벌을 정당화하는 것은 세 가지 주요 카테고리로 나뉜다. 어떤 사람은 그 처벌이 '눈에는 눈'으로 응징하기 위한 목적을 가진다고 생각한다. 응징을 위한 처벌이라는 것이다. 또 어떤 사람은 이를 저지의 수단으로 본다. 범죄자들이 미래에 또 범죄를 저지르지 않게 가둬두는 것이다. 세 번째 집단은 처벌을 갱생의 방법으로 본다. 범죄자를 사회의 생산적인 일원으로 되돌려놓는 것이다. 만약 도덕적으로 책임감 있는 자유의지가 존재하지 않는다면, 처벌을 위한 처벌은 말이 되지 않지만, 나머지 두 가지의 정당화는 여전히 적용할 수 있다. 살인자에게 자유의지가 없어도, 여전히 사회에 대한 해악을 줄이기 위해 거리에서 떨어뜨려 놓을 필요가 있다. 이들을 처벌하는 것은 여전히 미래에 일어날 범죄를 줄여주고, 갱생도 여전히 본질적으로 가치가 있다. 따라서 범죄자들은 여전히 벌을 받아야겠지만, 그 이면의 논리는 이들이 자유롭게 끔찍한 선택을 한 괴물이라고 비난하지 않는다.

우리는 이미 자신의 선택과는 상관없이 승자와 패자가 만들어지는 불공정한 사회에서 이런 실용주의의 전례를 가지고 있다. 지성을 규정하기는 어렵지만, 대부분의 사람은 교육 수준과 상관없이 다른 사람들보다 지적 재능을 더 높게 타고난 사람들이 있다는 사실을 기꺼이 인정한다. 그러나 똑똑한 사람들은 똑똑하게 태어나려고 선택하지 않고, 덜 지적인 사람들은 덜 지적으로 태어나려고 선택하지 않았다. 우리는 대개 지성이 천성과 양육의 복잡한 결합임을 인정하지만, 아무도 높은 아이큐를 가지고 훌륭하고 든든한 가정에서 잠재력을 한껏 개발하며 자라나는 아이들이 어쨌든 독립적으로 지성을 '획득'한다고 합리적으로 주장하지 못한다. 하지만 사회는 실용적으로 판단한다. 옥스퍼드대학교나 하버드대학교에서 암을 연구하는 책임자는 운이 좋게도 똑똑하게 태어나서 지성을 기를 수 있다면 그렇지 못한 사람보다 낫다고 본다. 아인슈타인이 천재로 태어났다고 도덕적으로 칭송하는 것은 무의미하다. 그러나 이는 편도체가 손상된 사이코패스가 정말로 다르게 행동할 수는 없었는지 도덕적으로 비난하는 것과 마찬가지로 무의미하다는 의미다.

우리가 아인슈타인을 추종하는 것은 지성의 영웅들을 위해 명예의 전당을 세우는 것에 실용적인 가치가 있기 때문이다. 이 전당은 우리에게 영감을 안겨주고, 격렬하게 투쟁하려는 태생적인 충동을 뒷받침해 준다. 이와 유사하게, 우리는 끔찍한 방식으로 행동하는 사람들을 계속 비난할 수 있으며 비난해야 한다. 그것만으로도 역할을 제대로 하는 것이다. 엄밀히 말해, 단순한 방식으로는 이들의 '잘못'이 아니더라도 우리는 보통 책임에 관해 생각하게 된다. 해리스는 "인간을 자연적인 현상으로 본다고 해서 우리의 형사사법제도가 손상되지 않는다. 우리는 지진과 허리케인이 범죄를 저질러서 투옥할 수 있다면, 이들을 위한 감옥도 지을 것이다. …… 분명 우리는 인간 행동의 궁극적인 기원에 대해 스스로 거짓말을 하지 않고도 위험한 사람들이 가하는 위협에 똑똑하게 반응할 수 있다"라고 말했다.[22]

나는 그의 말이 맞다고 본다. 그러나 여기에 대항하는 관점에 아무런 장점이 없다고 보는 것은 어리석은 짓이다. 신경과학 연구가 아주 맹렬한 속도로 발전해 나가면, 이는 우리 시대의 위대한 철학적 논쟁이 될 것이다.

이상하게도 이런 논쟁은 주류 사회 연구에서는 거의 맹위를 떨치지 못한다. 여러분은 왜 인간 사회에서 사건들이 벌어지는지 이해하려고 할 때 자유의지와 결정론, 그리고 비결정론이 중심 개념이 된다고 생각할 수도 있다. 그러나 심리학의 외부에서, 또는 사회과학의 철학이라는 틈새 하위 분야에서 기본적으로 이 개념들은 지적 불모지로, 거의 논의되지 않는다. 나는 대학원에서 결정론에 대해 약 한 시간 반 동안 수업을 들었고, 이 내용은 이후 내 직업적 삶에서 영원히 사라졌다. 이 현란한 부재不在는 적절하게도 우발적이며, 결정론을 사회학자와 경제학자, 정치학자들에게 금기어처럼 간직하게 만든 어느 역사적 순간에 달려 있다.

타락한 사회적 의제와 관련해 결정론에 대한 치명적인 압박은 19세기 말과 20세기 초에 등장했다. 앞서 '지구 복권' 장에서 언급했듯, 환경적이거나 지리적 결정론은 인종차별과 식민주의를 포함해 일련의 야비한 이데올로기를 정당화하는 데 잘못 이용됐다. 게다가 우생학자들은 우리가 전적으로 유전자의 산물이라는 개념인 생물적 결정론을 이용해 백인의 우월성을 '증명'하려는 쓰레기 같은 유사과학을 정당화했다. 당연하게도, 사회과학 내부에서 결정론적 논리를 조금이라도 포함하는 모든 형태의 논쟁에 대해 커다란 반발이 일었다. 그러나 결정론을 흡수한 야비한 이데올로기를 적절히 겨냥하면서, 그 반발은 세상이 **어느** 결정론적 과정이든 따른다는 사회과학 내의 신념을 파괴했다. 아무리 그게 사실이라도 말이다.

그 결과, 우리의 사회적 세계에서 왜 변화가 일어나는지를 이해하려는 모든 분야는 결정론적 논쟁을 거부했다. 합리적인 이유에서가 아니라 도덕적인 이유에서였다. 20세기 결정론의 비판가들은 결정론이 "위험한 도덕적, 정치적 결과를 낳았다"[23]면서 "책임과 비난을 피하려는 알리바이"를 제공할 수 있다고 주장했다. 그로 인해 대부분의 사회과학은 논리적으로 앞뒤가 맞지 않는 신념의 집합 아래서 작동하게 됐다. 여기에는 '구조화'[24]라고 하는 영향력 강한 이론이 포함되어 있었는데, 구조화는 "개인이 연속적인 행위를 하는 도중 어느 시점에서든 다르게 행동할 수 있다는 의미에서" 인간이 자유의지적 자유의지를 가졌다고 노골적으로 주장한다.●[25]

이것이 바로 철학자들과 물리학자들이 경고해 온 '마법'이다. 그러나 자유롭게 만들어진 개인의 선택을 현대사회에서 변화를 이끌어가는 주요 동기라고 지나치게 강요하면서 **결정론**이라는 단어가 모욕적인 말이 되어버렸다. 한 이론을 '결정론적이다'라고 말하는 게 가장 못된 사회과학적 공격이자, 그 생각을 터무니없고 도덕적으로 불쾌하다고 폄훼하는 간단한 방법이 되었다.[26] '기계 속 유령'은 우리

● 구조화와 그 유사한 이론들은 우리가 하는 일이 구조(규범, 규칙, 우리가 살고 있는 문화)와 작용(우리의 자유의지적 자유의지)의 조합이라는 가정 아래서 움직인다.

가 우리 자신과 세계를 이해하는 방법에 계속 문제를 일으키고 있다.

그러나 우리는 인생을 생각하는 방식과 우리가 행동하는 방식에 이의를 제기하는 아이디어들로부터 숨어서는 안 된다. 이 개념들이 불안하다는 이유로 그저 무시해 버리는 것이 아니라 열정적으로 이 개념들을 논해야 한다. 어둠 속에 도사리고 있는 뭔가를 조사하려고 조명을 켜는 것이 그런 게 존재하지 않는 체하는 것보다 낫다.

자유의지라는 모순

나는 결정론에 감탄한다. 우리의 현 순간은 수십억 년 전까지 뻗어 나가는 무한한 실들로 촘촘히 짜였다. 한쪽 실을 당기면서 태피스트리의 한쪽 구석만 변하길 바라겠지만, 그 순간 전체 직물은 흐트러지기 시작할 것이다. 실을 하나 당기면 전체 이미지가 바뀐다. 과거로부터 한 가닥을 잡아당기면 여러분이 존재하지 않거나, 다른 배우자를 만나거나, 다른 자녀를 만났을 수도 있다. 그러나 작고 다양한 변화로 인해 그 끔찍한 실연을 당하거나 사랑하는 사람이나 가까운 친구를 잃는 일을 피할 수도 있다. 최고의 순간과 최악의 순간은 떼려야 뗄 수 없이 연결되어 있다. 인생에서 가장 행복한 경험은 우리를 가장 참담한 절망으로 괴롭히는 경험과 같은 실로 연결되어 있다. 한쪽은 다른 한쪽 없이 따라갈 수 없다. 이상하게 들릴 수도 있지만, 나는 내 증조할아버지의 첫 아내가 자기 가족을 살해하지 않았다면 분명 존재하지 않았을 것이다. 그러니 내 가장 기쁜 순간은 불가피하게 끔찍한 비극과 엮여 있다. 문자 그대로, 내 희열의 순간은 저들의 고통 없이는 존재할 수 없었다. 이는 우리가 고통을 축하해야 한다는 의미가 아니라, 그 미래의 환희가 겉보기에 무의미한 고통에서 직접적으로나 간접적으로 생겨나면서 우리의 가장 고통스러운 순간을 무디게 만드는 위안의 순간이 될 수 있다는 의미다. 반대로, 내 기쁨이 되는 순간은 어떤 의미에서 다른 누군가의, 혹은 내 자신의 고통으로 가차 없이 이어질 것이다. 그냥 그것이 순리다. 좋든 나쁘든, 압도적으로 아름답다. 시간과 공간을 넘어 서로와 연결된, 모든 존재 사이의 상호연결성을 가장 생생하게 느낄 수 있기 때문이다.

우리가 각자 고립된 인간이며, 땅 위의 모든 야수와 바다의 물고기를 다스리는 주인으로서 완전한 지배력을 가졌다고 생각한다면, 자유의지적 자유의지의 상실은 결정적인 타격이 된다. 그러나 스스로를 더 위대한 전체를 구성하는 부분, 그리고 아주 머나먼 조상까지 거슬러 올라가는 상호 연결된 세계의 일체성이 꾸준히 초래하고 초래되는 복잡한 지각의 존재라고 생각하면, 결정론의 태피스트리를 인정하는 일이 아주 기쁘게 느껴질 수 있다.

다른 누군가가 여러분의 자리에 있었더라면 세상은 달라졌을 것이다. 여러분은 존재하기에 이 세상에 영향을 미칠 것이다. 때로는 좋은 영향을, 때로는 나쁜 영향을 이 세상의 모든 곳에. 여러분은 아주 작은 부분까지, 지금까지 내리고 앞으로 내릴 가장 무의미한 결정에까지 중요하다. 여러분의 말과 행동, 생각과 감정까지 잔물결 효과를 낼 것이며, 이 효과는 평생을 뛰어넘고 여러분이 보거나 깨우칠 것 이상으로 널리 퍼져나갈 것이다. 지금 여러분이 내리는 결정은 자유의지의 유령이 선택한 것이든 아니든 간에, 수천 년이 흐른 뒤에 미래의 인간이 존재할 것인지, 그리고 어떤 세상에서 살고 있을지를 결정할 것이다. 한마디로 엄청나고 놀라운 일이다. 여러분이 하는 일은 무엇이든, 아주 작은 하나까지도 중요하다. 대부분이 생각하듯 이는 자유의지가 아닐지 모르나, 분명 가치 있는 의지임에는 분명하다.

여러분이 다르게 행동했을 수도 있다고 뼛속 깊이 느끼는 게 중요할까? 내 경우 욕망을 자유롭게 추구할 수 있는지 아는 것만으로도 충분하다. 언제나 나만의 것처럼 느껴지는 행동과 생각이 유령 같은 존재나 호문쿨루스가 초래한 것이 아니라, 내 모든 경험과 뇌의 화학물질, 그리고 이전에 존재했던 모든 사람과 모든 상황이 조금씩 혼합된 결과라고 상상하면 너무 끔찍할까?

우주 역사의 전체가 우발적인 정점에 도달한 존재가 바로 여러분이다. 여러분이 바로 이 순간, 바로 이곳에서 지금 모습 그대로 존재하기 위해서 모든 것이 정확히 지금 그대로였어야 했다. 우리는 단순하지만 경이로운 진실에 도달하게 된다. 즉, 우리는 137억 년에 달하는 우연성의 역사가 현현한 화신이라는 것이다.

어쩌면 우리는 마침내 스스로의 존재를 온전히 이해할 수 없다는 사실을 받아들일 수 있으리라. 하지만 커트 보니것은 불확실성 속에서 온전히 살아가는 방식에 관해 멋진 조언을 내놓는다. "인간의 삶을 누가 통제하는지와는 상관없이, 그 목적은 누구든 주변에서 사랑받아야 할 사람을 사랑하는 것이다."[27]

13장
우리는 모든 것을 통제하지 않아도 된다

복잡하고 혼돈스러운 세상에서 불확실성이 가진 힘

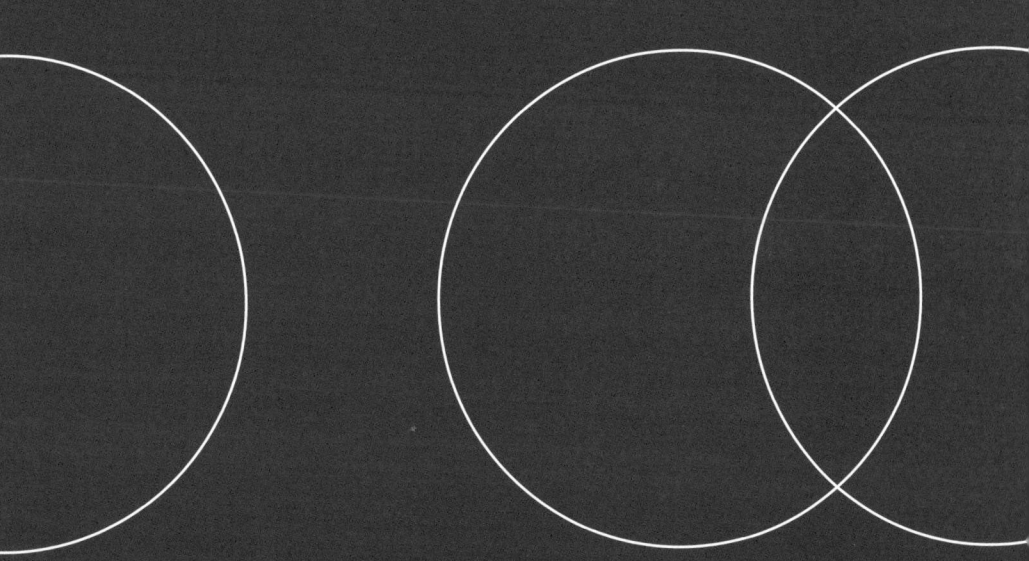

우리의 여정은 이제 마무리에 가까워지고 있다. 우리는 지금껏 직관과 지각이 알려주고, 통념으로 강화됐으며 구속복 같은 모델 안에 구겨 넣은 것들과는 완전히 다른 이 세상을 잠시 살펴보았다. 이 새로운 세상은 우리를 혼란하게 할지 몰라도, 적어도 진실에는 한 걸음 가까워졌다. 왜 어떤 일들이 벌어지는지에 대한 동화책 같은 개념은 거짓말이었다. 우리의 지각은 우리를 속이도록 진화했다. 현실은 완전히 연결되어 있고, 꾸준히 변하며, 극도로 작고 짧은 것들로 인해 영원히 흔들린다. 이는 우리가 이 헤라클레이토스적인 세상의 강물에 몸을 담그면서 그 궤적이 거의 무한에 가까운 요인에 의존한다는 의미다. 뭔가를 바꾸면 모든 것이 바뀐다. 이 진실은 가차 없이 현혹적인 폭로로 이어진다. 즉, 세상은 확실하지 않고, 설명할 수 없으며, 통제할 수도 없다는 것이다.

그러면 우리는 이 정보를 가지고 무엇을 **해야** 할까? 또 어떻게 살아야 할까?

에세이 작가 마리아 포포바는 이렇게 깨우쳐준다. "현실에 감탄하며 살아가는 것이 가장 기쁜 삶의 방식이다."[1] 얼마나 많은 이들이 현대 시대의 쳇바퀴 같은 삶에 갇혀 종종걸음 치며 무덤덤하게 살고 있는가? 이제는 숙달과 통제라는 거짓된 우상을 떠나보내고, 어느 곳을 바라봐야 할지 알 수 있다면 불확실성 안에 숨은 아름다움에 감탄할 때가 왔다.

우리 스스로 만들어낸 절망

아마도 현대 시대의 무기력은 통제할 수 없는 세상을 통제하려고 애쓰려는 집착에서 비롯됐을지 모른다. 잘못된 세계관이 확장되면서 우리는 확실성을 찾아 떠나는 불확실성의 모험에 갇히고 말았다. 우리가 현재 살아가는 방식은 미래를 잘못 이해하는 방식과 얽혀버렸다. 그리고 서로 연결된 세상의 필연적인 우연성을, 미지의 장엄함을 뽐내는 우아하고 복잡한 정원이 싹틔운 봄이 아니라 단순한 호기심과 우연의 일치로만 바라본다. 현실의 경제적, 정치적 모델로 인해 프랙탈과 피보나치 수열이 풍부하게 채운 아름다운 세상이 쉽게 측정할 수 있는 몇 가지 변수로 풀어내는 무익하고 고정된 선형 방정식으로 깎아내려질 때, 우리 자신과 주변 환경을 바라보는 시각은 둔감해진다. 인생 자체는 헛되이 통제할 수 있길 갈망하며 X를 구하려는 몸부림으로 바뀔 수 있다. 그리고 우리는 그저 하나의 숨겨진 요인에 지나지 않다고 끊임없이 느끼면서, 하나의 상품이나 진급처럼 우리가 구입하거나 달성했을 때 우리가 정말로 원하던 것과는 동떨어진, 그저 또 다른 불만족스러운 신기루였음이 드러난다.

그러나 우리는 통제의 교회에 놓인 진보의 제단에 계속 참배하고 있다. 우리의 현실적인 삶은 이를테면 3분기 목표를 달성할 수 있는지 등의 막연한 진보를 달성하는 데 헌신하며, 그로 인해 세상의 커다란 쐐기에 익숙해질 것이다. 그러나 우리가 모든 노력을 최적화를 높이려는 싸움에 쏟아부을 때, 인간 존재의 본질은 사라지고, 오직 내면에서 산산이 부서지고 황폐해진 태엽장치의 잔존물만 남을 수 있다. 우리는 돈키호테식 광란에서 몸부림치며, 기업 전략과 생활 속 꿀팁, 투 두 리스트To-do List, 인생의 드라이브 스루 전략 같은 것들을 통해 효율성의 마지막 한 방울까지도 짜낸다. 덜 즐겁더라도 더 노력한다. 우리가 시시포스처럼 절대로 만족할 수 없는 목표를 좇는 동안, 인생의 승리는 느리고 차분한 숭배의 순간을 지워버리고 이를 초생산적인 멀티태스킹으로 교체해 버렸다. 마치 체크리스트에 따르는 생활처럼 느껴진다. 그러나 가장 위대한 순간은 가장 효율적이지 못한 경우가 많으며, 욕망을 달성하는 그 짧은 경험은 미뤄지고 그저 황홀한 존재의 순간이 상으로 주어진다.

이는 21세기 삶의 역설이다. 경이로운 수준의 번영은 소외와 절망, 그리고 존재적인 무상함의 폭발적인 증가와 관련이 있는 것처럼 보인다. 인간은 역사상 가장 정교하고 세련된 문명을 세워 지구를 빛냈지만, 수많은 사람은 그 안에서의 삶에 대처하기 위해 약을 먹어야만 한다. 우리는 조상들이 상상할 수 있었던 것보다 더 많은 세상을 통제할 수 있고, 땅에서 광물을 긁어모으고, 우리가 지시하거나 중단시킬 수 있는 전자의 흐름으로 동력을 입히며, 한때 기발한 머릿속에만 존재했던 마법사와 외계인과 슈퍼 히어로의 이미지를 화면에 띄울 수 있다. 심지어 이제는 자체적인 예술과 문학을 생산해 낼 수 있는 다른 정신을 **발명**했다. 그로 인해 우리는 어디로 향하고 있는가? 모든 측정 가능한 기준에서 우리는 예전보다 나아졌지만, 또 나빠졌다고 느끼기도 한다.

이것이 우리 스스로 만들어낸 절망이다. 독일의 사회학자 하르트무트 로사는 이것이 기술 때문이 아니라 이 세상을 통제하려는 헛된 갈망으로 인해 만들어진 절망이라고 표현했다. 로사에 따르면 후기 근대성의 정언명령은 직접적이지만 암울하다. "언제나 당신 몫의 세상이 늘어나는 방식으로 행동하라."[2] 관계는 목적을 향한 수단이 됐고, 마법처럼 연결된 존재를 단순한 '네트워킹'으로 축소시켰다. 작가이자 수녀 출신인 캐런 암스트롱은 이 거북함을 공유하며, 사람들이 미술관을 방문할 때 더 이상은 세계사적인 함의를 지닌 물체 곁에서 존재하며 그것을 받아들이지 않는다고 언급했다. 그보다 이들은 전화기로 사진을 찍고 자리를 옮기면서 "마치 가상의 복제본을 가지고 나서야 그 작품이 진짜가 되는 것 같은, 뭔가 다른 방식으로 그 경험을 소유"하려고 애쓴다.[3] 그러나 이 통제하고자 하는 열망은 잘못 판단한 것이라고 로사는 강조한다. "오직 통제가 불가능한 것들을 마주해야만 우리는 정말로 세상을 경험하기 때문이다. 그제야 우리는 느끼고, 감동하고, 살아 있다고 느낀다."[4] 이미 계획되어 있던 인생의 축하연에서조차 우리는 대부분 계획하지 않았던 요란함만 기억한다.

그런데도 우리는 자기계발서 딱 한 권만 읽으면 진정한 통제력을 얻게 되는 양 말하는 사기꾼들의 거짓말을 걸신들린 듯 읽어치운다. 이들은 동화책 같은 현실이 진짜일뿐더러 **여러분**이 바로 주인공이라고 주장한다. 긍정적인 생각이 넘쳐나는 마법 같은 샘에 다가서기만 하면 여러분 혼자 힘으로 플롯을 만들 수 있단다.

예를 들어, 론다 번의 『시크릿』을 떠올려보자. 이 책은 전 세계적으로 3000만 부 이상 팔리고 50개 이상의 언어로 번역됐다. 번은 가진 게 없고 빈곤한 불운은 정신 상태의 문제로, 계몽적인 사상가가 정복해 주기를 기다리고 있다고 주장했다. "당신에게 돈이 없는 유일한 이유는 돈이 찾아오지 못하게 생각으로 가로막고 있기 때문이다." 번은 이렇게 말했다. 긍정적인 생각의 X는 부의 Y를 가져온다. 모든 가난한 자, 매사에 삐딱하고 불평을 늘어놓는 사람들이 번의 책을 살 수만 있다면 말이다! 그렇게만 되면 "당신의 생각들이 자성을 띤 신호를 내보내고, 당신과 평행선을 그리던 것들을 다시 끌어온다"라는 개념을 포함한 놀라운 교훈들을 얻는다. (자석은 평행이 아닌 반대되는 것들을 끌어들인다는 사실은 그냥 무시하자.)[5] 두 세기 전에 노예가 됐던 사람들은 그저 스스로를 다른 모습으로 상상하지 못해서 그랬다니 얼마나 치욕스러운가! 이들의 사슬은 마음의 수갑이었을 뿐이다. 번의 미신적인 숭배에서 끔찍한 불운의 희생자가 탓할 대상은 오직 자기 자신뿐이다.

말도 안 되는 소리다. 히로시마의 사람들은 존재하는지도 몰랐던

신무기 때문에 증발해 버리겠다고 선택하지 않았으며, 교토의 어느 누구도 오랫동안 잊고 있던 휴양객의 로망 덕에 살아남기로 선택하지 않았다. 헨리 스팀슨은 어느 날 자신이 일본의 신처럼 행세할 것이라고 알고 태어나지 않았다. 클라우드 모네는 죽은 지 75년이 흐른 뒤 어느 운명적인 9월에 자신의 예술 작품으로 만든 넥타이가 한 사람의 목숨을 살려주길 바라며 그림을 그리지 않았다. 조지프 로트가 모네 넥타이를 선물로 받았을 때 자기 인생을 통제하겠다고 확신하며 살아남기로 결정한 것도 아니다. 지금 살아 있는 우리 모두와 같이 로트는 그저 적절한 시간에 적절한 곳에 우연히 머물렀을 뿐이다. 이는 불운한 사람들이 운명의 노리개가 되어버린, 흔치 않은 무력함을 느끼는 소름 끼치는 순간이 아니다. 다만 세상이 정말로 돌아가는 방식을 잠시나마 들여다본 것뿐이다. 시간과 공간으로 갈라진 아주 머나먼 결정들, 그리고 행복하거나 불행한 사건들이 결코 예상하지 못했던 방식으로 함께 나타나고, 그로 인해 우리의 삶은 바뀌어 버린다. 우리가 정말로 누구인지를 받아들이면 훨씬 편안해질 수 있다. 즉, 우리는 우주의 우연성이며 의식이 깃든 연결된 원자들이고, 불확실성의 바다를 떠돌아다니는 존재라는 사실 말이다.

우리는 모든 것을 통제하지 않아도 된다. 그래도 괜찮다.

문제는 번과 그 기회주의자 동료들이 『시크릿』 같은 유사과학의 헛소리를 팔아먹고 있다는 것이다. 그러나 이들은 불가능한 것으로 가는 로드맵이자, 길들일 수 없는 우주를 길들이려는 지침서를 팔고 있다. 또한 여러분이 마주하게 되는 그 어떤 절망도 더 많은 돈과 통제,

개인적인 행동으로 해결할 수 있다는 마음을 좀먹는 생각을 불어넣는다. 번의 거짓말은 현실의 얽히고설킨 특성을 지워버리고, 혼자 힘으로 운명을 결정할 수 있다고 주장한다. 여기에 따르면, 내면을 들여다봐야 할 유일한 이유는 그래야만 외부 세계를 더 많이 정복하고, 이를 마치 미술관 사진처럼 획득할 수 있기 때문이다. 자기계발 산업, 특히나 『시크릿』 같은 책들이 저지른 최악의 악행은, 지나치게 자주 자기중심적인 나르시시스트가 쓴 우주 지침서이다 보니, 여러분이 적절한 말이나 생각을 활용한다면 존재하는 모든 것에 신호를 보내어 여러분을 섬기도록 할 수 있다고 주장한 것이다. 세상이 그렇게 작동해 왔더라도(그렇지 않다), 연구에 따르면 인간은 **쾌락의 쳇바퀴**에 매달리는 경향이 있으며, 그리하여 우리를 행복하게 만들어주리라 생각하는 물건이나 지위 같은 것들을 향해 가능한 한 빠르게 달리고 또 달리지만, 결국에는 똑같은 자리, 똑같은 출발점에 머무는 자신을 깨닫는다.

그렇다고 우리가 평온을 위한 기도문을 계속 읊조리며, 세상의 불의로부터 물러서거나 인생의 몫을 바꾸려 애쓰지 않고 불운한 그대로 인정하며 금욕적으로 살아야 한다는 말은 아니다. 고군분투는 인간으로 산다는 의미 중 하나다. 그러나 우리가 세상을 보는 방식이 중요하며, 너무 많은 사람이 거짓말에 팔려 간다. 주문을 외우거나 생각으로 부유함을 끌어들인다 해서 여러분이 세상을 통제할 수는 없다. 가짜 예언자들을 믿었다가는 지속적인 실망만 이어질 뿐이다.

그러나 통제의 교회를 숭배하는 일이 우리를 비참하게 만들고 마는 것이 아니다. 역설적이게도 통제를 추구하려는 잘못된 시도는 세상을 더 통제에서 벗어나 더 위험하게 만든다. 독재자 마오가 제멋대로 자연을 길들이려 했지만 그로 인해 오히려 수백만 명이 기근으로 죽어간 그 끔찍한 제사해 운동은 우리에게 역효과를 낸 오만한 사례다. 앞서 살펴보았듯, 복잡과학은 '혼돈의 가장자리'에서 살아갈 위험성을 자아내어, 한 체제가 티핑 포인트라는 벼랑 끝에서 동요하고, 그 순간 검은 백조는 우리를 불의에 습격한다. 그렇다면, 우리는 어떻게 하고 있는가? 우리는 사회체제 안에서 마지막 여유까지 모두 지워버리길 바라며 가장자리로 달려 나간다. 그리고 효율성의 신 앞에 납작 엎드린다. 최근 몇 년 동안 우리는 인간이 만들어낸 재난으로 인해 반복해서 벼랑에서 떨어졌다. 이 재난은 한 치의 실수도 용납되지 않는 최적화된 체제로 인해 더욱 부풀려졌으나, 우리는 그 피해에는 아랑곳하지 않고 동일한 복음에 매달린다.

그 결과, 이미 사건과 우연성의 불확실하고도 떠들썩한 잔치인 이 세상은 더욱 불확실해진다. 인간이 만들어낸 칼날 위에서 목숨과 생계가 건들거리는 이런 불확실성이 우리 사회를 치명적인 위험에 빠뜨린다. 우리는 우리만의 교훈을 얻고, 체제 안에 느슨한 부위를 마련하며, 완벽한 효율성을 더 나은 회복력으로 바꿔치기 해야 한다. 이것이 더 건강하고 튼튼하게 살아갈 수 있는 방법이다.

불확실성을 받아들이고 미지의 것을 아우르는 주문, "나는 모른다"

그러나 이상하게 보이겠으나 좋은 불확실성도 존재하며, 이 불확실성이 우리를 인간으로 만든다. 다음을 생각해 보자. 절대적인 확신을 가지고, 이를테면 심장마비가 임박했다는 엑셀 파일이나 세상을 떠나는 정확한 그 순간을 표시한 달력 등으로 여러분 인생에서 벌어질 모든 사건을 알 수 있다면, 그 지식이 매력적으로 느껴질까?

살아가는 수수께끼가 없는 이 세상은 차갑고 육체에서 이탈된 세상이 될 것이며, 우리는 결코 놀라는 일 없이, 또 자연이 우리를 가지고 엮어내는 끝없이 복잡한 그물을 깊이 생각해 보는 일 없이, 또 존재에 관한 경외감에 압도당하는 일 없이 그저 삶을 살아낼 것이다. 우리는 무감각해진 뇌를 지닌 살아 있는 좀비가 될 것이며, 광대하고 계산할 수 있는 공허함의 세상에 갇힐 것이다. 근대성이란 미지의 것을 파괴하자는 집단적인 임무지만, 우리는 미지의 것 없이 아무것도 아닌 게 된다.

생물종으로서 우리는 온전히 통제할 수 있는 특정 세계를 선호할 것이라 상상하며 스스로를 속인다. 실제로 우리는 질서와 무질서 사이에서 건강한 균형을 갈망하며 우발적인 수렴성의 세상을 채워나간다. 물리학자 앨런 라이트먼은 이렇게 강조했다. "우리는 서양 클래식 음악의 구조를 사랑하지만, 재즈의 자유분방하고 즉흥적인 리듬도 사랑한다. 우리는 눈송이의 대칭성에 반하면서도 높이 솟은 구름의 불규칙한 모양도 즐겁게 감상한다. …… 우리는 합리적으로 살아가면서 강직한 삶을 이끄는 이들을 존경한다. 그러면서도 굴레를 깨는 독불장군을 존경하고, 우리 안의 거칠고 고삐 풀리고 예측할 수 없는 부분을 칭송한다."[6] 모든 것이 구조적이고 질서정연할 때 인생은 지루하고 단조롭지만, 순수한 무질서는 우리를 파괴할 수 있다.

니체는 이런 긴장감이 아폴로적인 요소와 디오니소스적인 요소를 갈망하는 인간의 충동에서 나온다고 썼다. 둘 다 제우스의 아들이었으나, 아폴로는 질서와 논리, 이성을 대표하고 디오니소스는 축제와 춤을 사랑하는 비합리적인 혼돈의 주체로 알려져 있다. 온전히 살아가기 위해서는 둘 모두가 필요하다.

많은 사람이 디오니소스적인 요소를 너무 적게 누린다고 느끼고, 따라서 인생의 좁은 틈을 비집고 들어가려 한다. 이 시도는 억지로 잠들려고 하는 불면증 환자만큼이나 소용이 없을 때가 많다. 통제의 교회가 잘못 가리키는 사고방식 안에서 디오니소스적인 순간은 발견되지 않고 조작된다. 모든 것이, 심지어 기쁨마저도 공식으로 탈바꿈한다. 여러분의 스마트 워치가 걸음 수를 제대로 세지 않았을 때도 정말로 숲속을 걸으러 나갔던가? 투 두 리스트에 '『어떤 일은 그냥 벌어진다』 읽기'가 들어 있기 때문에 이 책을 들여다보고 있는 사람은 얼마나 많은가? 그러나 모든 목표가 또 다른 목표로 이어진다면, 그리고 그 목표가 그다음 목표로 이어진다면, 우리는 그저 절대로 도착할 수 없는, 닿을 수 없는 경치를 향해 애써 노력하고 있는 것이 아닐까? 현대인의 삶에서 우리는 다른 뭔가를 추구하기 **위한** 것이 아닌 행위를 몇 가지나 하는가?

불확실성의 아름다움을 포용한다는 것은 현재의 개별적인 행동이 어떻게 최적화된 미래를 만들어낼 수 있는지에 대해서는 힘을 빼고, 여러분을 위해 만들어진 현재를 기념하는 데 힘을 준다는 의미다. 수십억 년을 건너 각자의 음을 내는 무수한 개인들의 오케스트라가 연주하는 생명의 교향곡은 이 철저히 독특하고 우발적인 순간에 정점을 이룬다.

여러분이 이 교향곡의 지휘자가 아니라 그 안에서 현을 튕기는 연주자라고 인식하는 것은 겸손이다. 이 진실로 인해 우리는 광대하고 알려지지 않은 뭔가에 놓인다. 우리는 우리가 어디로 가는지, (만약 이유가 있다면) 왜 여기에 있는지 알 수 없다. 이는 존재에게 가장 중요한 두 단어로 이어진다. 바로 "나는 모른다"다. 노벨 문학상을 수상한 시인이자 작가인 비슬라바 쉼보르스카는 이 문장을 소중히 여긴다. "작지만 강건한 날개로 날아다닌다 …… 아이작 뉴턴이 결코 '나는 모른다'라고 말하지 않았더라면, 그 작은 과수원의 사과들은 우박처럼 땅으로 떨어졌을 테고 기껏해야 그는 걸음을 멈추고 사과를 주워서 맛있게 우물거렸을 테다." 시인은 이렇게 말했다.[7]

좋은 사회란 우리가 불확실성을 받아들이고 미지의 것을 아우르는 사회다. 그렇게 함으로써 우리는 일상이 탐구와 단순한 기쁨, 즐거운 놀라움 혹은 우연성, 그리고 적어도 일시적으로는 현재의 기쁨을 누리면서 투 두 리스트에 끼인 불안한 미래가 우리 마음속에서 사라지는 순간으로 가득하다고 확신할 수 있어야 한다. 아리스토텔레스는 덧없는 행복이 아닌, 지속적인 **에우다에모니아**eudaemonia[8] 혹은 번영에 관해 썼다. 에우다에모니아에 관한 틀을 바로 세우려면, 우리에게는 기본적인 욕구에 대비하는 믿을 만한 상부구조 또는 위태로운 생존의 감각을 막아줄 방파제가 필요하다. 우리는 우리를 원치 않은 방향으로 몰아가는 중대한 체제적인 충격에 의해 자주 뒤집히는 사회를 필요로 하지 않는다. 이런 사회는 우리로 하여금 미래의 생존을 걱정하느라 현재에서 찢겨져 나오게 만든다. 우리는 너무 다양한 면에서 그 좋은 사회와는 반대되는 사회를 설계했고, 일상생활을 지나치게 최적화하고 지나친 일정표와 계획으로 채웠다. 그러면서 사회 자체는 원치 않은 놀라움과 재앙에 가까운 대변동, 그리고 파괴적인 무질서에 가까워졌다. 우리는 스타벅스가 영원히 남는 동안 강물은 마르고 민주주의가 무너지는, 거꾸로 된 세상을 탄생시켰다. 우리에겐 일상의 우연한 기쁨과 안정적인 구조가 더 필요하다.

그러나 우리가 혼돈의 가장자리로부터 사회를 끌어올 수 있다면, 어떻게 하면 그 안에서 더 나은 개인의 삶을 살 수 있을까? 우리의 새롭고, 조금은 어리둥절한 세계관으로부터 어떤 교훈을 가져올 수 있을까? 그러나 다시 한번 진화는 우리에게 어떤 가르침을 준다. 즉, 다음의 그 실험을 통해 우리는 아리스토텔레스의 에우다에모니아에 가까워지리라는 가르침이다.

우리가 하는 모든 것이 중요하다

많은 이가 무력하다는 느낌, 혹은 무의미함이 주는 타격감에서 현대성에 대한 절망을 느낀다. 여러분이 창고 노동자로서 로봇 팔로 대체될 것이라는 전망을 들으며 화장실 가는 시간마저 디지털 감시장치로 감시당한다면, 장대한 의미에 사로잡히기란 쉽지 않을 것이다. "나는 이 세상에 아무런 영향력도 미치지 못해!" 또는 "아무것도 중요치 않아!"는 현대의 불행을 담은 후렴구다. 그러나 이 세상이 **진실**로 작동하는 뒤얽히고 우발적인 방식을 받아들이는 것은 모든 사람이, 그리고 그 사람들이 평생 행하는 모든 행위가 중요하다는 아름다운 함의를 품는다. 여러 잔물결 효과는 1926년 스팀슨의 휴가에서처럼 우리에게서 보이지 않는 곳에 숨어 있다. 이 신선한 세계관의 진실은 그 어떤 자기계발서도 내놓지 못하는 강력한 메시지를 전달한다. 우리는 아무것도 통제하지 못하지만, **모든 것에** 영향을 미친다.

우리 모두는 중요하다. 다만 어떤 이들은 평생 더 심오하고 눈에 띄는 방식으로 사건들에 영향을 미칠 뿐이다. 그러나 우리 행동이 더욱 중요해질 가능성을 최대로 키우고 싶다면, 가장 좋은 방법은 우리 인류가 진화해 온 가장 훌륭한 혁신에서 찾을 수 있다. 바로, 협동이다. 함께 노력하는 인간은 함께 변화를 만들어낼 수 있다.

우리는 이 강력한 영향력의 세계에서 어떻게 살아가야 하는가? 다른 생명체들과 마찬가지로 인간들도 세계와 상호작용하는 두 가지 전략 사이에서 트레이드 오프가 필요하다. 바로, **탐험할 것인가**, 아니면 **개발할 것인가**다. 탐험을 위해서는 말 그대로 어디로 가고 있는지 모르는 상태로 돌아다녀야 한다. 개발을 위해서는 알려진 목적지를 향해 경쟁해야 한다. 둘 사이의 트레이드 오프는 수학 내부에서 집중적인 연구의 영역으로, 특히나 MBP multiarmed bandit problem[9]라고 알려진 가설의 수수께끼와도 관련 있다. 그러나 핵심적인 아이디어에서는 숫자가 필요 없다. 한 번도 가보지 못한 새로운 식당을 우연히 발견한 뒤 가보는 것은 탐험의 전략이다. 여러분이 가장 좋아하는 식당임을 알기 때문에 예전에도 수백 번 갔던 식당에 다시 가는 것은 개발 전략의 사례다.

이 아이디어들은 **국지적 최댓값**local maximum과 **전체적 최댓값**global maximum으로 알려진 문제로 이어진다. 여러분이 등산가라서 인생의 최대 목표가 가능한 한 가장 높은 곳에 오르는 것이라고 하자. 지금 여러분은 알프스에 자리를 잡았고, 주변을 조금 돌아다니다가 가장 높은 봉우리를 고른 뒤, 우쭐대는 만족감을 품고 그곳에 올랐다. **해냈어**. 여러분은 속으로 생각할 것이다. 그 후 여러분은 다른 알프스 등산가를 만났는데, 그가 더 높은 봉우리에 올랐다고 자랑했다. 그는 알프스에서 가장 높은 봉우리를 정복했기 때문에 탐험을 계속하다가 방랑 끝에 마침내 히말라야에 도착했고, 거기서 에베레스트에 올랐다고 했다. 알프스 등산가는 국지적 최댓값에 도달했으나 전체적 최댓값이 정복되기를 기다린다는 걸 알지 못했다. 여기서의 교훈은 더 충분히 탐험하기 전에 너무 빨리 개발해 버리는 것은 더 나은 가능성이 있는지를 모르고 국지적으로 가장 큰 값을 달성하는 데 언제나 매달려 있다는 의미다.

이런 사고방식에서는 전체적 최댓값을 달성하는 것이 언제나 최고다. 하지만 이것이 무조건 진실은 아니다. 어쩌면 알프스로도 충분할 수도 있다. 가끔은 우리에게 필요한 것은 국지적 최댓값이 전부다(망가지지 않으면 어떻게 고치겠는가?). 여러분이 미식가가 아닌 이상, 새로운 식당을 끊임없이 탐험하는 일[10]은 언제나 불만만 남기고, 이미 자신이 좋아한다는 것을 아는 그 음식을 갈망하게 될 수도 있다. 또는, 제도 자체가 불확실할 때 가장 높은 점수를 따려고 노력하는 것은 실수일 수 있다. 특히나 낭떠러지가 인근일 때 더욱 그렇다. 우연성 때문이든 검은 백조 때문이든 간에 순간적으로 상황이 바뀔 수 있을 때에는, 국지적 최댓값과 전체적 최댓값이 결국은 기반을 뒤흔들 수 있다. 변화무쌍한 지형에서는 가끔 무작위 실험의 지혜를 빌리는 것도 유용하다.

임의적이고 어설픈 땜빵을 통해 진화는 복잡한 문제들에 대해 독창적인 해결책을 만들어왔다. 내성적이고, 의도적이며, 지적인 존재인 우리가 떠올릴 수 있는 것보다 훨씬 나은 종류의 해결책들이었다. 생물학에서는 이를 '오르겔의 두 번째 규칙'[11]이라고 하는데, 진화가 여러분보다 더 똑똑하다는 것이다. 생명이 돌연변이와 선택, 유전적 부동 등을 기반으로 한 탐험을 발판으로 삼지 않았다면, 우리는 37억 년이 흐른 뒤에도 여전히 고세균으로 남았을 것이다. 생명 내에서 끈질기게 실험을 추진해 나가는 생각 없고 무분별한 엔진은 시행착오를 거쳐 몸의 형식과 생존 전략, 심지어 의식까지도 매우 놀라운 다양성을 보일 수 있게 해주었다. 탐험하고, 개발하고, 탐험하고, 또 개발하고. 효과적으로 탐험하기 위해서 여러분은 가끔 불확실성을 완전히 받아들여야 한다. 더 나은 해결책을 의도적으로 조작하기보다 진화의 지혜는 '더 똑똑한 생각'으로는 해결할 수 없는 문제들에 정면으로 맞설 수 있는 무작위 해결책에 의지하는 데서 생겨난다.

보르네오섬 열대우림에서 살아가는 칸투족에게서 흥미로운 사례 하나를 찾아볼 수 있다. 칸투족은 벼와 고무나무를 재배한다.[12] 두 작물은 완전히 다르다. 벼농사는 불안하다. 칸투족은 메마른 땅에서 벼를 기르고 해충과 비, 홍수나 가뭄 같은 작은 변동이 같은 땅에서도 한 해는 풍년으로, 또 한 해는 흉년으로 만들기 때문이다. 이런 예민함 때문에 벼를 기를 수 있는 '최고'의 장소는 예측할 수 없다. 반면에 고무나무는 확실하다. 칸투족이 좋은 농업 기술을 따르는 한, 고무나무는 해가 갈수록 풍성해질 것이다. 칸투족에게 고무나무는 명확하게 정의된 양식을 따르며, 해마다 반복된다. 반면에 벼농사는 근본적으로 불확실하고 칸투족의 손으로 통제할 수 없다. 그러나 돌이킬 수 없는 불확실성에도 칸투족은 어디다 벼를 심을지 계속 결정해야만 한다.

이들은 평범하지 않은 전략을 만들어냈다. 성스러운 새들의 움직임에서 신성한 신호를 찾아보는 것이었다. 칸투족은 보르네오에 사는 수백 종의 새 가운데서 일곱 종의 움직임과 울음소리에 따라 어디에 벼를 심을지 결정한다. 흰허리샤마까치울새, 적갈색꼬마딱따구리, 주홍비단날개새, 디아드비단날개새, 줄무늬물총새, 밤색딱따구리, 그리고 관모어치 등이다. 칸투족은 새들이 자기네를 인도해 줄 수 있다고 믿는다. 새로부터 징조를 해석해 내는 일은 하나의 기술로, 새들이 어떤 순서로 나타났고 어떤 울음을 울었는지, 그리고 새와 관련해 인간 관찰자의 위치가 어땠는지에 따라 달라진다. 너무 복잡해서 사실상 임의적일 정도다. 처음에 이 임의성은 생존에 필요한 식량을 심을 곳을 결정할 땐 형편없는 전략처럼 보일 수 있다.

그러나 연구자들은 칸투족을 연구하면서 뭔가 놀라운 점을 발견했다. 실질적으로 다른 공동체와 비교해 칸투족은 흉작이 드물었던 것이다. 이유는 간단했다. 불확실하고 늘 변화하는 환경 속에서 모든 달걀을 여러분이 잘 안다고 생각하는 바구니 하나에 다 넣는 것은 좋지 않은 생각이다. 그 바구니가 과거에는 계란을 보관하기에 확실히 안전한 장소였다 해도 마찬가지다. 다른 공동체들은 과거의 결과에만 의존해서 최적화하고 환경을 통제하면서 재난을 자초했다. 작은 변동들이 생장 환경을 바꾸어놓고, 모든 작물이 같은 방식으로 실패하게 만들었다. 반면, 칸투족은 미신적인 사고 덕에 농사 포트폴리오를 다각화할 수 있는 매우 효과적인 방식을 찾아냈다. 이들은 완벽한 통제가 가능하다는 잘못된 이론을 바탕으로 농사의 효율성을 마지막 한 방울까지 짜내려 하지 않았다. 대신에, 피할 수 없는 불확실성에 대처하는 방식으로 그 과정을 무작위로 만들어버렸다(칸투족은 한때 우리 할아버지가 내게 가르쳐주신 성공적인 삶의 비결인 "재앙을 피해라"라는 지혜로운 조언을 구현한 셈이다).

이 세상에서 우리가 직면하는 일부 어려움은 '고무나무 문제'이거나 '벼 문제'다. 일부 폐쇄적인 체제는 놀랍도록 안정적인 고무나무 문제로, 최고의 전략은 한계까지 최적화해서 점차 발전하는 것이다. 전체적 최댓값은 고정되어 있으니, 거기에 오르기만 하면 되기 때문이다. 그러나 개방적이고 복잡한 체제, 피드백 루프와 티핑 포인트와 돌이킬 수 없는 불확실성으로 가득한 쌀 문제에 대처할 때, 여러분은 꾸준히 실험하고 있는지 확인해야 한다. 그렇지 않으면 파멸이 찾아올 수도 있기 때문이다. 쌀 문제에서는 전체적 최댓값을 찾았다고 생각했다가 낭떠러지에서 떨어져 버리는 경우가 허다하다. 일단 격변하는 불확실성을 방정식에 요인으로 포함시키면, 시간이 흐를수록 최적의 답은 산꼭대기로부터 조금 더 내려간 곳에서 찾게 될지도 모른다. 여전히 높지만 그리 위태로운 곳도 아닐 테니까.

우리는 쌀 문제에서 고무 문제를 분리해 내기 어렵다. 예를 들어, 야구에 혁명을 일으키는 데 데이터 분석을 어떻게 사용해 왔는지 보자(이른바 게임의 **머니볼 이론**[13]으로, 이는 마이클 루이스가 쓴 『머니볼』에서 나왔다. 이 책은 나중에 브래드 피트가 주연한 영화로 만들어졌다). 이는 데이터 분석이 어떻게 프로야구를 변화시키고, 직관과 민속적인 미신을 단호한 데이터 중심의 계산으로 대체할 수 있었는지 자세히 설명한다. 폐쇄적이고 복잡하지 않은 체제에서(규제가 강한 스포츠 경기) 이 계산은 결과를 예측하기에 매우 효율적이다. 야구에서 중요한 측정 기준은 오직 그 팀의 승리뿐이다. 머니볼링은 팀이 이기게 도와준다. 데이터 매니아들이 중역실을 차지했고, 고무 문제처럼 취급된 야구는 훨씬 더 최적화됐다.

그러나 여기에 문제가 있었다. 분석이 너무 효과적이다 보니 게임이 지루해진 것이다. 투수들은 타자가 공을 칠 가능성을 최소화하기 위해 정확히 어디로 던져야 하는지 알고 있었다. 보기에 지루하고 신나는 게임에 대한 기대를 죽이는 스트라이크 아웃이 증가했다. 야구는 다이아몬드 위에서 싸우는 수렴적인 확률을 담은 두 장의 스프레드시트가 되어버렸다. 스포츠는 잘못된 방향으로 최적화하고 있었다. 스포츠가 인기 있는 정확한 이유는 신체의 움직임으로 가득한 불확실성 때문이다. 그런데 이 움직임이 느려지고, 조직화됐으며, 무미건조해진 것이다. 야구팬층이 줄어들었다. MLB는 마침내 경기장에서의 움직임을 더 많이 늘리고 게임을 '반反 머니볼화'하기 위해 2023 시즌에 코스를 뒤집고 규칙을 바꾸었다. 정장을 차려입은 사람들은 고무 문제를 해결했지만, 팬들은 야구가 벼 문제에 가깝기를 바랐다. 몬테 카를로 시뮬레이션이 내놓은 냉정한 데이터가 아닌, 임의적인 일들과 모자를 거꾸로 쓰는 미신에 따라 휘청거리길 바란 것이다.

이 일련의 모험은 단순히 스포츠 취향의 문제였고, 이 잘못된 계산의 결과는 그다지 심각하지 않았다. 그러나 실수로 쌀 문제를 고무 문제로 착각하고, 모든 것을 머니볼로 계산하며,[14] 기대치 못했던 불확실한 사건에 기진맥진해졌다면, 개인으로나 사회로나 재난에 빠지게 된다. 우리 세계의 훨씬 많은 부분이 생각보다 쌀 문제의 지배를 받는다. 이는 우리가 개발 모드로 들어서기 전에, 어느 정도 여유를 가지고 다양한 해결책을 내놓는 무작위 실험을 건강한 수준으로 행한다면 최고의 해결책을 찾을 수 있다는 의미다.

우리보다 지적으로 열등해 보이는 동물 상대들은 이미 이런 원칙에 따라 살고 있다. 겨우 10년 전에 연구자들은 생선과 상어, 그리고 다른 바다 생물들에게 추적 장치를 붙여 바다를 어떻게 돌아다니는지 살펴보기로 했다. 1300만 측정점을 사용해 연구자들은 생물들이 어디로 가는지 지도로 만들었고 이 움직임을 수학 공식에 비교해 보기 시작했다.[15] 놀랍게도 얕은 바다에서 깊은 바다로 향하는 생물들의 경로는 임의 운동을 위한 두 개의 방정식을 따르고 있었다. 바로 레비 보행과 브라운 운동이다. 레비 보행은 다양한 방향으로 작은 움직임이 많이 나타나다가 한 방향으로 향하는 커다란 움직임이 뒤따르는 것이 특징이다. 반면에 브라운 운동은 그저 동일한 지역 내에서 일어나는 일련의 작은 움직임뿐이다. 상어는 어디서 먹이를 찾아야 할지 모를 때 탐험 모드인 레비 보행 상태로 들어갔다. 그러나 맛 좋은 물고기 떼를 발견했을 때는 브라운 운동으로 바꾸고, 근처에서 먹이를 개발했다.*

이는 식료품 쇼핑을 위해서는 좋은 전략이 아니다. 그렇다면 인간 사회에서는 이 접근법이 어떤 도움이 될까? 우리가 어떻게 연구 자금을 할당하는지 떠올려보자. 연구가 시작됐을 때 어디로 이어질지 아는 것은 불가능하다. 또한 어떤 미래의 문제를 해결해야 하는지 예상하기도 불가능하다. 연구는 특성상 탐험의 임무로, 그 목적지는 알 수 없다. 그러나 연구 자금을 제안하는 조직들은 가끔 개발의 결과를 보길 원한다. "돈이 필요하면 목적지를 대시라!" 연구들에 따르면, 달을 따다 주겠다며 확실하고 즉각적인 효과를 지닌 구체적인 발견을 약속하는 연구 자금 제안서가 지원받을 가능성이 더 컸다. 이들은 반드시 그 효과를 제시할 필요는 없다. 그리고 우리는 명확한 활용법이 없어도 탐험만으로 목숨을 구하기도 한다.

1990년대 중반 카탈린 카리코는 자신의 연구가 전망 있다고 믿었

---

* 최근 잉글랜드 남부의 브라이턴과 서식스 의과대학교 연구자인 히메나 베르니는 비활성화된 뇌를 가진 초파리를 기르는 유전학적 마법을 부리는 실험을 실시했다.[16] 뇌가 기능하지 않아도 초파리는 탐험 - 개발 유형을 보였고, 이는 레비 보행과 일치했다. 이는 불확실한 세상을 항해하려는 수학적 본능으로 이런 행동 양식이 진화됐을 가능성을 높였다.

고, 따라서 보조금을 받으려고 지원하고 또 지원했다. 그녀는 매번 거절당하고 또 거절당하며 실패했다. 벤처 자본가들은 그녀의 아이디어가 돈 낭비라고 여기기도 했다. 이 반복적인 실패 후에 카리코의 대학교는 최후통첩을 해왔다. 그만두거나, 좌천되거나. 카리코는 계속 버텼고,[17] 우리로서는 카리코가 계속 버텨준 것이 감사할 따름이다. mRNA를 연구한 카리코 덕에 곧 수백만 명의 목숨을 구할 수 있었다. 이것이 코로나19 팬데믹 동안 가장 효과적인 코로나바이러스 백신을 개발한 기초가 됐기 때문이다. 갑자기 세상이 바뀌기 전까지 이 연구는 유용하지 않았다. 그러나 이제는 역사상 가장 유용한 과학적 발견이 됐다. 카리코는 노벨상을 수상했다.

누가 돈을 받을 것인지 결정하기 위해(그리고 이와 비슷하게 돌이킬 수 없는 불확실성의 결정을 내리는 데) 우리는 우선 임계치를 정하고 제안이 진지하고 사려 깊은지 확인하는 것이 낫다. 그러나 그 임계치 이전에, 일부 보조금 할당이 임의로 이뤄져야 한다.[18] 우리가 다음 차례의 돌파구가 무엇일지, 혹은 다음 차례의 도전 과제가 무엇이 될지 확신한다면, 이제는 지식 개발의 전략을 따를 때가 왔다. 그러나 그 확실한 세계는 존재하지 않으므로, 우리는 미지를 탐험하기 위해 가끔은 임의성의 힘을 사용해야 할 수도 있다.

교훈은 다음과 같다. 인생에서 최고의 우연성은 안정적으로 보이는 과거를 더 정확하게 분석하는 데서 오는 것이 아니라, 신선하고 불확실한 미래를 가끔은 목적조차 없이 탐험하는 데 있다. 객관적인 측정 기준은 폐쇄적인 체계에서는 어쨌든 머니볼이 최고다. 그러나 인생의 쌀 문제이자 피할 수 없는 불확실성의 영역에서는 이를 마치 고무 문제처럼 다뤘다가는, 최악의 경우 대실패를 겪을 수 있다. 그리고 기껏해야 인생의 경이로운 기적에서 즐거움을 앗아간다.

생산성과 효율성, 통제에 집착하는 문화에서는 이 교훈을 빈번히 무시한다. 확실한 산출물(또는 내가 별로 안 좋아하는 디스토피아적 단어를 사용하자면 **약속한 상품**deliverable)이 없다면 무슨 의미가 있겠는가? 그러나 탐험은 여러분의 생각이 목적 없이 흘러 다니기를 요구한다. 이제는 많은 사람이 목표 없는 사색을 시간 낭비이자 목표지향적인 스케줄에서 삶을 효율적으로 끌어가기엔 하찮은 일이라고 취급한다. 운전이나 통근은 반드시 라디오, 수다, 아무 생각 없는 게임, 음악, 팟캐스트 등으로 채워져야 하며 침묵은 거의 필요치 않다. 심지어 식료품점 계산대에 줄을 서서 기다리는 30초 동안에도 우리는 스마트폰을 들여다본다(이런 비난 앞에서 나 역시 죄책감을 느낀다). 어느 최근 연구에서는 참가자들을 방 안에 6분에서 11분가량 홀로 남겨뒀고, 이들에게 고통스러운 전기 충격을 줄 수 있는 전자기기만 주었다. 많은 참가자는 생각만 하며 혼자 앉아 있기보다는 스스로에게 전기 충격을 가하기로 택했다. 한 남성은 10분도 채 안 되는 시간에 190차례나 전기 충격을 가했다.[19]

우리가 통제를 포기하고 아무런 지시 없이 돌아다니고 탐험할 수 있다면 무슨 일이 벌어질까? 우리는 확실한 증거를 바탕으로, 게으름이 우리를 감싸고 우리의 마음이 지시받은 행동으로부터 늦장을 부리는 그 전환의 순간이 눈부시다는 것을 안다. 이 순간은 우리가 종종 시인 존 키츠가 "소극적 수용력"이라 부른 그 현상으로부터 통찰을 얻을 수 있게 해준다. 소극적 수용력은 인류가 "불확실성과 수수께끼, 의심 속에서 존재할 수 있을 때"를 의미한다. 이는 입증된 현상이다. 학문적 언어에서는 가끔 여가 시간의 발명으로 불리며,[20] 이는 우리의 정신이 문제로부터 시선을 돌릴 때 지성의 번개가 내리친다는 의미다. 진자가 시간을 측정하는 데 사용되며 훗날 시계를 위한 길을 닦아준 갈릴레오의 발견은 성당 천장에 매달려 앞뒤로 움직이는 샹들리에를 유심히 지켜보던 그 조용한 순간에 탄생했다고 한다. 아인슈타인은 바이올린을 연주하는 동안 가장 중요한 통찰들을 떠올렸다고 말했다. 그리고 라이트 형제는 독수리들을 구경하며 느긋하게 소풍을 즐기는 동안 비행 기계를 상상했다.

프랑스 수학자이자 지난 두 세기 동안의 가장 위대한 사상가로 꼽히는 앙리 푸앵카레는 통제권을 주장하지 않을 때 마법이 일어난다고 단언했다. 15일 동안 그는 끙끙대며 문제를 푸느라 책상에 앉아 깃펜으로 가능한 모든 해결책을 다 끄적였으나 소용이 없었다. 더 열심히 연구할수록 더욱 좌절했다. 그러나 "어느 날 저녁, 내 평소 습관과는 달리 블랙커피를 마셨고 잠을 잘 수 없었다"라고 했다. 일단 결연한 행동으로 문제를 다스리는 일을 그만두자 푸앵카레는 감탄의 순간을 맞이했다. "아이디어들이 우르르 솟아났다. 이 아이디어들이 서로 맞물릴 때까지 충돌하는 것을 느꼈다."[21] 다음 날 아침 답이 쏟아져 나왔다. "나는 결과를 받아 적기만 하면 됐다." 통제권을 좇으며 우리는 자신을 옭아맨다. 조금만 내려놓으면 우리는 우리 자신뿐 아니라 최고의 생각도 자유로이 해방시킬 수 있다.

푸앵카레는 어울리게도 카오스 이론의 길을 닦은 수학자다. 훗날 이 이론은 나비 한 마리의 날갯짓 한 번이 허리케인을 일으킨다는, 얽히고설킨 세상의 이미지로 유명해졌다.

나비는 우리의 대하소설에서 시적인 끝마무리를 안겨준다. 매력적인 주홍색과 검은색을 띤 북미의 곤충인 왕나비는 멕시코의 미초아칸 고원에서 겨울을 난다. 봄에는 새로운 세대가 태어나서, 북쪽으로 향하는 오랜 여정을 시작한다. 그러나 4,800킬로미터에 달하는 이 여정[22]은 개별적인 왕나비가 완주하기에는 너무 멀다. 그 대신 이러한 이주는 서로 연결된 여정[23]으로, 각 생명은 부모가 멈춘 곳에서 시작되고, 각 나비는 세대를 넘어선 끝없는 릴레이의 일부가 된다. 모든 나비는 역사를 통해 형성되고, 이들의 생명은 오래전에 죽은 조상들이 축적한 결정들에 의해 특정한 시간과 장소에 만들어진 번데기로부터 태어난다. 우리처럼 이들도 이 생명을 가지고 알 수 없는 잔물결 효과를 만들어낸다. 이들은 허리케인을 야기하거나, 혹은 한 아이에게 아름다움과 경이로움으로 가득 찬 심오한 순간을 제공한다. 이 아이는 들판을 돌아다니다 가만히 서서 이 나비를 들여다본다.

우리는 이 나비들과 같고, 나비들은 우리처럼 존재라고 부르는 혼돈되고 연결된 단일체의 일부다. "우리는 뭔가를 단독으로 고르려고 하다가 그것이 이 세상의 나머지 모든 것에 엮여 있음을 깨닫는다." 박물학자 존 뮤어는 이렇게 말했다. 우리는 서로에게 엮여 있으며, 이는 엄청난 선물을 안겨준다. 즉, 우리가 하는 모든 것은 중요하다.

지금 하기로 결심한 것이 무엇이든 중요하다. 이 책을 덮고, 우리가 집이라 부르는 이 경이롭고 미칠 것만 같으며 무한히 복잡한 세계를 탐험하러 나가자.

감사의 글

인간이라면 무릇 그러하듯, 내 머릿속에서 나온 모든 좋은 아이디어는 다른 누군가의 좋은 아이디어에서 생겨났다. 그러니 감사해야 할 분이 아주 많다. 그러나 이 특별한 책을 위해 감사의 글을 쓰면서 두 가지 문제에 부딪혔다.

첫 번째로, 나는 『어떤 일은 그냥 벌어진다』를 정확히 나보다 앞섰던 모든 분과 모든 일 덕에 쓸 수 있었다고 분명히 밝히고 싶다. 잔혹한 내 조상들과 심지어는 수천만 년 전에 감사하게 인간이 되기 전에 으깨지지 않은 벌레 같은 생물들도 여기에 포함된다. 나는 문자 그대로 그 모든 존재 없이는 책을 쓰지 못했을 것이다.

두 번째로, 이 세상이 결정론적이라는 내 주장이 맞다면, 나를 도왔던 모든 이들은 언제나 그랬을 것이며, 그 문제에서 그다지 자유롭지 못했을 것이다.

그럼에도 내 원자들은 이 이상하고 놀라운 지구에서 단정히 배열되었다. 다행이다. 몇몇 특별한 사람과 나누고 싶기 때문이다.

스크라이브너사의 에디터인 릭 호건은 나와 이 희한한 책의 아이디어를 믿어주었다. 릭은 언제나 옳은 말만 하는 유능한 인물이다. 여기에는 2만 단어로 된 초안이 너무 기니 무자비하게 쳐내라고 적절히 파악한 그 순간도 포함된다.『어떤 일은 그냥 벌어진다』의 내용은 그의 지혜 덕에 놀라울 정도로 좋아졌다. 조 지그먼드는 영국 존 머레이사의 편집자로, 내가 절대로 중대한 질문들로부터 도망가지 않고, 아무리 이상하거나 불안정할지라도 내 생각이 옳다고 쓸 수 있게 격려해 주었다. 내 에이전트 앤서니 마테로는 현명한 조언을 하며 언제나 내 편이 되어주었다. 작가로서는 가장 필요한 부분이었다. 에이전트이자 영국 신사인 캐스피언 데니스는 이 책의 아이디어가 싹틀 때 열정적인 응원과 지침을 주었다(나는 이미 9장의 사고실험에서 이들의 이름을 벼룩에 붙여주며 충분히 감사를 표했다).

리처드 렌스키와 재커리 블런트는 미시간주 한가운데서 진화의 수수께끼를 풀고 있으며, 내게 아낌없이 시간과 지혜를 베풀어주었다. 이들은 기본적으로 변화에 관한 내 생각을 빚어주었다. 마크 파겔은 극도로 친절하고, 내게 도움을 주었으며, 인내심을 가지고 종분화와 진화생물학에 관한 내 잘못된 개념들을 바로잡아 주었다. 사빈 호센펠더와 숀 캐럴은 내가 물리학의 희한한 영역을 이해하게 도와주었다. 제롬 빌은 내게 메뚜기를 가르쳐주었다. 닉 레인은 미토콘드리아의 기원을 이해하게 해주었다. 클린트 밸린저는 그의 분야에서 칭송받지 못하는 거인으로, 내가 인간의 궤적에 미치는 지형의 영향을 이해하게 도와주었다.

샬럿 융, 니킬 차우한, 그리고 소피 뵈핑은 필수적인 초기 연구를 보조해 주며 내 아이디어가 모양을 잡아가게 도와주었다.

마르셀 디서스와 데이비드 랜드리는 몇 년 동안 사려 깊은 피드백을 주었다. 아주 멋진 친구들이다. 알렉스 테이텔보임은 사회과학에 대한 내 까칠한 관점을 가라앉히는 데 도움이 되었고, 좋은 친구라면 응당 해야 할 일을 했다. 즉, 잘못된 일은 잘못됐다고 말해주었다.

우리 부모님은 내게 최고의 선물 두 가지를 주셨다. 바로 나라는 존재, 그리고 끊임없는 사랑과 지지였다.

엘리는 내가 세상을 보는 방식을 바꿔주었고, 내게 호기심과 경이로움, 감탄, 그리고 탐험이 동반될 때 인생이 가장 빛난다는 생각을 확실히 심어주었다. 여러 개의 우주가 있다면 나는 팡글로시안식 낙천주의를 고르련다. 엘리와 함께라면, 분명 그게 최고일 테니까.

마지막으로, 내 망나니 어린 보더콜리인 조로에게 고마워해야 한다. 나는 조로와 산책하며 『어떤 일은 그냥 벌어진다』에 들어간 여러 아이디어를 떠올렸고, 조로는 내게 현대인의 삶에서 쉽게 잊힌 뭔가를 떠올리게 했다. 우리에게 주어진 모든 순간을 즐기라는 것이다. 이 책의 문장 하나하나에는 조로가 가장 좋아하는 프리스비 던지기가 한두 번 감춰져 있다. 프리스비 없이 나는 단 한 글자도 쓰지 못했으리라.

주

1장 들어가며

1. O. Cary, "The Sparing of Kyoto—Mr. Stimson's 'Pet City,'" *Japan Quarterly* 22 (4) (1975): 337, https://www.proquest.com/scholarly-journals/sparing-kyoto-mr-stimsons-pet-city/docview/1304279553/se-2. 또한 다음도 참조하자. J. M. Kelly, "Why Did Henry Stimson Spare Kyoto from the Bomb? Confusion in Postwar Historiography," *Journal of American–East Asian Relations* 19 (2) (2012): 183–203.
2. "Summary of Target Committee Meetings on 10 May and 11 May 1945," top-secret memo of the United States Target Commit- tee, 12 May 1945, https://nsarchive2.gwu.edu/NSAEBB/NSAEBB162/6.pdf.
3. Alex Wellerstein, "The Kyoto Miscon- ception," *Restricted Data: The Nuclear Secrecy Blog*, 8 August 2014.
4. 앞의 책
5. "The Interim Committee," Atomic Heritage Foundation, 5 June 2014.
6. Kelly, "Why Did Henry Stimson Spare?"
7. B. J. Bernstein, "The Atomic Bombings Reconsidered," *Foreign Affairs* 74 (1) (1995): 135–52, https://doi.org/10.2307/20047025.
8. Cary, "Sparing of Kyoto," 337.
9. Alex Wellerstein, "Nagasaki: The Last Bomb," *New Yorker*, 7 August 2015.
10. Alex Wellerstein, "The Luck of Kokura" *Restricted Data: The Nuclear Secrecy Blog*, 22 August 2014.
11. J. L. 보르헤스,「갈림길의 정원(*The Garden of Forking Paths*)」(『픽션들』에 수록)
12. 『스탠포드 철학백과(*The Stanford Encyclopedia of Philosophy*)』, s.v. "프리드리히 니체" 17 March 2017, https://plato.stanford.edu/entries/nietzsche/.
13. "Terrible Act of Insane Woman," *Manitoba Free Press*, 17 June 1905.
14. 리처드 도킨스,『무지개를 풀며』
15. Michael Holroyd, *Bernard Shaw: The One-Volume Definitive Edition* (New York: Random House, 1997).

16. 한나 아렌트, 『인간의 조건』
17. R. Black, *The Last Days of the Dinosaurs: An Asteroid, Extinction and the Beginning of Our World* (Cheltenham, UK: History Press, 2022).
18. 앞의 책
19. Martha Henriques, "How Mammals Won the Dinosaurs' World," *BBC Future*, 15 August 2022.
20. 리사 랜들, 『암흑 물질과 공룡』
21. W. J. Gehring, "The Evolution of Vision," *Wiley Interdisciplinary Reviews: Developmental Biology* 3 (1) (2014): 1–40.
22. A. Ogura, K. Ikeo, and T. Gojobori, "Comparative Analysis of Gene Expression for Convergent Evolution of Camera Eye between Octopus and Human," *Genome Research* 14 (8) (2004): 1555–61.
23. 마틴 루터 킹 주니어, 1968년 3월 31일 워싱턴 국립 대성당 연설 "위대한 혁명을 거치며 깨인 정신으로(Remaining Awake through a Great Revolution)"
24. secrets of plants: Tomoko Y. Steen, "Always an Eccentric? A Brief Biography of Motoo Kimura," *Journal of Genetics* 75 (1) (1996): 19–25.
25. 앞의 책
26. M. Kimura, *The Neutral Theory of Molecular Evolution* (Cambridge: Cambridge University Press, 1983).

2장 하나를 바꾸면 열이 바뀐다

1. Michelle Butterfield, "Tourist Survives 18 Hours at Sea by Clinging to Soccer Ball off Greece," *Global News Canada*, 14 July 2022.
2. 마틴 루터 킹 주니어, 1963년 4월 16일 "버밍햄 감옥으로부터의 편지(Letter from a Birmingham Jail)"
3. R. Hahan and R. Hahn, *Pierre-Simon Laplace, 1749–1827: A Determined Scientist* (Cambridge, MA: Harvard University Press, 2005).
4. David P. Feldman, "Newton, Laplace, and Deter-minism," in *Chaos and Fractals: An Elementary Introduction* (Oxford: Oxford University Press, 2012; online ed., Oxford: Oxford Academic, 17 December 2013).
5. 에드워드 로렌즈 교수와의 인터뷰, *MIT Bulletin* 45 (2) (April 1996).
6. 제임스 글릭, 『카오스』
7. Edward Lorenz, *The Essence of Chaos* (Seattle: University of Washington Press, 1995).
8. 아서 코난 도일, 『셜록 홈즈의 모험』
9. "The Electron at the End of the Universe," in *A Passion for Science*, by L. Wolpert

and A. Richards (Oxford: Oxford University Press, 1988).
10. Pema Chödrön, *Living Beautifully with Uncertainty and Change* (Boulder, CO: Shambhala, 2012).
11. 나심 니콜라스 탈레브, 『블랙 스완』.
12. D. J. Allan, "The Problem of Cratylus," *American Journal of Philology* 75 (3) (1954): 271-87. 또한 다음도 참고하자. G. S. Kirk, "Natural Change in Heraclitus," *Mind* 60 (237) (1951): 35-42.
13. F. Turner, "Earthrise: How Man First Saw the Earth," *Technology and Culture* 51 (1) (2010): 272-74.
14. "Ezzy Pearson, "The Overview Effect and Apollo," *BBC: Sky at Night Magazine*, 23 March 2023.
15. N. Kanas, "Spirituality, Humanism, and the Overview Effect during Manned Space Missions," *Acta Astronautica* 166 (2020): 525-28. 또한 다음도 참고하자. D. B. Yaden et al., "The Overview Effect: Awe and Self-Transcendent Experience in Space Flight," *Psychology of Consciousness: Theory, Research, and Practice* 3 (1) (2016).
16. 미시간대학교의 복잡계 전문가인 스콧 E. 페이지가 즐겨 하는 말을 간략하게 옮겼다.
17. Chloe Taylor, "Kids Now Dream of Being Professional YouTubers rather than Astronauts, Study Finds," CNBC, 19 July 2019.
18. Alan Watts, *The Book: On the Taboo against Knowing Who You Are* (New York: Pantheon Books, 1966).
19. J. Baggini, *How the World Thinks: A Global History of Philosophy* (London: Granta Books, 2018).
20. Elizabeth Wolgast, "Primitive Reactions," *Philosophical Investigations* 17 (4) (1994): 587-603.
21. Roland Ennos, *The Wood Age: How Wood Shaped the Whole of Human History* (New York: Harper Collins, 2021).
22. H. Chaudhuri, "The Concept of Brahman in Hindu Philosophy," *Philosophy East and West* 4 (1) (1954): 47-66.
23. E. Salmón, "Kincentric Ecology: Indigenous Perceptions of the Human-Nature Relationship," *Ecological Applications* 10 (5) (2000): 1327-32.
24. 카렌 암스트롱, 『성스러운 자연』. 또한 다음도 참고하자. 카렌 암스트롱, 『신의 역사』.
25. S. D. Snobelen, "Newton's Theology," in *Encyclopedia of Early Modern Philosophy and the Sciences*, ed. D. Jalobeanu and C. T. Wolfe (New York: Springer, 2022), https://doi.org/10.1007/978-3-319-31069-5_106.
26. A. Rosenberg, "Reductionism in a Historical Science," *Philosophy of Science* 68 (2)

(2001): 135–63; and P. J. Verschuren, "Holism versus Reductionism in Modern Social Science Research," *Quality and Quantity* 35 (2001): 389–405.
27. 다음이 그 예다. R. Guerrero, L. Margulis, and M. Berlanga, "Symbiogenesis: The Holobiont as a Unit of Evolution," *International Microbiology* 16 (3) (2013): 133–43.
28. 멀린 셸드레이크, 『작은 것들이 만든 거대한 세계』
29. G. Mazzoccoli et al., "The Circadian Clock, the Immune System, and Viral Infections: The Intricate Relationship between Biological Time and Host-Virus Interaction," *Pathogens* 9 (2) (2020).
30. 다음이 그 예다. Erik Stokstad, "A Parasite Makes Wolves More Likely to Become Pack Leaders," *Science* 24 (November 2022).
31. A. Minuti et al., "The Complex Relationship between Gut Microbiota Dysregulation and Mood Disorders: A Narrative Review," *Current Research in Neurobiology* 3 (2022).
32. Derek Parfit, *Reasons and Persons* (Oxford: Oxford University Press, 1984). 또한 다음도 참고하자. David Shoemaker, "Personal Identity and Ethics," in *The Stanford Encyclopedia of Philosophy*, ed. Edward N. Zalta (Stanford, CA: Metaphysics Research Lab, Fall 2021).
33. Parfit, *Reasons and Persons*.

3장 모든 일에 다 이유가 있는 건 아니다

1. L. Margulis, "Symbiotic Theory of the Origin of Eukaryotic Organelles: Criteria for Proof," *Symposia of the Society for Experimental Biology* 29 (January1975): 21–38; 닉 레인, 『미토콘드리아』
2. Ed Yong, "The Unique Merger That Made You (and Ewe and Yew)," *Nautilus* 3 (February 2014).
3. K. Imakawa et al., "Endogenous Retroviruses and Placental Evolution, Development, and Diversity," *Cells* 11 (15) (2022): 2458; and E. B. Chuong, "Retroviruses Facilitate the Rapid Evolution of the Mammalian Placenta," *BioEssays: News and Reviews in Molecular, Cellular and Developmental Biology* 35 (10) (2013): 853–61.
4. Immanuel Jotham, "Mutant Crayfish Learned to Clone Itself in a German Pet Store and Is Now Taking over Europe," *International Business Times*, 2 June 2018; and Carl Zimmer, "This Mutant Crayfish Clones Itself, and It's Taking over Europe," *New York Times*, 5 February 2018.
5. P. Martin et al., "The Enigmatic Marmorkrebs (Marbled Crayfish) Is the Parthenogenetic Form of Procambarus fallax," *Contri- butions to Zoology* 79 (3) (2010): 107–18.

6. Kate Connolly, "'We Started Eating Them': What Do You Do with an Invasive Army of Crayfish Clones?," *Guardian*, 17 January 2022.
7. 앞의 책
8. Rowan Moore Gerety, "Invasion of the Crayfish Clones: Q&A with Ranja Andriantsoa," *Mongabay*, 27 January 2021.
9. Michael Blastland, *The Hidden Half: How the World Conceals Its Secrets* (London: Atlantic Books, 2019).
10. D'Arcy Thompson, *On Growth and Form* (Cambridge: Cambridge University Press, 1917).
11. A. Pluchino, A. E. Biondo, and A. Rapisarda, "Talent versus Luck: The Role of Randomness in Success and Failure," *Advances in Complex Systems* 21 (03) (2018).
12. 나심 니콜라스 탈레브, 『블랙 스완』
13. 다음이 그 예다. 던컨 와츠, 『상식의 배반』
14. D. L. Krantz, "Taming Chance: Social Science and Everyday Narratives," *Psychological Inquiry* 9 (2) (1998): 87–94.
15. Claire Wilson, "Nature, Nurture, Luck: Why You Are More Than Just Genes and Upbringing," *New Scientist*, 21 September 2022.
16. A.-Y. Smith Matthew et al., "Idiosyncratic Learning Performance in Flies," *Biology Letters* 18 (2022).
17. William R. Brice, "Bishop Ussher, John Lightfoot and the Age of Creation," *Journal of Geological Education* 30 (1982): 18–24.
18. Jonathan Rée, "Evolution by Jerks," *New Humanist*, 31 May 2007.
19. Jonathan Losos, *Improbable Destinies: How Predictable Is Evolution?* (New York: Penguin, 2017).
20. 이는 1799년 동물학자 조지 쇼가 사용한 표현이다. Ibrahim Sawal, "The Platypus: What Nature's Weirdest Mammal Says about Our Origins," *New Scientist*, 5 May 2021.
21. 이는 1793년 존 헌트가 사용한 표현이다. Natalie Zarrelli, "Why 19th-Century Naturalists Didn't Believe in the Platypus," *Atlas Obscura* 21 (April 2016).
22. L. K. Greene et al., "Reproductive Endocrine Patterns and Volatile Urinary Compounds of *Arctictis binturong*: Discovering Why Bearcats Smell like Popcorn," *Science of Nature* 103 (2016): 1–11.
23. 다음이 그 예다. G. Scholtz, "Evolution of Crabs: History and Deconstruction of a Prime Example of Convergence," *Contributions to Zoology* 83 (2) (2014): 87–105.
24. 비행의 진화에 대해 더 알고 싶다면 다음을 참고하자. 리처드 도킨스, 『마법의 비행』
25. C. Venditti, A. Meade, and M. Pagel, "Phylogenies Reveal New Interpretation of

Speciation and the Red Queen," *Nature* 463 (7279) (2010): 349–52.
26. 다음이 그 예다. R. E. Lenski et al., "Long-Term Experimental Evolution in *Escherichia coli*. I. Adaptation and Divergence during 2,000 Generations," *American Naturalist* 138 (6) (1991): 1315–41.
27. R. J. Wang et al., "Human Generation Times across the Past 250,000 Years," *Science Advances* 9 (1) (2023).
28. 2022년 5월 16일 미시간주 이스트랜싱에서 이루어진 리처드 렌스키와 재커리 블런트의 인터뷰
29. Zachary Blount, "Replaying Evolution," *American Scientist* 105 (3) (May–June 2017).
30. 2022년 6월 팀 쿠퍼와의 이메일 인터뷰
31. 2022년 5월 16일 이스트랜싱에서 이루어진 리처드 렌스키와의 인터뷰
32. 다음이 그 예다. Z. D. Blount, C. Z. Borland, and R. E. Lenski, "Historical Contingency and the Evolution of a Key Innovation in an Experimental Population of Escherichia coli," *Proceedings of the National Academy of Sciences* 105 (23) (2008): 7899–906.
33. 다음이 그 예다. Stephanie Bucklin, "A Conductor of Evolution's Subtle Symphony," *Quanta*, 3 November 2016.
34. I. Ermakoff, "Contingency and Randomness: A Modal Approach," in *Research Handbook on Analytical Sociology*, ed. Gianluca Manzo (Northampton, MA: Edward Elgar Publishing, 2021), 264–85.
35. Richard Dawkins, *The God Delusion* (New York: Bantam Press, 2006).
36. 다음이 그 예다. M. Lynch et al., "Genetic Drift, Selection and the Evolution of the Mutation Rate," *Nature Reviews Genetics* 17 (11) (2016): 704–14.
37. A. R. Hoelzel, "Impact of Population Bottlenecks on Genetic Variation and the Importance of Life-History: A Case Study of the Northern Elephant Seal," *Biological Journal of the Linnean Society* 68 (1–2) (1999): 23–39.
38. J. Hawks et al., "Population Bottlenecks and Pleistocene Human Evolution," *Molecular Biology and Evolution* 17 (1) (2000): 2–22.
39. 이 의문점들을 다루는 과학은 여전히 정립되지 않았으며, 토바 화산 이론에 대한 여러 논쟁이 존재한다. 다음이 그 예다. S. H. Ambrose, "Late Pleistocene Human Population Bottlenecks, Volcanic Winter, and Differentiation of Modern Humans," *Journal of Human Evolution* 34 (6) (1998): 623–51.
40. 다음이 그 예다. A. Auton et al., "A Fine-Scale Chimpanzee Genetic Map from Population Sequencing," *Science* 336 (6078) (2012): 193–98. 또한 다음도 참고하자. "Chimps Show Much Greater Genetic Diversity Than Humans," University of Oxford,

2 March 2012, https:// www.ox.ac.uk/news/2012-03-02-chimps-show-much-greater-genetic-diversity-humans.
41. N. J. Fagundes et al., "Statistical Evaluation of Alternative Models of Human Evolution," *Proceedings of the National Academy of Sciences* 104 (45) (2007): 17614-19.
42. N. Zamel et al., "Asthma on Tristan da Cunha: Looking for the Genetic Link," *American Journal of Respiratory and Critical Care Medicine* 153 (6) (1996): 1902-6. 또한 다음도 참고하라. H. Soodyall et al., "Genealogy and Genes: Tracing the Founding Fathers of Tristan da Cunha," *European Journal of Human Genetics* 11 (9) (2003): 705-9.
43. 도도새와 가장 가까운 친척은 니코바르 비둘기(Caloenas nicobarica)다. "How Did the Dodo Evolve?," University of Oxford, Museum of Natural History, https://oumnh.ox.ac.uk/learn-how-did-dodo-evolve.
44. 다음을 참고하라. Daniel S. Milo, *Good Enough: The Tolerance for Mediocrity in Nature and Society* (Cambridge, MA: Harvard University Press, 2019).
45. S. Larcom, F. Rauch, and T. Willems, "The Benefits of Forced Experimentation: Striking Evidence from the London Underground Network," *Quarterly Journal of Economics* 132 (4) (2017): 2019-55.
46. 이 부분은 물리학자 숀 캐럴이 자신의 팟캐스트 '마인드스케이프(Mindscape)'에서 2022년 5월 2일 리처드 도킨스와 나눈 대담인 "리처드 도킨스와 함께 한 비행과 기타 성과(Richard Dawkins on Flight and Other Achievements)"로부터 많은 영감을 받았다. https://podcasts.apple.com/us/podcast/richard-dawkins-on-flight-and-other-evolutionary/id1406534739?i=1000559344259.
47. 다음이 그 예다. S. J. Sober and M. S. Brainard, "Vocal Learning Is Constrained by the Statistics of Sensorimotor Expe- rience," *Proceedings of the National Academy of Sciences* 109 (51) (2012): 21099-103.
48. *The Beatles: Get Back*, directed by Peter Jackson (Apple Corps/Wingnut Films, 2021).
49. 경제학자 팀 하포드가 저서 『어댑트』와 팟캐스트 '커셔너리 테일스(Cautionary Tales)'에서 이 이야기를 다루면서 널리 대중화시켰다.

4장 우리의 뇌가 현실을 왜곡하는 이유

1. Donald D. Hoffman, *The Case against Reality: How Evolution Hid the Truth from Our Eyes* (London: Penguin, 2019).
2. Wilfrid Sellers, *Science, Perception and Reality* (New York: Humanities Press, 1963).
3. Steven Pinker, *How the Mind Works* (New York: Penguin, 1999).

4. 다음을 참고하자. J. Sakai, "How Synaptic Pruning Shapes Neural Wiring during Development and, Possibly, in Disease," *Proceedings of the National Academy of Sciences* 117 (28) (2020): 16096–99.
5. 비트겐슈타인과 정서에 관한 논의는 다음을 참고하자. D. Harris, "Of Somethings and Nothings: Wittgenstein on Emotion," *International Philosophical Quarterly* 51 (1) (2011): 73–84.
6. M. Siniscalchi et al., "Are Dogs Red-Green Colour Blind?," *Royal Society Open Science* 4 (11) (2017): 170869.
7. Jeff Hecht, "Colour Blind," *New Scientist*, 25 April 2001.
8. 동물의 색각을 전반적으로 살펴보려면 다음을 참고하자. Laura Kelley, "Inside the Colourful World of Animal Vision," *Conversation*, 7 November 2014.
9. 앞의 책
10. G. Jordan and J. Mollon, "Tetrachromacy: The Mysterious Case of Extraordinary Color Vision," *Current Opinion in Behavioral Sciences* 30 (2019): 130–34.
11. Ed Yong, "Nature's Most Amazing Eyes Just Got a Bit Weirder," *National Geographic*, 3 July 2014.
12. N. J. Dominy, J. C. Svenning, and W. H. Li, "Historical Contingency in the Evolution of Primate Color Vision," *Journal of Human Evolution* 44 (1) (2003): 25–45.
13. M. P. Mattson, "Superior Pattern Processing Is the Essence of the Evolved Human Brain," *Frontiers in Neuroscience*, 2014, 265.
14. A. J. Woods et al., "Space, Time, and Causality in the Human Brain," *Neuroimage* 92 (2014): 285–97.
15. Simon J. Cropper et al., "Why People across the World see Constellations, Not Just Stars," *Aeon Psyche*, 17 August 2022.
16. Daniel C. Dennett, From *Bacteria to Bach and Back: The Evolution of Minds* (New York: Penguin, 2018).
17. F. Heider and M. Simmel, "An Experimental Study of Apparent Behavior," *American Journal of Psychology* 57 (2) (1944): 243–59.
18. 여기에 대해서는 논란이 있으며, 다음이 그 예다. W. Rendu et al., "Evidence Supporting an Intentional Neanderthal Burial at La Chapelle-aux-Saints," *Proceedings of the National Academy of Sciences* 111 (1) (2014): 81–86.
19. skull of a rhinoceros: Richard Gray, "Cave Fires and Rhino Skull Used in Neanderthal Burial Rituals," *New Scientist*, 28 September 2016.
20. 이 이야기는 아마도 허구일 것이다. "Miscellany," *Lapham's Quarterly*, https://www.laphamsquarterly.org/magic-shows/miscellany/niels-bohrs-lucky-horseshoe.

21. 제1차 세계대전과 부적에 관한 논의는 다음을 참고하자. Owen Davies, *A Supernatural War: Magic, Divination, and Faith during the First World War* (Oxford: Oxford University Press, 2018). 또한 다음도 참고하자. Malcolm Gaskill, "Ministry of Apparitions," *London Review of Books* 41 (13) (July 2019).
22. Aatish Bhatia, "What Does Randomness Look Like?," *Wired*, 21 December 2012.
23. Theodore Zeldin, "Stratagems of Ignorance," *London Review of Books*, 5 January 1989. 또한 다음도 참고하자. Judith Devlin, *The Superstitious Mind: French Peasants and the Supernatural in the Nineteenth Century* (New Haven, CT: Yale University Press, 1987).
24. 조너선 갓셜, 『스토리텔링 애니멀』
25. P. D. 제임스, 『탐정소설을 말하다』
26. 커트 보니것, 『고양이 요람』
27. 분리된 뇌에 대한 전반적인 연구는 다음을 참고하자. M. S. Gazzaniga, "Forty-Five Years of Split-Brain Research and Still Going Strong," *Nature Reviews Neuroscience* 6 (8) (2005): 653–59.
28. A. Schachner et al., "Is the Bias for Function-Based Explanations Culturally Universal? Children from China Endorse Teleological Explanations of Natural Phenomena," *Journal of Experimental Child Psychology* 157 (2017): 29–48.
29. 다음이 그 예다. S. Fyfe et al., "Apophenia, Theory of Mind and Schizotypy: Perceiving Meaning and Intentionality in Randomness," *Cortex* 44 (10) (2008): 1316–25.
30. P. Ayton and I. Fischer, "The Hot Hand Fallacy and the Gambler's Fallacy: Two Faces of Subjective Randomness?," *Memory & Cognition* 32 (2004): 1369–78.
31. Suzanne Langer, *Philosophy in a New Key: A Study in the Symbolism of Reason, Rite, and Art* (Cambridge, MA: Harvard University Press, 1996).
32. Robert Krulwich, "The Love That Dared Not Speak Its Name, of a Beetle for a Beer Bottle," *NPR*, 19 June 2013.
33. M. A. Schlaepfer, M. C. Runge, and P. W. Sherman, "Ecological and Evolutionary Traps," *Trends in Ecology & Evolution* 17 (10) (2002): 474–80.

5장 무리의 법칙

1. Jackie Mead, "The Locust That Ate the American West," *Mental Floss*, 2 May 2022.
2. Alexandra M. Wagner, "Grasshoppered: America's Response to the 1874 Rocky Mountain Locust Invasion," *Nebraska History* 89 (2008): 154–67.
3. "Caroline Fraser, "Laura Ingalls Wilder and One of the Greatest Natural Disasters in American History," *LitHub*, 5 December 2017.

4. Wagner, "Grasshoppered."
5. "Bounty for Grasshoppers," *New York Times*, 10 August 1876.
6. "Locust Eating," *New York Times*, 19 August 1875.
7. Fraser, "Laura Ingalls Wilder."
8. 다음이 그 예다. C. G. Langton, "Computation at the Edge of Chaos: Phase Transitions and Emergent Computation," *Physica D: Nonlinear Phenomena* 42 (1–3) (1990): 12–37.
9. J. Buhl et al., "From Disorder to Order in Marching Locusts," *Science* 312 (5778) (2006): 1402–6.
10. Helmut Satz, *The Rules of the Flock: Self-Organization and Swarm Structure in Animal Societies* (Oxford: Oxford University Press, 2020), https://academic.oup.com/book/40568.
11. 2022년 7월 27일 제롬 빌과의 이메일 인터뷰
12. C. Song et al., "Limits of Predictability in Human Mobility," *Science* 327 (5968) (2010): 1018–21.
13. Ian Kelly, *Beau Brummell: The Ultimate Dandy* (London: Hodder & Stoughton, 2005).
14. 다음이 그 예다. G. W. Imbens, "Potential Outcome and Directed Acyclic Graph Approaches to Causality: Relevance for Empirical Practice in Economics," *Journal of Economic Literature* 58 (4) (2020): 1129–79.
15. 다음이 그 예다. M. M. Waldrop, *Complexity: The Emerging Science at the Edge of Order and Chaos* (New York: Simon & Schuster, 1992).
16. 다음이 그 예다. "Understanding Complexity," lecture series by Scott E. Page, professor at the University of Michigan.
17. 다음이 그 예다. Melanie Mitchell, *Complexity: A Guided Tour* (Oxford: Oxford University Press, 2011); or J. H. Miller and Scott E. Page, Complex Adaptive Systems: An Introduction to Computational Models of Social Life (Princeton, NJ: Princeton University Press, 2009).
18. 다음이 그 예다. G. Ellison, "Basins of Attraction, Long-Run Stochastic Stability, and the Speed of Step-by-Step Evolution," *Review of Economic Studies* 67 (1) (2000): 17–45.
19. Brodie Farquhar, "Wolf Reintroduction Changes Ecosystem in Yellowstone," Yellowstone National Park, 30 June 2021, https://www.yellowstonepark.com/things-to-do/wildlife/wolf-reintroduction-changes-ecosystem/.
20. W. J. Ripple and R. L. Beschta, "Trophic Cascades in Yellowstone: The First 15 Years

after Wolf Reintroduction," *Biological Conservation* 145 (1) (2012): 205–13.
21. M. Scheffer et al., "Generic Indicators of Ecological Resilience: Inferring the Chance of a Critical Transition," *Annual Review of Ecology, Evolution, and Systematics* 46 (2015): 145–67.
22. Natalie Wolchover, "Nature's Critical Warning System," *Quanta*, 18 November 2015.
23. P. Bak, C. Tang, and K. Wiesenfeld, "Self-Organized Criticality," *Physical Review A* 38 (1) (1988): 364.
24. J. Buhl et al., "Group Structure in Locust Migratory Bands," *Behavioral Ecology and Sociobiology* 65 (2) (2011): 265–73.
25. 사망자 수는 다양하게 추정되고 있으나, 수천만 명에 가까울 가능성이 크다. 다음이 그 예다. Judith Rae Shapiro, *Mao's War against Nature: Politics and the Environment in Revolutionary China* (Cambridge: Cambridge University Press, 2001).
26. J. M. Carlson and J. Doyle, "Highly Optimized Tolerance: A Mechanism for Power Laws in Designed Systems," *Physical Review E* 60 (2) (1999): 1412.
27. Greg Watson, "Could Franz Ferdinand Welbeck Gun Accident Have Halted WWI?," BBC News, 25 November 2013. The Welbeck Abbey archives also have photos and records of this fateful shoot.
28. Benjamin Preston, "The Car That Witnessed the Spark of World War I," *New York Times*, 10 July 2014.
29. Mike Dash, "Curses! Archduke Franz Ferdinand and His Astounding Death Car," *Smithsonian Magazine*, 22 April 2013.
30. "Game Shoots at Welbeck before 1914," Welbeck Abbey archives, https://www.welbeck.co.uk/assets/files/Game%20Shoots%20at%20Welbeck.pdf.
31. 다음이 그 예다. Rebecca Taylor, " 'A II II 18': Franz Ferdinand's Prophetic Number Plate," *Sky News*, 11 November 2018.
32. 다음이 그 예다. "9 of the Biggest TV Moments in UK Electricity History," *Drax*, 1 August 2022, https://www.drax.com/power-generation/9-of-the-biggest-tv-moments-in-uk-electricity-history/.
33. Natalie Wolchover, "Treading Softly in a Connected World," *Quanta*, 18 March 2013.
34. Felipe Fernández-Armesto, *A Foot in the River: Why Our Lives Change—and the Limits of Evolution* (Oxford: Oxford University Press, 2015).
35. 다음이 그 예다. Michael Lewis, *Flashboys* (New York: Penguin, 2015).
36. Andy Verity and Eleanor Lawrie, "Hound of Hounslow: Who Is Navinder Sarao, the 'Flash Crash Trader'?," BBC News, 28 January 2020.

6장 헤라클레이토스의 규칙

1. 다음이 그 예다. R. Wilhelm and C. F. Baynes, *The I Ching* (Princeton, NJ: Princeton University Press, 1950).
2. 확률의 역사에 대한 논의는 다음을 참고하자. Peter Bernstein, *Against the Gods: The Remarkable Story of Risk* (Hoboken, NJ: Wiley, 1998); and James Franklin, *The Science of Conjecture: Evidence and Probability before Pascal* (Baltimore, MD: John Hopkins University Press, 2015).
3. 다음을 참고하자. Karla Mallette, "How 12th-Century Genoese Merchants Invented the Idea of Risk," *Aeon Psyche*, 2 November 2021.
4. 다음이 그 예다. Dorothea Frede, "Necessity, Chance, and 'What Happened for the Most Part' in Aristotle's Poetics," in *Essays on Aristotle's Poetics*, ed. A. Oksenberg Rorty (Princeton, NJ: Princeton University Press, 1992), 197–219.
5. 다음을 참고하자. Bernstein, Against the Gods.
6. Franklin, Science of Conjecture; and R. Campe, *The Game of Probability: Literature and Calculation from Pascal to Kleist* (Redwood City, CA: Stanford University Press, 2013).
7. 다음이 그 예다. D. V. Glass, "John Graunt and His Natural and Political Observations," *Proceedings of the Royal Society of London* 159 (974) (1963): 2–37.
8. 다음을 참고하자. David Hume, *The Philosophical Works of David Hume* (Outlook Verlag, 2020).
9. D. J. Chalmers, "Facing Up to the Problem of Consciousness," *Journal of Consciousness Studies* 2 (3) (1995): 200–219.
10. Oliver Burkeman, "Why Can't the World's Greatest Minds Solve the Mystery of Consciousness?," *Guardian*, 21 January 2015.
11. "A Few Holes to Fill," *Nature Physics* 4 (2008): 257.
12. 양자물리학의 핵심 개념은 다음에서 대략적으로 살펴볼 수 있다. Michael G. Raymer, *Quantum Physics: What Everyone Needs to Know* (Oxford: Oxford University Press, 2017); and Sean Carroll, Something Deeply Hidden: Quantum Worlds and the Emergence of Spacetime (New York: Penguin, 2019).
13. Sean Carroll, "Splitting the Universe," *Aeon*, 11 September 2019.
14. 재커리 블런트는 이 책의 초기 원고를 읽고 내게 이 평을 남겼다.
15. "A Mean Feat," *Economist*, 9 January 2016.
16. 다음이 그 예다. Dimitra Kessenides, "The Mission to Sample a Comet Going 84,000 Miles per Hour and Return," *Bloomberg*, 26 July 2018.
17. Frank Knight, *Risk, Uncertainty and Profit* (Boston: Houghton Mifflin, 1921).

18. 〈옥타비안 리포트(Octavian Report)〉의 머빈 킹 인터뷰 https://octavianreport.com/article/mervyn-king-on-radical-uncertainty/.
19. 가끔 이를 '축축한 편향(Wet Bias)'라고 하며, 이 편향은 네이트 실버의 『신호와 소음』에서 다루고 있다.
20. Nate Silver forecasted: "Who Will Win the Presidency?," *FiveThirtyEight*, 8 November 2016, https://projects.fivethirtyeight.com/2016-election-forecast/.
21. *A Philosophical Study of Early Ideas about Probability Induction and Sta- tistical Inference* (Cambridge: Cambridge University Press, 2006); Ian Hacking, *An Introduction to Probability and Inductive Logic* (Cambridge: Cambridge University Press, 2002); and Ian Hacking, The Taming of Chance (Cambridge: Cambridge University Press, 1990).
22. John Kay and Mervyn King, *Radical Uncertainty: Decision-Making for an Unknowable Future* (Wicklow, Ireland: Bridge Street Press, 2021).
23. 앞의 책, 더 자세한 내용이 궁금하다면 참고하자.
24. "DoD News Briefing—Secretary Rumsfeld and Gen. Myers," U.S. Department of Defense transcript, 12 February 2002, https://archive.ph/20180320091111/http://archive.defense.gov/Transcripts/Transcript.aspx.
25. Paul Valéry, *Notre destin et les lettres* (Conférencia, 1937).
26. 다음이 그 예다. Martin Peterson, *An Introduction to Decision Theory* (Cambridge: Cambridge University Press, 2017).

7장 스토리텔링 애니멀

1. Gershom Gorenberg, *The End of Days: Fundamentalism and the Struggle for the Temple Mount* (New York: Simon & Schuster, 2001). 또한 다음도 참고하자. Serge Schmemann, "A Red Heifer, or Not? Rabbi Wonders," *New York Times*, 14 June 1997.
2. 다음을 참고하자. Lawrence Wright, "Forcing the End," *New Yorker*, 12 July 1998.
3. 다음이 그 예다. "Arms Cache Reportedly Meant to Blow Up Dome of the Rock," Associated Press, 30 August 1990.
4. 템플 토크 라디오(Temple Talk Radio)는 템플 인스티튜트 웹사이트 https://templeinstitute.org/에서 들어볼 수 있다.
5. D. M. Freidenreich, "The Use of Islamic Sources in Saadiah Gaon's Tafsīr of the Torah," *Jewish Quarterly Review* 93 (3) (2003): 353–95.
6. Gerd Gigerenzer, *Rationality for Mortals: How People Cope with Uncertainty* (Oxford: Oxford University Press, 2010).
7. 나는 2012년 이후 마다가스카르에서 여덟 차례에 걸쳐 현장 연구를 수행했으며, 수도인 안

타나나리보시 교외에서 이런 무덤을 자주 목격했다.
8. 다음이 그 예다. B. D. Jones, "Bounded Rationality," *Annual Review of Political Science* 2 (1) (1999): 297–321.
9. B. D. Shaw, "Who Were the Circumcellions?," in *Vandals, Romans and Berbers*, ed. Andrew Merrills (Abingdon, Oxford-shire, UK: Routledge, 2017), 243–74.
10. K. D. Wald and C. Wilcox, "Getting Religion: Has Political Science Rediscovered the Faith Factor?," *American Political Science Review* 100 (4) (2006): 523–29; and K. D. Wald, A. L. Silverman, and K. S. Fridy, "Making Sense of Religion in Political Life," *Annual Review of Political Science* 8 (2005): 121–43.
11. S. Kettell, "Has Political Science Ignored Religion?," *PS: Political Science & Politics* 45 (1) (2012): 93–100.
12. Conrad Hackett and David McClendon, "Christians Remain World's Largest Religious Group, but They Are Declining in Europe," Pew Research, 5 April 2017.
13. B. Gershman, "Witchcraft Beliefs around the World: An Exploratory Analysis," *PLOS One* 17 (11) (2022).
14. Antonio Damasio, *Descartes' Error: Emotion, Reason and the Human Brain* (New York: Vintage, 2006).
15. Rukmini Bhaya Nair, *Translation, Text and Theory: The Paradigm of India* (Thousand Oaks, CA: Sage Publications, 2008).
16. 다음에서 인용됐다. F. W. Mayer, *Narrative Politics: Stories and Collective Action* (Oxford: Oxford University Press, 2014).
17. R. A. Mar et al., "Memory and Comprehension of Narrative versus Expository Texts: A Meta-Analysis," *Psychonomic Bulletin & Review* 28 (2021): 732–49.
18. Jonathan Gottschall, *The Story Paradox: How Our Love of Storytelling Builds Societies and Tears Them Down* (New York: Basic Books, 2021).
19. Carrie Arnold, "Watchers of the Earth," *Aeon*, 13 April 2017.
20. Rebecca Leung, "Sea Gypsies Saw Signs in the Waves," CBS News, 18 March 2005.
21. The Sea Nomads Who Survived the Devastation," *Guardian*, 10 December 2014.
22. Robert Shiller, *Narrative Economics: How Stories Go Viral and Drive Major Economic Events* (Princeton, NJ: Princeton University Press, 2021).
23. 커트 보니것은 2004년 케이스웨스턴리저브대학교에서 이 주제를 가지고 강의했다. 또한 시카고대학교에서 이 주제로 석사 논문을 썼으나 심의를 통과하지 못했다. 보니것의 강의는 온라인에서 들어볼 수 있다. www.youtube.com/watch?v=oP3c1h8v2ZQ
24. 조너선 갓셜, 『스토리 패러독스(*The Story Paradox*)』
25. 앞의 책

26. 앞의 책

8장 지구 복권

1. Michael Marshall, "Tiny Island Survived Tsunami That Helped Separate Britain and Europe," *New Scientist*, 1 December 2020.
2. Stephen J. Thorne, "The Royal Navy's War on Trees," *Legion Magazine*, 15 February 2022.
3. W. R. Carlton, "New England Masts and the King's Navy," *New England Quarterly* 12 (1) (1939): 4–18.
4. S. E. Roberts, "Pines, Profits, and Popular Politics: Responses to the White Pine Acts in the Colonial Connecticut River Valley," *New England Quarterly* 83 (1) (2010): 73–101.
5. Emily Cataneo, "Where Are the Last of Maine's Historic King Pines?," *Atlas Obscura*, 1 July 2021.
6. 다음이 그 예다. Andrew Vietze, *White Pine: American History and the Tree That Made a Nation* (Essex, CT: Globe Pequot, 2017).
7. Carlton, "New England Masts."
8. Roland Ennos, *The Wood Age: How Wood Shaped the Whole of Human History* (New York: HarperCollins, 2022).
9. 앞의 책
10. 루이스 다트넬, 『오리진』
11. Mark Maslin, "How a Changing Landscape and Climate Shaped Early Humans," *Conversation*, 7 November 2013.
12. 다음이 그 예다. M. H. Trauth et al., "Human Evolution in a Variable Environment: The Amplifier Lakes of Eastern Africa," *Quaternary Science Reviews* 29 (23–24) (2010): 2981–88.
13. 루이스 다트넬, 『오리진』
14. 앞의 책, 지도와 함께 자세한 내용을 참고하자.
15. Beaumont James, *Winchester from Prehistory to the Present* (Cheltenham, Gloucestershire, UK: History Press, 2006).
16. R. Knauerhase, "The Economic Development of Saudi Arabia: An Overview," *Current History* 72 (423) (1977): 6–34.
17. W. A. Rickett, *Guanzi: Political, Economic, and Philosophical Essays from Early China*, vol. 159 (Princeton, NJ: Princeton University Press, 1998).
18. 다음이 그 예다. C. El Hamel, " 'Race,' Slavery and Islam in Maghribi Mediterranean

19. 소위 '신환경결정론'에 반대하는 학자 중 하나가 바로 앤드류 슬루터다. 다음이 그 예다. "Neo-environmental Determinism, Intellectual Damage Control, and Nature/Society Science," *Antipode* 35 (4) (2003): 813–17.
20. 이 이론에 대한 경험적 타당성은 다음에서 찾아볼 수 있다. "The Continental Axis Theory Revisited," *APSA 2011 Annual Meeting Paper*. 또한 다음을 참고하자. P. Turchin, J. M. Adams, and T. D. Hall, "East-West Orientation of Historical Empires and Modern States," *Journal of World-Systems Research*, 2006, 219–29.
21. D. Correia, "F**k Jared Diamond," *Capitalism Nature Socialism* 24 (4) (2013): 1–6.
22. "Geographic Determinism," http://www.jareddiamond.org/Jared_Diamond/Geographic_determinism.html.
23. Clint Ballinger, "Why Geographic Factors Are Necessary in Development Studies," MPRA paper, https://mpra.ub.uni-muenchen.de/29750/1/mpra_paper_29750.pdf. 또한 다음도 참고하자. Clint Ballinger, "Initial Conditions as Exogenous Factors in Spatial Explanation" (DPhil thesis, University of Cambridge, May 2008). 지리적 결정론의 논의에 대해서는 21세기 가장 영향력 있는 사회과학 논문 중 하나가 주요한 비판을 제기했다. D. Acemoglu, S. Johnson, and J. A. Robinson, "Reversal of Fortune: Geography and Institutions in the Making of the Modern World Income Distribution," *Quarterly Journal of Economics* 117 (4) (2002): 1231–94. 다음의 논문이 그 결론에 대해 설득력 있게 이의를 제기했다. S. Bandyopadhyay and E. Green, "The Reversal of Fortune Thesis Reconsidered," *Journal of Development Studies* 48 (7) (2012): 817–31; and in Ballinger, "Initial Conditions."
24. G. R. Webster and J. Bowman, "Quantitatively Delineating the Black Belt Geographic Region," *Southeastern Geographer* 48 (1) (2008): 3–18.
25. 다음이 그 예다. Allen Tullos, "The Black Belt," *Southern Spaces*, 19 April 2004.
26. David Bressan, "How US Presidential Elections Are Impacted by Geology," *Forbes*, 3 November 2020.
27. Jonathan Kennedy, *Pathogenesis: How Germs Made History* (London: Torva, 2023).

9장 모두의 나비효과

1. 이 문제를 두고 파핏의 의견과 논의를 전체적으로 살펴보고 싶다면 다음을 참고하자. M. A. Roberts, "The Non-Identity Problem," *The Stanford Encyclopedia of Philosophy*, ed. Edward N. Zalta (Stanford, CA: Metaphysics Research Lab, 2 April 2019).
2. 여론조사 결과에 대한 논의는 다음을 참고하자. Matt Ford, "The Ethics of Killing Baby

Hitler," *Atlantic*, 24 October 2015.

3. 《뉴욕타임스 매거진》은 그 결과를 트위터에 게시했다. https://twitter.com/NYTmag/status/657618681204244480?s=20.

4. Stephen Fry, *Making History* (London: Hutchinson, 1996).

5. 카의 관점과 그에 대한 반론은 다음을 참고하자. D. Nolan, "Why Historians (and Everyone Else) Should Care about Counterfactuals," *Philosophical Studies* 163 (2013): 317–35.

6. 다음을 참고하자. Henry Abelove and E. P. Thompson, *Visions of History* (Manchester, UK: Manchester University Press, 1986).

7. David Byrne, *A History of the World in Dingbats* (New York: Phaidon Press, 2022).

8. 다음이 그 예다. D. Zhao, "The Mandate of Heaven and Performance Legitimation in Historical and Contemporary China," *American Behavioral Scientist* 53 (3) (2009): 416–33.

9. 해당 주제에 대해서는 다음에서 섬세하게 다루고 있다. G. Burgess, "The Divine Right of Kings Reconsidered," *English Historical Review* 107 (425) (1992): 837–61.

10. 칼라일의 관점에 대한 논의와 영웅사관을 둘러싼 논쟁이 더 알고 싶다면 다음을 참고하자. William Fielding Ogburn, "The Great Man versus Social Forces," *Social Forces* 5 (2) (1926): 225–31; and the original discussion: T. Carlyle, *On Heroes, Hero-Worship, and the Heroic in History*, vol. 1 (Oakland: University of California Press, 1993).

11. 아날학파를 창시한 블로흐의 역할을 알고 싶다면 다음을 참고하자. G. Huppert, "Lucien Febvre and Marc Bloch: The Creation of the Annales," *French Review* 55 (4) (1982): 510–13.

12. 역사편찬의 동향을 알고 싶다면 다음을 참고하길 추천한다. M. Bentley, *Modern Historiography: An Introduction* (Abingdon, Oxfordshire, UK: Routledge, 2005).

13. 이는 D. 루엘레의 『확률과 카오스(*Chance and Chaos*)』를 각색한 것으로, 벼룩 시나리오의 구체적인 세부 내용은 내가 만들어냈다.

14. 다음이 그 예다. David Herbert Donald, *Why the North Won the Civil War* (Golden Springs Publishing, 2015). 경제적·군사적·외교적·사회적·정치적 설명이 주어졌지만, 모두 대략적인 요인들이다.

15. 이 우발적인 사건들에 대한 자세한 논의는 다음을 참고하자. C. B. Dew, "How Samuel E. Pittman Validated Lee's 'Lost Orders' prior to Antietam: A Historical Note," *Journal of Southern History* 70 (4) (2004): 865–70.

16. 다음이 그 예다. James McPherson, *Ordeal by Fire: The Civil War and Reconstruction* (New York: McGraw-Hill, 1991). 맥퍼슨은 앤티텀 전투가 어떻게 전쟁의 속성과 인식을 바꿔놓은 극적인 외교의 전환점이 됐는지를 강조하고 있다.

17. 다음이 그 예다. J. L. Kuethe, "Social Schemas," *Journal of Abnormal and Social Psychology* 64 (1) (1962): 31.
18. Terry Alford, "The Spiritualist Who Warned Lincoln Was Also Booth's Drinking Buddy," *Smithsonian Magazine*, March 2015.
19. 다음이 그 예다. R. K. Merton, "Singletons and Multiples in Scientific Discovery: A Chapter in the Sociology of Science," *Proceedings of the American Philosophical Society* 105 (5) (1961): 470–86; and D. K. Simonton, "Multiple Discovery and Invention: Zeitgeist, Genius, or Chance?," *Journal of Personality and Social Psychology* 37 (9) (1979): 1603–16.
20. 칼 포퍼, 『과학적 발견의 논리(*The Logic of Scientific Discovery*)』. 이에 대한 반론은 다음을 참고하자. Michael Strevens, *The Knowledge Machine: How an Unreasonable Idea Created Modern Science* (New York: Penguin, 2022).
21. 토머스 쿤, 『과학혁명의 구조』
22. U. Marvin, "The British Reception of Alfred Wegener's Continental Drift Hypothesis," *Earth Sciences History* 4 (2) (1985): 138–59.
23. Joshua Rothman, "How Does Science Really Work," *New Yorker*, 28 September 2020.
24. J. Romm, "A New Forerunner for Continental Drift," *Nature* 367 (6462) (1994): 407–8.
25. J. Taylor, *The Voyage of the Beagle: Darwin's Extraordinary Adventure in FitzrRoy's Famous Survey Ship* (London: Anova Books, 2008).
26. Peter J. Bowler, *Darwin Deleted: Imagining a World without Darwin* (Chicago: University of Chicago Press, 2013).
27. 다음이 그 예다. Matt Simon, "Fantastically Wrong: The Silly Theory That Almost Kept Darwin from Going on His Famous Voyage," *Wired*, 21 January 2015. 다윈은 자서전에서 자신의 코가 어떻게 생겼고 피츠로이가 다윈의 코를 보고 어떤 불만을 품었는지 썼다.
28. J. B. 버리의 관점에 대한 논의가 궁금하다면 다음을 참고하자. D. S. Goldstein, "JB Bury's Philosophy of History: A Reappraisal," *American Historical Review* 82 (4) (1977): 896–919.
29. 월리스의 삶에 대해서는 다음에서 훌륭하게 서술되어 있다. James T. Costa, *Radical by Nature: The Revolutionary Life of Alfred Russell Wallace* (Princeton, NJ: Princeton University Press, 2023); and Peter Raby, *Alfred Russell Wallace: A Life* (London: Pimlico, 2002).
30. 월리스의 관점에 대한 개요는 다음을 참고하자. Jonathan Rosen, "The Missing Link," *New Yorker*, 4 February 2007.
31. 이 문장은 알프레드 러셀 윌리스가 1867년 2월 1일 발간된 《스리피추얼 매거진》에 보낸 편지에서 인용한 것으로, 편지 전문은 다음에서 확인할 수 있다. https://people.wku.edu/

charles.smith/wallace/S126.htm.

32. 이 문장은 월리스가 1898년 출간한 책 『경이로운 세기(Wonderful Century)』 가운데 한 부분("최면과 심령연구에 대한 반대")에서 인용한 것이다. 해당 부분의 전문은 다음에서 확인할 수 있다. https://people.wku.edu/charles.smith/wallace/S726CH17.htm.

33. J. D. Miller, "Public Acceptance of Evolution in the United States, 1985 – 2020," *Public Understanding of Science* 31 (2) (2022): 223 – 38.

34. 우생학 운동에서 그가 맡은 역할은 다음에서 대략 다루고 있다. N. W. Gillham, *A Life of Sir Francis Galton: From African Exploration to the Birth of Eugenics* (Oxford: Oxford University Press, 2001).

35. J. Burton, "Robert FitzRoy and the Early History of the Meteorological Office," *British Journal for the History of Science* 19 (2) (1986): 147 – 76.

36. 다음이 그 예다. R. Hamblyn, "Watchers of the Skies," *Times Literary Supplement* 5851 (2015): 13 – 14.

10장 시계와 달력

1. 이 이야기의 자세한 내용이 궁금하다면 다음을 참고하자. Kathleen O'Brien, "A Simple Gift on 9·11 Saves the Life of an Office Worker Heading to the Twin Towers," *Insider Jersey*, 9 September 2011. 또한 로트는 2021년 9월 9일 알링턴 로터리 클럽에서 한 발표에서 이날의 일을 생생하고 구체적으로 설명했다. https://www.youtube.com/watch?v=JJbCUOcOwlw.

2. 타이밍이 9.11 비극에 어떻게 영향을 미쳤는지에 대한 기타 유사한 이야기들은 다음을 참고하자. Garrett Graff, "On 9·11, Luck Meant Everything," *Atlantic*, September 10, 2019.

3. C. A. Ortmann et al., "Effect of Mutation Order on Myeloproliferative Neoplasms," *New England Journal of Medicine* 372 (7) (2015): 601 – 12.

4. 카를로 로벨리, 『시간은 흐르지 않는다』.

5. 다음이 그 예다. A. R. Smith and M. Ahmadi, "Quantum Clocks Observe Classical and Quantum Time Dilation," *Nature Com- munications* 11 (1) (2020): 5360.

6. C. W. Chou et al., "Optical Clocks and Relativity," *Science*, 24 September 2010.

7. Nicholas Jackson, "Study: Your Head Is Older Than Your Feet," *Atlantic*, 24 September 2010.

8. 다음이 그 예다. B. M. Allen, "The Early Roman Calendar," *Classical Journal* 43 (3) (1947): 163 – 68.

9. 달력의 일반적인 역사가 궁금하다면 다음을 참고하자. E. G. Richards, *Mapping Time: The Calendar and Its History* (Oxford: Oxford University Press, 2000).

10. 이 명칭들의 기원을 알고 싶다면 다음을 참고하자. P. Shaw, "The Origins of the

Theophoric Week in the Germanic Languages," *Early Medieval Europe* 15 (4) (2007): 386–401.
11. H. Lewy and J. Lewy, "The Origin of the Week and the Oldest West Asiatic Calendar," *Hebrew Union College Annual* 17 (1942): 1–152c.
12. 이 시대 시간 기록의 역사가 궁금하다면 다음을 참고하자. Bultrighini and S. Stern, "The Seven-Day Week in the Roman Empire: Origins, Standardization, and Diffusion," in *Calendars in the Making: The Origins of Calendars from the Roman Empire to the Later Middle Ages*, ed. Sacha Stern (Boston: Brill, 2021), 10–79.
13. 이 영향력들을 전반적으로 이해하고 싶다면 다음을 참고하자. Daniel Pink, *When: The Scientific Secrets of Perfect Timing* (London: Canongate Books, 2019).
14. M. Park et al., "Global Music Streaming Data Reveal Diurnal and Seasonal Patterns of Affective Preference," *Nature Human Behaviour* 3 (3) (2019): 230–36.
15. J. Chen, E. Demers, and B. Lev, "Oh What a Beautiful Morning! Diurnal Influences on Executives and Analysts: Evidence from Conference Calls," *Management Science* 64 (12) (2018): 5899–924.
16. P. Pierson, "Not Just What, but When: Timing and Sequence in Political Processes," *Studies in American Political Development* 14 (1) (2000): 72–92.
17. Arika Okrent, "Typos, Tricks and Misprints," *Aeon*, 26 July 2021.
18. 앞의 책
19. W. Brian Arthur, "Increasing Returns and the New World of Business," *Harvard Business Review*, July–August 1996.
20. Michael Worboys, *The Invention of the Modern Dog: Breed and Blood in Victorian Britain* (Baltimore: Johns Hopkins University Press, 2022).
21. 잭 러셀 테리어의 출신을 상세히 알고 싶다면 다음을 참고하자. Michael Worboys, "Inventing Dog Breeds: Jack Russell Terriers," *Humanimalia* 10 (1) (2021): 44–73.
22. Worboys, *Invention of the Modern Dog*.

11장 황제의 새로운 방정식

1. J. Wisdom, S. J. Peale, and F. Mignard, "The Chaotic Rotation of Hyperion," *Icarus* 58 (2) (1984): 137–52.
2. D. J. Bem, "Feeling the Future: Experimental Evidence for Anomalous Retroactive Influences on Cognition and Affect," *Journal of Personality and Social Psychology* 100 (3) (2011): 407.
3. S. J. Ritchie, R. Wiseman, and C. C. French, "Failing the Future: Three Unsuccessful Attempts to Replicate Bem's 'Retroactive Facilitation of Recall' Effect," *PlOS One* 7 (3)

(2012): e33423.
4. 2023년 5월 24일 크리스토퍼 프렌치와의 인터뷰
5. 이 실험을 포함해 여러 재현 실험에 관해 더 자세히 알고 싶다면 다음을 참고하자. Gary Smith, "How Shoddy Data Becomes Sensational Research," *Chronicle of Higher Education*, 6 June 2023.
6. J. P. Simmons, L. D. Nelson, and U. Simonsohn, "False-Positive Psychology: Undisclosed Flexibility in Data Collection and Analysis Allows Presenting Anything as Significant," *Psychological Science* 22 (11) (2011): 1359-66.
7. K. M. Durante, A. Rae, and V. Griskevicius, "The Fluctuating Female Vote: Politics, Religion, and the Ovulatory Cycle," *Psychological Science* 24 (6) (2013): 1007-16.
8. Andrew Gellman, "The Problems with P-values Are Not Just with P-values," https://stat.columbia.edu/~gelman/research/published/asa_pvalues.pdf.
9. Smith, "How Shoddy Data."
10. B. B. McShane et al., "Abandon Statistical Significance," *American Statistician* 73 (1) (2019): 235-45.
11. A. Brodeur, N. Cook, and A. G. Heyes, "Methods Matter: P-hacking and Causal Inference in Economics," IZA Discussion Paper no. 11796, 2018.
12. 다음에서 현대 연구 방법의 폐단을 가차 없이 고발하고 있다. J. P. Ioannidis, "Why Most Published Research Findings Are False," *PLOS Medicine* 2 (8) (2005). 좀 더 희망찬 관점이 궁금하다면 다음을 참고하자. Matt Grossman, *How Social Science Got Better: Overcoming Bias with More Evidence, Diversity, and Self-Reflection* (Oxford: Oxford University Press, 2021).
13. Y. Yang, W. Youyou, and B. Uzzi, "Estimating the Deep Replicability of Scientific Findings Using Human and Artificial Intelligence," *Proceedings of the National Academy of Sciences* 117 (20) (2020): 10762-68.
14. Brian Resnick, "The Military Wants to Build a Bullshit Detector for Social Science Studies," *Vox*, 25 February 2019.
15. 동료 심사에 대한 비판이 궁금하다면 다음을 참고하자. 나 역시 대체로 동의하는 바다. Adam Mastroianni, "The Rise and Fall of Peer Review," *Experimental History*, 13 December 2022.
16. F. Godlee, C. R. Gale, and C. N. Martyn, "Effect on the Quality of Peer Review of Blinding Reviewers and Asking Them to Sign Their Reports: A Randomized Controlled Trial," *JAMA* 280 (3) (1998): 237-40.
17. S. Schroter et al., "What Errors Do Peer Reviewers Detect, and Does Training Improve Their Ability to Detect Them?," Journal of the Royal Society of Medicine 101

(10) (2008): 507-14.
18. 이 부분 전체는 다음의 연구를 다루고 있다: N. Breznau et al., "Observing Many Researchers Using the Same Data and Hypothesis Reveals a Hidden Universe of Uncertainty," Proceedings of the National Academy of Sciences 119 (44) (2022).
19. 다음이 그 예다. Jason Brownlee, Authoritar-ianism in an Age of Democratization (Cambridge: Cambridge University Press, 2007).
20. 다음이 그 예다. F. Kaboub, "The Making of the Tunisian Revolution," Middle East Development Journal 5 (1) (2013): 1350003-1.
21. 다음이 그 예다. J. Gama et al., "Learning with Drift De-tection," Advances in Artificial Intelligence—SBIA 2004: 17th Brazilian Symposium on Artificial Intelligence, São Luis, Maranhão, Brazil, September 29-October 1, 2004, Proceedings 17 (Heidelberg, Germany: Springer Berlin Heidelberg, 2004), 286-95.
22. 다음이 그 예다. E. Hüllermeier and W. Waege-man, "Aleatoric and Epistemic Uncertainty in Machine Learning: An Introduction to Concepts and Methods," *Machine Learning* 110 (2021): 457-506.
23. Adam Goldman and Alan Rappeport, "Emails in Anthony Weiner Inquiry Jolt Hillary Clinton's Campaign," *New York Times*, 28 October 2016.
24. 실버가 2016년도 모델을 어떻게 평가했는지 궁금하다면 다음을 참고할 수 있다. Nate Silver, "The Real Story of 2016," FiveThirtyEight, 19 January 2017. 또한 다음을 참고하자. Isaac Faber, "Why You Should Care about the Nate Silver vs. Nassim Taleb Twitter War," *Towards Data Science*, 17 December 2018.
25. Chris Anderson and David Sally, *The Numbers Game: Why Everything You Know about Football Is Wrong* (New York: Penguin, 2014).
26. Adam Mastroianni, "Science Is a Strong-Link Problem," *Experimental History*, 11 April 2023.
27. 의료 연구에서 맥나마라의 오류를 피하는 방법을 보여준 사례가 궁금하다면 다음을 참고하자. S. O'Mahony, "Medicine and the McNamara Fallacy," *Journal of the Royal College of Physicians of Edinburgh* 47 (3) (2017): 281-87.
28. 샘 해리스가 자신의 팟캐스트 '메이킹 센스(Making Sense)'에서 데이브 크라카우어를 인터뷰하며 했던 이야기다. 인터뷰 전문은 다음에서 확인할 수 있다. https://www.samharris.org/blog/complexity-stupidity.
29. P. M. Romer, "Mathiness in the Theory of Economic Growth," *American Economic Review* 105 (5) (2015): 89-93.
30. Katherine Cramer, *The Politics of Resentment: Rural Consciousness in Wisconsin and the Rise of Scott Walker* (Chicago: University of Chicago Press, 2016).

31. M. D. Verhagen, "A Pragmatist's Guide to Using Prediction in the Social Sciences," *Socius* 8 (2022).
32. M. J. Salganik et al., "Measuring the Predict-ability of Life Outcomes with a Scientifi Mass Collaboration," *Proceedings of the National Academy of Sciences* 117 (15) (2020): 8398–403.

12장 이 세계는 결정론적인가 비결정론적인가?

1. 스티븐 제이 굴드의 유명한 사고실험인 '인생의 테이프 재생'을 간략하게 요약한 것으로, 이에 대한 자세한 논의는 다음을 참고하자. Z. D. Blount, R. E. Lenski, and J. B. Losos, "Contingency and Determinism in Evolution: Replaying Life's Tape," *Science* 362 (6415) (2018).
2. Carl Hoefer, "Causal Determinism," in *The Stanford Encyclopedia of Philosophy*, ed. Edward N. Zalta (Stanford, CA: Metaphysics Research Lab, 21 January 2016).
3. 이 장치는 크쥐시토프 키에슬로프스키의 〈맹목적인 기회(*Blind Chance*)〉 등의 영화에서도 사용됐다. 다음을 참고하자. D. Bordwell, "Film Futures," *SubStance* 31 (1) (2002): 88–104.
4. 다음이 그 예다. Tim O'Keefe, "Ancient Theories of Freedom and Determinism," in Zalta, *Stanford Encyclopedia of Philosophy*, 30 October 2020. 또한 다음도 참고하자. T. Christidis, "Probabilistic Causality and Irreversibility: Heraclitus and Prigogine," in *Between Chance and Choice: Interdisciplinary Perspectives on Determinism*, ed. Harald Atmanspacher and Robert Bishop (Exeter, Devon, UK: Imprint Academic, 2002), 165–88.
5. 다음이 그 예다. M. R. Dasti and E. F. Bryant, eds., *Free Will, Agency, and Selfhood in Indian Philosophy* (Oxford: Oxford University Press, 2014).
6. Susanne Bobzien, "Did Epicurus Discover the Free-Will Problem?," *Oxford Studies in Ancient Philosophy* 19 (2000): 287–337.
7. 영어로 번역된 전문은 다음에서 볼 수 있다. https://www.gutenberg.org/files/785/785-h/785-h.htm.
8. 칼뱅의 『기독교 강요』에서 인용했다.
9. D. Kaiser, "History: Shut Up and Calculate!," *Nature* 505 (7482) (2014): 153–55.
10. M. Esfeld et al., "The Ontology of Bohmian Mechanics," *British Journal for the Philosophy of Science*, 2014.
11. 이 해석의 핵심 개념을 전반적으로 쉽게 이해하고 싶다면 다음을 참고하자. 숀 캐럴, 『다세계』.
12. 지금으로서는 꽤나 주변이론에 속한다. 이 이론을 지지하는 주요 인물로는 독일의 이론물리

학자 자비네 호젠펠더가 있다. 나는 2022년 11월 22일 이 이론과 관련해 호젠펠더를 인터뷰했다.

13. 다음이 그 예다. L. Van Speybroeck, D. De Waele, and G. Van De Vijver, "Theories in Early Embryology: Close Connections between Epigenesis, Preformationism, and Self-Organization," *Annals of the New York Academy of Sciences* 981 (1) (2002): 7-49.

14. 다음이 그 예다. Randolph Clarke, "Incompatibilist (Nondeterministic) Theories of Free Will," in Zalta, *Stanford Encyclopedia of Philosophy*, 18 August 2021.

15. 자유의지론자의 자유의지와 관련한 과학적인 문제는 다음에서 더 자세히 논의하고 있다. 대니얼 데닛, 『의식의 수수께끼를 풀다』 및 샘 해리스, 『자유의지는 없다』

16. "Does Superdeterminism Save Quantum Mechanics? Or Does It Kill Free Will and Destroy Science?," Sabine Hossenfelder's YouTube channel, https://www.youtube.com/watch?v=ytyjgIyegDI.

17. 어원에 관한 논의는 다음을 참고하라. J. Peter Maher, "The Unhappy Hookers: Origin of Hooker 'Prostitute,'" working paper, 2021, https://scholarsmine.mst.edu/cgi/viewcontent.cgi?article=1172&context=artlan_phil_facwork.

18. H. G. Frankfurt, "Freedom of the Will and the Concept of a Person," in *What Is a Person?*, ed. M. F. Goodman (Totowa, NJ: Humana Press, 1988), 127-44.

19. Sam Harris, "The Marionette's Lament: A Response to Daniel Dennett," *Sam Harris Blog*, 12 February 2014, https:// www.samharris.org/blog/the-marionettes-lament.

20. 이 사례에 관해 더 자세히 알고 싶다면 다음을 참고하라. G. M. Lavergne, *A Sniper in the Tower: The Charles Whitman Murders* (Denton: University of North Texas Press, 1997).

21. 편지 원본은 다음에서 찾아볼 수 있다. http://alt.cimedia.com/statesman/specialreports/whitman/letter.pdf.

22. 샘 해리스, 『자유의지는 없다』

23. Clint Ballinger, "Deter- minism and the Antiquated Deontology of the Social Sciences," working paper, https://philsci-archive.pitt.edu/8493/1/Determinism_and_the_Antiquated_Deontology_of_the_Social_Sciences.pdf.

24. 구조화이론은 다음에 잘 설명되어 있다. is explained in A. Giddens, *Elements of the Theory of Structuration* (Abingdon, Oxfordshire, UK: Routledge, 1984).

25. N. Pleasants, "Free Will, Determinism and the 'Problem' of Structure and Agency in the Social Sciences," *Philosophy of the Social Sciences* 49 (1) (2019): 3-30.

26. 다음이 그 예다. G. Duus-Otterström, "Almost Pregnant: On Probabilism and Its Moral Uses in the Social Sciences," *Philosophy of the Social Sciences* 39 (4) (2009): 572-94.

27. 커트 보니것, 『타이탄의 세이렌』

13장 우리는 모든 것을 통제하지 않아도 된다

1. Maria Popova, "Octopus Blues and the Poetry of the Possible," *Marginalian*, June 2022, https://www.themarginalian.org/2022/06/02/octopus-poem/.
2. Hartmut Rosa, *The Uncontrollability of the World* (Cambridge, UK: Polity, 2020).
3. 카렌 암스트롱, 『성스러운 자연』
4. Rosa, *Uncontrollability of the World*.
5. 『시크릿』에 대한 구체적인 비판은 다음에서 찾아볼 수 있다. Michael Shermer, "The (Other) Secret," *Scientific American*, June 2007.
6. Alan Lightman, "In Defence of Disorder," *Aeon*, 15 April 2019.
7. Wislawa Szymborska, "The Poet and the World," Nobel Lecture, 7 December 1996, https://www.nobelprize.org/prizes/literature/1996/szymborska/lecture/.
8. 다음이 그 예다. E. L. Deci and R. M. Ryan, "Hedonia, Eudaimonia, and Well-Being: An Introduction," *Journal of Happiness Studies* 9 (2008): 1–11.
9. 다음이 그 예다. M. N. Katehakis and A. F. Veinott Jr., "The Multi-armed Bandit Problem: Decomposition and Computation," *Mathematics of Operations Research* 12 (2) (1987): 262–68.
10. 이 부분은 내 담당 편집자였던 스크리브너스 출판사의 릭 호건이 짚어냈다. 그는 그저 대중적인 맛집이나 가고 싶을 때 새로운 식당을 찾아다녀야 하는 괴로운 경향에 한탄했고, 나 역시 내 행동을 되돌아보며 동의했다. 가끔은 국지적 최댓값으로도 충분한 법이다.
11. Jack D. Dunitz and Gerald F. Joyce, "Leslie E. Orgel, 1927–2007," *National Academy of Sciences*, 2013, https://www.nasonline.org/publications/biographical-memoirs/memoir-pdfs/orgel-leslie.pdf.
12. 이 부분은 다음 문헌에서 가져왔다. Michael R. Dove, Bitter Shade: The Ecological Challenge of Human Consciousness (New Haven, CT: Yale University Press, 2021). 이러한 통찰은 다음에 더 간략하게 요약되어 있다. Michael Schulson, "How to Choose," *Aeon*, 14 July 2014.
13. 마이클 루이스, 『머니볼』
14. Derek Thompson, "What Moneyball-for-Everything Has Done to American Culture," *Atlantic*, 30 October 2022.
15. N. E. Humphries et al., "Environmental Context Explains Lévy and Brownian Movement Patterns of Marine Predators," *Nature* 465 (7301) (2010): 1066–69.
16. J. Berni et al., "Autonomous Circuitry for Substrate Exploration in Freely Moving Drosophila Larvae," *Current Biology* 22 (20) (2012): 1861–70.

17. 다음이 그 예다. David Cox, "How mRNA Went from a Scientific Backwater to a Pandemic Crusher," *Wired*, 12 February 2020.
18. 이것이 어떻게 작동할지에 대한 논의는 다음을 참고하자. L. Roumbanis, "Peer Review or Lottery? A Critical Analysis of Two Different Forms of Decision-Making Mechanisms for Allocation of Research Grants," *Science, Technology, & Human Values* 44 (6) (2019): 994–1019.
19. T. D. Wilson et al., "Just Th k: The Challenges of the Disengaged Mind," *Science* 345 (6192) (2014): 75–77.
20. 다음이 그 예다. L. N. Davis, J. D. Davis, and K. Hoisl, "Leisure Time Invention," *Organization Science* 24 (5) (2013): 1439–58.
21. 이 현상과 푸앵카레의 실험에 대한 논의는 다음을 참고하자. A. N. Katz, "Creativity and the Right Cerebral Hemisphere: Towards a Physiologically Based Theory of Creativity," *Journal of Creative Behavior* 12 (4) (1978): 253–64.
22. 왕나비의 이동에 대해 더 알고 싶다면 다음을 참고하자. S. Zhan et al., "The Monarch Butterfly Genome Yields Insights into Long-Distance Migration," *Cell* 147 (5) (2011): 1171–85; and S. M. Reppert and J. C. de Roode, "Demystifying Monarch Butterfly Migration," *Current Biology* 28 (17) (2018): R1009–R1022.
23. 이 현상이 무엇이며 우리의 삶에 어떤 근사한 비유를 제공해 주는지 그 시적인 담론이 궁금하다면 2022년 자드 아붐라드의 캘리포니아공과대학교 졸업 연설을 들어보자. https://soundcloud.com/brainpicker/jad-abumrad-caltech-commencement.

옮긴이 김문주

연세대학교 정치외교학과 졸업 후 연세대학교 신문방송학과 석사를 수료하였다. 현재 번역에이전시 엔터스코리아에서 전문 번역가로 활동하고 있다. 주요 역서로는 『미루는 습관을 이기는 힘』 『밥 프록터의 본 리치』 『세계 정치학 필독서 50』 『우리에겐 음악이 필요하다』 『생각한다는 착각』 『물어봐줘서 고마워요』 『담대한 목소리』 『거울 앞에서 너무 많은 시간을 보냈다』 『민주주의의 정원』 『어떻게 이슬람은 서구의 적이 되었는가』 등이 있다.

어떤 일은 그냥 벌어진다

초판 1쇄 발행 2024년 9월 27일
초판 3쇄 발행 2025년 10월 31일

지은이 브라이언 클라스 **옮긴이** 김문주

발행인 윤승현 **단행본사업본부장** 신동해
편집장 김경림 **기획편집** 박주연 **교정교열** 김정현
디자인 최희종 **마케팅** 최혜진 이은미 **홍보** 허지호
국제업무 김은정 김지민 **제작** 정석훈

브랜드 웅진지식하우스
주소 경기도 파주시 회동길 20
문의전화 031-956-7213(편집) 02-3670-1123(마케팅)
홈페이지 www.wjbooks.co.kr
인스타그램 www.instagram.com/woongjin_readers
페이스북 www.facebook.com/woongjinreaders
블로그 blog.naver.com/wj_booking

발행처 ㈜웅진씽크빅
출판신고 1980년 3월 29일 제406-2007-000046호

한국어판 출판권 ⓒ웅진씽크빅, 2024
ISBN 978-89-01-28717-1 (03190)

- 웅진지식하우스는 ㈜웅진씽크빅 단행본사업본부의 브랜드입니다.
- 이 책은 저작권법에 의해 한국 내에서 보호를 받는 저작물이므로 무단 전재와 무단 복제를 금합니다.
- 책 내용의 전부 또는 일부를 이용하려면 반드시 저작권자와 ㈜웅진씽크빅의 서면 동의를 받아야 합니다.
- 잘못된 책은 구입하신 곳에서 바꾸어 드립니다.